HISTÓRIAS DA AP

Reginaldo Benedito Dias

HISTÓRIAS DA AP

Estudos sobre as disputas pelos sentidos da história da Ação Popular (AP)

2ª edição revista e ampliada

alameda

Grafia atualizada segundo o Acordo Ortográfico da Língua Portuguesa de 1990, que entrou em vigor no Brasil em 2009.

Edição: Haroldo Ceravolo Sereza
Editora assistente: Danielly de Jesus Teles
Projeto gráfico, diagramação e capa: Danielly de Jesus Teles
Assistente acadêmica: Tamara Santos
Revisão: Alexandra Colontini
Imagem da capa: Textura de papel envelhecido

CIP-BRASIL. CATALOGAÇÃO-NA-FONTE
SINDICATO NACIONAL DOS EDITORES DE LIVROS, RJ

D534H
2. ed.
Dias, Reginaldo Benedito
Histórias da AP : estudos sobre as disputas pelos sentidos da história da Ação Popular (AP) / Reginaldo Benedito Dias. - 2. ed. revista e ampliada- São Paulo : Alameda, 2021.
384 p. 16x23 cm.

Inclui bibliografia e índice
ISBN 978-65-86081-95-4

1. Brasil - História, 164-1985. 2. Ação Popular (Organização política) - História. 3. Movimento de libertação nacional - Brasil - História. I. Título.

21-68935 CDD: 322.430981
CDU: 323.232(81)

Alameda Casa Editorial
Rua 13 de Maio, 353 – Bela Vista
CEP 01327-000 – São Paulo, SP
Tel. (11) 3012-2403
www.alamedaeditorial.com.br

Dedico este livro a Daniela Midori Taguchi Dias

Sumário

PREFÁCIO

Fiquei sabendo da existência da Ação Popular nos primeiros anos da década de 1980. Na época, participava da Pastoral Operária, inspirada na Teologia da Libertação. Então, despertou a curiosidade de conhecer a história do comunismo e das organizações marxistas no Brasil. Vivíamos os anos da chamada abertura democrática, mas ainda sob um clima de insegurança. As referências bibliográficas eram escassas, especialmente para um jovem autodidata com dificuldades de acesso ao campo acadêmico. Dependia-se, essencialmente, de fontes orais. Para escrever a obra *História das Tendências no Brasil (Origens, cisões e propostas)*, publicada inicialmente no formato Jornal-Livro,[1] entrevistei representantes dos diversos marxismos. Isso ocorria numa época em que as marcas indeléveis, físicas e psíquicas, da longa noite ditatorial eram relativamente recentes. Uma das poucas fontes escritas sobre a atuação da esquerda brasileira nos anos 1960 e no período ditatorial consistia da série de artigos publicados no jornal *Em Tempo*, por Marco Aurélio Garcia. Ainda na década de 1980, surgiram outras publicações que contribuíram para a pesquisa (por exemplo, *Combate nas trevas*, de Jacob Gorender),[2] além de registros de depoimentos e da possibilidade de acesso a documentos, textos etc.

1 SILVA, Antônio Ozaí. *História das Tendências no Brasil (Origens, cisões e propostas)*. 1ª. ed. São Paulo: Proposta Editorial, sem data.

2 GORENDER, Jacob. *O combate nas trevas. Esquerda brasileira: das ilusões perdidas à luta armada*. 1ª. ed. São Paulo: Ática, 1987.

A pesquisa do autor sobre a Ação Popular se insere nessa perspectiva e soma-se às referências bibliográficas que pavimentam o caminho dos pesquisadores e interessados em conhecer a história da esquerda e do marxismo no Brasil. Desde o mestrado, com a dissertação "Sob o signo da revolução brasileira: a experiência da Ação Popular no Paraná", e o doutorado, com a tese "A cruz, a foice e o martelo e a estrela: a tradição e a renovação da esquerda na experiência da Ação Popular (1962-1981)", o autor dedica-se a pesquisar o tema. Nessa trajetória, ele se debruça sobre extensa bibliografia, propiciando o resgate de fontes primárias, depoimentos e registros históricos dos personagens diretamente envolvidos com essa experiência, além das obras e textos interpretativos.

Os textos reunidos na presente obra expressam o resultado e a continuidade desse processo de estudo e pesquisa. A obra, composta de seis capítulos, organizados em três seções, sintetiza e analisa as diversas interpretações sobre a história da Ação Popular. Na primeira parte, o autor remete o (a) leitor (a) à história da Ação Popular escrita por ela própria, ou seja, como a organização interpretou e reinterpretou sua trajetória diante das transformações que vivenciou no decorrer da sua existência e a (re)atualizou na perspectiva de legitimar a opção ideológica fundada na tradição marxista-leninista. Heterodoxa em sua origem, aberta à pluralidade de influências filosóficas e ideológicas, a Ação Popular, na conjuntura aberta com o golpe civil-militar de 1964, promoveu a ruptura com a sua identidade original, pressuposto necessário para a adesão ao marxismo-leninismo.

A chave teórica para compreender esse processo consiste na percepção de "como a produção da memória é inerente à práxis dos partidos marxistas, que mantêm uma relação diferenciada com a história"[3] e como isso articula as dimensões do passado, do presente

3 Neste ponto, a referência do autor é: PANDOLFI, Dulce. *Camaradas e companheiros. História e memória do PCB*. 1ª. ed. Rio de Janeiro: Relume Dumará, 1995.

e do futuro. Como escreve o autor: "Se a memória é construção do presente sobre o passado, nesse caso ela sofre influência do projeto político, articulado com um futuro de longo alcance, cujo horizonte é a nova sociedade".[4] Essa operação é realizada pelo indivíduo, mas também há a influência das estruturas organizacionais e das disputas pela hegemonia em seu interior. A memória histórica é reconstruída no sentido de legitimar o presente e delinear o futuro almejado.

Na segunda parte, o autor examina as memórias do fundador e primeiro coordenador nacional da Ação Popular, Herbet de Souza (Betinho), com o objetivo de avaliar a contribuição desse dirigente à interpretação da história da organização. Por outro lado, analisa como a formação da Ação Popular e a sua evolução histórica foram interpretadas no campo do catolicismo, focalizando tanto sua relação com a história da Igreja católica pela ótica conservadora quanto pela progressista. Os textos apresentados nessa parte confluem no sentido de destacar os aspectos positivos da Ação Popular na fase anterior ao golpe civil-militar de 1964.

Na última seção, o autor nos oferece a análise sobre a disputa pela memória da Ação Popular e como determinadas interpretações cumprem a função de legitimar a construção de uma história que atende às expectativas e interesses do presente, ao mesmo tempo em que se vincula a determinados projetos políticos teleológicos. O autor examina a interpretação de Aldo Arantes e Haroldo Lima, que expressa a visão oficial do PCdoB, além das memórias de Duarte Pereira e de Ricardo de Azevedo. Seu fio condutor é o debate sobre o partido de vanguarda e a posição da Ação Popular.

As origens e a trajetória da Ação Popular instigam a reflexão sobre questões fundamentais referentes à história e aos seus usos; às tensões e entrelaçamentos que envolvem as ideologias, a prática política e as religiões. São questões que permanecem atuais, tradu-

---

4 Aqui o autor se apoia em: HALBWACHS, M. *A memória coletiva*. 1ª. ed. São Paulo: Vértice, 1990.

zidas em dilemas humanos concretos que envolvem as relações entre fé e política, as tensões entre Estado laico e a influência social e política das religiões, a sacralização da política e das ideologias laicas. O fanatismo, o sectarismo e a intolerância política, ideológica e religiosa são as faces do dilema irresoluto e reatualizado em contextos históricos completamente diferentes daquele que possibilitou o surgimento e a atuação da Ação Popular: a conjuntura social e política no Brasil nos anos 1960, as transformações no interior da Igreja Católica impulsionadas pelo pontificado de João XXIII (encíclicas *Mater et magistra*, *Pacem in terris* e a convocação do Concílio Vaticano II) e os ecos das revoluções chinesa e cubana. Nesse sentido, o resgate e a análise da história da Ação Popular representam uma contribuição significativa ao tempo presente, em especial aos jovens. Na medida em que investigamos o passado, podemos repensar as práticas, os valores e as concepções atuais.

Antônio Ozaí da Silva
Professor Associado do Departamento de Ciências Sociais
Universidade Estadual de Maringá

APRESENTAÇÃO À SEGUNDA EDIÇÃO

A nova edição do livro "Histórias da Ação Popular" vem a lume em um contexto particularmente delicado das relações entre o comando do Estado brasileiro e a memória acerca do período da ditadura civil-militar instituída a partir de 1964, em razão do posicionamento e dos pronunciamentos do atual presidente da República, Jair Bolsonaro.

No final de julho de 2019, a atenção da opinião pública nacional foi despertada pela declaração de Bolsonaro a respeito das condições de morte de Fernando de Santa Cruz, militante da organização política Ação Popular (AP) que foi assassinado pelo aparato repressivo do Estado brasileiro em fevereiro de 1974, cujo nome ainda consta da lista dos desaparecidos da ditadura.

Em locução dirigida ao advogado Felipe de Santa Cruz, filho de Fernando, Bolsonaro disse: "Se o presidente da OAB quiser saber como é que o pai dele desapareceu no período militar, conto pra ele. Ele não vai querer ouvir a verdade" (FALA...2019, p. A4). Pouco depois, por meio de uma transmissão instantânea pela internet, vocalizou a versão de que Fernando de Santa Cruz teria sido eliminado por militantes da própria Ação Popular: "Até porque ninguém duvida. Havia justiçamento. As pessoas da própria esquerda, quando desconfiavam de alguém, simplesmente executavam" (FALA...2019, p. A4).

Mais do que eximir o Estado brasileiro de qualquer responsabilidade pela morte de Fernando de Santa Cruz, atribuindo-a aos membros da organização Ação Popular, Bolsonaro imputou à vítima a condição de quem era visto, por seus companheiros, como indigno de confiança. Desprovida de fundamento, trata-se de uma imputação desonrosa à memória de quem pereceu diante da violência do Estado.

Em agosto de 2019, no calor da repercussão da polêmica gerada por Bolsonaro, houve reação pública de ex-dirigentes e ex-militantes da Ação Popular, que confrontaram o pronunciamento do presidente da República. Duarte Pereira, um dos dirigentes mais influentes da história da organização, interveio no debate por meio de um comunicado endereçado aos seus correspondentes. De maneira metódica e reflexiva, escreveu:

> Nas sucessivas quedas da AP, houve as responsabilidades de três grandes traidores, ou "cachorros", como eram chamados pejorativamente pelos próprios órgãos repressivos da ditadura militar: Hugo Farias/Danilo;[1] Pedro Calmon/Chico[2] e Gilberto Prata.[3] Nenhum deles foi "justiçado" pela AP. Por que a AP iria "justiçar" a quem, por todas as informações disponíveis, se comportou heroicamente e não entregou nenhuma informação que levasse à prisão de outros companheiros ou companheiras? (PEREIRA, 2019)

No mesmo diapasão, um documento público de solidariedade à família de Fernando de Santa Cruz, subscrito por centenas de ex-

---

1 Associada ao processo de quedas ocorrido no início da década de 1970, a colaboração de Hugo Farias está documentada na Ação Penal 763/72, codificada pelo projeto "Brasil: nunca mais" como BNM 663. Na emissão das sentenças, a autoridade judicial discorreu a respeito (BRASIL 2014-2020, BNM 663, fl. 2709).

2 Ex-dirigentes e ex-militantes da AP apontam o líder estudantil Pedro Calmon como delator que colaborou para as quedas de Honestino Guimarães e Paulo Stuart Wright, conforme depoimentos à Comissão da Verdade Rubens Paiva (SÃO PAULO, 2013, p. 6.752-53, 6.823-24, 6.863-64) e literatura biográfica (ALMEIDA, 2016, p. 294-296).

3 Cunhado de José Carlos da Mata Machado, Gilberto Prata foi cooptado pelos serviços de segurança no início de 1973, negociando a preservação de sua irmã. Aproveitou-se dos vínculos familiares para ganhar confiança e colher as informações que lhe foram demandadas. Sua atuação está atada às quedas da segunda metade de 1973. Em 1992, ele próprio revelou sua colaboração à Comissão Externa dos Desaparecidos Políticos da Câmara Federal (BRASIL, 2007, p. 362).

-militantes da Ação Popular, repudiou a declaração do presidente da República. Clamando pela verdade acerca das condições de morte dos militantes da AP e posicionando-se vigorosamente em defesa da memória deles, o manifesto foi redigido com os seguintes dizeres:

> Nós, que em alguns momentos de nossas vidas fomos militantes e simpatizantes da organização Ação Popular, queremos manifestar nossa inteira solidariedade ao senhor, como presidente da OAB e sobretudo como filho de nosso companheiro Fernando Santa Cruz, cuja memória foi ultrajada pelas palavras de quem só tem ódio no coração e se esmera em dividir os brasileiros. Ao mesmo tempo, repudiamos as falsas afirmações que o senhor Jair Bolsonaro fez quanto à participação da AP no episódio da luta armada em Pernambuco. Repudiamos também a forma desumana e sórdida com que ele se referiu a seu pai. Com estupor, tomamos conhecimento das palavras do presidente, em entrevistas concedidas na manhã do dia 29/07/19, quando afirmou que "sabe como Fernando Santa Cruz foi morto". Se sabe e nunca revelou, está cometendo o crime de ocultação de cadáver. E se não sabe e apenas usou a calúnia como forma de travar o embate político, terá de responder judicialmente por seu ato. Tendo percebido a enroscada em que se meteu, mais tarde o presidente recua e afirma de forma irresponsável e pusilânime que "Fernando Santa Cruz teria sido assassinado por seus próprios companheiros", versão até agora nunca aventada nem mesmo pelos aparatos policiais. Que o senhor presidente venha a público e informe à família e à sociedade como um todo, tudo aquilo que sabe. E aproveite a oportunidade, que informe também tudo o que sabe sobre o paradeiro de Paulo Stuart Wright, Honestino Guimarães, Eduardo Collier, Humberto Albuquerque Câmara Neto e Gildo Lacerda, militantes da Ação Popular também desaparecidos no mesmo período. Fernando Santa Cruz não será assassinado pela segunda vez (BEATRIZ, 2019).[4]

---

4 O documento foi entregue à família de Fernando de Santa Cruz em 14 de agosto de 2019: "Recebeu-o a irmã de Fernando, Rosalina Santa Cruz. Estavam presentes também outra irmã, de nome Elzita, e sua filha Carina. Representando os 495 signatários, estavam presentes os ex-militantes de Ação Popular Antônio Funari

Desde a promulgação da Lei Federal 9.140/95, o Estado brasileiro assumiu a responsabilidade pela morte e pelo desaparecimento de um conjunto de opositores políticos, entre os quais Fernando de Santa Cruz, conforme listagem constante do anexo do texto legal. De lá para cá, houve medidas reiterativas dessa responsabilização, como a recente edição do atestado de óbito de Fernando de Santa Cruz com a instrução da Comissão Especial Sobre Mortos e Desaparecidos Políticos. Ficou consignado que a sua morte foi causada pela ação violenta do Estado (MORTE..., 2019, p. A6).

Em decorrência da Lei 9.140/95, constituiu-se a Comissão Especial Sobre Mortos e Desaparecidos Políticos para promover investigações dos casos pautados. Depois disso, ainda houve a agenda da Comissão Nacional da Verdade e das comissões instituídas nos estados com a mesma finalidade. No fundamental, esse somatório de investigações permitiu que fossem desconstruídas as versões farsescas elaboradas pelos agentes de segurança da época da ditadura, ainda que não fosse possível elucidar todos os acontecimentos completamente. Certas ações de terror de Estado, especialmente as que promoviam o desaparecimento dos opositores, visavam, deliberadamente, à promoção da opacidade para atingir a sua máxima eficiência.

A respeito de Fernando de Santa Cruz, porém, há informações suficientemente robustas para refutar a versão de Bolsonaro. O episódio está inserido em uma ofensiva desencadeada pelas forças de repressão, na segunda metade de 1973, para aniquilamento da Ação Popular. Em poucos meses, de setembro de 1973 a fevereiro de 1974, houve sete mortos.

Eis o rol dos atingidos, com a data da morte ou do desaparecimento assinalada entre parênteses: Paulo Stuart Wright (setembro/1973), Umberto de Albuquerque Câmara Neto (outubro/1973), Honestino Monteiro Guimarães (outubro/1973), José

Filho, Beatriz Bicudo Tibiriça, Beatriz do Vale Bargieri, Geraldo Leite, Geraldo Siqueira, Gilseone Westin Cosenza, Iara Areias Prado, Ieda Botura Areias, Ricardo de Azevedo e Tibério Canuto". Cf. Ricardo de Azevedo (2019).

Carlos Novaes da Mata Machado (outubro/1973), Gildo Macedo Lacerda (outubro/1973), Eduardo Collier Filho (fevereiro/1974) e Fernando Augusto de Santa Cruz Oliveira (fevereiro de 1974). Além desses casos, há outros três nomes de militantes e dirigentes da Ação Popular que integram a listagem dos mortos e desaparecidos: Jorge Leal Gonçalves Pereira (outubro/1970), Raimundo Eduardo da Silva (janeiro/1971) e Luiz Hirata (dezembro/1971).[5]

Em 1973, houve uma ação sistêmica e planejada. O início dessa escalada de violência insere-se na chamada "Operação Cacau", promovida, de acordo com o relatório da Comissão Estadual da Memória e Verdade Dom Helder Câmara, "por agentes do regime militar na Bahia, em articulação com ações desenvolvidas em São Paulo e Pernambuco com o objetivo de desmontar a APML através de sequestros, prisões, transferências clandestinas de prisioneiros e assassinatos" (PERNAMBUCO, 2017, p. 385).

A captura e o "desaparecimento" de Fernando de Santa Cruz e de Eduardo Collier Filho são fatos associados, segundo o relatório da Comissão Nacional da Verdade (BRASIL, 2014). Consta que tinham um encontro marcado no dia 23 de fevereiro de 1974, data aceita para o "desaparecimento" de ambos.

---

5 Seis desses dez nomes fazem parte da lista dos desaparecidos políticos que foi anexada à Lei 9.140/1995 e nessa condição permanecem: Jorge Leal Gonçalves Pereira, Paulo Stuart Wright, Umberto de Albuquerque Câmara Neto, Honestino Monteiro Guimarães, Eduardo Collier Filho e Fernando Augusto de Santa Cruz Oliveira. Luiz Hirata e Gildo Macedo Lacerda não são considerados "desaparecidos" porque a morte de cada um foi anunciada quando aconteceu. Seus corpos, porém, nunca foram devolvidos aos familiares. Houve apenas dois casos de sepultamento acompanhado pela família, após difíceis gestões, e mediante duras condições: José Carlos da Mata Machado e Raimundo Eduardo da Silva. O primeiro havia sido sepultado como indigente em Recife, mas seu corpo foi localizado e entregue à família, ato subordinado à condição de que o caixão viria lacrado e não poderia ser aberto (BRASIL, 2007, p. 362). O segundo havia sido sepultado como indigente no cemitério de Perus, em São Paulo. Apenas três anos depois seu corpo foi exumado, identificado e sepultado em local escolhido pela família (COMISSÃO DE FAMILIARES DE MORTOS E DESAPARECIDOS POLÍTICOS, 2009, p. 221).

Para entender esses fatos, é elucidativo consultar um documento produzido com a chancela do serviço de informação da Aeronáutica, sintomaticamente intitulado "Neutralização de Jair Ferreira de Sá", que afirma o seguinte: "O elemento que pode dar o 'DORI', Jair Ferreira de Sá, é o Carlos - Fernando Augusto de Santa Cruz Oliveira, dos serviços da AP" (BRASIL, 1973, p. 1). Essa fonte documental também fornece uma descrição detalhada do itinerário de Eduardo Collier Filho.

O texto é cristalino: Fernando de Santa Cruz era visto como uma espécie de ponte para chegar ao dirigente Jair Ferreira de Sá. A respeito dessa documentação, merece registro o eloquente parecer que Cláudio Fonteles, ex-procurador-geral da República e membro da Comissão Nacional da Verdade, emitiu em maio de 2013:

> A documentação oficial CISA (Informações nº 141 e 142), produzida por ocasião dos acontecimentos, prova que Collier e Santa Cruz foram presos, torturados e mortos no contexto da operação destinada a "neutralizar" Jair Ferreira de Sá. Neutralizar, no jargão da ditadura, significava "matar" (Apud CARVALHO, 2019, p.204).

Jair Ferreira de Sá sobreviveu ao período da ditadura, vindo a falecer em 1985, vítima de infarto. Em 1983, manifestou-se a respeito da morte e do desaparecimento de Fernando de Santa Cruz. Após conjecturar quais seriam as razões, concluiu: "Aos poucos, a resposta provável foi se desenhando: deveriam saber de sua ligação conosco e o apertaram naquilo que queriam desbaratar – o cabeça da Organização. E disso não há nenhuma dúvida – Fernando não abriu nada" (SÁ, 2011, p. 74).

Doralina Rodrigues Carvalho, ex-dirigente da Ação Popular e companheira de Jair Ferreira de Sá naquele período, também legou um depoimento: "Bem sei que Fernando deu sua vida também por mim, pois ele sabia como encontrar-me, podia ter-me entregue à repressão, e não o fez. Jamais faria" (CARVALHO, 2011, p. 81).

Em resumo, em contraste com a desonrosa versão propagada pelo presidente Bolsonaro, infere-se que Fernando de Santa Cruz e Eduardo Collier Filho morreram porque resistiram aos torturadores e não forneceram as informações buscadas pelo aparato repressivo, comportando-se de maneira exemplar, com o sacrifício de suas vidas.

Não resta dúvida de que a fala do presidente da República se encontra em franca oposição ao que o próprio Estado brasileiro havia consolidado, formalmente, nos últimos anos. O delicado tema está circunscrito às políticas de Estado e não de governo. Mesmo assim, não se pode tomar o pronunciamento presidencial como um ato descuidado. Há fortes motivos para interpretar que se trata de uma intervenção calculada, visando à disputa da memória relacionada ao passado recente do nosso país. O alcance disso não pode ser mensurado momentaneamente, mas tampouco pode ser subestimado.

A situação vivida evoca o que Pierre Nora escreveu acerca das condições da escrita do que ele chamou de "história contemporânea". Trata-se, de acordo com as suas palavras, "quase inevitavelmente de uma história que fere, que faz sangrar" (NORA, 1989, p. 53). A demarcação é dada "segundo uma linha que separa a história hoje viva da história hoje morta" (NORA, 1989, p. 52). As polêmicas declarações e as reações instantaneamente articuladas comprovam que se trata de uma temática viva, que se confunde com o tempo presente e tem o potencial de mobilizar atenções e provocar alinhamentos políticos.

O episódio selecionado como fio condutor da redação desta apresentação suscita o debate de muitos temas. Se as questões relacionadas à morte e ao desaparecimento dos militantes podem ser estudadas mediante acesso aos relatórios das comissões da verdade (BRASIL, 2014; PERNAMBUCO, 2017) e aos dossiês elaborados pelos movimentos de direitos humanos (COMISSÃO DE FAMILIARES DE MORTOS E DESAPARECIDOS POLÍTICOS, 2009), há o tema mais amplo da história das organizações políticas de esquerda que se insurgiram contra a ditadura. Em cenário árido aos debates metódicos e aberto à proliferação de anátemas, é preciso conhecer para formar juízo, qualquer que seja. Focalizando a história da Ação Popular, essa é a contribuição sistematizada pelas páginas que seguem.

O presente livro oferece aos leitores uma abordagem de natureza acadêmica da história da Ação Popular, elaborada mediante interlocução com a documentação e com a memória dos protagonistas. Não é o caso de repetir aqui os dados da organização interna do livro, disponíveis na apresentação à primeira edição.

Cabe ressaltar que o livro tem o objetivo de não apenas interpretar a história da Ação Popular, mas também de escrutinar as disputas de memórias, sustentadas por seus protagonistas, sobre o sentido dessa experiência política. Ao grafar a palavra "história" no plural, o título não traduz uma atitude relativista. Conduzida por uma postura pluralista, a ideia é acentuar como essas disputas acerca do significado da história, que sobreviveram décadas à extinção da Ação Popular, são representativas da densidade e da vitalidade de sua experiência, cuja ressonância invade o tempo presente.

Em tempos eivados de obscurantismo e de propagação deliberada de notícias falsas, o objetivo do autor é contribuir, de maneira aberta e pluralista, com o debate sobre temas relevantes da história recente do Brasil.

Maringá - Inverno de 2019

APRESENTAÇÃO

Este livro reúne um conjunto de seis estudos relacionados à maneira como a elaboração do sentido da história da organização política Ação Popular (AP), uma das mais representativas da esquerda brasileira das décadas de 1960 e 1970, foi disputada por seus dirigentes nas lutas internas do período em que mantiveram vínculo orgânico ou em época posterior, quando tal ligação já havia sido desfeita.

No primeiro caso, a investigação pauta-se na farta documentação produzida em seu próprio tempo, que veicula as posições em disputa no calor dos acontecimentos. No segundo, adicionalmente aos vestígios documentais, há o acesso a um significativo leque de registros de memórias, divulgados por livros ou outras mídias, que permitem escrutinar como esses combates se prolongaram após o desligamento de alguns dirigentes, voluntariamente ou em decorrência de exclusão resultante das lutas internas, quando ainda havia organização da AP ou até mesmo quando ela havia deixado de existir. Em um caso e no outro, examina-se a relação da história com a memória, seja na redefinição do projeto e das identidades, seja na elaboração do sentido do passado vivido.

Para entender tais combates, é preciso considerar a singularidade da AP no seio de sua geração. Formada a partir de duas reuniões realizadas em 1962 e fundada oficialmente em congresso ocorrido em fevereiro de 1963, a AP sistematizou, inicialmente, um projeto político heterodoxo e aberto a várias influências, como o cristianismo, o marxismo de viés humanista e o existencialismo. Sua identidade estava circunscrita pelo objetivo de elaborar ideologia e caminhos próprios para a construção de um projeto socialista humanista.

Após a fratura provocada pelo golpe de Estado de 1964, a AP reelaborou progressivamente os seus objetivos e a sua identidade. Entre 1965 e 1973, viveu três acentuados processos de luta interna, informados por disputas acerca da redefinição do projeto político, às quais correspondiam releituras de seu passado, articuladas com a visão do futuro revolucionário.

A primeira incidência decorreu da adesão explícita à estratégia da luta armada como forma de derrotar a ditadura e forjar o projeto revolucionário. Isso exigiu, nos termos da época, uma "reopção". A segunda é derivada do objetivo de aderir à tradição marxista, considerando toda a sua história e as suas traduções contemporâneas. Em 1968, a adesão ao maoísmo teve como contrapartida a exclusão da corrente que se opunha a essa linha.

Em 1972, já com o nome da organização redefinido como Ação Popular Marxista-Leninista (APML), houve outra cisão, desta vez relacionada ao objetivo de construção do partido de vanguarda que deveria dirigir o processo revolucionário. Em 1973, a maioria da APML aderiu ao Partido Comunista do Brasil (PCdoB), reconhecendo-o como a histórica organização de vanguarda do proletariado brasileiro.

A ala minoritária, contudo, persistiu na reorganização da APML, cuja existência estendeu-se até 1981. Sua desarticulação definitiva ocorreu quando a maioria de seus membros remanescentes, já no período da abertura política, aderiu à formação do Partido dos Trabalhadores (PT), preservando, porém, o objetivo de constituir a organização de vanguarda revolucionária.

Há cerca de 20 anos, quando realizei meu primeiro trabalho de pós-graduação a respeito da história da AP, desenvolvido como dissertação de mestrado,[1] constatei que a bibliografia então existente, excetuando menções ou breves capítulos inseridos em obras mais abrangentes, era constituída por depoimentos ou narrativas escritas por ex-dirigentes. Sobressaíam, como meio mais acessível de conhecer a história da AP, os registros legados por alguns de seus mais influentes fundadores, como Herbet de Souza, Haroldo Lima, Aldo Arantes e Luiz Alberto Gómez de Souza.

Extraí duas inferências desse mapeamento. Primeira, a literatura oriunda de autores não ligados à história da AP, embora pautasse temas e questões importantes, era panorâmica e subsidiava a iniciação aos estudos. Segunda, os registros legados pelos ex-dirigentes tinham, deliberadamente, um caráter de disputa de memória. Faltaria, pois, a sedimentação de algo que então chamei de história laica da AP.

Na época, a pesquisa acadêmica especificamente sobre a história da AP ainda dava seus primeiros passos. De acordo com meu levantamento, havia apenas uma dissertação de mestrado concluída (BONOME, 1994). Logo depois, quando decidi aprofundar meu investimento na investigação da história da AP em meu projeto de doutorado, redimensionei o meu olhar sobre o que eu havia afirmado.

Nessa nova etapa de pesquisa, o objetivo era entender como a AP elaborou e reelaborou o sentido de sua história, considerando tanto a identidade inicial, comprometida com sintetização de um projeto original, quanto as sucessivas rupturas que promoveu para filiar-se à tradição revolucionária marxista-leninista, conforme as traduções de suas correntes internas.

Estava claramente consignado nos documentos que a AP havia constituído e atualizado dinamicamente marcos referenciais de sua memória na relação direta com a atualização de seu projeto. Em cada momento de transição ao marxismo e de redefinição teórica,

1 Concluída em 1997 e divulgada no formato de livro poucos anos depois (DIAS, 2003).

havia combates acerca da pertinência das formulações anteriores e de sua ligação com os novos destinos da organização. Era incontornável aprofundar a compreensão do significado das disputas de memória como elo de atualização da estratégia e da identidade. Não havia contradição, portanto, entre o desenvolvimento da tal história laica e o enfrentamento dessas dimensões.

Quando concluí o doutoramento, a bibliografia acadêmica já havia sido ampliada pela divulgação de dois trabalhos muito influentes, referências obrigatórias para todos os produzidos depois: a robusta tese de doutorado de Franklin Oliveira Jr. (2000) e o ensaio interpretativo de autoria de Marcelo Ridenti (2002), incluído na coleção "História do marxismo no Brasil".

Nos anos seguintes, a pesquisa acadêmica sobre a AP sofreu significativa expansão, com diversidade de temas e de recortes. O debate acerca da relação entre a história e a memória manteve-se atual e pertinente, tanto a respeito da AP quanto da experiência de outras organizações da esquerda brasileira. Destaco, nesse sentido, duas intervenções bastante fecundas, uma já existente quando iniciei essa nova fase de pesquisa e outra que se desenvolveu quase simultaneamente à minha investigação.

Refiro-me ao livro "Camaradas e companheiros: história e memória do PCB", de autoria de Dulce Pandolffi (1995), e à pesquisa de pós-graduação de Jean Rodrigues Sales sobre a história do PCdoB, iniciada no nível de mestrado e aprofundada em estágio de pós-doutorado. Um primeiro resultado dessa contribuição foi divulgado pelo artigo "O PCdoB conta a sua história" (SALES, 2002).

Os seis estudos que compõem este livro derivam, direta ou indiretamente, de questões abordadas em minha tese (DIAS, 2004). De lá para cá, além de divulgar os resultados daquela etapa de pesquisa, decidi aprofundar o debate acerca da relação entre a história e a memória a partir dos focos narrativos legados pelos dirigentes. O contato com as fontes e com a bibliografia demonstrou que esse universo continha, em si mesmo, um rico material que estimulava uma abordagem específica. O exame da revisão bibliográfica procedida pela tese de Franklin Oliveira Jr., com a qual declaro minha dívida, foi um estímulo a mais para investir nesse veio.

Inicialmente, sem previsão de reuni-los em um livro, o planejamento incorporava quatro artigos: a) um extrato de questões abordadas na tese; b) a análise das memórias de Herbet de Souza, dispersas em vários depoimentos disponíveis no mercado editorial; c) exame do livro de Haroldo Lima e Aldo Arantes sobre a história da AP, que sistematiza a visão dos dirigentes e militantes que se incorporaram ao PCdoB; d) a maneira como a experiência da AP foi interpretada por intelectuais católicos ou por pesquisadores da história do catolicismo.

Nesse último caso, não havia uma relação tão direta com a memória dos dirigentes que se mantinham católicos e se desligaram da AP quando ela iniciou e aprofundou a sua transformação em favor do marxismo. É possível identificar, no entanto, como a visão sistematizada por Luiz Alberto Gómez de Souza (1984; 1987), um dos mais importantes fundadores da AP, encontra ressonância em outros autores que abordaram a relação dessa organização com a história do catolicismo. Esse capítulo incorpora, também, a intervenção de pensadores católicos conservadores, interessados, desde o início, em participar dos debates sobre a história da AP.

Por causa das oportunidades que surgiram e com a percepção de que o material poderia compor uma coletânea, o planejamento foi ampliado no curso de sua realização. Primeiramente, as sucessivas incursões no Fundo Documental Duarte Pacheco Pereira (disponível no Arquivo Edgard Leuenroth) e os contatos pessoais com o ex-dirigente, considerado um dos mais influentes da história da AP, viabilizaram o objetivo de elaborar mais um artigo a partir de suas memórias.

Por fim, a divulgação do livro de memórias de Ricardo de Azevedo (2010), representativo da militância que se incorporou à AP no final da década de 1960, já na fase de definição maoísta, pautou a necessidade de promover um sexto artigo que abarcasse, principalmente, a dinâmica do período posterior à cisão que levou a ala majoritária a se integrar ao PCdoB. Azevedo foi um dos principais dirigentes da APML, reorganizada pela ala minoritária após aquela cisão, nos últimos anos da década de 1970.

Os seis capítulos foram originalmente publicados em periódicos acadêmicos, conforme data assinalada em notas de rodapé na abertura de cada um. Optei pela manutenção dos textos da maneira como foram elaborados,[2] excetuando o primeiro capítulo.[3] Como se trata da problematização da forma como a AP atualizou sua identidade e a narrativa do sentido de sua história, e não do foco de abordagem exclusiva de uma ala ou de um dirigente, decidi ampliar significativamente esse capítulo, cuja extensão foi mais que duplicada. Não houve, todavia, mudança do sentido da interpretação. A

---

2 Foram introduzidas apenas modificações superficiais, decorrentes da nova fase de revisão.

3 Informo que Aldo Arantes e Luiz Alberto Gómez de Souza, cujas respectivas interpretações da história da AP eu havia abordado em dois dos artigos que publiquei e que compõem esta coletânea, editaram livros de memórias mais amplos em período recente. No que diz respeito ao objetivo do presente livro, essas memórias preservaram o essencial do que os citados dirigentes haviam sistematizado nos materiais que utilizei como fonte nos artigos já publicados (respectivamente: DIAS, 2006; 2008). De modo que, ao mesmo tempo em que convido os leitores a conhecerem esses novos títulos (ARANTES, 2013; GÓMEZ DE SOUZA, 2015), não identifiquei a necessidade de alterar o que eu já havia escrito. Também merece registro o fato de a revista *Princípios*, ligada ao PCdoB, ter dedicado uma edição especial para debater o cinquentenário de criação da Ação Popular, da qual constam intervenções de Aldo Arantes e Haroldo Lima e um artigo escrito pelo historiador Augusto Buonicore. Em capítulos próprios, Arantes (2013) e Lima (2013) revisitam alguns temas do seu livro sobre a história da AP, apresentando uma abordagem menos pressionada pelos objetivos políticos que orientaram a sua elaboração décadas atrás, mas não há mudança importante de interpretação. Embora circunscrita pela moldura institucional, a intervenção de Buonicore (2013) sistematiza uma abordagem metódica dos temas e fatos principais, oferecendo nuanças e incursões interpretativas. Não será, porém, objeto de investigação exclusiva, pois o objetivo deste livro é escrutinar as disputas de memórias entre os ex-dirigentes da AP. Seja como for, a edição da revista *Princípios* reitera os vínculos do PCdoB com a história da AP.

rigor, cada capítulo pode ser lido de maneira independente, como eventualmente fizeram as pessoas que acessaram os materiais publicados nos periódicos, mas o contato inicial com o primeiro tem o potencial de subsidiar a leitura dos demais.

Na organização interna, dividi o livro em três seções. A primeira coincide com o capítulo "Como a Ação Popular escreveu e reescreveu o sentido de sua história", devidamente ampliado para esta coletânea. A segunda incorpora os capítulos dedicados às memórias de Herbet de Souza e à relação da AP com a história do catolicismo. O ponto de confluência é que, nos dois casos, a reflexão acerca da fratura de 1964 e das transformações posteriores debruça-se sobre as virtudes da primeira fase da AP.

A terceira seção reúne três capítulos, dedicados, em sequência, ao exame do livro de Haroldo Lima e Aldo Arantes e das memórias dos ex-dirigentes Duarte Pereira e Ricardo de Azevedo. O critério de aglutinação é a abordagem que cada um desses focos narrativos oferece sobre os contornos da ruptura com a origem da AP em favor da constituição do partido de vanguarda. Quando se filiou ao marxismo-leninismo, a AP vinculou a atualização de seu projeto à construção do partido de vanguarda, em associação com outras organizações revolucionárias.

Há, aqui, as variações relacionadas à questão da adesão ao PCdoB. Enquanto Lima e Arantes elaboraram a visão dos que aderiram àquele partido, Pereira aborda, entre outros temas, esse processo com visão de quem foi protagonista da abertura desse debate, mas divergiu dos termos com que foi concluído. Por seu turno, as memórias de Azevedo permitem a reflexão sobre a reorganização ensejada pela ala minoritária daquele embate, que buscou novos caminhos para perseguir, na cambiante conjuntura histórica seguinte e com seus matizes políticos, desafios comparáveis.

Deliberadamente, os capítulos têm uma estrutura vertebral similar, centrada nos momentos de inflexão da vida da AP, quando a definição e a redefiniçao de seu projeto estiveram em pauta. A cronologia, porém, não é idêntica. As balizas temporais de ingresso e de perda de vínculo são diferentes. Para os que mantiveram a identidade com o heterodoxo projeto original e não fizeram a "reopção", o vínculo se esgota no início da segunda metade da década de 1960. Para outros, o marco de ruptura foi a disputa de 1968, quando prevaleceu a corrente maoísta. A cisão de 1972/73 é outra linha divisória decisiva, pautada pela questão da adesão ao PCdoB, com todas as consequências advindas.

Nas memórias dos dirigentes, há a pontuação de acusações recíprocas de procedimentos que extrapolavam a ética da convivência e da disputa interna. Não foi meu objetivo escrutinar essa dimensão, cuja importância, todavia, não menosprezo, visto que estavam em pauta as estratégias que orientariam a almejada revolução brasileira, segundo as variações presentes no debate. A minha abordagem privilegiou a redefinição de projetos e a reelaboração da forma de compreender e narrar a história da AP. De resto, introduzi, por meio de notas de rodapé, um sistema de comunicação que convida o leitor a acessar outros capítulos para aprofundar a compreensão dos demais veios interpretativos sobre determinados temas.

O conjunto de textos aqui reunidos não tem a pretensão de compor um quebra-cabeça fechado, cujas peças se encaixem de maneira perfeita. Seja por conhecimento prévio da história da AP, seja por percepção atenta dos materiais selecionados, os leitores poderão identificar lacunas ou intuir que há outras possibilidades de abordagem. É fácil inferir, por exemplo, que foram privilegiadas as memórias de altos dirigentes, a maioria dos quais com influência desde a fundação da AP. Não foi possível, nesta etapa de investigações, contemplar a memória de dirigentes e quadros intermediários, cuja visão da história poderia introduzir nuanças ou divergências quanto ao acento verificado em determinados debates.[4]

---

4 Em parte, essa dimensão pode ser vista no capítulo dedicado às memórias de Ricardo de Azevedo, que ingressou na AP nas jornadas de 1968 e foi gradativamente ascendendo na hierarquia organizacional.

Mesmo no plano do principal núcleo de poder, nem todas as hipóteses puderam ser examinadas, visto que os materiais disponíveis não subsidiavam tantas incursões. Houve dirigentes mortos pela ditadura, como Paulo Stuart Wright, enquanto outros sobreviventes não legaram diretamente materiais de memória, caso de Jair Ferreira de Sá. Os líderes da corrente excluída em 1968 não produziram posteriormente, por seus próprios meios, a disputa de memória. Tanto quanto possível, essas variações foram contempladas no primeiro capítulo, a partir do mapeamento viabilizado pela documentação da AP.

Seja como for, penso que a amostra aqui disponível é potencialmente abrangente para informar as principais tendências e, eventualmente, subsidiar a abertura de caminhos para investigações posteriores, da minha lavra ou de outro pesquisador. Se cada capítulo tem existência independente e permite identificar especificidades e hipóteses alternativas de narrar a história mediante a baliza das divergências e da luta política, o conjunto convida a um olhar holístico sobre o processo.

Essa visão mais abrangente permite refletir sobre as relações entre o todo e as partes, as contradições e a dinâmica da elaboração do projeto político da AP, as tensas conexões estabelecidas entre o presente e o passado na reformulação das identidades e dos objetivos, os combates pela memória como forma de narrar e viver uma história inserida em uma perspectiva revolucionária. Além disso, ao demonstrar como as disputas não cessaram com a interrupção dos vínculos orgânicos e com extinção da AP, revela a vitalidade e a relevância de sua experiência política e a pertinência de estudar sua trajetória como um dos elos para compreender a história recente do nosso país.

PRIMEIRA PARTE

A AP CONTA A SUA HISTÓRIA

I. A HISTÓRIA DA AÇÃO POPULAR (AP) ESCRITA E REESCRITA POR ELA PRÓPRIA[1]

Preâmbulo

Em 1966, o Comando Nacional da Ação Popular (AP), organização de esquerda cujo congresso de fundação ocorrera apenas três anos antes, elaborou um documento intitulado "Histórico". De forma esquemática e detalhada, dividiu em quatro fases a sua trajetória e fez um balanço de cada uma delas e do conjunto da experiência (AP, 1966a).

Pode parecer exagerado que uma organização de tão curta trajetória tenha feito balanço minucioso de sua história, mas não se tratava de um exercício diletante. O advento da ditadura civil-militar havia imposto ao conjunto da esquerda uma reflexão acerca da derrota política sofrida em 1964. A AP não passou incólume. Viveu, então, um processo de reformulação e de atualização de seu projeto político, o que exigiu um diálogo com o passado. Em futuro próximo, a AP enfrentaria outros momentos de redefinição estratégica, nos quais tais exercícios, com as cores próprias de cada época, voltariam a ocorrer.

O presente capítulo investiga como a AP elaborou e reelaborou o sentido de sua experiência em face das redefinições políticas que vivenciou. Em inspirador estudo, Dulce Pandolffi (1995) demonstrou que a produção da memória é inerente à práxis dos partidos marxistas, que mantêm uma relação diferenciada com a história. A

1 Versão bastante expandida e atualizada de artigo homônimo, originalmente publicado na revista *Diálogos*, nº 1, v. 15, 2011, p. 111-145 (DIAS, 2011).

elaboração da memória enseja o entrelaçamento de três temporalidades: passado, presente e futuro.

Se a memória é construção do presente sobre o passado (HALBWACHS, 1990), ela sofre, nesse caso, influência do projeto político, articulado com um futuro de longo alcance, cujo horizonte é a nova sociedade. Esse exercício se faz com a subjetividade dos agentes políticos e obedece às hegemonias instauradas, exigindo a atualização da construção da memória e da identidade (PANDOLFFI, 1995).

Atento ao papel que a memória desempenha na produção da identidade, Michael Pollak observa que as instituições políticas não podem "mudar de direção e de imagem brutalmente a não ser sob o risco de tensões difíceis de dominar, de cisões e mesmo de seu desaparecimento" (POLLAK, 1989, p. 10). Tal risco pode ocorrer, como exemplificam as cisões partidárias, se os membros deixarem de se "reconhecer na nova imagem, nas novas interpretações de seu passado individual e no de sua organização" (POLLAK, 1989, p. 10).

A particularidade da AP reside no fato de sua identidade ser reconstruída a partir de deliberadas rupturas com seu passado, às quais correspondem cisões organizativas de impacto. A AP caracteriza-se por uma origem heterodoxa, aberta a diferentes influências doutrinárias, e por ter rompido, na conjuntura posterior a 1964, com aquela identidade e filiar-se à tradição do marxismo-leninismo. Promoveu, a partir de 1968, uma espécie de refundação, por meio da qual declarou morta a "velha AP". O caminho da definição da linha marxista-leninista levou a acirradas lutas internas e a dramáticas cisões.

Analisa-se, enfim, como a AP, a fim de atualizar a sua memória e a sua identidade política, reescreveu o sentido de sua história. Verifica-se como, na busca de determinada ortodoxia, procurou reler sua origem heterodoxa e cada fase de sua existência, com o objetivo de legitimar, nos marcos do que considerava ser o verdadeiro marxismo-leninismo, as opções recentes. São consideradas as diferentes posições em disputa, das quais são investigados os pontos de convergência e de divergência, por meio do escrutínio dos documentos que deram suporte, em sua própria época, aos embates políticos em torno dessa reformulação.

Dos primeiros passos ao congresso de fundação

A AP foi oficialmente fundada em fevereiro de 1963, em congresso realizado em Salvador, cuja resolução, intitulada "Documento-base" (DB), foi aberta com a seguinte autodefinição:

> A Ação Popular é a expressão de uma geração que traduz em ação revolucionária as opções fundamentais que assumiu como resposta ao desafio de nossa realidade e como decorrência de uma análise realista do processo social brasileiro na hora histórica em que nos é dado viver (AP, 1963b, p. 1).

Na cronologia do documento "Histórico", essa seria, contudo, a abertura da segunda fase da existência da AP. Espécie de gênese, a primeira recuaria no tempo cerca de dois anos e abarcaria o período que vinha dos contatos iniciais até a fundação oficial. Com efeito, o congresso consolidou, em termos organizativos e de elaboração política e doutrinária, movimentos e debates ocorridos na conjuntura imediatamente anterior, embora o "Documento-base" não faça referência a eles.

A compreensão da origem da AP pode remeter a fatos mais remotos, mas tem-se, em uma cronologia estritamente ligada a essa denominação, que os principais atos para sua formação ocorreram em 1962. Da primeira reunião, realizada no início daquele ano, em São Paulo, extraiu-se um documento chamado "Estatuto Ideológico", que afirmava o compromisso da embrionária organização, então denominada Grupo de Ação Popular (GAP), com o socialismo e com a revolução brasileira (LIMA & ARANTES, 1984). Em junho de 1962, reunião sediada em Belo Horizonte aprovou o documento "Esboço do Estatuto Ideológico" e a adoção do nome

Ação Popular e da sigla AP.[2] O documento de convocação dizia que se tratava de

> um grupo ideológico não confessional [...], um movimento amplo, com ideologia definida, englobando todos os setores de atividade, visando a se constituir numa expressão de um pensamento orgânico definido e orientador da luta revolucionária pela emancipação nacional (apud GARCIA, 1979a, p. 12).

O documento "Histórico" (AP, 1966a) circunscreve os primeiros passos da gênese da organização no ano de 1961. Especificamente, faz referência à conquista da União Nacional dos Estudantes (UNE) e ao subsequente trabalho de articulação em favor do movimento que culminaria na formação da AP, realizado em paralelo à caravana conhecida como UNE Volante (SOUZA, 1978). Sem fazer alusão ao nome da instituição religiosa, a cronologia se remete ao engajamento político da liderança da Juventude Universitária Católica – JUC, a partir do qual houve a conquista, em 1961, da direção da UNE.

A investigação da origem da AP, para além dos parâmetros dos documentos oficiais, está balizada por bibliografia relativamente ampla, seja de vertente acadêmica, seja da lavra de ex-dirigentes. Em um caminho e no outro, com nuanças de interpretação, há o reconhecimento de uma linhagem que é tributária da radicalização da juventude católica, no final da década de 1950 e início da seguinte. O principal núcleo constituinte da AP tinha raízes nos setores leigos do catolicismo, especialmente na JUC.

Vivia-se uma conjuntura caracterizada pela elevação da influência de movimentos e forças de esquerda na política nacional. Constituída para cristianizar os estudantes universitários, a JUC passou, na segunda metade da década de 1950, por acentuada transformação.

---

2 A sigla GAP se tornou incômoda porque poderia ser confundida com a de uma entidade de extrema direita, ativa no período, o Grupo de Ação Patriótica. O coletivo de esquerda ficara conhecido como "grupão".

Institucionalmente, havia o suporte das mudanças ocorridas no seio do próprio catolicismo, impulsionadas pelo progressista pontificado de João XXIII e por seu magistério. Mas havia, sobretudo, a mediação da inserção nas lutas sociais naquela efervescente conjuntura. Como escreveu Marcelo Ridenti (2002, p. 216), havia o confronto

> com as desigualdades gritantes da sociedade brasileira e com o ascenso na mobilização política de trabalhadores urbanos e rurais, numa dada evolução da conjuntura política nacional [...] e internacional, notadamente com a vitória da Revolução Cubana em 1959.

Participando intensamente da política estudantil e se envolvendo nos debates sobre os problemas da sociedade brasileira, os jovens jucistas ultrapassaram suas preocupações religiosas e doutrinárias e engajaram-se nas lutas pela reforma universitária e por mudanças das estruturas políticas, sociais e econômicas do país.

No início da década de 1960, a JUC tornou-se força dirigente na UNE, fazendo alianças com setores da esquerda estudantil, notadamente com o Partido Comunista Brasileiro (PCB). O processo de radicalização do discurso e da prática dos militantes jucistas chocou-se com os limites tolerados pela hierarquia da Igreja Católica. Como resposta à crescente autonomia e às posições assumidas pela juventude, a alta direção da Igreja Católica emitiu, em 1961, um documento para disciplinar o novo fenômeno, afirmando que os cristãos não poderiam considerar o socialismo como uma solução para os problemas políticos e socioeconômicos e muito menos como a solução única (COMISSÃO EPISCOPAL DA ACB, 1961, p. 947).

Além disso, Aldo Arantes, presidente da UNE, foi expulso da JUC e determinou-se que, a partir de 1962, nenhum membro jucista poderia participar de eleições e de entidades estudantis nacionais ou internacionais sem deixar seu posto na instituição católica. Estabeleceu-se, então, o objetivo de criação de uma organização laica, que aglutinasse por motivos políticos. Em 1962, foi desencadeada uma série de reuniões e, cerca de um ano depois, ocorreria o congresso de fundação da AP.

Em alentada obra sobre o radicalismo católico brasileiro, Emanuel de Kadt (2007) constatou que a AP, conscientemente, omitia referências religiosas e teológicas em seus documentos, interessada na afirmação de seu caráter de movimento laico e em não se confundir com as instituições cristãs que exerceram influência em sua origem. Nem mesmo o documento "Histórico", que dissecou esquematicamente os períodos da existência da AP até 1966, fez menção a essas interseções. Quando narra os fatos principais, insere a gênese nas articulações do movimento estudantil. Quando aborda o que chama de "nível político e ideológico", remete ao que está escrito no "Documento-base" e na "Resolução Política" (elaborada em 1965), que não fazem referências explícitas a tais inspirações.

Isso não impedia, ponderou Michael Löwi (2000, p. 248) em estudo sobre as referências intelectuais da esquerda católica, que a influência de certos pensadores religiosos fosse perceptível no "Documento-base". De resto, tais ressonâncias foram reconhecidas por escritos e registros de memórias legados por ex-dirigentes da AP (SOUZA, 1978, 1991 e 1996; GÓMEZ DE SOUZA, 1984, 1987 e 2015; PEREIRA, 1999, 2011 e 2014; LIMA & ARANTES, 1984; ARANTES, 2013). Para subsidiar o entendimento da progressão da formulação teórica e política da AP e da revisão desencadeada na segunda metade daquela década, é instrutivo mapear, ainda que sumariamente, alguns temas relacionados.

Na linhagem que vem da esquerda da juventude católica, tem-se que no início da década de 1960, período de gestação do movimento da AP, os pensadores mais influentes

> passavam a ser Emmanuel Mounier e Pierre Teilhard de Chardin. O primeiro pela dimensão cristã do seu "existencialismo", frente a outros não cristãos. O segundo, por apresentar uma alternativa cristã para uma visão "científica" da História,

> e, assim, fazer frente ao aspecto "científico" do materialismo dialético (SIGRIST, 1982, p. 24).

Havia ocorrido o declínio da influência de Jacques Maritain em favor do pensamento de Emmanuel Mounier, que era então, no dizer do padre Henrique Vaz, "o mestre mais seguido pela juventude católica brasileira" (apud GÓMEZ DE SOUZA, 1984, p. 156). Luiz Alberto Gómez de Souza alertou que a JUC não aderia às ideias de nenhum dos autores, mas fazia apropriações criativas ao contexto em que atuava.

A consequência do citado deslocamento foi interpretada por Semeraro (1994, p. 136): enquanto Maritain propunha a cristianização da democracia burguesa, preservando a ordem capitalista, para Mounier a política cristã deveria ser necessariamente anticapitalista. Preconizava, enfim, um "socialismo extracomunista", a realização de uma "revolução personalista e comunitária dirigida contra o individualismo e as tiranias coletivas" (SEMERARO, 1994, p. 137). Sobre Mounier, Michael Löwi (2000, p. 239) adicionou: "Para muitos jovens militantes o socialismo personalista foi uma introdução necessária ao socialismo puro e simples e, às vezes, uma etapa para o marxismo".

Entre os interlocutores brasileiros da juventude católica no campo intelectual, destacava-se o padre e filósofo Henrique Vaz, que colaborou decisivamente na mediação teórica dessa geração. Segundo Duarte Pereira, fundador da AP, a contribuição do padre Vaz teria sido importante para os católicos que viriam a se incorporar ao novo movimento superarem as concepções de Jacques Maritain e do pensamento neotomista mais tradicional em favor de uma visão dialética. Em decorrência da formação de Henrique Vaz, um dos mais importantes filósofos hegelianos daquele período, tratava-se, no contraste com o ponto de vista marxista, "de uma dialética de base idealista, de base cristã" (PEREIRA, 1999).

A seção filosófica do "Documento-base" da AP foi redigida por Duarte Pereira a partir de palestras de Henrique Vaz, o qual revisou a edição final. O ex-dirigente esclareceu que Vaz "não redigiu antes e não redigiu depois. Ele apenas se comprometeu a dar uma edição final, dar mais consistência ao documento aprovado no congresso. As ideias básicas eram as que ele vinha defendendo" (PEREIRA, 1999).

Se não se pode desconhecer ou menosprezar a linhagem derivada da radicalização da juventude católica, deve-se atentar para o fato de a AP, desde a origem, assumir-se como um movimento mais amplo, aberto a outras influências, e incorporar militantes de origem diversa. A esse respeito, é elucidativa a clivagem oferecida por alguns de seus fundadores.

Analisando o processo a partir da radicalização da juventude católica, Luiz Alberto Gómez de Souza (1987, p. 101) asseverou:

> Essa geração foi chegando ao socialismo, mas não ao socialismo cristão, nem tampouco ao socialismo derivado do cristianismo. Ainda que a discussão tivesse começado no âmbito de movimentos cristãos da AC (Ação Católica), logo passou a ser uma caminhada em comum com pessoas de diferentes origens, analisando o processo histórico das lutas populares e os contornos de um futuro projeto político. Daí o surgimento da Ação Popular, impropriamente considerada por muitos analistas como um movimento de esquerda cristã, mas que pretendia ser, desde o início, um movimento pluralista, embora não se possa negar que a biografia da maioria de seus criadores estivesse condicionada por suas origens cristãs.

Vinicius Caldeira Brant (1985), laconicamente, demarcou: "A AP, na verdade, surgiu em parte da esquerda católica e em parte de gente que não tinha nada a ver com o catolicismo". Duarte Pereira (2014) interpretou da seguinte maneira: "A AP nasceu da crise política da JUC, ela não nasceu da JUC". Não haveria uma relação direta entre a história das duas organizações.[3] Acentua que a formação

---

3 No Paraná, a atuação da AP contou com a convergência da militância da Juventude Democrata Cristã (JDC). Não havia vínculos orgânicos fortes, mas a JDC alinhava-se com a AP nas questões nacionais do movimento estudantil (DIAS, 2003).

da AP também contou com a adesão de setores independentes de esquerda, o que incluía militantes já definidos como marxistas, e da juventude evangélica progressista:

> A juventude evangélica - não só a Presbiteriana, mas a Metodista, a Anglicana e a Batista, são várias denominações - já estava vivendo um processo de renovação anterior ao da JUC. Eles já tinham organizações que eram semelhantes à JUC e à JEC (Juventude Estudantil Católica): a Uceb (União Cristã dos Estudantes do Brasil) e a ACA (Associação Cristã Acadêmica). [...] Quero ressaltar que também uma parte da juventude evangélica teve participação nesse processo de criação da AP (PEREIRA, 2014).

A AP procurou organizar-se, conforme as palavras de Herbet de Souza (1978), seu primeiro coordenador, como um movimento nacional alternativo ao Partido Comunista. O sentido pluralista já havia sido demarcado no "Anteprojeto do Documento-base", cujo texto, após elaborar uma crítica à experiência socialista e diagnosticar a atualidade da revolução na América Latina, estabelecera:

> Essa definição [...] tende concretamente a enriquecer-se pela aglutinação de amplos setores revolucionários não marcados por uma perspectiva revolucionária unívoca ou exclusivista, mas, ao contrário, somando-se ao projeto revolucionário a partir de premissas ideológicas diversas (AP, 1963a, p. 5).

No contexto da recusa de uma perspectiva unívoca, havia a influência do marxismo, cuja recepção também foi merecedora da atenção das memórias dos fundadores.

Herbet de Souza entende que havia uma distinção entre o marxismo presente na origem do movimento e o marxismo-leninismo a que viria se filiar mais tarde. No início, não haveria uma profissão de fé, a necessidade de dizer ou provar que era marxista (SOUZA, 1991). Seu contato pessoal com o marxismo deu-se pela mediação de um autor católico, o jesuíta Jean-Yves Calvez, a exemplo de outros membros daquela geração: "Era uma leitura de Marx que trata do problema da alienação em Marx. Tudo isso foi produzindo uma cultura" (SOUZA, 1996a, p. 34). Tratava-se de uma leitura filosófica, "o que para nós era uma coisa fascinante também" (SOUZA, 1996a, p. 34).

Duarte Pereira reitera a importância da mediação realizada por autores católicos:

> Indiretamente, era muito grande também a influência dos jesuítas ligados à *Revue d'Action Populaire*: principalmente Jean-Yves Calvez (O pensamento de Karl Marx), Pierre Bigo (Marxismo e humanismo) e Henri Chambre (*Le marxisme en Union Soviétique: Idéologie et Institutions*). A tese central de Bigo era a de que O Capital não podia ser compreendido sem a antropologia idealista prévia que o fundamentava (PEREIRA, 2011).

Ampliando o leque de referências, Duarte Pereira pontua que, naquela conjuntura, já havia ocorrido o "XX Congresso do Partido Comunista da União Soviética (PCUS), que tinha feito avaliação crítica de Stalin e, portanto, aberto o debate sobre o marxismo" (PEREIRA, 2011).

Com efeito, um dos corolários da repercussão do XX Congresso do Partido Comunista da União Soviética, mediante o impacto da revelação dos "crimes de Stalin", foi reavivar o interesse por autores que não estavam ligados ao "marxismo oficial" e, mais especificamente, pelo "jovem Marx", em cuja obra o comunismo era a realização do humanismo (MÁREK, 1987, p. 313). O conceito de "alienação" foi alçado ao primeiro plano. Daí o fato de o interesse pelo marxismo ter ido além do marxismo-leninismo e também haver grande audiência para a combinação entre marxismo e psicanálise (MÁREK, 1987).

Ciente da ressonância sobre a geração que fundou a AP, Duarte Pereira garante que houve forte influência de uma releitura humanista do marxismo, sustentada na redescoberta e na tradução dos "Manuscritos Econômico-Filosóficos" de Karl Marx. Como exemplo dessa abordagem humanista, cita que a obra de Erich Fromm teve grande impacto e contribuiu para quebrar certos preconceitos nos meios cristãos. Acrescenta que "o outro viés foi do Roger Garaudy, então o principal intelectual do Partido Comunista Francês, que também começou a defender a leitura humanista do marxismo", ensejando aproximação com o catolicismo dos tempos de João XXIII (PEREIRA, 2011).[4]

Ademais, havia o fato de alguns líderes da AP haverem tido acesso a referenciais marxistas por via acadêmica, pois vinham de cursos de Ciências Sociais. Para além dos mediadores, Duarte Pereira (2011) notifica que

> o próprio O Capital começava a ser lido nas passagens transcritas nas Obras Escolhidas de Marx e Engels e na versão sintética de seus capítulos fundamentais organizada por André Deville, que começava a circular em meios acadêmicos. Era muito lida também uma tradução sintética dos Manuscritos Econômico-Filosóficos.

A incorporação do marxismo pela chave do humanismo foi, efetivamente, um dos traços característicos da formulação inicial da AP. Dessa forma, sua singularidade na história da esquerda brasileira da década de 1960 extrapola o fato de sua origem ter sido impulsionada pelo cristianismo progressista. Constata-se, também, que correspondia a tendências que vinham se colocando em âmbito internacional, estabelecendo pontos de contato com temas, como alienação e humanismo, que vinham sendo desenvolvidos pelo marxismo, principalmente depois de 1956.

---

4 Ao comentar o acento humanista da linha política da AP, Jacob Gorender focalizou mais amplamente o fenômeno. "Não por coincidência, na mesma época em que as preocupações humanistas estavam em voga nos meios marxistas europeus e brasileiros. Preocupações das quais fui porta-voz em conferências e debates com católicos, sacerdotes e leigos" (1987, p. 37).

Ideologia e caminhos próprios ao socialismo

O "Documento-base" não faz incursões diretas nas etapas anteriores ao congresso de fundação, nem às realizadas sob a chancela da AP nem a uma genealogia mais remota, provavelmente porque seu interesse era afirmar, no ato inaugural, a identidade da nascente organização. Desse ponto de vista, um balanço de sua gênese talvez fosse tão inadequado quanto excessivo.

Entretanto, alguns temas antes esboçados foram aprofundados no "Documento-base", que sistematiza a identidade da AP em torno da elaboração de ideologia e de caminhos próprios. No seio de sua geração, a AP se distingue pelo fato de não reivindicar uma linhagem especificamente marxista, embora sofresse e assumisse sua influência. Buscava formular uma nova síntese política, em que podiam ser reconhecidas ressonâncias do cristianismo, do existencialismo e do marxismo.

O texto do "Documento-base" divide-se em quatro grandes seções, cada qual com subdivisões internas: I Perspectiva histórica; II Perspectiva filosófica; III O socialismo; IV A evolução da realidade brasileira.[5] Na introdução, traduz uma perspectiva sistematizada pela tríade "visão, opção e ação", adaptação do método "ver, julgar e agir", caro à esquerda católica. De acordo com Duarte Pereira (2014), era uma utilização ressignificada pela AP. Enquanto a formulação original supunha um julgamento a partir de princípios transcendentes, no método da AP tratava-se de

> ver a realidade e optar por uma das alternativas que estão implícitas nessa realidade, pelo movimento dialético que ela própria está fazendo por meio das suas contradições, ou seja, escolher, dentre essas alternativas, uma linha determinada de ação (PEREIRA, 2014).

---

5 Promoveu-se a divisão em quatro grupos temáticos de debates, aos quais correspondiam relatórios para aprovação em plenário. Os redatores foram Herbet de Souza, Luiz Alberto Gómez de Souza, Vinícius Caldeira Brant e Duarte Pereira.

Desde o princípio, demarca-se a linha humanista do DB:

> Nosso encontro com a realidade é um duro e implacável corpo-a-corpo com as forças sociais que exploram, aviltam e mutilam o homem. É esta realidade deformada e desumanizada que nos vergasta asperamente o rosto e nos lança seu desafio. Frente a ela nos situamos, com ela nos medimos, nela mergulhamos na aventura, no risco, na gravidade única de um combate pelo homem. [...] Para conquistar a estatura autêntica do humano [...]. Nosso compromisso único é, pois, com o homem. Com o homem brasileiro, antes de tudo (AP, 1963b, p. 1).

O DB adotou o conceito de socialização como linha condutora de interpretação do processo civilizatório. Por um lado, identificou no capitalismo a primeira forma de civilização mundial, um estágio de socialização sem precedentes na história da humanidade. Por outro, apontou seu caráter contraditório, repleto de alienações e tensões, tais como a separação entre o capital e o trabalho, entre as classes sociais e entre os países no processo de expansão internacional. Essas contradições remeteriam a um desenlace socialista: "Nesta perspectiva é que convém situar o advento do socialismo, primeiro como crítica imanente do capitalismo, logo como exigência histórica da sua superação real" (AP, 1963b, p. 4).

Na formulação do projeto da AP, há uma tensão entre a concepção de revolução como necessária negação do capitalismo, decorrente de suas contradições, e o imperativo do humanismo. O horizonte socialista é apresentado como "possibilidade concreta de realização do homem dentro do processo de socialização em cujo sentido a história inelutavelmente se move" (AP, 1963b, p. 2). A socialização e a personalização estariam condicionadas dialeticamente (AP, 1963b, p. 1).

Na fundamentação filosófica, sobressaiu a conceituação da "consciência histórica", exercício que pretendeu evitar dois reducionismos. O primeiro seria praticado pelas concepções materialistas, às quais corresponderia a noção de "consciência-reflexo" (ou "consciência-produto"). O segundo seria derivado das concepções idealistas, que também alienariam o homem, alimentando-o de ilusões. O DB declara, assim, situar-se em uma terceira posição, proclamada de realista, que colocaria face a face a consciência e o mundo, o homem e a natureza. Em resumo:

> A partir da concepção realista da consciência, a noção de consciência histórica insere na dimensão do tempo humano a articulação dialética do homem e do mundo. Supera a concepção materialista da história que não escapa à coisificação da consciência pela sua sujeição aos determinismos do mundo. Não incide na concepção idealista que atraiçoa as responsabilidades históricas concretas pela fuga no abstrato (AP, 1963b, p. 7-8).

A superação dos reducionismos exigiria uma articulação dialética: "Pela consciência, o homem compreende a natureza, estrutura-a em mundo; mas esta compreensão não é só pensamento: é ação e transformação" (AP, 1963b, p. 6). Tratava-se de um projeto que, partindo de uma concepção "realista" da história, tinha como "sujeito o homem a ser reconhecido, como objeto o mundo a ser humanizado, como fim a comunidade das pessoas na transparência e na solidariedade de um mundo autenticamente humano" (AP, 1963b, p. 8).

O conceito-chave do DB era o "socialismo como humanismo". A Ação Popular (1963b, p. 4), evocando "a inspiração humanista a partir da qual toda a experiência socialista deve aferir seu nível de autenticidade", criticava os regimes instituídos sob o signo da noção marxista-leninista da ditadura do proletariado. Associando o conceito com a prática histórica, acusava a geração da "hipertrofia do poder político, a consagração mítica do aparelho do partido, o fetichismo ideológico" (AP, 1963b, p. 5). Sublinhava que, na superação do capitalismo, haviam surgido novas formas de dominação e alienação.

Por entender que tais experiências haviam se desenvolvido em condições de isolamento e com a necessidade de autodefesa, o DB não descartava que as revoluções pudessem necessitar de uma fase de ditadura, mas sua elaboração colocava-se no campo crítico, insistindo que também havia a influência de uma orientação ideológica. Tratar-se-ia de manter a exigência humanista que marcaria o socialismo desde suas origens, fosse para derrotar o capitalismo, fosse para ir além dos limites dos regimes socialistas instituídos para sua superação.

O DB reconheceu a importância decisiva do marxismo, citado como "expressão mais profunda e rigorosa da crítica ao capitalismo e como interpretação teórica de passagem ao socialismo" (AP, 1963b, p. 4). Ressalvou, no entanto, que essa perspectiva "não esgota a realidade histórica do movimento socialista mundial e muito menos o encerra em quadros aprioristas e dogmáticos de pensamento e ação" (AP, 1963b, p. 4).

Nesse diapasão, inferiu que a experiência estaria demonstrando que o socialismo não se confundia, necessariamente, com o bloco político-militar soviético. Sustentou, portanto, a tese de que o complexo mundo socialista em gestação poderia comportar diversas experiências e com orientações ideológicas distintas. A realidade indicava a existência de diversas concepções de passagem ao socialismo. Os caminhos para o socialismo permaneceriam abertos numa larga frente de possibilidades (1963b, p. 4).

Contrapondo-se à linha do PCB, a estratégia política da AP recusou a concepção de que deveria haver uma fase de consolidação do capitalismo como etapa necessária à revolução brasileira. Não considerava possível, contudo, uma revolução socialista imediata. Nas condições existentes, dispunha-se a desencadear um "processo de preparação revolucionária", que definiu como "mobilização do povo, na base do desenvolvimento de seus níveis de consciência e organização" (AP, 1963b, p. 13). Para o DB, não cabia à AP antecipar como ocorreria o processo revolucionário, mas reconhecia, com linguagem vazada por certo eufemismo, que "a história não registra quebra de estruturas sem violências geradas por essas mesmas estruturas, que produzem, em última análise, essa conseqüência" (AP, 1963b, p. 10).

A mediação entre a busca dos objetivos finais e as formas de ação nas conjunturas, visando à preparação revolucionária, foi assim traduzida:

> Conscientes de que nesse trabalho será necessário utilizar os mais variados instrumentos e que será possível explorar as contradições do poder atual, propomo-nos a uma conquista de instrumentos que possam gradualmente ser usados como força de pressão radicalizadora. Não somente colocamos essa necessidade como tarefa de nossa militância em instrumentos de poder a que sejam chamados, mas devemos fundá-la no diálogo permanente com outros setores antiimperialistas e revolucionários e na radicalização das próprias contradições do poder atual (AP, 1963b, p. 13).

Autores interessados em identificar as referências intelectuais subjacentes ao "Documento-base", como Michael Löwi e Emanuel de Kadt, oferecem apontamentos que, se não esgotam as possibilidades de análise, são úteis para cotejar os fundamentos da linha então fixada com aqueles que orientariam as retificações que viriam.

Para Emanuel de Kadt (2007, p. 117),

> a interpretação que a AP fazia da história devia muito a Hegel, na sua insistência sobre o movimento na história; a Marx, em sua ênfase nas relações de dominação; a João XXIII, em seu uso do conceito de socialização; e a Teilhard, em sua interpretação otimista e utópica do que é possível no futuro em geral. Mas os princípios básicos – e vagos – que guiariam as relações sociais após a grande transformação derivavam amplamente de uma outra fonte, que também é levada em conta na ênfase do movimento sobre "o homem" e a expansão de seu potencial: o existencialismo "personalista" cristão de Emmanuel Mounier.

As inferências de Löwi operam em frequência parecida. Citando estudo de Pablo Richards, indica que há "uma mistura, bastante original e coerente, de teorias formuladas por autores como Lebret, Mounier, Teilhard de Chardin, Hegel e Marx" (Apud LÖWI, 2000, p. 249). Especificamente sobre a interseção com pensadores católicos, discrimina:

> Há uma concepção da "socialização" como lei da evolução histórica humana que, certamente, é de inspiração teilhardiana, ao passo que a definição do socialismo como "comunidade de pessoas na transparência" se deve, sem dúvida, a Mounier (LÖWI, 2000, p. 249).

Em contrapartida, ampliando o foco, Löwi (2000, p. 249) enfatiza: "No conjunto, [...] trata-se de um texto que se situa além das referências à Esquerda Cristã e que se quer resolutamente não confessional".[6] A esse respeito, pode-se adicionar o que Emanuel de Kadt escreveu, atento à influência da vertente humanista do marxismo que inspirava o nascente movimento: "A AP, obviamente, compartilha do desencantamento pós-stalinista dos neomarxistas do mundo e dos humanistas socialistas com os resultados da revolução russa" (KADT, 2007, p. 207).

O congresso de Salvador aprovou, também, uma direção nacional e uma estrutura organizativa para a AP. O secretariado nacional foi composto por Herbet José de Souza (coordenador), Severo Albuquerque Sales, Cosme Alves Neto e Maria Angélica Duro.

Em seus primeiros anos, a AP definia-se como um movimento e não como um partido político. Em registro memorialístico, explicou Herbet de Souza (1978, p. 76): "A AP nasceu como uma organização de massa avançada, como um movimento. Foi este seu caráter que gerou sua força, sua sensibilidade e capacidade de expansão". Em contraponto, é esclarecedor o comentário de um dirigente, inscrito em um documento produzido quando o objetivo de

---

6 Talvez Löwi não tenha discriminado essas outras inspirações porque seu ensaio voltava-se aos pensadores católicos.

transformação em um partido marxista-leninista entrara em pauta: "Nem nos púnhamos a questão de sermos um partido marxista-leninista, nem nos púnhamos como partido e refutávamos a ideia de um partido como uma ideia burguesa" (APML, 1971c, p. 3).

Entre as novas organizações de esquerda que disputavam a cena política com o PCB, a AP foi a que teve maior influência social, exercendo a hegemonia sobre a UNE e incidência na organização dos movimentos sindicais rurais (LIMA & ARANTES, 1984). Articulando a estratégia pelo socialismo por meio da mobilização do povo e da elevação de sua consciência, teve, desde o primeiro momento, interferência na luta social concreta. Conforme Jacob Gorender (1987, p. 36), a AP "se distinguiu [...] pela capacidade de atuação no movimento de massas em favor das reformas de base e por sua presença nas mais variadas entidades setoriais e de frente única do imediato pré-64".

O documento "Histórico" narrou a inserção nos movimentos e na luta social nos seguintes termos:

> O movimento manteve a liderança da UNE, no Congresso de 63 e 64, conseguiu representar-se na diretoria da Contag,[7] através de cinco militantes camponeses, promoveu e participou das campanhas de alfabetização e cultura popular, fundou dezenas de sindicatos rurais, conquistou a liderança de alguns sindicatos urbanos, e promoveu através do movimento estudantil algumas concentrações ou manifestações populares de caráter nacionalista e "reformista" (AP, 1966a, p. 4).

Em sua atuação conjuntural, é possível identificar ressonâncias das diretrizes do "Documento-base". Por um lado, estreitando os laços com setores anti-imperialistas e revolucionários, a AP tinha assento na Frente de Mobilização Popular, entidade extraparlamentar e suprapartidária organizada para impulsionar a pauta das reformas

---

7 Confederação Nacional dos Trabalhadores da Agricultura.

de base. Por outro lado, explorando "as contradições do poder atual", não recusou a possibilidade de seus dirigentes e membros participarem das agências governamentais durante o mandato do presidente Goulart, com o qual manteve uma relação de apoio crítico.[8]

Em janeiro de 1964, a primeira edição do jornal "Ação Popular", de responsabilidade do secretariado nacional da AP, anunciava a preparação para o II Congresso, previsto para ocorrer ainda naquele semestre. Os objetivos esboçados eram ambiciosos. Manifesta-se o desejo de que o evento, indo além da composição majoritária inicial, fosse o congresso da Ação Popular camponesa, operária e estudantil: "Já não seremos mais os estudantes, mas um conjunto dos setores, integrando operários, camponeses, profissionais liberais, políticos, militares" (AP, 1964, p. 1).

O momento histórico desafiava o aprofundamento da elaboração de uma estratégia revolucionária:

> Queremos um congresso produtivo, à altura da nossa missão, um congresso que marque um novo momento na vida da AP: o da reflexão sobre a ação revolucionária, já que o I Congresso caracterizou o momento da nossa opção revolucionária [...]. Já não teremos uma aspiração à revolução, mas a terrível responsabilidade de uma organização revolucionária pela libertação de setenta milhões de brasileiros (AP, 1964, p. 1).

Não obstante esses planos, o rápido crescimento que a AP experimentou em seu pouco tempo de existência foi interrompido com o golpe de Estado de 1964 e com a instauração da ditadura civil-militar. Identificada com o horizonte da revolução brasileira, sua práxis não ultrapassou o movimento em favor de reformas es-

---

8 Na titularidade de Paulo de Tarso dos Santos no Ministério da Educação e Cultura (junho a outubro de 1963), o chefe de sua assessoria foi Herbet de Souza. Essa gestão deu impulso ao trabalho de alfabetização de adultos do educador Paulo Freire. Aldo Arantes e Jair Ferreira de Sá participaram da Superintendência da Reforma Agrária (Supra).

truturais que marcou aquela conjuntura (GAVIÃO, 2007). A exemplo do que ocorreu com as demais forças de esquerda, teve de debruçar-se sobre o significado da derrota sofrida. Iniciou-se, então, um processo de reavaliação de sua política e de sua estratégia, que culminaria na ruptura com sua identidade original.

A dialética da transformação

De acordo com o documento "Histórico", a segunda fase da trajetória da AP iria de seu congresso de fundação até o "golpe de abril" de 1964, nos termos do vocabulário empregado. A terceira fase se estenderia dessa ruptura institucional até 1965, quando houve uma Reunião Nacional Extraordinária. Nesse período, a AP viveu uma grave crise, caracterizada pela desarticulação da base social, por desorientação política e por uma tendência à desagregação. Tal tendência teria sido revertida a partir da citada reunião, que aprovou o documento "Resolução Política" (RP), a primeira resposta aos novos desafios. A quarta fase iria até o momento em que o "Histórico" foi consolidado, ou seja, 1966.

No período imediatamente posterior ao golpe de Estado de 1964, por motivos de segurança, o coordenador da AP, Herbet de Souza, juntamente com os dirigentes Aldo Arantes e Jair Ferreira de Sá, exilou-se no Uruguai. Foi preservada, em São Paulo, uma direção provisória. Em Montevideo, influenciados por Leonel Brizola, os dirigentes da AP aproximaram-se da ideia de uma rápida reconquista armada, eco do imaginário irradiado pela Revolução Cubana (SOUZA, 1978).

A situação interna da AP no Brasil era mais diversificada. O documento "Histórico" avaliou que, naquele quadro de crise de perspectiva, de desorientação política e de fragilidade organizativa, emergiram tendências que representariam desvios de direita e de esquerda.

Foram mapeados três desvios de direita. Chamada de "bolsista", uma tendência defendia uma espécie de preparação técnica para formação de quadros, visando a uma atuação futura, em um prazo que poderia durar 10 anos ou mais. Tachada de "liquidacionista", outra tendência considerava que o movimento da AP estava demasiadamente marcado e não resistiria à repressão, defendendo, por isso, sua dissolução "em algo mais amplo para definir-se num futuro tão longínquo quanto incerto" (AP, 1966a, p. 7). Uma terceira tendência era favorável ao objetivo de "continuar a luta, mas tão somente no plano institucional, legal, dentro dos limites permitidos pela ditadura" (AP, 1966a, p. 7). Tratar-se-ia de uma nova modalidade de reformismo, mais tênue do que o existente até 1964, mas tão ineficaz quanto ele.

No outro polo, identificava-se o oportunismo do "aventureirismo": "Ao lado dos desvios de direita foi criado um clima propício aos desvios de esquerda: ações isoladas de militantes que preferiam fazer algo, mesmo que errado, a praticar a política da omissão" (AP, 1966a, p. 7). Com isso, incorria-se no "subjetivismo" e no "personalismo", em prejuízo do caráter orgânico e unitário do movimento.

No diagnóstico sistematizado no "Histórico", o que provocava e acelerava a crise era a "indefinição de um caminho para o movimento, a ausência de um documento que servisse pelo menos de elemento de discussão e, portanto, de unidade" (AP, 1966a, p. 8). Faltava a elaboração de um caminho político. Daí a importância da resolução aprovada na Reunião Nacional Extraordinária.

Em depoimento concedido no início da década de 1990, Herbet de Souza reportou-se ao impasse vivido, à discrepância de perspectivas e à percepção que os dirigentes formularam quando estavam no exílio:

> Nessa época nós víamos que as coisas não iam bem com a Ação Popular. As informações que tínhamos eram de que tudo estava desmobilizado. Aí decidimos voltar, para propor à AP a guerrilha. Viemos para São Paulo, retomamos a direção da Ação Popular e foi aí que se decidiu que o caminho da revolução era o da luta armada (SOUZA, 1991, p. 36).

Além do retorno desses dirigentes, a realização da citada reunião contou, conforme Duarte Pereira (1999), "com representação dos principais polos de reorganização em curso e com alguns companheiros que se encontravam no exterior e se agruparam principalmente na França, em Paris". Sobre os polos internos, detalhou o "Histórico":

> A reunião do Comitê de 65 reuniu, além dos companheiros dos antigos comandos nacionais, representantes dos comandos dos seguintes estados: Pernambuco, Bahia, São Paulo, Rio Grande do Sul, Goiás e Guanabara. Além disso, foram convocados companheiros do Pará e de Minas, que no entanto não chegaram a participar da reunião (AP, 1966a, p. 12).

Aprovada em 1965, a "Resolução Política", cujo subtítulo é "Uma política revolucionária para o Brasil", foi um ponto de inflexão na vida da AP. Em sua introdução, expôs seus objetivos:

> Esta resolução visa definir uma linha política revolucionária para a nossa organização, linha política que nos cabe levar à prática, não em um amanhã sempre remoto, mas a partir de hoje, sem adiamentos. O que nos obrigará a arrancar nossa organização do seu estágio e, dimensionando-a segundo as exigências de nossa opção original, fazê-la ingressar em uma nova etapa de sua existência, etapa rigorosamente popular e revolucionária (AP, 1965a, p. 1).

Para tanto, procedeu a um exame da orientação vigente na fase anterior. A relação com as diretrizes do "Documento-base" não é, contudo, de ruptura total. A crítica frontal atinge mais a parte da tática e da estratégia política do que a fundamentação filosófica. Explicou Duarte Pereira (2011):

> Não era uma revogação geral do Documento-base, da sua perspectiva filosófica. Achávamos que isso tinha que ser objeto de um debate posterior, mais calmo, mais desenvolvido. A questão principal era o seu último capítulo, uma avaliação da nova situação política do país e o desenvolvimento de nossa orienta-

ção política para essa nova situação. Colocávamos a Resolução Política como complemento do Documento-base, não como uma revogação.

Também em seu início, a RP indicou o percurso que seria seguido e a atitude diante do DB:

> O roteiro desta resolução será, depois de breve revisão autocrítica do movimento, o de retomar o Documento-base para reafirmar suas posições filosóficas, confirmar e esclarecer melhor suas opções ideológicas, enriquecer suas análises históricas e, a partir daí, *prolongando-o e completando-o* (grifos do original), explicitar e definir a linha política e programática por ele apenas esboçada (AP, 1965a, p. 2).

Mais adiante, quando analisou especificamente o referido documento, a RP enfatizou:

> Enganam-se aqueles que pensam estar o Documento-base superado. As suas linhas mestras e definidores conservam-se vivas e atuais. O que ele precisa é ser, antes de tudo, *conhecido e entendido*, e depois urgentemente *completado* (grifos do original) (AP, 1965a, p. 9).

No exame da história da AP, a RP faz incursão, inclusive, em sua gênese, detendo-se em duas fases imediatamente anteriores ao congresso de fundação, localizadas em 1962. Em particular, dialoga com a orientação traduzida no "Estatuto Ideológico" e no "Esboço do Estatuto Ideológico", aprovados, respectivamente, na primeira e na segunda reunião de formação do movimento. O objetivo era fornecer um parâmetro para avaliar o DB.

Cotejando as posições existentes entre essas duas fases, a RP criticou o "Estatuto Ideológico" por limitar-se a fazer a opção anticapitalista e deixar a definição pelo socialismo apenas implícita. O "Esboço do Estatuto Ideológico", apesar dos avanços que teria promovido, recebeu críticas semelhantes. Faltaria, ainda, uma opção indiscutível pelo socialismo.

Eram emblemáticos das concepções humanistas que sobreviviam na RP os comentários acerca da base filosófica dos referidos documentos. Em relação ao "Estatuto Ideológico", a RP criticou a inexistência de uma "concepção sistemática do Homem e da história humana" (AP, 1965a, p. 3). A mesma deficiência foi acusada no "Esboço do Estatuto Ideológico", cuja abordagem filosófica, insatisfatória, ressentia-se da "falta de uma interpretação prévia do homem" (AP, 1965a, p. 5).

Na reformulação de 1965, sobrevivia uma concepção filosófica humanista. O DB foi saudado como um expressivo avanço em relação à elaboração anterior, lançando "os fundamentos de uma interpretação filosófica, audaciosa, renovadora do Homem e da História" (AP, 1965a, p. 9). Com essa fundamentação filosófica, o DB retorna à análise histórica e, afastando as "posições ingênuas de simples anticapitalismo", estabelece, "pela primeira vez, com todo o rigor e alcance, nossa opção pelo socialismo" (AP, 1965a, p. 9).

Ao mesmo tempo em que apontou a correção da opção pelo socialismo, a RP reafirmou a atualidade das posturas críticas, presentes no DB, em relação às características burocráticas e autoritárias dos regimes socialistas existentes. Também foram preservadas as passagens que falam "da complexidade do mundo socialista em gestação", que poderia abrigar "experiências as mais diversas e com orientações ideológicas distintas" (AP, 1965a, p. 9). O horizonte era o socialismo como humanismo.

Sobre os caminhos da revolução brasileira, afirmou que o DB acertara em sua crítica ao "etapismo". Manteve-se a compreensão de que não deveria haver uma fase de consolidação do capitalismo como etapa necessária à revolução. Acusou-se a burguesia nacional de não ter autonomia em face da dominação imperialista. A grande deficiência do DB se encontrava na ausência de uma política global que articulasse as lutas parciais com a preparação ativa do processo revolucionário.

A política anterior, por um lado, excluía a ação eleitoral, uma das principais modalidades da luta institucional, e, por outro lado, era ambígua ou imprecisa em relação à insurreição. De um modo ou de outro, era vaga quanto à forma de conquistar o poder. As limitações dessa política teriam ficado expostas com a emergência do golpe de Estado de 1964:

> O Documento-base encaminhava para o modelo estratégico de infiltração gradual no poder estabelecido e de radicalização progressiva, através das lutas de massas e ideológicas, tudo conduzindo a uma grave crise decisiva do poder, ou seja, a um desfecho revolucionário. Só que, não prevendo para esse desfecho nenhuma saída, sua estratégia conduzia a um impasse, do que já estamos colhendo frutos antecipados com a ditadura militar implantada no país (AP, 1965a, p. 15).

A decisão de maior impacto da RP foi a fixação do objetivo de conquistar o poder pela via insurrecional. A concepção da estratégia abarcava as tarefas de libertação nacional com as tarefas socialistas. Portanto, segundo o vocabulário do documento, tratava-se de uma revolução socialista de libertação nacional. O conceito absorvia influências das revoluções chinesa e cubana.

O horizonte da nova estratégia era deflagrar a guerra de guerrilhas, cuja arena principal residiria no campo. Naquela desfavorável correlação de forças, seria necessário avançar por meio de estágios crescentes de luta. Tendo como base ensinamentos extraídos da análise histórica, a RP delineou que a guerra revolucionária se desenvolveria em três grandes etapas, sem que houvesse separação rígida entre elas: 1) defensiva estratégica; 2) preparação da contraofensiva; 3) contraofensiva geral.

Embora fosse "estrategicamente defensiva", a primeira etapa deveria ser "taticamente ofensiva", com vistas a

> desenvolver um trabalho contínuo e sistemático de desgaste do inimigo e progressivo fortalecimento das forças revolucioná-

> rias, até que, pelo trabalho crescente de conscientização, propaganda política, organização, radicalização da luta institucional e formação gradativa do dispositivo armado militar, se torne possível, numa etapa final da luta, o confronto direto com os inimigos (AP, 1965a, p. 43).

Nas condições vigentes no Brasil, preconizava-se uma fase preliminar à própria etapa "defensiva estratégica", denominada na RP como "Preparação revolucionária ativa", na qual deveriam ser perseguidos cinco objetivos: a) criação de um dispositivo armado; b) radicalização progressiva da luta institucional; c) promoção da luta ideológica; d) organização revolucionária; e) articulação dos movimentos revolucionários da América Latina (AP, 1965a, p.46-49).

Partia-se do diagnóstico de que ainda não existiam as condições mínimas de continuidade e êxito da luta insurrecional, em que fosse possível o início de operações concretas de guerrilha: "Achamo-nos numa fase de transição do caminho institucional para o caminho insurrecional: numa fase de preparação político--militar da luta insurrecional propriamente dita" (AP, 1965a, p. 45).

Na etapa de preparação revolucionária ativa, identificada com a situação vivida, "a luta militar se limita à preparação dos núcleos guerrilheiros e das faixas de ação armada nas cidades, preparação, é claro, ao mesmo tempo, técnico-militar e política" (AP, 1965a, p. 45). A superação dessa fase exigiria a sedimentação de condições mínimas, tanto do ponto de vista militar quanto político:

> Quando essa estrutura mínima estiver montada, já treinado um número razoável de quadros, atingindo um nível satisfatório de organização e segurança, e sobretudo quando a situação política geral atingir o nível de polarização ideológica e radicalização política indispensável, é que se dará início às operações concretas de guerrilha e às ações armadas na cidade – o que marcará a passagem da luta para a etapa defensiva estratégica. (AP, 1965a, p. 46).

A AP redefiniu sua estrutura organizativa e sua direção, adotando o sistema de Comandos regionais e nacional. Composição do Comando Nacional: Aldo Arantes, Herbet de Souza, Duarte Pereira, Sergio Mota, Paulo Stuart Wright e Carlos Walter Aumond (representante da base de Paris). Aldo Arantes tornou-se coordenador nacional da AP. Ainda em 1965, foi constituída uma comissão militar. A atuação concreta da AP, exceto por ações armadas isoladas e realizadas fora das decisões do comando nacional, foi basicamente conduzida pela diretriz da "Radicalização da luta institucional".

O documento "Histórico" saudou a importância da Reunião Nacional Extraordinária e de suas deliberações: "Saía o movimento unido de uma grande crise de definição, aprovando sua Resolução Política por unanimidade" (AP, 1966a, p. 13). Avaliou, contudo, que era necessário "completar a revisão da Resolução Política, que se ateve de modo especial ao desenvolvimento ideológico da organização" (AP, 1966a, p.1). Por isso, o diagnóstico realizado no "Histórico" problematizou, também, dimensões que considerava frágeis na AP, atinentes ao perfil da militância, à base social, ao estilo de trabalho.

O planejamento inicial, anunciado na apresentação da "Resolução Política", continha a ideia de realizar um congresso nacional, posteriormente, para promover a aprovação definitiva do documento, mediante o exame da experiência de sua aplicação prática (AP, 1965a). Isso, porém, não ocorreu. A dinâmica de aprofundamento do debate e de retificação da linha política seguiu outros caminhos.

Não obstante as cores otimistas utilizadas para consignar a nova linha estratégica, a crise de perspectiva se acentuou. A aplicação das diretrizes não se daria sem conflitos. Nessa fase de adesão explícita à luta armada, de acordo com Duarte Pereira (1999a e 1999b), a AP viveu sua primeira luta interna. Teria ficado evidente a contradição, existente desde o início, entre a corrente revolucionária e a reformista. Estabeleceu-se a necessidade da "reopção", que implicou o afastamento de militantes e dirigentes que não a aceitavam.[9] O principal núcleo de resistência localizava-se em São Paulo.

Em 1966, no diapasão do diagnóstico preliminar da fragilidade organizativa, o Comando Nacional desencadeou uma pesquisa interna para aferir, de maneira realista, o perfil da militância da AP, presumivelmente para preparar as mudanças na política e medir seu impacto. Entre outros aspectos, o levantamento investigou: o período de ingresso na organização, a consistência da formação política, as influências recebidas, o estilo de militância e a área de inserção. Embora fossem acusadas falhas de metodologia e houvesse um grau de abstenção nas respostas, o resultado era representativo.

A maioria dos militantes que responderam, na casa de 68%, havia ingressado no pós-1964, sendo que 40% já no período da "Resolução Política". A militância anterior na Ação Católica não era mais o caminho principal, mas, no somatório geral, ainda era representativa. O movimento estudantil mantinha-se como o núcleo principal de recrutamento. Sobrevivia a influência de pensadores cristãos progressistas, em um contexto em que se constatava crescente interesse pelo marxismo.

O estilo de militância e a compreensão dos contornos da luta armada eram considerados débeis. A ampla maioria não identificava a necessidade de um partido de vanguarda para a condução da revolução. O veredito era duro: "Pode-se afirmar que a maior parte dos nossos militantes não são quadros revolucionários com formação teórica correspondente. A organização por sua vez [...]

9 Entre os dirigentes de formação católica que se desligaram da AP destaca-se Luiz Alberto Gómez de Souza, um de seus mais influentes fundadores. Em alguns escritos, Gómez de Souza sistematizou críticas ao processo de transformação em curso. Para ele, nos tempos de clandestinidade e de repressão, vários dirigentes da AP procuraram "a tranquilidade nas águas do dogmatismo e uma clara ortodoxia leninista ou maoísta" (1984, p. 200). Com isso, o movimento transformou-se "num rígido partido marxista-leninista sem originalidade" (GÓMEZ DE SOUZA, 1987, p. 102). Ver o capítulo 3 deste livro.

ainda não definiu como se constrói uma organização revolucionária" (AP, 1966b, p. 13).

Desde 1965, em face da reformulação em curso e dos desafios descortinados, o Comando Nacional da AP editou um conjunto de textos visando ao aprofundamento da formação teórica e política dos militantes. Foram duas séries de publicações, intituladas "Textos para debates" e "Textos para militantes". Os materiais eram acompanhados por uma apresentação e por um roteiro de questões que fomentavam a reflexão sobre o conteúdo e a aproximação com os dilemas enfrentados pela AP.

A primeira série compreendia subsídios que haviam sido escritos, elucidou o editor, "numa perspectiva que não corresponde inteiramente à nossa, mas que, pelo seu valor e oportunidade, são extremamente úteis para nos ajudarem a aprofundar nossa reflexão ideológica e nosso conhecimento da realidade contemporânea" (AP, 1965b, p. 1). Adicionou que a segunda série era "constituída de textos escritos numa perspectiva nossa, mas [...] isso não exclui uma discussão crítica, construtiva e criadora" (AP, 1965c, p. 1).

No início da série dos "Textos para debates", houve a publicação de um ensaio, escrito por um teólogo protestante, que abordava a relação entre a humanização, a política e a ideologia revolucionária, mas a maioria dos subsídios tematizava os desafios da estratégia revolucionária por meio das variações da luta armada. Destacavam-se textos sobre a chamada teoria do foco revolucionário, de autoria de Ernesto Guevara e Régis Debray, envolvendo suas dimensões conceituais e sua aplicação prática. Da mesma forma, há materiais a respeito da revolução chinesa, abarcando as noções da guerra popular e também a experiência da reforma agrária.[10] Os

---

10 No Fundo Documental Duarte Pereira, depositado no arquivo Edgard Leuenroth (Universidade de Campinas), há uma coleção desses materiais. Para orientação dos leitores, eis um breve sumário dos textos dessa série, incorporando esclarecimentos legados por Duarte Pereira, que era o dirigente responsável pelo trabalho

"Textos para militantes" incorporavam, além de reflexões teóricas e de estratégia, propostas de organização interna e de profissionalização de quadros.[11]

No âmbito das novas diretrizes, a AP constituiu, em 1966, o Movimento Contra a Ditadura (MCD), cujo papel na etapa vivida do processo da revolução brasileira foi assim explicado por documento emitido pelo Comando Nacional:

> A Resolução Política caracterizou a atual etapa da revolução brasileira como etapa de preparação revolucionária ativa. Nela são criadas as condições objetivas e subjetivas para as etapas superiores da luta. O MCD é o instrumento tático encontrado por nossa organização para viabilizar o objetivo estratégico radicalização institucional (AP, 1966c, p. 9).

---

de formação dos militantes: 1) Movimento guerrilheiro da Guatemala - extraído do periódico *Montly Review*, 1965; 2) Humanização, política e ideologia revolucionária - autoria do teólogo Richard Shaull; 3) A África negra começou mal? - Vários autores. Os textos trariam o benefício de promover a demonstração das dificuldades práticas da aplicação da tese da revolução socialista de libertação nacional, que inspirava a "Resolução Política"; 4) Revolução pacífica ou revolução violenta? - Textos de pensadores marxistas do Vietnã; 5) Reforma agrária e industrialização na China - Lioa Lu-Yen e Po Y-Po; 6) Guerra de guerrilhas: um método - Ernesto Guevara; 7) Salve a vitória da guerra popular - Lin Piao; 8) Fidelismo: a longa marcha da América Latina - Régis Debray. Análise das experiências da teoria do foco; 9) América Latina: alguns problemas de estratégia revolucionária - Régis Debray. Mais uma reflexão sobre a teoria do foco; 10) Revolução, insurreição e guerrilha no Peru – Américo Pumaruma; 11) Tarefas urgentes da revolução brasileira – sistematização de reflexões de militantes da AP, que se encontravam em França, acerca da nova realidade do país. Material escrito em dezembro de 1964, antes da "Resolução Política"; 12) Algumas lições da guerra de guerrilha no Vietnã – Hoang Van Thai.

11 Do fundo documental Duarte Pereira consta uma coleção de cinco exemplares: 1) Problema ideológico: discussão de perspectiva e método; 2) Humanização, história e política; 3) Finanças: um problema vital; 4) profissionalização de quadros: necessidade urgente; 5) O homem, a história, o mundo e a vida. O primeiro e o terceiro foram escritos por Herbet de Souza. O segundo era de autoria de Duarte Pereira. O quinto era um material dirigido a operários. Por fim, o quarto texto contém um debate que depois terá prosseguimento com a política de integração na produção, adotada em 1968.

Advertindo que o objetivo estratégico da radicalização da luta institucional não se resumia ao MCD nem se circunscrevia em seus limites, a AP reconhecia que ele era a tradução possível naquela fase. Tratava-se de uma frente das organizações de vanguarda e de massa no plano tático da luta política não armada contra a ditadura, que portava um programa democrático radical e anti-imperialista: por eleições livres e diretas; pela soberania nacional e contra o imperialismo; contra a repressão a operários, camponeses e estudantes; pela anistia; por uma constituinte popular. Para não criar ilusões no povo quanto à capacidade de a ditadura reformar-se, o movimento não tinha um caráter reivindicatório. Sem conciliação nem tréguas, o objetivo era a derrubada da ditadura, articulada com a revolução brasileira (AP, 1966c).

O movimento estudantil, o único em condições de mobilização imediata, foi eleito como motor da fase inicial das lutas. A pretensão era atingir o movimento operário e obter adesão dos camponeses, mas isso não ocorreu. Como consignou documento de avaliação, o MCD ficou restrito à AP e à sua influência na UNE (AP, 1968a).[12] Apontou-se que teria havido certa confusão no programa, que incorporava bandeiras liberais e palavras de ordem radicais. Malgrado as intenções iniciais, teria prevalecido a dimensão reivindicatória e de protesto à ditadura, em detrimento do seu caráter anti-imperialista.

Concluiu-se, contudo, que a experiência trouxera contribuições positivas, como a correta palavra de ordem de combate à ditadura por meio da luta de massas e a política de frente única, da qual o MCD teria sido um embrião. A superação de determinados limites, como a pequena penetração junto à organização dos trabalhadores e a precária articulação entre as lutas reivindicatórias e os objetivos políticos mais amplos, demandava a existência de um

12 Esse documento não está datado, mas o cruzamento de informações sistematizadas sugere que foi elaborado no início de 1968.

partido de vanguarda com raízes sociais, tema que entrara de maneira irreversível nos debates da AP.

Entre as referências estratégicas internacionais, na conjuntura dos primeiros anos da ditadura, tem-se que a AP sofria maior influência da Revolução Cubana. Em documentos elaborados quando havia a hegemonia maoísta, essa fase seria referida como "foquista", adjetivo derivado da "teoria do foco revolucionário".[13] O próprio sistema organizativo de comandos seria expressão da linha militar foquista (AP, 1970, p. 7).

Haveria, ainda, a variação de categorizar tal influência com os matizes decorrentes de sua forma de recepção. Tratar-se-ia de um "foquismo reinterpretado", conforme avaliação de um documento elaborado em período posterior:

> Entre 1965 e 1967 [...] grande influência exerceram sobre nós as proposições de Che Guevara e de Régis Debray sobre o foco guerrilheiro. Fizemos-lhes restrições na questão do partido. Achávamos que era necessária uma organização política para dirigir a luta e que era necessário combinar a luta de massas com a luta armada. Mas no fundamental não rompemos com a concepção foquista. O nosso era um foquismo reinterpretado (APML, 1971d, p. 24).

Excertos das memórias de alguns dirigentes contribuem para entender mais amplamente os matizes da experiência. Herbet de Souza classificou essa primeira fase de reorganização como "debrayrista", mas ressalvou:

---

13 Jacob Gorender resumiu nestes termos a perspectiva do foco guerrilheiro: "O foco se iniciava com um punhado de homens e se punha a atuar entre os camponeses de uma região cujas condições naturais favorecessem a defesa contra ataques do exército [...]. Numa segunda etapa, as colunas guerrilheiras se deslocavam da região inicial, levavam a luta armada a outras regiões e confluíam afinal para o exército rebelde capaz de infligir ao inimigo a derrota definitiva" (1987, p. 80).

> Não nos livramos, porém, de uma contradição: a gente defendia a luta armada, mas continuávamos uma luta política. Estávamos assim na propaganda do foco, não na execução do foco [...]. A Ação Popular, na verdade, nunca colocou em funcionamento a sua pregação de luta armada. Fez algumas ações que não poderiam ser classificadas de luta armada (GONTIJO, 1989, p. 94).[14]

Eleito coordenador da AP em 1965, Aldo Arantes abordou a questão em recente livro de memórias. Reportando-se ao Encontro Extraordinário daquele ano, anotou: “O caminho da luta armado adotado pela AP, naquele momento, foi influenciado pela concepção ‘foquista’. No entanto, se diferenciava por combinar a luta armada com a luta de massas” (ARANTES, 2013, p. 136).

---

14 Herbet de Souza (GONTIJO, 1989) cita dois exemplos dessas ações. O primeiro foi um assalto a banco no interior da Bahia, em 1966, uma operação desastrada que não ficou caracterizada como ato político: “O trauma foi definitivo. A AP aposentou a idéia de assaltos a banco, embora a organização vivesse numa grande pindaíba” (GONTIJO, 1989, p. 95). O segundo foi um atentado a bomba no aeroporto Guararapes (Recife), em julho de 1966, cujo alvo era o general Artur da Costa e Silva, que percorria o país em um simulacro de campanha eleitoral para suceder Humberto A. Castelo Branco na presidência da República. Como Costa e Silva teve sua rota alterada, nada sofreu quando a bomba explodiu, mas houve outras vítimas. Foi um ato isolado, realizado sem que houvesse conhecimento e autorização do Comando Nacional, que o reprovou. Disse Herbet de Souza: “Ao sermos informados, na direção da AP, ficamos em pânico. Não havíamos decidido nada daquilo” (GONTIJO, 1989, p. 95). O ato não fazia, assim, parte do repertório de ações descortinadas pela nova estratégia. O envolvimento da AP no episódio demorou a ser conhecido publicamente. Por muito tempo, atribuiu-se a autoria a militantes de outras organizações revolucionárias. Em 1979, Jair Ferreira de Sá, em entrevista para a imprensa, assumiu a responsabilidade de militantes da AP (OLIVEIRA JR, 2000; GONTIJO, 1989). Ao abordar o episódio do atentado, Jacob Gorender (1987) diz que sua repercussão contribuiu para o ocaso da influência foquista na AP. Duarte Pereira, entretanto, ponderou que o gênero do ato tinha mais relação com a luta de descolonização da Argélia: “No caso da Argélia, ocupada colonialmente, tinha sentido, mas, em nosso caso, era uma concepção desfocada, que tinha ocorrido sem autorização da direção, o que provocou uma aguda luta interna em nível diretivo. Rompemos deliberada e explicitamente, de forma consciente e organizada, com qualquer perspectiva terrorista no sentido estrito ou qualquer perspectiva foquista” (PEREIRA, 1999).

No roteiro de questões que elaborou para a edição dos materiais que compunham a série "Textos para debate", Duarte Pereira emitiu, mais de uma vez, o ponto de vista de que, por prestar-se a interpretações equívocas, a teoria do foco deveria merecer urgente reelaboração crítica do movimento revolucionário latino-americano. Evocando a articulação interna da estratégia sistematizada na "Resolução Política" da AP, indagou: "Não seria a ideia de uma *preparação revolucionária ativa* (grifo do original) a forma de reinterpretar criticamente a teoria do foco?" (AP, 1966d, p. 4). Para a reflexão dos militantes, problematizou a questão:

> É preciso compreender que o êxito e a continuidade do foco não estarão assegurados se não existirem certas *condições mínimas* (grifos do original). Todo o problema está na definição dessas condições mínimas. Mas o caminho da revisão crítica parece já esboçado: primeiro, condições mínimas para criar o foco, entre as quais um início de partido revolucionário; depois o próprio foco ajudará a criar as condições máximas (AP, 1966d, p. 4).

Em entrevista recente, já com o distanciamento do tempo, Duarte Pereira retomou o tema. Ao avaliar as limitações da influência da Revolução Cubana, foi incisivo: "Se analisar cuidadosamente os documentos e a prática que se segue, a AP jamais adotou a perspectiva do foco guerrilheiro" (PEREIRA, 2011). Ao rememorar o elenco de ações delineadas pela "Resolução Política", observou:

> Eu não seria capaz de recapitular os cinco pontos com os termos da época, mas me lembro bem de que são duas questões decisivas. A primeira era a radicalização da luta institucional. [...] Não era a luta armada, a preparação de um foco guerrilheiro. Era retomar a luta de massas, adaptá-la à nova situação, com outros objetivos. Aí pesava muito a tradição de massas da AP (PEREIRA, 2011).

A outra questão decisiva era a preparação do dispositivo militar, cujos contornos traçou da seguinte maneira:

> Ficava esse trabalho militar, que para nós tinha de ser um trabalho muito inicial, preparatório. Tínhamos, primeiro, de estudar melhor essas questões e começar a treinar companheiros, a acumular armas, munições, contatos desse tipo em determinadas áreas etc. A isso chamávamos preparação de um dispositivo político-militar. Não para entrar em ação, mas para fazer essas tarefas prévias (PEREIRA, 2011).

No estilo ponto e contraponto, concluiu:

> Não rompia radicalmente com a concepção foquista, porque não integrava o trabalho militar ao trabalho político, mas preservava o trabalho político e subordinava o trabalho militar. Nesse sentido não era uma concepção foquista, como veio a predominar nas outras organizações (PEREIRA, 2011).

Esse conjunto de divergências, nuanças e adaptações compunha o que veio a ser chamado de "foquismo reinterpretado". É possível que a avaliação retrospectiva dos dirigentes, como não raro acontece com as operações da memória, atenue a ressonância do "foquismo" em seu próprio tempo,[15] mas é fato bem documentado que prevaleceu uma recepção crítica e ressignificada pela história da AP.

Enquanto não havia uma definição clara por uma das referências internacionais paradigmáticas, foram constituídas delegações para conhecer diretamente as experiências revolucionárias cubana e chinesa. Seriam mantidas relações com a revolução cubana por algum tempo, como comprova o fato de a AP ter sido representada na reunião da criação da Organização Latino-Americana de Solidariedade (OLAS), em agosto de 1967, em Havana. Mas já

---

15 Para um debate aprofundado da relação da AP com a Revolução Cubana, ver artigo recente do historiador Jean Rodrigues Sales. Embora não concorde com a tese de que a AP teria vivido uma fase Castro-guevarista, comparável com o que ocorreu com o maoísmo, o autor defende o ponto de vista de que "o foquismo representou uma fase curta, porém importante, nas definições políticas" da organização (SALES, 2016).

havia, então, a concorrência ascendente da influência da revolução chinesa, que se tornaria hegemônica em 1968.

O debate sobre o marxismo e a definição pelo maoísmo

Em reunião do Comitê Nacional de 1967, a direção da AP "aprovou, entre outros, dois importantes documentos: um sobre o 'Debate Teórico e Ideológico' e outro sobre o 'Partido de Vanguarda'" (APML, 1971d, p. 24). Reconhecia, então, "a necessidade de um partido de vanguarda para dirigir a revolução brasileira" (APML, 1971d, p. 24). Inicialmente, porém, decidiu que não deveria constar da resolução o caráter de classe do partido, tema que deveria ser estudado em função das particularidades. Nesse mesmo ano, contudo, tal impasse foi superado, com a compreensão da necessidade "insubstituível de um partido proletário" (APML, 1971d, p. 25).

Por seu turno, a resolução sobre o Debate Teórico e Ideológico (DTI) "convocou todos os militantes e amigos da organização ao estudo e debate organizado do marxismo" (LIMA &ARANTES, 1984, p. 68). Em anos posteriores, essa fronteira de transformação ideológica seria vista como o início do processo de proletarização da AP.

O documento que convocou o Debate Teórico e Ideológico, examinando o período anterior, constatou que o "Documento-base" atribuía uma importância decisiva ao marxismo, mas acusou que nunca houve um estudo sistemático a seu respeito. Haveria, portanto, conhecimento superficial e incorreto ou mesmo indisposição com o marxismo. Em passagem-chave, que teria profunda repercussão nos debates e decisões posteriores, diagnosticou que a AP quase teria caído "na pretensão de forjar uma teoria revolucionária à margem da tradição revolucionária contemporânea e não a partir das aquisições do marxismo" (AP, 1967, p. 5).

Reconheceu que a AP tinha uma definição socialista, inscrita no "Documento-base" e reafirmada na "Resolução Política". Faltava, no entanto, uma teoria científica, sem a qual essa definição ideológica ficava vulnerável às deformações da ideologia dominante. Essa teoria de base científica seria o marxismo, eleito como eixo do processo então instaurado. A ruptura é inequívoca:

> Assim como não se deve pedir demais, também não se deve pedir de menos do debate atual. Pedir de menos seria negar a necessidade de centralizar o debate no estudo do marxismo, e pretender estudar, ao mesmo tempo, o pensamento de Teilhard Chardin, Emmanuel Mounier, Bertrand Russel etc. Observemos, inicialmente, que um debate assim descentralizado e eclético dificilmente poderia levar a conclusões coerentes. Depois, lembremos que nosso objetivo é estudar os princípios gerais de teoria revolucionária para, aplicando-os de maneira criadora à prática da revolução brasileira, elaborar a teoria da revolução brasileira. Ora, é indiscutível que as obras de Teilhard de Chardin ou de Emmanuel Mounier, por exemplo, não constituem, em si mesmas, obras de teoria revolucionária, no sentido preciso da expressão, ainda que possam encerrar elementos positivos a serem integrados na elaboração de uma teoria revolucionária, o que deverá ser objeto de discussão em etapas futuras do debate. Na etapa atual, para que se possa chegar a resultados coerentes e inclusive preparar etapas futuras, é necessário considerar o estudo crítico do marxismo como eixo e princípio ordenador da discussão (AP, 1967, p. 14).

Por um lado, esse processo visava elaborar progressivamente a teoria da revolução brasileira, tendo como base o marxismo, entendido como ciência proletária. Por outro lado, pretendia promover profunda transformação ideológica, tanto teórica quanto prática, de todos os militantes da AP:

> Por transformação ideológica se entenda [...] a transformação radical e revolucionária não só de muitas das ideias, símbolos e representações tradicionais que nossos militantes ainda utilizam para pensar a realidade histórica e sua própria prática revolucionária, mas também de muitas de suas atitudes, comportamentos, planos de vida, valores e estilo de militância (AP, 1967, p. 12).

Do ponto de vista prático,

> o processo de transformação ideológica depende do aprofundamento da opção revolucionária na ação, no cumprimento exemplar de tarefas cada vez mais difíceis, na participação efetiva na luta de massas em suas diversas formas, na retificação do próprio estilo de militância através de uma dedicação cada vez mais completa à luta revolucionária. [...] Ainda do ponto de vista prático, é muito importante para a transformação ideológica dos militantes de origem pequeno-burguesa a participação no trabalho revolucionário junto à classe operária e camponesa (AP, 1967, p. 12).

Se o marxismo foi definido como eixo ordenador do processo, isso não impediu a emergência de posições divergentes e potencialmente excludentes. Documento emitido pela direção nacional nos primeiros meses de 1968 estimava que, na deflagração do Debate Teórico e Ideológico, havia cinco correntes internas:

> A primeira corrente era uma corrente antimarxista aberta e declarada. Contestava o caráter científico do marxismo, opunha-se ao seu estudo, exigia a fidelidade da organização às suas origens. [...]. A segunda corrente era antimarxista disfarçada. Não se manifestava abertamente contra o marxismo; havia até quem se declarasse marxista. No entanto, mantinha uma atitude de indiferença em relação ao estudo do marxismo. [...] Essa corrente se opunha sobretudo a que o debate fosse centralizado no marxismo. [...] A terceira corrente era a dos que ainda não tinham uma posição em relação ao marxismo, mas estavam dispostos a estudar e a tomar posição depois. Era a corrente majoritária. A quarta posição era a dos que já tinham uma posição inicial face ao marxismo e estavam decididos a aprofundar o conhecimento e a aplicação do marxismo. Esta corrente era liderada pelo Comando Nacional e foi a principal responsável pela Resolução sobre o Debate Teórico e Ideológico. A quinta corrente era a dos que já se definiam formalmente como marxistas-leninistas. De todas era a menor corrente. Parte dessa corrente exigia uma de-

finição imediata da organização; a outra apoiava a perspectiva do Debate Teórico e Ideológico (AP, 1968b, p. 11-12).

Em suma, duas correntes seriam antimarxistas, adeptas da sobrevivência do reformismo na organização. As outras variavam em sua assimilação do marxismo. A contradição principal seria entre reformistas e revolucionários. A resolução do DTI voltava-se contra os antimarxistas (AP, 1968b, p. 11-12). Segundo apontamentos de Duarte Pereira (1973), havia embates contra uma corrente antimarxista e uma outra que defendia definição marxista imediata.[16]

O citado documento da direção nacional também abordou a relação entre o marxismo-leninismo e a religião, tendo como pano de fundo o fato de que muitos de seus membros haviam sido iniciados na política em instituições eclesiais católicas ou evangélicas.

---

16 Duarte Pereira (1973) cita o CS (Comando seccional) 2 da Região 4 (Guanabara). Cabe comentar esse caso. No documento "Autocrítica da Direção Nacional", há uma abordagem das divergências encetadas no interior dessa região, onde teriam prevalecido "desvios de esquerda", tendência particularmente acentuada no CS-2, onde predominava a militância estudantil. Nos termos divulgados pelo citado documento, por causa de erros na condução da luta interna, o Comando Regional se inviabilizou. Mediante realização de um Comitê Regional, o Comando Nacional foi convocado a assumir a direção regional temporariamente. Coordenou, assim, a indicação de uma direção provisória até que houvesse eleições (AP, 1968b, p. 25-32). Seja como for, o impasse persistiu e teve consequências. Em maio de 1968, por meio de uma nota intitulada "Uma questão ideológica", membros do CS-2 e do CS-3 comunicaram adesão ao Partido Comunista Brasileiro Revolucionário (PCBR), constituído em 1968 a partir de dissidências do PCB, com a seguinte justificativa: "O PCBR uniu militantes revolucionários proletários e constituiu-se hoje no partido qualitativamente superior aos demais, por sua origem de classe, tradição de luta da classe operária, composição atual de proposições políticas frente à realidade brasileira, ao reformismo (ilegível) e prática. É hoje a única alternativa proletária para a crise das esquerdas brasileiras. Nós, componentes do CS-3 e do polo minoritário do CS-2 da GB, empenhados na luta revolucionária do povo brasileiro, e desejando participar da revolução até o fim, fazemos do PCBR nossa alternativa e a apresentamos aos demais companheiros de Ação Popular, na certeza de reunir (ilegível) alternativa a todos os verdadeiros revolucionários" (apud DELLA VECCHIA, 2005, p. 99).

Reivindicando pressupostos elaborados por Lênin, defendeu-se o princípio de que não havia incompatibilidade na presença de cristãos em uma organização marxista-leninista, visto que deveria ser analisada a prática revolucionária como critério de militância. Em contraposição, ressaltou-se que, dada a contradição entre o materialismo dialético e a religião, deveria haver um trabalho de persuasão a respeito (AP, 1968b, p. 19-20).[17]

No processo de definição pelo marxismo, não se pode deixar de registrar a influência temporária da obra de Louis Althusser, que chegou à AP por intermédio dos militantes exilados na França. Na avaliação de Duarte Pereira, o documento oficial da AP em que essa ressonância ficou mais evidente era a "Resolução sobre o Debate Teórico e Ideológico".[18]

A AP utilizou a obra de Althusser para elaborar sua ruptura com o humanismo, que era o conceito-chave de seu "Documento-base" e havia sido reafirmado na "Resolução Política". Fosse pelo acesso direto a autores marxistas, fosse pela mediação de intelectuais católicos, a recepção do marxismo no período inicial da AP ocorreu pela chave interpretativa do humanismo, sob influência,

---

17 Não é possível dimensionar, sem uma investigação específica, a tensão que ainda sobreviveu a respeito dessa relação. No relatório da I Reunião Ampliada da Reunião Nacional, ocorrida em 1968, há o registro de uma reprimenda a atitudes sectárias que a direção do Comando Regional (CR) 7 havia adotado com militantes que professavam religião. Esse sectarismo não corresponderia aos princípios leninistas sobre a questão (AP, 1968f). Não há detalhamento dos episódios. O CR-7 abarcava uma ampla região: Pernambuco, Alagoas, Paraíba, Rio Grande do Norte e Ceará. Assinale-se, contudo, que um documento elaborado em 1971, quando a organização já havia passado a se chamar Ação Popular Marxista-Leninista, fez a seguinte apreciação da situação do dirigente Paulo Stuart Wright, conhecido por sua formação presbiteriana: "O camarada João (codinome de Wright) tinha, como ainda tem, resistência explícita à concepção proletária de mundo, resistência a professar o ateísmo militante, influenciado que ainda está, no silêncio de uma luta que não está sendo travada, pela forma mais consumada de dogmatismo, o dogmatismo religioso" (APML, 1971d, p 31.).

18 Ver o capítulo 5 deste livro.

por um caminho ou pelo outro, dos textos do "jovem Marx".

Althusser foi um dos críticos mais implacáveis dessa fase do pensamento de Marx, na qual estariam em evidência as questões da alienação e da autorrealização humana, defendendo que havia uma descontinuidade com a obra posterior. Em sua análise, o "jovem Marx" ainda não havia se libertado dos conceitos antropológicos dos jovens hegelianos e de Feuerbach. Mais do que isso, empenhou-se em refutar o "humanismo", entendido como manifestação ideológica, em nome de um conceito científico como suporte do socialismo. Nesse sentido, o marxismo não seria humanista (MÁREK, 1987). No Marx da maturidade, estaria a ciência do materialismo histórico, com suas determinações de estruturas e de classes. De qualquer forma, a crítica ao althusserianismo não tardaria nas fileiras da AP.

No desfecho das disputas encetadas pelo DTI, a AP se dividiu em duas grandes correntes, às quais correspondiam pontos de vista divergentes sobre a natureza da revolução e sobre a questão do partido de vanguarda. A "Corrente 1" apresentou o assim chamado "Esquema dos Seis pontos", nitidamente identificado com o maoísmo.[19] Em documento por meio do qual narra a sua própria história, esse coletivo atribuiu sua formação ao núcleo dirigente constituído por "companheiros que fizeram a viagem à China. Estes companheiros puderam assimilar o marxismo-leninismo na sua etapa atual, o pensamento de Mao Tsé-Tung" (AP, 1969a, p. 10).

O estreitamento das relações com a China pode ser discriminado em três momentos. Depois do golpe de Estado de 1964, a China convidou uma delegação da Frente de Mobilização Popular a uma visita àquele país. Tratava-se de um gesto de reciprocidade ao apoio recebido no constrangedor episódio em que altos funcionários chineses, membros de uma missão comercial, foram detidos no Brasil logo após a queda do presidente Goulart. Em 1965, a AP foi repre-

---

19 Não se tratava de um texto analítico, mas de uma sequência esquemática de pontos que fundariam a nova estratégia, permeados por breves apontamentos.

sentada no evento por Vinicius Caldeira Brant, integrante de sua base de Paris. Desse contato surgiu o convite para que um dirigente nacional da AP visitasse a China.

Em 1966, essa agenda política foi realizada pelo Coordenador Nacional da AP, Aldo Arantes. Conforme memórias desse dirigente, "nos entendimentos feitos [...] ficou acertado o envio de militantes da organização para fazerem cursos político-militares" (ARANTES, 2013, p. 143). Quando voltou ao Brasil, Arantes sistematizou um conjunto de palestras a que assistiu em um documento intitulado "A teoria da revolução chinesa": "Nele estavam sintetizados os temas discutidos durante a viagem: marxismo-leninismo, pensamento de Mao Tsé-Tung, partido de vanguarda, movimento operário, movimento camponês, Frente Única, luta armada e Revolução Cultural" (ARANTES, 2013, p. 143). Conhecido como "Documento amarelo", por causa da cor da capa, foi um marco divisor na história dessa relação.

Em 1967, já no contexto da nova fase de relacionamento, ocorreu a viagem da delegação registrada no documento citado pouco atrás (AP, 1969a), que teria influência direta na formação da "Corrente 1". Embora a comitiva fosse coordenada por Carlos Walter Aumond, membro do Comando Nacional, foi outro de seus integrantes, Jair Ferreira de Sá, quem liderou, ao voltar ao Brasil, a formação da corrente maoísta, entusiasmado com a Revolução Cultural.

O primeiro dos seis pontos que estruturavam a tese da "Corrente 1" atualizou o debate sobre a questão do partido de vanguarda. O princípio básico foi assim enunciado: "Para fazer a revolução, é necessário um partido revolucionário próprio da classe operária, guiado pela teoria marxista-leninista, que pratica a crítica e a autocrítica e se mantém ligado às massas populares" (AP, 1968c, p. 1).

Mediante rápida incursão no que é chamado de "terreno da experiência histórica", inferiu-se que já existira um partido do proletariado no Brasil, o PCB, fundado em 1922 por influência da Revolução Russa, mas conclui-se que entrara em degenerescência, um vazio que teria ensejado a emergência de várias pequenas organizações, entre as quais a AP. Defendeu-se a tese de reconstrução do partido operário, que não deveria ser confundida com o prolongamento do anterior.

Aos revolucionários se apresentava a tarefa de constituir núcleos proletários dentro e fora da AP, tendo como base o pensamento de Mao Tsé-Tung. Internamente, a formação desse núcleo exigia que houvesse a ruptura com a "velha AP" e que fosse forjado, por meio da articulação da corrente proletária, "um partido com a base teórica e o estilo de trabalho marxista-leninista, integrado com as massas populares" (AP, 1968c, p. 2). O desfecho da reconstrução poderia ocorrer com a prevalência de um núcleo sobre os demais ou pela fusão deles.

No segundo ponto, em que podem ser identificados ecos de dinâmicas da Revolução Cultural chinesa,[20] foram detalhadas as questões relativas à integração com as massas, subdividida em três níveis simultâneos: integração com as massas, integração na luta e integração na produção. A fase superior seria a última. Adverte-se que, na aplicação dessa política, deveriam ser evitados alguns desvios, como a integração individual como fuga, a atitude empirista e anti-intelectual. Essa salvaguarda daria a dimensão correta na relação entre o trabalho manual e o trabalho intelectual. De certa maneira, essa política era uma peculiar tradução do objetivo, enunciado meses antes pela resolução do DTI, da necessidade de promover a transformação ideológica, teórica e prática da militância pequeno-burguesa.

---

20 Durante a Revolução Cultural, "o Partido Comunista Chinês pôs em prática o retorno periódico dos quadros e da intelectualidade à base, ou seja, frequentemente eles eram enviados para o trabalho produtivo nas fábricas ou nos campos para se manterem em contato com as massas. O objetivo maior desse empreendimento era promover a retificação constante da ideologia, da cultura e do comportamento dos quadros do partido através do trabalho produtivo e da convivência com os operários e camponeses" (SANTANA, 2008, p. 101).

O terceiro ponto dizia respeito à base teórica, afirmando o maoísmo como a terceira etapa do marxismo, o marxismo da atualidade, síntese da revolução mundial.[21] Eis um exemplo, elaborado em documento posterior, da forma como os maoístas da AP passaram a codificar as etapas do marxismo e da crise do capitalismo:

> Karl Marx, através da análise das leis específicas da sociedade capitalista e do estudo da história, descobriu as leis gerais que regem o desenvolvimento das sociedades humanas. Descobriu que as classes surgiram numa determinada etapa desse desenvolvimento e que o capitalismo seria o resultado inevitável do desenvolvimento da sociedade [...]. E que a luta de classes conduz, necessariamente, à ditadura do proletariado, estágio que precede e abre o caminho para o comunismo [...]. Por seu turno, Lênin viveu uma nova época histórica cujos novos problemas exigiram um desenvolvimento criador da doutrina marxista, elevando-a a uma nova etapa [...]. O leninismo é o marxismo da época em que surgiu o imperialismo e quando a revolução proletária passou para a ordem do dia como uma tarefa prática imediata [...]. Mao Tsé-Tung vive hoje uma nova época histórica, para cujos problemas teve que elevar o marxismo a uma nova etapa para solucioná-la corretamente. É a época em que o imperialismo caminha para seu desastre final e a revolução proletária avança em todas as partes do mundo (APML, 1972b, p. 58-59).

O quarto ponto abordava a linha geral da revolução brasileira. Procedia-se a uma guinada que teria grandes desdobramentos na vida posterior da AP: a sociedade brasileira passava a ser entendida como semifeudal e semicolonial. O desenvolvimento capitalista sofreria os entraves das formas arcaicas de exploração do trabalho e do latifúndio, aliado do imperialismo. Em consonância com a ortodoxia marxista, o proletariado era tido como a força dirigente, mas

---

21 Muito em voga em 1968, a tese de que o maoísmo constituía a terceira etapa do marxismo foi oficializada, em 1969, pelo IX Congresso do PC da China. A retificação ocorreu no X Congresso do PC da China.

a força principal, em coerência com a interpretação das estruturas sociais, era composta pelo campesinato e pelos assalariados agrícolas. Concebeu-se a revolução brasileira em duas etapas ininterruptas: uma nacional-democrática e outra socialista.

No que se refere à linha militar, tema do quinto ponto, o maoísmo se faz presente pela definição da guerra popular prolongada, com o cerco das cidades a partir do campo. Foram criticados, ao mesmo tempo, o caminho pacífico e a teoria do foco. Como é regra na estratégia da guerra popular, o partido seria a força dirigente. O sexto ponto, em decorrência dos anteriores, exigia a mudança do eixo de trabalho, com o deslocamento da base social da pequena-burguesia para a base operária e camponesa e a constituição do campo como arena revolucionária por excelência.

Como corolário, inclinou-se ao que foi chamado de "campo revolucionário internacional", composto por China, Albânia, Vietnã do Norte e Coréia do Norte, excluindo Cuba, devidamente referida como representante do novo revisionismo, uma forma de desqualificar o "foquismo" atribuído à "Corrente 2" da AP.[22]

---

22 Por causa de sua forte incidência nos debates que se abriam, cabe esclarecer, desde já, qual era o sentido do substantivo "revisionismo" no contexto político da época, usando a tradução feita nos próprios documentos da AP. Entendida como revisão e deformação do marxismo, a manifestação clássica se relacionava ao fenômeno iniciado no seio do Partido Social-democrata Alemão no final do século XIX, quando se sedimentou, por influência de Eduard Bernstein, a concepção de que o caminho para o socialismo deveria ser percorrido por intermédio de reformas do capitalismo, viabilizadas pela conquista de maiorias eleitorais. Contemporaneamente, haveria surgido o revisionismo ao marxismo-leninismo. Embora houvesse outras incidências de menor impacto, o marco foi o XX Congresso do Partido Comunista da União Soviética, realizado em 1956, ao qual é atribuída a emergência de duas teses. Primeira, a guerra com o imperialismo não era inevitável (viria a ser conhecida como a política da coexistência pacífica); segunda, tornara-se possível passar ao socialismo, em alguns países, de forma pacífica, sem revolução violenta. A União Soviética passou a ser vista como centro do revisionismo internacional e o PCB, com sua política gradualista, como sua expressão nacional (AP, 1969c). Tachado de perspectiva "pequeno-burguesa", o foquismo também era incorporado, pelos maoístas da AP, como variação da deformação do marxismo-leninismo.

As teses da “Corrente 2” foram expostas no documento “Duas posições”, subscrito pelos autodenominados comunistas da AP. Em sua declaração de princípios, o documento afirmou o marxismo-leninismo como teoria global e guia para a ação do partido de vanguarda, definido como único instrumento capaz de levar a cabo as tarefas da revolução socialista, da ditadura do proletariado e da construção do socialismo e do comunismo. A luta armada foi considerada o único caminho para a tomada do poder nas condições vividas (AP, 1968d).

Colocou-se em primeiro plano a luta contra o revisionismo. Esse fenômeno, entretanto, não seria exclusivo da experiência do PCB: “Ele surge em todas as organizações revolucionárias com maior ou menor virulência, encobrindo-se muitas vezes como pseudo revolucionarismo muito mais nefasto inclusive por ser mais difícil de caracterizar” (AP, 1968d, p. 4).

Em referência direta à disputa interna da AP, atacou as teses da “Corrente 1”, colocando em relevo que o divisor de águas era a posição diante da burguesia:

> No nosso caso particular, se acoberta sob o pseudo conceito estratégico da chamada Revolução de Libertação Nacional. De acordo com tal conceito, é configurada a Revolução em um determinado país como Revolução anti-imperialista e de libertação nacional; ela devia ser conduzida pelo caminho de conciliação de classes, na qual jogaria papel de importância primordial a burguesia nacional (AP, 1968d, p. 4).

Acusou de dogmáticos os pressupostos das teses da “Corrente 1”, na medida em que seriam decalcados de experiências externas, sem correlação com a realidade do país:

> Este sistema baseia-se numa análise falsa da realidade brasileira, calcada em um modelo pré-fabricado, num transplante mecânico e que, portanto, se afasta dos verdadeiros interesses das classes oprimidas em nosso país. Daí a necessidade de ex-

> comungar os que levantavam o problema central da linha política, apelando para a acusação fácil de resistência ideológica e de foquismo. [...] Desde o momento em que se falseia a realidade para forçá-la a adaptar-se a uma visão subjetiva abrem-se as portas do oportunismo (AP, 1968d, p. 10).

Na realidade brasileira, seria impossível para a burguesia encontrar saídas para a crise dentro dos marcos do capitalismo, cujos vínculos de dependência com o imperialismo configurariam um obstáculo ao pleno desenvolvimento das forças produtivas. O programa estratégico da revolução brasileira era, pois, a construção do socialismo.

Reconheceu-se a necessidade de realização de tarefas pré-socialistas, que não teriam, porém, o caráter estratégico de uma etapa. Tendo natureza anti-imperialista, seriam simultâneas às tarefas socialistas que pudessem ser realizadas imediatamente. O proletariado urbano e rural, em aliança com o campesinato e a pequena-burguesia em processo de proletarização, era a força principal.

Uma diretriz que suscitava acalorada divergência era a política da "integração na produção" (inserida no segundo dos "Seis pontos" da corrente adversária), refutada nestes termos:

> Caiu-se numa discussão acadêmica em torno da contradição principal da organização, [...] que tinha como pano de fundo a oposição entre teoria e prática e não sua interação dialética. Desta forma, os que defendiam o aspecto teórico entendido como formulação de um programa só poderiam ser percebidos como "teoricistas" e os que insistiam num aspecto prático não tinham outra saída senão cair na perspectiva individualista do auto aperfeiçoamento de si ou da prática imediata sem perspectiva política. [...] A consagração de uma "prática", e de uma "integração com as massas", em oposição à teoria revolucionária, em oposição ao marxismo-leninismo, nosso guia para a ação, instalava nas bases o empirismo necessário como garantia para a aplicação de um sistema dogmático e oportunista (AP, 1968d, p. 10).

Por último, mas não menos importante para sua estratégia, o documento se detém na questão do partido de vanguarda. A "Corrente 2" não defendia a ideia de que houvesse uma terceira etapa no marxismo e, por conseguinte, a tese do partido da terceira etapa. De qualquer forma, compreendia que o antigo PC, qualificado como revisionista, passara ao campo do inimigo e que as suas diversas dissidências cometeram violações ao marxismo-leninismo, fatos que eliminavam a possibilidade de reconstrução do partido de vanguarda. Assim: "A tarefa imediatamente necessária é a construção de um novo Partido de Vanguarda do Proletariado do tipo Leninista" (AP, 1968d, p. 42).

Em 1968, na I Reunião Ampliada da Direção Nacional (RADN), prevaleceram as posições da "Corrente 1". Mais do que isso, no final do encontro, os líderes da "Corrente 2" foram expulsos da AP. Estes, no início do ano seguinte, viriam a participar da criação do Partido Revolucionário dos Trabalhadores (PRT).[23] Na memória

23 A "Corrente 2" era liderada por Vinicius Caldeira Brant, Sergio Menezes, Maria do Carmo Menezes, Altino Dantas Jr. e Alípio de Freitas. Todos foram protagonistas da fundação do PRT. Todavia, Vinicius Caldeira Brant, em entrevista a Marcelo Ridenti, criticou uma interpretação, derivada de estudo pioneiro de Marco Aurélio Garcia (1979b), que trata o PRT como um racha da AP. Publicado no jornal "Em tempo", o ensaio de Garcia tinha o título: "Da crítica do maoísmo da AP nasce o PRT". Brant enfatiza que a origem do PRT tinha influência mais ampla: "Posso até estar enganado, mas, tanto quanto eu sei, o PRT foi a soma de várias tendências que até então estavam isoladas. Uma das quais, talvez nem a principal, era o pessoal que saiu da AP" (BRANT, 1985). Gorender ofereceu uma abordagem nuançada: "Vinicius (Caldeira Brant) e outros líderes da AP, como Alípio de Freitas e Altino Dantas Jr., criaram novo agrupamento. A eles se juntaram ex-militantes da Polop (Organização Revolucionária Marxista - Política Operária) e do PCB [...]. Em congresso de janeiro de 1969, o agrupamento deu origem ao Partido Revolucionário dos Trabalhadores (PRT). No seu programa, o novo partido restabeleceu o objetivo direto da revolução socialista. Calcada na teoria da dependência, sua análise da situação nacional apontou para a iminência de explosões sociais e indicou o caminho da luta armada, com o campo como área fundamental e a guerrilha como forma principal de luta. [...] O PRT começou com núcleos de militantes no Nordeste, Goiás, São Paulo e Minas. Dedicou-se ao trabalho no meio operário, em fábricas e sindicatos, e à preparação de áreas

produzida pela corrente vencedora da disputa ocorrida na I RADN, teria ocorrido uma vitória do marxismo-leninismo sobre o foquismo, embora os seus oponentes não tivessem essa autoidentificação nem sua tese elaborasse claramente esse viés estratégico.[24]

Especificamente, documento expedido pelos dirigentes que prevaleceram atribui à "Corrente 2" a defesa de um "foquismo envergonhado", visto que estaria encoberto o real sentido de sua linha militar (AP, 1968e). Em contrapartida, conquanto não haja uma filiação direta e automática entre a "Corrente 2" e o PRT, o editorial da revista "Revolução Proletária", que divulgou o anteprojeto de programa desse partido, ao fazer um diagnóstico das forças de esquerda existentes no país, qualificou a AP como terceira edição do revisionismo, antecipada pelo PCB e pelo PCdoB, por supostamente postergar as tarefas revolucionárias e de construção do partido de vanguarda (REVOLUÇÃO PROLETÁRIA, 1969, p. 10).[25]

Com a I RADN da AP, em um processo permeado por agudas divergências e que culminou em uma cisão, aprofundou-se a transição para o marxismo. De acordo com Lima e Arantes (1984, p. 72), foi a primeira vez em que "todos os participantes de um encontro nacional da AP consideravam-se marxistas-leninistas". As divergências diziam respeito a qual vertente aderir, mas ambas reivindicavam a filiação.

---

rurais para futuras ações armadas" (GORENDER, 1987, p. 115-116). Registre-se ainda um sintético comentário do livro "Dos filhos deste solo": "O PRT chegou a executar algumas ações armadas no Rio de Janeiro e em São Paulo, atuando também no Recife, Pernambuco, e nos estados de Minas Gerais e Goiás, até ser desestruturado no começo de 1971, após ser duramente atingido pelos órgãos de repressão" (MIRANDA & TIBÚRCIO, 1999, p. 501).

24 Essa tipologia teve repercussão na literatura especializada. Segundo Gorender (1987, p. 116), "os fundadores do PRT captaram a orientação cubana, porém a modificaram pelo fato de organizarem um partido".

25 No início da década de 1970, quando a direção da AP voltou a se cindir, uma das correntes assumiria o programa da revolução imediatamente socialista e vocalizaria críticas semelhantes a seus adversários.

Nos primeiros anos da ditadura, sob as diretrizes da radicalização da política institucional, a AP desempenhou importante papel na rearticulação do movimento estudantil e buscou estreitar laços com as lutas dos trabalhadores urbanos e rurais. Manteve, assim, vínculos com as principais jornadas políticas de 1968. Na conjuntura imediatamente posterior à decretação do Ato Institucional (AI) nº. 5, a exemplo das outras organizações da "esquerda revolucionária", a AP concentrou seus esforços na preparação da luta armada.

No documento "Preparar ativamente a guerra popular", de novembro de 1969, a AP avaliou os limites, nos planos tático e estratégico, da política que adotara até então. Concluiu que sua política para o longo prazo não teria sido consequente em articular a "continuidade e desdobramento da luta de massas até o nível armado", ou seja, não conseguira "subordinar todos [...] os trabalhos à real, ativa e imediata preparação da guerra popular" (AP, 1969d, p. 1). Criticava-se determinada concepção, que estaria subjacente à prática da AP, segundo a qual haveria um desdobramento espontâneo das lutas de massas para a luta revolucionária.

Para a nova fase, a seleção das áreas de implantação deveria priorizar territórios que combinassem "as condições de massa com as condições militares, em particular com as condições topográficas" (AP, 1969d, p. 10). Por um lado, havia a necessidade de avaliar a composição social da população camponesa, a existência de tradição de lutas e a presença de organizações de massa; por outro, identificar as condições topográficas desejáveis para dificultar a ação dos inimigos e manter distância dos aparatos repressivos. Em termos práticos, preconizou:

> Trabalho político imediato (integração na vida, na produção e na luta de massas); trabalho especificamente militar (pesquisa, estudos e planejamentos com vistas ao desenvolvimento da luta armada na área e vizinhanças; estudos gerais sobre a guerra popular; treinamentos práticos de manuseio de armas etc.); estes

> preparativos objetivam a formação dos primeiros destacamentos guerrilheiros e das milícias camponesas (AP, 1969d, p. 10 e 11).

Foram empreendidos esforços na pesquisa e seleção de áreas que correspondessem às exigências da orientação estabelecida, que combinava critérios geográficos e políticos. Depois da indicação de 17 áreas possíveis, foram selecionadas 10 regiões que deveriam ser pesquisadas em sete estados (LIMA & ARANTES, 1984, p. 130). Não há subsídios robustos para avaliar minuciosamente o alcance dessa política, mas não é difícil inferir que os resultados foram desproporcionais às metas.[26] Em linhas gerais, o período foi de descenso do movimento de massas, de refluxo das atividades políticas, de impasses para a resistência armada e de recrudescimento da repressão desencadeada pelo AI-5.

Se esses indicadores demonstram que a organização da AP se dedicou ao esforço concreto de forjar sua práxis, reconheça-se que os debates acerca da questão do partido de vanguarda, vinculados à formulação da estratégia revolucionária, mobilizaram as instân-

---

26 Pela própria natureza da operação, não foram localizados vestígios de documentos internos que abordassem diretamente as atividades patrocinadas. Com a cautela que a utilização desses materiais requer, pode ser citado um mapeamento disponibilizado em um relatório elaborado pelos serviços de segurança e informações do Estado brasileiro. Segundo esse relatório, datado de setembro de 1972, "há cerca de quatro anos vem a APML do BRASIL tentando implantar, no Nordeste, áreas prioritárias para o trabalho no campo, e há quase dois anos que duas destas áreas encontram-se definidas, sabendo-se que se situam entre a BAHIA e o CEARÁ, inclusive" (BRASIL, 1972, p. 2). O relatório acrescenta: "São tidas como prováveis áreas em que estão se desenvolvendo trabalhos de campo do Nordeste, até então sob a orientação da APML do BRASIL, e agora em cooperação com o PCdoB, as seguintes: o polígono definido por CANUDOS e JEREMOABO, na BAHIA, MONTE ALEGRE, em SERGIPE, e OLHO D'ÁGUA e MATA GRANDE, em ALAGOAS; o triângulo CAMPO SALES, IGUATU e BARBALHO, no CEARÁ; o triângulo REMANSO e SENHOR DO BONFIM, na BAHIA, e PARNAMIRIM, em PERNAMBUCO; o polígono TAMBORIL, CRATEUS, TAUÁ, MOMBAÇA, no CEARÁ; a Zona canavieira do literal de ALAGOAS, PERNAMBUCO e PARAÍBA" (BRASIL, 1972, p. 2 e 3). Fica o registro para subsidiar futuras investigações.

cias na conjuntura seguinte e, em certa medida, subordinaram as demais pautas. Para tanto, a AP prosseguiu o processo de revisão de sua história e de posicionamento em face da tradição do movimento comunista internacional.

A que tradição pertencer?

Na conclusão da I RADN, as divergências entre as duas correntes eram suficientemente grandes, aos olhos de seus protagonistas, para gerar intensos debates, disputas e rupturas organizacionais, na medida em que estavam em pauta os destinos da revolução brasileira e a constituição da vanguarda que a dirigiria. Não obstante a distância de perspectivas, havia um ponto comum a ambas as correntes: a necessidade, anunciada pelo documento que convocou o Debate Teórico e Ideológico, de superação da "velha" AP, tida como pequeno-burguesa e idealista, em nome do marxismo-leninismo.

No documento "Duas posições", elaborado e sustentado pelos componentes da "Corrente 2", há uma releitura da trajetória da organização, conduzida pelo prisma do processo de sua transformação em um partido marxista-leninista. Assinalou-se e criticou-se o ecletismo presente na origem da AP:

> Nas condições em que surgiu o movimento era natural que ele fosse a convergência de tipos de militâncias diferentes. O denominador comum era suficientemente vago para comportar as mais variadas formas de atividade política e o engajamento anterior de cada um não é substituído de início por uma nova militância subordinada à estratégia. Passam assim a coexistir internamente motivações diferentes de engajamento: uma posição revolucionária socialista, o descontentamento existente na esquerda brasileira na época, a disposição dos católicos de esquerda em escapar aos esquemas pré-estabelecidos, especialmente os esquemas "oficialmente marxistas" do Partido Comunista Brasileiro. Conviviam no mesmo movimento tanto aqueles que procuravam uma alternativa revolucionária ainda difusa, mas dentro do campo do socialismo, como os que pro-

> curavam uma terceira via, fruto de um anticomunismo sinuoso (AP, 1968d, p. 7).

O resultado teria sido o predomínio do reformismo e do antimarxismo. A despeito de o "Documento-base" fazer uma análise da inviabilidade do regime de então, teria prevalecido a prática de infiltração no aparelho do Estado. Não teria existido uma definição clara sobre as questões relacionadas com a teoria e com a prática revolucionária, colocadas como matéria de opinião, beneficiando "o oportunismo pela ausência de estratégia e o reformismo pelo desligamento entre a reflexão teórica e as tarefas práticas" (AP, 1968d, p. 7).

Após o golpe de Estado de 1964, apesar das modificações promovidas, o peso das permanências teria sido acentuado. Na conjuntura então instaurada, "as novas questões suscitadas [...] determinaram naturalmente a transformação do movimento numa organização de caráter antiimperialista, sem contudo romper com as ambiguidades anteriores de conteúdo pequeno-burguês" (AP, 1968d, p. 8). Por si só, a "Resolução Política", elaborada em 1965, foi vista como resposta tardia ao desafio político de 1964. Seu texto afirmaria e aprofundaria, ainda que involuntariamente, o grande dilema do "Documento-base":

> O ponto de partida de uma organização político-revolucionária são posições metafísicas ou a análise concreta, do ponto de vista de classe? A opção clara da "Resolução Política" é a primeira via. Antes de qualquer outra concepção política e análise da realidade, é necessária uma "interpretação prévia" do homem, uma análise "filosófica". De lá vamos extrair todo o resto (AP, 1968d, p. 8).

O contraponto com o marxismo-leninismo, referencial que se buscava consolidar, foi estabelecido:

> A consequência é uma interpretação moralista da história, onde a transformação não é colocada como uma necessidade decorrente do caráter insustentável de uma estrutura, mas como

> uma decorrência de "injustiça". A atualidade da revolução poderia ser adiada segundo a interpretação subjetiva de cada um. Estávamos no terreno das opiniões [...]. Embora ensaie uma análise do estágio do desenvolvimento da sociedade, não foge à concepção metafísica de que o capitalismo é intrinsecamente mau e o socialismo intrinsecamente bom (AP, 1968d, p. 8).

A retificação da estratégia para a revolução brasileira não estaria liberta da busca de um modelo ideal e do "utopismo", marcas do caráter pequeno-burguês da organização. Emblema disso seria o enfrentamento da questão do poder, em que estaria encoberto o caráter da luta pela destruição da dominação burguesa. O socialismo seria idealizado como sociedade "justa" ou "perfeita". Entrando no universo da utopia, a "Resolução Política" não colocaria corretamente a questão da ditadura do proletariado e do partido de vanguarda, pedras angulares do marxismo-leninismo:

> A necessidade de se afirmar o caráter democrático do socialismo revela a necessidade de se demarcar da ditadura do proletariado e a desconfiança de que esta não seja de fato a única democracia possível – a democracia para o povo. Assim, o caráter de classe proletário da vanguarda organizada, em seu partido, não tem sentido nem razão de ser levantado (AP, 1968d, p. 9).

Contida no "Esquema dos Seis Pontos", a posição da "Corrente 1" pode ser vista mais profundamente em alguns documentos elaborados na sequência, alguns dos quais emanados das instâncias oficiais da AP, monopolizadas pelos vencedores da luta interna. Em março de 1969, por exemplo, a direção nacional emitiu um amplo documento, resultado de reunião ocorrida em fevereiro, por meio do qual fez uma exaustiva avaliação da I RADN, da dinâmica da luta interna e do processo de transformação pelo qual passava a AP. O objetivo era preparar a nova reunião ampliada da direção, na qual o debate seria aprofundado (AP, 1969b).

Ao mesmo tempo em que a direção reafirmou "a orientação geral expressa nos 'Seis pontos'", acusou que fizera falta "uma apresentação escrita mais desenvolvida": "A forma esquemática [...] e em alguns pontos insuficientes de apresentação dos Seis Pontos tem prejudicado a sua assimilação e defesa pela maioria das bases" (AP, 1969b, p. 12). Entre outras repercussões, isso limitava a compreensão do significado do princípio do pensamento de Mao Tsé-Tung como nova etapa do marxismo-leninismo.

Ultrapassado o confronto com a "Corrente 2", mas ciente da heterogeneidade da composição da "Corrente 1", o documento diagnosticou: "O que se verifica agora é que [...] surgem contradições que virão, em breve, a ocupar um lugar destacado" (AP, 1969b, p. 38). Tais divergências tenderiam a tocar em questões centrais da pauta da AP, como a reorganização partidária, a preparação e condução da guerra popular e a definição do caráter da sociedade e da revolução. Vaticinou: "Esta é uma divergência de fundo e será um problema a longo prazo" (AP, 1969b, p. 39).

Nesse contexto, em que a unidade alcançada não era sólida, a crise orgânica e de direção deveria ser enfrentada por etapas, em processo de mobilização crescente das bases a partir das direções e por meio de soluções intermediárias e transitórias (AP, 1969b, p. 13). A convocação das reuniões ampliadas da direção fazia parte dessa fase em que o velho convivia com o novo.

Seja como for, a necessidade da ruptura com o passado é assim descrita:

> Conclusão geral: é preciso que todos os militantes compreendam claramente que a nossa tarefa é acabar com o velho partido do ponto de vista ideológico, político e organizativo e construir um novo Partido que venha a servir como um dos núcleos para a formação do partido unificado da classe operária brasileira (AP, 1969b, p. 15).

Constatou-se, também, que não havia sido feita uma reavaliação profunda da história da AP, necessária para estabelecer as perspectivas futuras: "A falta dessa crítica em profundidade da história anterior do partido trouxe como consequência que se passou a uma nova etapa do partido sem liquidar radicalmente as etapas antigas" (AP, 1969b, p. 11).

Com vistas à revisão da experiência da AP e à reestruturação da direção em face dos parâmetros e objetivos que estavam sendo definidos, divulgou-se, nos primeiros meses de 1969, o documento "Esboço de uma História da Corrente 1", dentro da qual se estruturava o novo núcleo dirigente.

Em seu início, esse documento estabeleceu que o processo de transformação ideológica de uma organização pequeno-burguesa, como seria o caso da AP, não poderia acontecer em uma evolução linear. Entendeu-se que "o caráter de classe de um partido nasce e morre com ele, não é possível que todos ou o fundamental dos membros de um partido determinado, com determinada origem de classe, mudem todos para outra posição de classe" (AP, 1969a, p. 1). Tendo em vista a sedimentação da memória das posições da "Corrente 1" e da hegemonia que obteve, sintetizou:

> Elementos de dentro de um partido pequeno-burguês podem se transformar em proletários e conseguir maioria nesse partido levando-o à destruição como partido pequeno-burguês para surgir com uma nova organização política, dada a nova posição de classe, mesmo que eventualmente mantenha o mesmo nome (AP, 1969a, p. 4).

O "Esboço de uma História da Corrente 1" serviu de subsídio para a elaboração do documento "Audácia nos objetivos e rigor nos métodos", extraído da II Reunião Ampliada da Direção Nacional (RADN) da AP, ocorrida em junho de 1969, que consolidou a reavaliação e a ruptura com o passado (AP, 1969c). Sistematizou-se um ritual de autodestruição da AP para a reconstrução em novas bases.

A AP viveria nova etapa de sua história: "A de sua transformação de um partido pequeno-burguês, inicialmente reformista e revolucionário, num partido revolucionário proletário" (AP, 1969c, p. 4). A dialética de morte e recriação é explícita: "Assim, ao mesmo tempo em que começava a morrer a velha Ação Popular, começava a nascer uma nova Ação Popular, marxista-leninista, proletária; o processo de crise combinava-se com o processo de transformação e proletarização do partido" (AP, 1969c, p. 3).

A ruptura com a história da AP foi detalhada, minuciosamente, na formulação de 12 tarefas para reconstrução do partido operário, sempre dirigidas à revisão do passado da organização e à retificação de seu projeto revolucionário. Eis um resumo das tarefas a partir de seu enunciado (AP, 1969c, p. 83e 84):

> 1) Integração junto às massas e a direção política de suas lutas;
>
> 2) Estudo e aplicação viva do marxismo-leninismo-pensamento de Mao Tsé-Tung;
>
> 3) A prática da crítica e autocrítica com vistas a revolucionar o estilo de vida e de trabalho;
>
> 4) Desenvolvimento e consolidação do núcleo central de poder e dos núcleos intermediários proletários;
>
> 5) Sistematização e aprofundamento da linha geral da revolução brasileira;
>
> 6) Sistematização e aprofundamento da linha militar da revolução brasileira;
>
> 7) Sistematização e aprofundamento das linhas específicas para os movimentos de massa operário, camponês e da pequena-burguesia;
>
> 8) Aprofundamento e execução do plano nacional de lutas imediatas e de deslocamentos de quadros e militantes;
>
> 9) Recrutamento e formação marxista-leninista de contingente de militantes de origem operária e camponesa;

> 10) Aprofundamento das relações com o PCdoB, com setores marxistas-leninistas do PCBR,[27] com grupos de marxistas-leninistas ou revolucionários proletários isolados visando a uma progressiva unificação política, ideológica e orgânica;
>
> 11) Aprofundamento das relações com o PC da China, com o Partido do Trabalho da Albânia, com outros partidos, organizações e grupos marxistas-leninistas do mundo, especialmente da América Latina e dos EUA;
>
> 12) Elaboração dos novos estatutos e preparação do II Congresso nacional da AP.

O tema predominante nessa II Reunião Ampliada da Direção Nacional foi o do partido de vanguarda, pano de fundo dos debates realizados. A principal resolução foi a de reconstruir, na luta, o partido unificado do proletariado do Brasil. Recusou-se o chamado "foquismo" e "foi reafirmada a validade do princípio marxista de a classe operária ter o seu próprio partido" (AP, 1969c, p. 26).

Ao declarar a morte da "velha AP" e o nascimento da "nova AP", o documento procura fundá-la na tradição marxista, procedendo a um extenso exame da história do movimento socialista, desde a época de Marx e Engels até o período então vivido, em que pontificava o marxismo de Mao Tsé-Tung. O fio condutor da análise era a permanente luta do marxismo contra as ideologias pequeno-burguesas existentes no movimento socialista e contra os desvios, oportunismos e revisionismos surgidos em seu interior. Sem usar diretamente esse vocabulário, tal exercício foi conduzido pela reflexão: "a que herança renunciamos e a que tradição nos filiamos?"

No período da Associação Internacional dos Trabalhadores (1864-76), Marx e Engels teriam promovido a luta ideológica, por

---

27 O recrudescimento da repressão inviabilizou o diálogo com o PCBR. De acordo com o testemunho de Duarte Pereira (1999), houve os primeiros contatos, mas não reunião entre as direções, visto que esse partido foi duramente golpeado pela repressão e sofreu dispersão.

um lado, contra a "direita" proudhoniana e os sindicalistas e, por outro, contra os ultraesquerdistas, os blanquistas e os anarquistas. No curso da Segunda Internacional (1889-1914), ao mesmo tempo em que houve expansão do marxismo, emergiu o revisionismo. Coube, então, a Lênin promover a ruptura com o oportunismo e comandar a fundação da Internacional Comunista (1919-1943). Na edificação do socialismo, Stalin teria defendido as posições leninistas dos ataques trotsquistas,[28] zinovievistas e de outros oportunismos de direita e de esquerda.

O marco do revisionismo contemporâneo foi o XX Congresso do PCUS (1956) e seus desdobramentos na política soviética e de seus países satélites, o que teria levado numerosos partidos operários de todo o mundo ao caminho da degenerescência. Foi nesse contexto que se destacou a liderança de Mao Tsé-Tung, definido como "o maior marxista-leninista de nossa época", contra o revisionismo e pela construção do movimento sobre uma base nova (AP, 1969c, p. 39). Dito de outra maneira,

> começou a surgir uma nova corrente revisionista, já agora combatendo não apenas o marxismo, mas o marxismo-leninismo. Coube a Mao Tsé-Tung a tarefa histórica de herdar, defender e desenvolver o marxismo-leninismo, elevando-o a uma etapa inteiramente nova, a etapa do pensamento de Mao Tsé-Tung (AP, 1969c, p. 28).

Em seguida, o documento imergiu na história da esquerda brasileira, focalizando a tradição do marxismo-leninismo nacional, constituída a partir da Internacional Comunista (IC) e de sua seção, o PCB. Embora fizesse críticas à concepção de revolução que norteou a maior parte da vida do PCB, orientada pela IC, o ponto cen-

28 Embora a literatura especializada costume escrever "trotskista", será utilizada, para uniformizar com a forma predominante encontrada nos documentos da AP, a grafia "trotsquista". O mesmo procedimento será empregado nas variações da palavra.

tral da análise era a degenerescência do partido da classe operária e a sua transformação em um partido revisionista (AP, 1969c, p. 42). A partir desse marco, impôs-se o objetivo de reconstruir o partido da classe operária no Brasil.

O vazio político então gerado era propício ao surgimento de novas organizações: "Neste contexto, um grupo de jovens estudantes idealistas, de origem cristã, após articulação em âmbito nacional deu origem à AP" (AP, 1969c, p. 67). Avaliou-se que a AP "surgiu de dentro da pequena-burguesia, fora portanto da tradição do movimento operário comunista internacional, alheia ao ponto de vista de classe do proletariado no terreno político, ideológico e organizativo" (AP, 1969c, p. 67). Com esse perfil, participou do movimento revolucionário, apesar do discurso radical, com uma perspectiva essencialmente reformista. Reconheceu que, a partir de 1965, houve um processo de redefinição com a aprovação da "Resolução Política", mas sublinhou as limitações (AP, 1969, p. 67):

> Este primeiro processo de redefinição mais profunda de rumos marca a entrada no campo revolucionário, mas não era suficientemente profundo a ponto de questionar nosso caráter de classe e se introduzir no campo do proletariado. O documento de estratégia da RP de 1965 expressa a nova posição dos revolucionários pequeno-burgueses, fazendo uma proposição no fundamental foquista da linha militar.

Em termos antecipados pelo "Esboço da História da Corrente 1", critica-se a influência de Althusser no DTI, alegando que o uso de sua obra teria legitimado a suposta transformação de elementos de origem não proletária em marxistas-leninistas proletários pelo simples estudo teórico. Reafirmou-se a centralidade do pensamento de Mao Tsé-Tung para a recriação da AP:

> Em contato com o pensamento de Mao Tsé-Tung introduzimo-nos em um novo e muito mais profundo processo de redefinição de princípios, de política e de métodos. Este processo de

> transformação e redefinição questionava o próprio caráter de classe do partido, ou seja, propunha um rumo de transformação através de uma radical autocrítica do passado, através da ruptura com o antigo partido, objetivava a destruição da velha AP e a construção de uma nova AP (AP, 1969c, p. 69).

Esse processo atingiu seu desfecho nas duas Reuniões Ampliadas da Direção Nacional. Na I RADN, verificou-se a vitória da "Corrente 1", aprovando-se o aprofundamento da transformação, com redefinição de princípios e de métodos de construção ideológica, política e organizativa. Na II RADN, "o aspecto principal foi o da vitória da unidade em torno das posições proletárias, em torno da proposição da reconstrução do Partido do proletariado" (AP, 1969c, p. 70).

A II RADN, ao estabelecer as condições em que deveria ser reconstruído o partido, ressaltou dois pré-requisitos: o estágio de luta de classes no Brasil e a luta contra o revisionismo internacional. Compreendia-se que a AP e o PCdoB eram dois partidos criados em 1962, aptos a desempenhar as tarefas exigidas pela terceira etapa do marxismo.

Partindo do pressuposto de matiz staliniano, constituído em paradigma ao longo da Internacional Comunista, de que a classe operária só pode ter um partido, apontou-se o cenário de unificação entre essas duas forças, que poderia ocorrer por intermédio de uma fusão e surgimento de um terceiro partido ou pelo destacamento de um polo principal aglutinador, hipótese considerada mais provável.

A prioridade ao PCdoB era ensejada pela proximidade das duas organizações com a revolução chinesa e seu legado estratégico: revolução nacional-democrática, deflagração da guerra popular para conquistar o poder, combate ao revisionismo contemporâneo etc. Além do mais, dirigentes chineses estimulavam eventual união das duas forças (APML, 1971c, p. 3).

A condução dos debates levou, entretanto, a dúvidas sobre a origem do PCdoB. Tratava-se do antigo partido marxista-leninista, reorganizado e depurado do revisionismo que tomara conta do PCB, ou se tratava de uma de suas dissidências?[29] A II RADN entendeu que não dispunha de dados suficientes para avaliar em profundidade a questão. Levantou-se a hipótese de que foi reorganizado em 1962. A reunião deixou a polêmica aberta, para posterior aprofundamento.

Provável tradução do objetivo de consolidar os núcleos de poder, a AP reconstituiu, então, sua direção interna com a formação da Comissão Executiva Provisória (CEP), composta por Jair Ferreira de Sá, Duarte Pereira, Paulo Stuart Wright, Aldo Arantes, Haroldo Lima e Renato Rabelo. Esse seria o núcleo dirigente até a cisão de 1972/73. Líder do processo de conversão ao maoísmo, Jair Ferreira de Sá se consolidou como principal dirigente.

Nos estudos sobre a história da AP, há um veio interpretativo que estabelece um vínculo entre a origem religiosa de grande parte da militância e a adesão ao maoísmo (GORENDER, 1987; RIDENTI, 2002).[30] Inspirada em práticas presentes na Revolução Cultural chinesa, a diretriz da "integração na produção", adotada como critério obrigatório de militância na I RADN (AP, 1968f, p. 52-54), ao exigir que militantes de classe média vivessem como e com operários e camponeses, tinha pontos de interseção com a noção de política como serviço ao povo, cara à esquerda cristã.[31]

---

29 O PCdoB foi formado, em 1962, por um setor dissidente do PCB, que havia sido expulso por divergir da mudança da linha política. Na lógica que movia esses agentes políticos, promovia-se a reorganização do partido comunista histórico, fundado em 1922, depurado do revisionismo que havia tomado conta do PCB. O PCdoB reivindicaria e disputaria, além do nome, a história e os símbolos do antigo partido: "E vai ser exatamente através do respaldo em sua história que o PCdoB irá tentar convencer os seus militantes e interlocutores de que seria o verdadeiro partido comunista atuante no Brasil, o que se mantivera dentro das autênticas tradições marxista-leninistas, enquanto o outro teria se afastado desse caminho" (SALES, 2002, p. 157).

30 Em "O combate nas trevas", Gorender (1987) denominou o capítulo que aborda o tema de "O maoísmo cristão". Em instigante e erudito ensaio, Marcelo Ridenti analisou tal relação por meio da categoria de "romantismo revolucionário" (2002).

31 No catolicismo, havia o precedente da experiência dos padres operários franceses (FREDERICO, 1987 247-248), mas ressalve-se que seu objetivo era a evange-

Não se trata de uma inferência elaborada intelectualmente por pesquisadores e intérpretes, descolada dos debates internos da AP. Em 1968, na disputa ocorrida na I RADN, o documento "Duas posições", sustentado pela "Corrente 2", qualificava a diretriz da "integração na produção" como "perspectiva individualista do auto aperfeiçoamento de si" (AP, 1968d, p. 10), evocando, presumivelmente, um conteúdo religioso.

Por seu turno, defendendo-se dessa acusação, os dirigentes da "Corrente 1" replicavam que o documento "Os seis pontos", divulgado antes da publicação da tese de seus oponentes, esclarecia o caráter amplo da política de integração. Reconheciam que "alguns companheiros menos informados caíram no início nessa forma errada de entender a integração com as massas. Isto, porém, não foi um fenômeno geral e, desde o início, foi combatido por nós" (AP, 1968e, p. 3). Salientam que, no decorrer da Reunião Ampliada da Direção Nacional, foram discutidos e fixados critérios e um plano de prioridades para a integração com as massas "em função e condução da luta de classes" (AP, 1968e, p. 3).

Como regra, tal política consistia de um trinômio: "Integração com as massas, integração entre teoria e prática e crítica e autocrítica" (AP, 1968e, p. 14). Não há dúvida, contudo, de que as questões relacionadas ao estilo de trabalho e de vida tinham centralidade. Em documento firmado em 1969, destinado a preparar a II RADN, os dirigentes da AP rememoraram o desfecho da luta interna anterior e foram didáticos na exposição das limitações dos membros da "Corrente 2":

> Eram os interesses de classe refletidos na vida diária (estilo de vida e de trabalho) que impediam, preliminarmente, a assimilação da ideologia proletária. Claro que integrar-se com as massas não é só

---

lização. De origem presbiteriana, o dirigente Paulo Stuart Wright, antes de ingressar na AP, havia passado por uma experiência de trabalhar como operário (WRIGHT, 1993).

> um aspecto prático, pois há que se dar um sentido político claro a essa integração. Claro que assimilar a ideologia proletária supõe assimilar, necessariamente, a teoria científica que é o marxismo-leninismo. Mas como este tem um caráter de classe claro – de servir ao proletariado – para assimilar a teoria é preciso romper com os entraves práticos que impedem a assimilação e o principal é a integração com as massas populares (AP, 1969b, p. 36).

Constatam que, mesmo no interior da "Corrente 1", houve quem não tivesse conseguido romper essa barreira, fato que provocou depuração de seus integrantes. Na época, esses critérios de militância eram vistos como mais avançados do que os vigentes no próprio PCdoB, com o qual se almejava aproximação. Ainda assim, seriam escrutinados por um processo de crítica interna até serem finalmente retificados na III Reunião Ampliada da Direção Nacional, quando foi aprovado o novo estatuto. Neste, preserva-se a ideia fundante da integração com as massas, mas não há referência à integração na produção (APML, 1971a, p. 18).

A autocrítica então promovida qualificou os critérios definidos na I RADN como "esquerdistas e burocráticos". Retrospectivamente, avaliou-se que, dada a formação religiosa anterior da maioria, "a concepção proletária de mundo" era reduzida ao problema de morar e de viver para "servir ao povo" (APML, 1971d, p. 31).

Embora tenha aderido à "Corrente 1" em 1968, Herbet de Souza talvez tenha sido o dirigente que foi mais longe na formulação da tese que vinculava o passado cristão com o maoísmo. Desde os primeiros depoimentos que concedeu quando se desligou da AP, elaborou o ponto de vista de que teria havido uma espécie de ressignificação da formação original. Sustentou não apenas que o maoísmo se ajustava melhor à formação cristã da maioria dos fundadores da AP, mas que teria havido, em certa medida, a substituição de uma religião por outra (SOUZA, 1978).[32]

---

32 Ver o capítulo 2 deste livro.

Seja pela reverberação nos debates e documentos internos, seja pela formulação posterior de ex-dirigentes e de pesquisadores não vinculados, esse veio interpretativo, consideradas as especificidades das formas por meio das quais foi enunciado e as motivações de quem o vocalizou, tem o mérito de convidar a refletir sobre a relação entre a nova opção e uma cultura política anterior. As inferências não eram fortuitas nem artificiais. Deve-se avaliar, entretanto, que a realidade fática era mais ampla. Compreender esse complexo processo em sua inteireza demanda, salvo melhor juízo, atenção a outras dimensões.

Assinale-se, por exemplo, que havia ocorrido renovação da militância da AP no pós-1964. Por um lado, houve evasão de quadros formados pela esquerda católica, que não se identificavam com os novos parâmetros. Em reverso, ingressaram outros que não se reconheciam naquele passado. Para os novos integrantes, não se tratava de uma ressignificação, mas da tomada de partido em face de opções revolucionárias.

Deve-se lembrar de que a "Corrente 2" da AP, que desqualificava a "integração na produção", tinha entre seus líderes um dirigente com passado na JUC (Vinicius Caldeira Brant) e até mesmo um ex-padre (Alípio de Freitas).[33] Não havia, assim, uma relação de causalidade direta, visto que nem todos os que aderiram ao maoísmo haviam sido cristãos[34] e nem todos os militantes com passado cristão aderiram ao maoísmo.

Como escreveu a pesquisadora Mônica de Oliveira, autora de vigorosa investigação sobre a "integração da produção" na região

---

33 Em seu livro de memórias, Alípio de Freitas aborda a condição de ex-padre. Detido e submetido a torturas, disse ao diretor da prisão: "Antes de tudo, quero esclarecer que não sou mais padre. Sou comunista e, como tal, não tenho qualquer tipo de prática religiosa" (FREITAS, 1981, p. 31).

34 Sabe-se que em outros países também houve o fenômeno de militantes oriundos da esquerda católica que aderiram ao maoísmo. Em contrapartida, sabe-se que no Brasil, por motivações e traduções próprias, correntes de origem marxista aproximaram-se do maoísmo, como o PCdoB e sua dissidência, a Ala Vermelha.

do ABC paulista, se não se pode minimizar a importância das raízes cristãs da AP como variável para a análise, deve-se entender que "se trata de um dos elementos constitutivos dessa experiência", mas "ele, por si só, é insuficiente para abordar as trajetórias dos militantes e as suas escolhas individuais, incluindo a leitura que a AP fez do maoísmo" (OLIVEIRA, 2005, p. 71).

Conquanto haja, atualmente, farta bibliografia condenatória à Revolução Cultural, reconheça-se que essa experiência projetava, em seu próprio tempo, uma imagem libertária de renovação do projeto socialista. As principais características de sua recepção no Ocidente foram elencadas por Perry Anderson (1984, p. 84 e 85):

> No exterior, a política externa chinesa atacou a conivência diplomática com os poderes imperialistas, convocando uma solidariedade ativa com os povos oprimidos do Terceiro Mundo. Internamente, enfatizava-se a ação espontânea das massas, vinda de baixo, contra os privilégios burocráticos, ao invés das reformas previdentes vindas de cima; ao invés de maior espaço para o mercado, exaltava-se o igualitarismo. Além das divisões de classe, a Revolução Cultural anunciou como meta a superação da divisão entre o trabalho manual e intelectual, assim como a velha divisão entre campo e cidade. Tudo isso se realizaria através da administração popular direta, no espírito da Comuna de Paris, e da energia e entusiasmo desencadeados pela geração mais jovem.

Independentemente da formação da militância da AP, tais características tinham, em si mesmas, potencial de exercer grande poder de atração como referência revolucionária, como de fato ocorreu na conjuntura internacional. O livro de memórias de Ricardo de Azevedo oferece um parâmetro da recepção do maoísmo aos jovens militantes que, como ele, ingressaram na AP entre 1968 e 1969:

> A Revolução Cultural chinesa em curso naquele momento – tal como a entendíamos e não como o que de fato foi – me parecia

> bastante atraente. Era para nós o mais extraordinário fenômeno, porque questionava a burocracia socialista, e nos parecia como algo que apontava para um modelo de participação das bases, das massas e, ao mesmo tempo, mexia não só com a política, com a economia, mas com a cultura, com toda a ideologia burguesa (AZEVEDO, 2010, p. 25).

Nos documentos da AP que estruturaram sua adesão ao maoísmo, não há destaque aos temas que Perry Anderson elencou como fatores decisivos para a sua recepção no Ocidente (AP, 1968e, 1969a e 1969c). Como regra, sobressaem duas dimensões do significado do maoísmo: a) tratava-se da terceira etapa do marxismo, o marxismo dos tempos atuais; b) nessa condição, era a principal referência para a luta contra o revisionismo contemporâneo (AP, 1968e e 1969c).

Em entrevista ao autor deste livro, ao ser indagado sobre a repercussão de tais temas na fase de definição maoísta da AP, Duarte Pereira assegurou, citando uma reunião do Comitê Nacional que ocorreu após Aldo Arantes retornar de sua visita oficial à China,[35] que os debates dos círculos dirigentes avaliaram e foram atraídos pelas várias dimensões irradiadas pelo processo da Revolução Cultural:

> Destacava-se o problema de encontrar formas de participação econômica e política para as massas trabalhadoras, não só da estrutura partidária. O partido não devia monopolizar tudo. Essa experiência estava em curso na revolução, sobretudo em Xangai. Houve uma enorme discussão sobre uma nova divisão social do trabalho, sobre as formas de garantir a socialização da propriedade dos meios de produção, garantindo também a socialização da gestão econômica, tanto do ponto de vista central quanto através

---

35 No livro que escreveu com Haroldo Lima, Aldo Arantes faz referência a essa reunião. Após comentar que as concepções foquistas foram criticadas porque isolam as massas e não as mobilizam, registra, sucintamente, que "a Revolução Cultural foi objeto de informação prestada ao pleno da reunião, o que mostrou o interesse e a influência que essas questões já exerciam na AP" (LIMA & ARANTES, 1984, p. 68).

> de mecanismos de consulta democrática ampla, sobre os objetivos dos planos, sobre as prioridades e também sobre o objetivo de cada fábrica. Tudo isso fez parte da discussão da AP e fez parte da postura de apoio. É a isso que eu chamo de crítica de esquerda ao stalinismo, a maneira como foi concebida a construção do socialismo na União Soviética (PEREIRA, 2011).[36]

Para entender a ressonância mais ampla nas fileiras da AP, é necessário ter em conta que, em sua história, havia o lastro de críticas à burocratização do regime instituído na União Soviética e pelos países satélites do Leste Europeu, presentes no "Documento-base" (AP, 1963b) e preservadas na "Resolução Política" (AP, 1965a). Reportando-se aos debates daquele período, Duarte Pereira sublinhou os nexos entre a identidade inicial da AP e a recepção do maoísmo:

> A AP [...] pretendeu, desde suas origens, fazer uma crítica dos erros de Stálin e da experiência soviética sem renunciar à perspectiva socialista, como pode verificar-se no Documento-base de 1963. Chegando ao campo do marxismo, não abandonou essa pretensão de uma crítica de esquerda das experiências socialistas. Via no pensamento de Mao Tsetung a possibilidade de fazer essa crítica (PEREIRA, 1999b, p. 9).[37]

Outra variável diz respeito à questão da linha de massas como oposição ao foquismo. A tradição de luta de massas, existente desde a origem da AP, moldou até mesmo o período de maior influência da

---

36 Duarte Pereira (2011) informou que, já nesse momento, tivera acesso aos materiais produzidos por Charles Bettelheim, um dos principais intelectuais ocidentais a debater as dinâmicas da Revolução Cultural no plano das relações de produção e da economia.

37 Tal ponto de vista fazia parte do anteprojeto da tese sobre a unificação com o PCdoB, de 1972, cuja redação final havia sido confiada a Duarte Pereira. Em razão do curso que os acontecimentos seguiram, a tese não foi concluída (PEREIRA, 1999b).

Revolução Cubana e tinha ressonância como fator de limitação da atração da linha militar identificada ou aparentada com o foquismo.

Em pesquisa acadêmica realizada sobre a AP no Paraná, cuja composição foi drasticamente alterada depois de 1964, depoimentos de dirigentes que haviam ingressado naquela fase vocalizaram que a opção pela "Corrente 1" decorria da recusa do foquismo atribuído à "Corrente 2" (DIAS, 2003). Mônica de Oliveira (2005, p. 87) identificou situações comparáveis:

> Através da documentação pesquisada e dos depoimentos, constatamos que há na AP uma "certa" má vontade por parte de alguns membros em relação ao foquismo cubano, e um encantamento com o maoísmo, principalmente no que diz respeito à chamada linha de massas, ou seja, para que a AP se tornasse um partido proletário marxista-leninista-maoísta, era imprescindível o envolvimento com as classes trabalhadoras.

Havia, como se vê, diversificadas formas de diálogo entre a nova orientação e o passado da AP. De mais a mais, considerando as dimensões eventualmente subjacentes às escolhas do caminho estratégico e as possíveis ressignificações ensejadas, a maneira como as teses foram elaboradas colocou em evidência a necessidade de filiação à tradição revolucionária marxista e, com um sentido dialético, às suas traduções contemporâneas. O documento "Os seis pontos", apresentado na I RADN, era apenas um esquema, mas continha um ensaio desse exercício. A resolução da II RADN aprofundou a elaboração do rito de morte da "velha AP" e das bases em que a "nova AP" deveria nascer.

Tal como os documentos consignaram, os dirigentes não promovem a destruição da "velha AP" para efetivar a adesão a uma corrente, mas a um conjunto de tradições a que não pertenciam até então. Com isso, a AP procurava corrigir sua pretensão de ter tentado "forjar uma estratégia à margem da tradição revolucionária contemporânea" e alargava o horizonte do seu passado. De resto, o maoísmo assumiria, logo em seguida, feições complexas na elaboração política da AP.

Ação Popular Marxista-Leninista

Em maio de 1971, por ocasião da III Reunião Ampliada da Direção Nacional, o processo de transformação da AP atingiu novo patamar.[38] A partir de então, a organização passou a denominar-se Ação Popular Marxista-Leninista e, conforme estabeleceu o estatuto então aprovado, a estruturar-se pelos parâmetros leninistas, sob a norma do centralismo democrático. Foram constituídos, então, seu primeiro Comitê Central (CC) e seu primeiro Birô Político (BP).[39] Juntamente com o Estatuto, também foi aprovado o "Programa Básico" (PB), que sistematizou a linha e a estratégia política da APML, referida, em passagens-chave, como "a nova Ação Popular".

Em sua abertura, o "Programa Básico" atualizou a ruptura com a origem da organização, disponibilizando uma breve periodização comentada:

> A nova Ação Popular é uma organização política proletária, inteiramente dedicada a servir ao proletariado e por isso a todo o povo, e tem como missão dirigir a classe operária e as amplas massas populares na luta contra seus inimigos de classe. Surgiu de um partido pequeno-burguês, fundado em 1962, que se transformou de um partido pequeno-burguês reformista (1962-1964) num partido pequeno-burguês revolucionário (1965-1967) e depois, através de uma árdua luta teórica e prática (1967-1969), numa organização marxista-leninista (a partir do segundo semestre de 1969) (APML, 1971a, p. 1).

---

38 Em alguns registros memorialísticos, a data é assinalada como março de 1971, mas o corpo do documento extraído do encontro consigna maio de 1971 (APML, 1971a).

39 A APML fez a opção pela adaptação da palavra "bureau". A composição do Birô Político era a mesma da extinta Comissão Executiva Provisória: Jair Ferreira de Sá, Paulo Stuart Wright, Duarte Pereira, Aldo Arantes, Haroldo Lima e Renato Rabelo. Jair Ferreira de Sá, conhecido como "Dorival" nos códigos de clandestinidade, era o principal dirigente, o secretário político.

Não obstante a convergência de pontos de vista a respeito do significado da ruptura com a origem da AP e da necessidade da transformação orientada pelo paradigma do marxismo-leninismo, havia acúmulo de divergências internas acerca de dimensões estruturantes da estratégia revolucionária. A "Corrente 1", que deu sustentação à linha hegemônica na I RADN, era bastante heterogênea[40] e o "Esquema dos Seis Pontos" exigia aprofundamento e melhor sistematização. Aliado aos impasses da condução da linha revolucionária e à própria releitura das características das estruturas econômicas, sociais e políticas a transformar, o aprofundamento do debate fez emergir diferenças.

Na Comissão Executiva Provisória (CEP), instância que reunia o núcleo dirigente após a II RADN, havia emergido o "movimento autocrítico", destinado a corrigir os erros do processo de "proletarização" da AP. Pautava-se a revisão de estruturas, de métodos de recrutamento, de concepções espontaneístas de preparação da guerra popular e até mesmo da compreensão do marxismo-leninismo e da questão do partido de vanguarda (APML, 1973b).

No intervalo entre a segunda e a terceira reuniões ampliadas, vicejaram questionamentos à interpretação do Brasil como um país semifeudal e semicolonial e à concepção da revolução nacional-democrática. Exemplo dessa tendência foi a intervenção do dirigente Paulo Stuart Wright, membro da CEP, que aqueceu o debate, na segunda metade de 1970, com a divulgação do documento "Cinco Pontos de Luta Interna".[41] Propôs, ainda, a rejeição da tese da re-

---

40 No documento "Desmascarar o grupo oportunista e provocador de Rolando", escrito para refutar as teses da chamada "Corrente 2", são registradas dissonâncias com a caracterização da sociedade brasileira definida pelo "Esquema dos Seis Pontos": "Dentro da Corrente 1 havia vários membros que sustentavam o caráter predominantemente capitalista da nossa sociedade, embora defendam igualmente a existência de um modo de produção feudal subordinado, e existe até mesmo um companheiro que sustenta o caráter capitalista dominante de nossa sociedade e nega a existência de feudalismo no Brasil" (AP, 1968e, p. 33-34).

41 Esse posicionamento o leva a esboçar uma autocrítica em relação à expulsão, nos debates precedentes, da "Corrente 2", cujas concepções não teriam sido analisa-

construção do partido operário, defendendo a construção de um "partido de tipo inteiramente novo". Justificou:

> Necessitamos de um partido de tipo inteiramente novo porque estamos vivendo uma etapa inteiramente nova na revolução mundial e em nosso país. [...] O que vamos construir tem portanto uma qualidade nova, independente de que tenha existido ou não no passado no Brasil um partido proletário de tipo novo (WRIGHT, 1970, p. 1).

O "partido de tipo inteiramente novo", regido pela teoria do socialismo científico, deveria ter como base os princípios desenvolvidos por Lênin, aos quais seriam acrescentadas as contribuições de Mao Tsé-tung, elaboradas na condução da guerra popular e da construção do socialismo na China. Apesar de reconhecer a contribuição de Mao Tsé-Tung, Wright criticou o que considerava ser o transplante mecânico do modelo chinês para a realidade local, traduzido, em sua opinião, na compreensão que se fazia da sociedade brasileira como semifeudal. Recomendou que não fosse utilizada a tríade marxismo-leninismo-maoísmo.

Wright também divergia da proposta, já levantada pela direção da organização, de que a AP incorporasse o adjetivo marxista-leninista ao seu antigo nome. Esclareceu: "O termo popular é um termo que descreve rigorosamente a primeira etapa populista da Ação Popular. Não corresponde portanto à atual etapa, à atual posição de classe, proletária" (WRIGHT, 1970, p. 8). Contraditórios em significado, os termos "popular" e "marxista-leninista" se anulariam. Objeções à parte, essa tendência de mudança onomástica confirmou-se.

Em outro polo, membros do Birô Político experimentaram aproximação crescente com o PCdoB. Na oitava reunião da CEP,

---

das dialeticamente (WRIGHT, 1970). Em 1973, voltaria a propor essa autocrítica, reportando-se, inclusive, a esse posicionamento antecipado no debate sobre "Os cinco pontos de luta interna" (WRIGHT, 1973).

realizada no final de 1970, ganhou corpo o entendimento de que, no processo de unificação das forças proletárias, a AP não devia ser o polo principal. A base deveria ser o PCdoB (APML, 1971d).

Para a aprovação do "Programa Básico", chegou-se a uma espécie de solução de compromisso entre as posições que amadureciam no interior da AP, uma fórmula de transição que permitisse a reabertura do debate (APML, 1971d). O texto do "Programa Básico" refletiu essas tensões e compromissos. Em primeiro lugar, estabeleceu que a base teórica da nova APML eram os "princípios científicos e universais do marxismo-leninismo-maoísmo", expondo as razões:

> O maoísmo ou pensamento de Mao Tsé-Tung é ao mesmo tempo uma continuação e uma nova etapa do marxismo-leninismo: a terceira etapa do marxismo, o marxismo-leninismo da nossa época, da nova época revolucionária em que o imperialismo caminha para sua ruína completa e o socialismo avança para a vitória em escala mundial. [...] O camarada Mao Tsé-Tung integrou a verdade universal do marxismo-leninismo com a prática da revolução em nosso tempo, herdando, defendendo e desenvolvendo o marxismo-leninismo em todos os domínios e de maneira genial e criadora, elevando-o a uma etapa completamente nova. A teoria da continuação da revolução sob a ditadura do proletariado para prevenir a restauração do capitalismo e levar a revolução socialista até o fim é a contribuição mais importante do camarada Mao Tsé-Tung e o marco da nova etapa do marxismo-leninismo (APML, 1971a, p. 1-2).

Para a definição do programa mínimo, procedeu-se a uma caracterização das estruturas do país. Afirmou-se a complexidade do Brasil, que combinaria "relações semifeudais e feudais, com predominância das relações capitalistas" (APML, 1971a, p. 11). Haveria insuficiência tanto das condições objetivas quanto das subjetivas para a revolução socialista proletária. Assim, o programa mínimo da "nova Ação Popular" era a revolução nacional, democrática e popular, anti-imperialista e agrária. Salientou-se que se tratava de uma revolução nacional-democrática de tipo novo:

> Primeiro, porque faz parte da revolução mundial proletária e não da revolução mundial burguesa. Segundo, porque leva à implantação de um regime de transição ao socialismo e não à implantação e desenvolvimento de um capitalismo nacional. Terceiro, porque só pode ser dirigida até o final pela classe operária (APML, 1971a, p. 11).

A tarefa principal era a preparação imediata e ativa da guerra popular, com "a justa combinação entre a ampliação e a radicalização das ações de massas no campo e nas cidades, e a imediata preparação ideológica, política, orgânica, técnica e material da nova Ação Popular e do povo para a luta armada, no campo e nas cidades" (APML, 1971a, p. 14).

Quanto ao tema nevrálgico, o "Programa Básico" definiu que o objetivo era construir um "partido de tipo inteiramente novo", marxista-leninista-maoísta. Em seu diagnóstico, reconheceu que havia, no Brasil, um partido marxista-leninista, o PCdoB, e outras forças marxistas-leninistas. Tendo como suporte o programa então aprovado e a experiência do movimento operário brasileiro, a APML propôs

> ao Partido Comunista do Brasil e a todas as forças e revolucionários verdadeiramente marxistas-leninistas que façamos os máximos esforços para encontrar, através da luta comum e do debate fraternal, o caminho através do qual o proletariado do Brasil poderá acelerar e levar a revolução brasileira até a vitória, com a arma indispensável de um partido proletário de tipo inteiramente novo, marxista-leninista-maoísta, correto, unificado e poderoso (APML, 1971a, p. 15).

Na época da III RADN, conforme o documento que anunciou seus resultados, havia cinco tendências no debate, cujas divergências e aproximações foram assim expostas:

> Analisando em profundidade, estas cinco tendências podem ser reduzidas a três sistemas elaborados de posições ou linhas políticas diferentes, a primeira, a terceira e a quinta. A primeira tendência identificava-se fundamentalmente com a linha política anterior da Organização e se distanciava da nova linha aprovada, representada, basicamente, pela terceira tendência, a partir da avaliação que faz da sociedade e, consequentemente, em importantes questões do programa, tarefas, alvos e forças motrizes da revolução. A quinta tendência, que se expressa como uma outra linha que toma corpo, distanciava-se ainda mais da nova linha aprovada, também a partir da avaliação que faz da sociedade brasileira e das importantes repercussões no plano do programa, alvos, forças motrizes e, mais ainda, na estratégia e tática. As outras tendências, não se constituindo como sistemas à parte, partilharam da defesa da nova linha, expressa no Programa Básico, salvo nas questões divergentes com cada uma delas, já enumeradas, e em outras menos importantes. Juntas, a terceira, a segunda e a quarta tendências formaram a maioria básica da reunião. A luta interna que a nova e vitoriosa política então travou foi, antes de tudo, uma luta em duas frentes: contra a linha anterior de fundamentação dogmática e importantes erros direitistas e contra uma linha que se estrutura, esquerdista na forma e direitista na essência (APML, 1971b, p. 12).

Avaliando que a vitória havia sido incompleta, hierarquizou qual era a disputa principal:

> A luta mais importante travada na III Reunião Ampliada e a que se anuncia como mais importante para o futuro foi entre a nova linha aprovada, representada concentradamente pelo Programa Básico, e a linha esquerdista na forma e direitista na essência, que tem algumas de suas posições centrais expostas no documento Cinco Pontos da Luta Interna, de um destacado dirigente (APML, 1971b, p. 13).

O afunilamento na conjuntura posterior dar-se-ia com a seguinte polarização. Por um lado, parte da direção sistematizou a visão favorável à revolução imediatamente socialista e à necessidade da constituição do "partido inteiramente novo", próprio da etapa vivida pelo marxismo. Por outro lado, formar-se-ia, na direção da APML, uma maioria favorável à incorporação ao PCdoB, tendo como suporte a afinidade de programas e o reconhecimento de que ele seria o partido histórico da classe operária, fundado em 1922 e reorganizado em 1962. O desfecho foi conflitivo e culminou em nova cisão.

As disputas a respeito dos sentidos e perspectivas do "Programa Básico" não tardaram. Segundo os que se inclinavam para a incorporação ao PCdoB, a despeito de equívocos e de insuficiências, ele expressava o avanço da maioria marxista-leninista em formação. Aos que se posicionavam no outro polo e passaram a rejeitar a concepção de revolução nacional-democrática, o PB não chegava a expressar completamente o que denominariam de "linha dogmática e direitista", embora servisse a seus objetivos.

A maioria em formação traduzia-se na composição do birô político da APML, do qual faziam parte Haroldo Lima, Aldo Arantes, Renato Rabelo, Duarte Pereira, Jair Ferreira de Sá e Paulo Stuart Wright. Os dois últimos eram identificados com as posições da chamada minoria. Nos dois campos, havia nuanças internas. Jair Ferreira de Sá, líder da "Corrente 1" em 1968 e protagonista da aprovação do "Esquema dos Seis Pontos", promovia uma guinada em suas posições e passava a defender a revolução imediatamente socialista. Wright, conquanto tivesse aderido à "Corrente 1", demonstrava divergências com seus cânones desde aquela época (AP, 1969a). No outro polo, a posição de Duarte Pereira, que protagonizou a abertura dos debates em torno do PCdoB, seria relativamente distinta da assumida pelos outros três dirigentes, como se verá.[42]

Os desdobramentos se aceleraram. Em julho de 1971, pouco depois da III RADN, uma reunião extraordinária do Birô Político formalizou novo encaminhamento, aprovando a proposta, apre-

---

42 Ver os capítulos 4 e 5 deste livro.

sentada por Duarte Pereira, de que o PCdoB deveria ser o polo da unificação, baseada no princípio, extraído da tradição da III Internacional, de que onde houvesse um partido marxista-leninista a tarefa dos comunistas era fortalecê-lo (APML, 1971d). Ato contínuo, o Birô convocou uma reunião extraordinária do CC para apreciar a decisão e tomar as providências.

Reunido em novembro de 1971, o CC aprovou a proposta de unificação em torno do PCdoB e convocou o II Congresso da AP para tomar a decisão em última instância (APML, 1971d). Nos dois episódios, ficou consignada a resistência dos dirigentes que tinham compreensão diferente. A decisão se pautava no reconhecimento de que o PCdoB era o partido histórico do proletariado brasileiro, mas ainda havia questões doutrinárias, programáticas e orgânicas a superar.

Em novembro de 1971, o PCdoB emitiu um contundente artigo em seu jornal "A classe operária", por meio do qual refutou a posição que a APML havia definido, meses atrás, no "Programa Básico". Negou-se a reconhecer a AP como organização marxista-leninista e rejeitou a caracterização da nova etapa do marxismo e a concepção de construção do "partido inteiramente novo". Como arremate, sentenciou que o "Programa Básico" havia sacrificado o marxismo-leninismo "em benefício de concepções trotsquistas e pequeno-burguesas" (PARTIDO COMUNISTA DO BRASIL, 1971, p. 4).

Na visão do PCdoB, a confusão ideológica da APML contribuiria, querendo ela ou não, com os inimigos da revolução. O reagrupamento das forças revolucionárias deveria favorecer o verdadeiro partido marxista-leninista do país, ele próprio, o PCdoB. Por isso, ao encerrar, conclamou a adesão dos militantes da APML que tivessem chegado a essa conclusão (PARTIDO COMUNISTA DO BRASIL, 1971). Nessa exortação, havia um acento que merece ser explicitado: não se tratava simplesmente de os membros da APML aderirem às posições daquele partido, mas de chegarem às mesmas conclusões que ele acerca de sua condição de vanguarda e sobre os temas fundamentais da estratégia revolucionária.

A reação a tal intervenção foi balizada pelo posicionamento no debate interno da APML. Os defensores da unificação em torno do PCdoB assimilaram a crítica e caminharam para a adesão às posições globais daquele partido. Os opositores denunciaram o tom pejorativo do seu documento, acusando-o de tentar desagregar a APML, e conclamaram um posicionamento em defesa da organização (APML, 1972b). A divisão interna não teria reversão.

Denunciando e combatendo a repressão

Em julho de 1972, tradução de sua política de denúncia dos crimes cometidos pelo Estado brasileiro durante o regime de exceção, a APML divulgou o “Livro Negro da Ditadura Militar”. Importante documento de época, esse livro ganhou nova edição em 2014, na agenda dos debates estimulados pela Comissão Nacional da Verdade, com a reprodução em *fac-símile* do original.[43] Na divulgação da nova edição, iluminando ao público leitor as condições em que o projeto foi conduzido, os organizadores enfatizaram que se tratava de “um caso único na saga da resistência antiditatorial: um livro denúncia inteiramente pesquisado, impresso e distribuído na mais completa clandestinidade”(GUISONI, 2014, p.18).

Na segunda metade de 1969, em face da escalada repressiva naquela conjuntura vivida sob o tacão do Ato Institucional nº. 5, a IV Reunião da Comissão Executiva Provisória havia adotado medidas de aperfeiçoamento do sistema de segurança interna, que seriam atualizadas de acordo com a necessidade e com o apren-

---

43 Merece registro uma observação que os organizadores introduziram no encarte que acompanha a nova edição: “O título Livro Negro em nossos dias geraria compreensível repúdio. O movimento antirracista, que emergiu com força na fase final da ditadura, conseguiu banir esse tipo de associação da palavra ‘negro’ com ‘cruel’ ou ‘tenebroso’. Que o leitor do século 21 julgue o título de 1972 com tolerância, recordando que naqueles tempos esse debate nem existia, era sufocado, como tantos, pelo tacão ditatorial” (GUISONI, 2014, p. 5).

dizado ensejado pelo enfrentamento político.[44] Além disso, havia intensificado a política de denúncia dos atos arbitrários e crimes praticados pelo aparato repressivo do Estado. De acordo com Lima e Arantes (1984, p. 140), "é dessa época a decisão de se elaborar o 'Livro Negro da Ditadura Militar'", que teria coroado, ao ser concluído, um trabalho realizado nos três anos anteriores.

O encarte à nova edição informa como ocorreu a preparação e aponta o alcance da publicação:

> A organização revolucionária Ação Popular Marxista-Leninista do Brasil, obrigada a manter-se na clandestinidade, decidiu reagir aos crimes da ditadura. Sua direção nacional pôs em prática uma campanha de denúncias daqueles crimes. Sob o slogan "A força do povo é maior do que a repressão", divulgou as ações criminosas em seu jornal "Libertação", em folhetos, "selinhos". Enviou denúncias para o exterior, que foram engrossar eventos de repercussão em países como Chile, Estados Unidos, Itália, França, realizados por amigos do nosso povo e por exilados brasileiros. Tais eventos causaram crescentes dificuldades para o regime militar. Além disso, a AP decidiu elaborar um livro em que reunia essas denúncias e também relatava as lutas populares que, apesar da repressão, continuavam (GUISONI, 2014, p.5-6).

O prefácio da primeira edição explica:

> A Ação Popular Marxista-Leninista do Brasil tem inteiras condições para levar a todas as pessoas amantes da liberdade a real situação da nossa pátria. Faz esforços para colocar-se na vanguarda da classe operária e de todo o povo brasileiro. [...] Mais do que isso: por lutar para levar adiante a resistência e

44 Em novembro de 1969, foi editada a "Circular da Comissão Executiva Provisória sobre a clandestinidade e a segurança do Partido" (AP, 1969e). Em janeiro de 1972, houve a atualização das regras de segurança por meio da "Resolução Política do Birô Político do Comitê Central sobre a política e as normas para avaliação do comportamento de militantes na prisão e no tribunal" (AMPL, 1972f).

> a luta popular, está entre os alvos preferidos das investidas da repressão. Inúmeros dos seus militantes sofrem nos cárceres do regime as mais cruéis torturas e os piores tratamentos. Mais de um já tombou sem vida diante da fúria sem limites do inimigo. A lembrança dos seus sofrimentos, tanto quanto de todos os patriotas e democratas atingidos pela repressão, perpassa as páginas deste livro e nos enche de indignação e ódio justificado aos inimigos e torturadores de nosso povo (APML, 1972g, p. 7).

Em 1971, a III RADN da Ação Popular havia promovido homenagens a dois militantes assassinados pelo aparato repressivo da ditadura: Jorge Leal Gonçalves Pereira e Raimundo Eduardo da Silva. Explicando o significado das homenagens naquele contexto, informou o documento que divulgou os resultados do encontro (APML, 1971b, p. 1): "A III Reunião Ampliada prestou, em sessões especiais, sentidas homenagens a dois heroicos camaradas, a cuja memória a reunião foi dedicada, os quais deram recentemente suas vidas, nas câmaras de torturas do regime, para manter-se fiéis à classe operária e ao povo brasileiro, e preservar a organização".

Em novembro daquele ano, a ditadura eliminaria outro militante da Ação Popular, Luiz Hirata. Poucos meses depois, Hirata foi homenageado nas páginas do periódico "Libertação" como "um bravo". O texto diz: "Dele o inimigo nada conseguiu arrancar" (NOVOS CRIMES, 1972, p. 7).

Outra dimensão do alcance da repressão sobre a Ação Popular pode ser aferida pelos dados coligidos pelo projeto "Brasil: nunca mais", que reuniu os processos judiciais que tramitaram sob a tutela do Superior Tribunal Militar, deflagrados para apurar as alegadas infrações à legislação de segurança nacional.

O livro "O perfil dos atingidos", que divulgou os resultados do projeto "Brasil: nunca mais", mensura: "Entre os processos estudados, 49 eram voltados para as atividades da AP, que se situa, assim, em terceiro lugar no rol das organizações clandestinas mais atingidas quanto ao número de processos" (ARQUIDIOCESE DE

SÃO PAULO, 1987, p. 37). Quanto aos envolvidos e indiciados, a tabulação revela: "Ao todo estiveram envolvidos 554 réus e mais 232 outros indiciados na etapa policial, nos processos que se voltavam exclusivamente para a AP" (ARQUIDIOCESE DE SÃO PAULO, 1987, p. 37). Outra variável é a linha cronológica: "Na distribuição ao longo dos anos, pode-se verificar 1 processo em 1965, 3 em 1967, 1 em 1968, 9 em 1969, 4 em 1970, 19 em 1971, 6 em 1972, 2 em 1973, 3 em 1974 e um último em 1975 no qual a AP é referida superficialmente" (ARQUIDIOCESE DE SÃO PAULO, 1987, p. 37).

A existência de um sistema judicial não indicava que ele operasse com normalidade e praticasse justiça. Em ambiente institucional antidemocrático e regido pela ideologia da segurança nacional, os julgamentos eram parametrizados por legislação produzida por intermédio de procedimentos autoritários, com os desmandos e as violências decorrentes. Esses documentos contêm uma espécie de subtexto, pois os fatos ali narrados eram submetidos ao filtro do que poderia ou deveria ser judicializado, de acordo com a métrica dos detentores do poder. Ademais, há um leque de personagens atingidos com detenção, tortura e morte que sequer foram submetidos ao universo judicial (DIAS, 2019).

Seja como for, na condição de organização revolucionária, o objetivo da APML não era estabelecer interface com o aparato judiciário, mas combater a ditadura. O "Livro Negro da Ditadura Militar", malgrado o cerco da repressão e da censura, tinha o propósito de influenciar os acontecimentos políticos. Com sua narrativa realista, não se apresentava como um mecanismo defensivo de denúncia dos crimes cometidos pelo Estado. A APML procurou dotá-lo de um tom mobilizador em favor da consecução de seu projeto político.

Em linguagem viva de esperança, o prefácio sentencia: "A nossa mensagem não é de pessimismo. É uma mensagem de dor. Mas é sobretudo uma mensagem de confiança ilimitada no futuro e de certeza inabalável na vitória" (AMPL, 1972g, p.8). A denúncia como mediação para persistir em seus objetivos políticos era coerente com o perfil de quem patrocinou a publicação. A derrocada da ditadura seria a condição para apurar os crimes de Estado e extrair todas as consequências e responsabilidades.

Mas em julho de 1972, quando foi divulgado o "Livro Negro da Ditadura Militar", a APML vivia a tensão da polarização interna acerca da definição de sua estratégia revolucionária.

Os caminhos que se bifurcam

A disputa acirrou-se tanto em seus aspectos conceituais quanto nos organizativos, relativos à arregimentação de forças. Em 1972, nas frestas da polarização que se seguiria, um destacamento da APML da Bahia, liderado pelo dirigente João Batista Drummond (cujo codinome era Evaristo), atendeu ao chamamento do PCdoB e se incorporou às suas fileiras. Nessa conjuntura de 1972, dois densos documentos sistematizaram as posições em conflito, cada qual fazendo, por meio de uma extensa abordagem histórica, uma interpretação do país. A relação com o maoísmo e com o legado da revolução chinesa adquiriu feições até certo ponto paradoxais.

A ala que passou a defender a revolução imediatamente socialista, atribuindo a si mesma a condição de esquerda da APML, divulgou o documento "Combater o dogmatismo de direita e isolar os liquidacionistas nas fileiras do partido" (APML, 1972b). A estratégia da revolução nacional-democrática seria um transplante dogmático do modelo chinês, sem correspondência com a realidade brasileira. Rejeitou não apenas a interpretação de que havia resquícios feudais, mas a própria ideia de um passado assim caracterizado, argumentando que, "apesar do emprego de relações de trabalho pré-capitalistas, o sistema de plantações no Brasil foi regido pelas leis capitalistas de produção" (APML, 1972b, p. 29). Traduzindo essa visão estratégica, concluiu que "será pela insurreição urbana que a revolução triunfará" e que "o proletariado brasileiro é a força principal da revolução brasileira" (APML, 1972b, p. 44).

Não obstante esse deslocamento, preservou-se uma identidade com o maoísmo, relacionada com a época histórica, a terceira etapa do marxismo, e não especificamente com o programa. Os adeptos alegavam que não se tratava de aplicar a letra, mas o método do marxismo. Desse parâmetro derivava a tese da construção de um "partido unificado de tipo inteiramente novo", necessário para conduzir a "luta contra o revisionismo e o dogmatismo até as suas últimas consequências" (APML, 1972b, p. 59-60). Procuravam deslegitimar tanto os seus adversários na luta interna quanto o PCdoB e a sua concepção revolucionária, aproximando-os da herança do alegado revisionismo do PCB. Por último, a proposta de incorporação ao PCdoB, que ganhava corpo, significaria

> liquidar um combativo núcleo do proletariado revolucionário que mal inicia sua luta contra a linha dogmática e direitista para aprisionar o poder criador de muitos de nossos dirigentes, em favor justamente do fortalecimento do protótipo do dogmatismo e do reformismo (APML, 1972b, p. 55).

A outra concepção estratégica presente na disputa foi sintetizada no documento "Contribuição ao Estudo Científico da Sociedade Brasileira" (APML, 1972a), cujo esboço já servira de base aos debates da III Reunião Ampliada. Sua análise do processo revolucionário pode ser assim descrita:

> O conteúdo fundamental da revolução agrário-camponesa no Brasil é democrático-burguês. [...] A tarefa democrática principal da revolução brasileira é de extirpar todo o sistema latifundiário, o monopólio da propriedade da terra e o cortejo de suas sobrevivências feudais. A revolução nacional e democrática é assim anti-imperialista e agrária (APML, 1972a, p. 78).[45]

45 Havia dissonâncias entre os autores. Em janeiro de 1973, ao redigir a apresentação da segunda edição desse documento, Duarte Pereira observou, fazendo referência a si próprio: "Um dos autores deste trabalho considera errado afirmar que

Defendeu a "pureza" do marxismo, a doutrina de Marx, Engels, Lênin, Stalin e Mao Tsé-Tung e a sua aplicação nas condições concretas do país, mas entendeu que as questões principais já haviam sido tratadas pelos "provados marxistas-leninistas do PCdoB". Demonstração do grau a que tinham chegado os debates sobre o partido operário, as referências ao PCdoB são abundantes.

De um lado, salientou a proximidade do "Programa Básico" com as posições do PCdoB; de outro, criticou os supostos "trotsquistas", que, encobertos por uma fraseologia esquerdista, centravam fogo "na vanguarda do proletariado brasileiro", saudada "pelo CC do PC da China como o 'glorioso Partido Comunista do Brasil'" (APML, 1972a, p. 78). Stalin foi reivindicado como a base da refutação das teses "trotsquistas".

Verdadeiro anátema segundo os parâmetros de uma posição que fazia a defesa de Stalin e de seu legado, a influência trotsquista atribuída à outra corrente tinha duas motivações. Primeira, refutar a concepção de construção partidária, acusada de sustentar-se no ajuntamento de tendências e frações e de não ter o caráter proletário e a unidade de vontade (LIMA & ARANTES, 1984, p. 131). Segunda, refutar a concepção de revolução, que estaria sustentada em devaneios de autores "trotsquistas" ou "trotsquizantes" (LIMA & ARANTES, 1984, p. 148).[46]

---

a sociedade brasileira é *semifeudal e semicolonial*, embora nela já prevaleçam as relações capitalistas. Toda sociedade tem uma natureza própria e esta é dada, no caso das formações sociais complexas, pelo modo de produção que predomina. Outra questão é se estabelecer ao mesmo tempo as particularidades que distinguem uma sociedade de outras sociedades da mesma natureza. [...]. Na linha desse raciocínio, um dos autores deste trabalho manifesta sua convicção de que, se os marxistas-leninistas querem avançar na compreensão científica da sociedade brasileira, devem romper com esta sobrevivência de antigas concepções dogmáticas e devem avançar na formulação de um conceito da sociedade brasileira que se aproxime desta formulação: o Brasil é um país capitalista, do tipo dependente e subdesenvolvido" (APML, 1973a, p. 2).

46 Não é demasiado esclarecer que não havia vínculos diretos entre os citados dirigentes da APML e o trotsquismo, fato reconhecido por Lima & Arantes (1984, p. 131).

Se o estreitamento de laços com o PCdoB havia sido estimulado pela proximidade das duas organizações com a Revolução Chinesa, o aprofundamento dessa relação implicou, naquele momento, a revisão de alguns pontos. Conforme reconheceram Aldo Arantes e Haroldo Lima, o encaminhamento exigiu a depuração das posições da AP em favor das diretrizes do PCdoB (LIMA & ARANTES, 1984).

A mais importante depuração dizia respeito ao maoísmo como terceira etapa histórica do marxismo, que não era aceita pelo PCdoB. O leninismo continuaria fundamentando as lutas revolucionárias do período. A segunda questão referia-se à aceitação da necessidade de cumprir as tarefas da revolução nacional e democrática para passar à revolução socialista. A terceira aludia à composição da formação da frente anti-imperialista. Promovida a depuração, garantem, passava a existir unidade nas questões fundamentais da revolução (LIMA & ARANTES, 1984).

Com o aquecimento da disputa interna pela arregimentação de forças, no final de setembro de 1972, a chamada maioria destituiu Jair Ferreira de Sá (Dorival) e Paulo Stuart Wright (João), os líderes da outra ala, de seus cargos de direção, acusando-os de "fracionismo" (APML, 1972d). Em 1º. de outubro do mesmo ano, expulsou-os da APML. Dizia a resolução:

> João e Dorival aprofundaram suas concepções de caráter neotrotsquista e romperam com os princípios, o programa e a tática da organização. Recusam fazer a menor autocrítica de seu fracionismo e violam o mais elementar mecanismo do centralismo democrático, a aplicação de uma só linha e a subordinação da minoria à maioria. Insurgem contra a direção da organização e intensificam sua atividade desagregadora. Nestas condições, o birô político tem o indeclinável dever de

A ala majoritária acusava seus adversários de desenvolverem a tese da revolução imediatamente socialista por influência de autores "trotsquistas" ou "trotsquizantes". No caso, foram citados autores adeptos da "Teoria da dependência", como Ruy Mauro Marini e Theotônio dos Santos (LIMA & ARANTES, 1984, p. 148).

> recorrer à medida extrema de defesa da organização contra os fracionistas e recalcitrantes. Assim, o birô político decide expulsar os indivíduos João e Dorival das fileiras de nossa organização. Submete esta decisão à imediata homologação do CC (APML, 1972e, p. 7-8).

Em janeiro de 1973, O CC da APML, monopolizado pela antiga maioria, ratificou a decisão, comunicada em edição especial do jornal "Libertação" (APML, 1973b).[47] O desfecho dessa trama veio em maio de 1973, quando, segundo termos usados por seus protagonistas, "o *Bureau* Político do Comitê Central da Ação Popular Marxista-Leninista do Brasil divulgou a sua última circular, indicando o procedimento acertado entre as duas direções para o ingresso no PC do Brasil" (LIMA & ARANTES, 1984, p. 158).

Intitulada "Incorporemo-nos no Partido Comunista do Brasil", a resolução expôs os motivos da decisão. Argumentou que existia uma defasagem entre as últimas formulações da APML, consolidadas no "Programa Básico" e na resolução do Comitê Central de novembro de 1971, e a situação vivida no momento. Com a dinâmica dos debates e da luta interna, já havia unidade real nas questões fundamentais da revolução com o PCdoB, especialmente na concepção de partido e do programa político. Vale dizer, foram assimiladas as diretrizes do PCdoB (APML, 1973c, p. 2):

> Hoje, as posições político-ideológicas que são *declaradamente aceitas*, defendidas e compreendidas em diferentes graus pelos militantes de Ação Popular – quanto à questão do partido no Brasil e às posições programático-políticas – são as posições do PC do Brasil. Esta é a *situação real* de Ação Popular (passagens originalmente grifadas no documento).

A resolução do Birô Político asseverou que os quadros e militantes da APML não apenas aceitavam, como procuravam agir a

47 Órgão oficial da AP, editado desde maio de 1968.

partir desse horizonte, motivo de desejarem a integração imediata. A essa unidade de concepção somavam-se a necessidade de reforçar o PCdoB, que havia sido abalado por golpes da repressão, e a própria experiência da Guerrilha do Araguaia. Estabelecia-se, nesse contexto, a incorporação em clima de urgência.

Tornava-se – proclamava a resolução – irrecusável a tarefa de comunicar, solenemente, que a AP considerava que o PC do Brasil era o único e verdadeiro partido da classe operária, dono de uma linha política correta e justa, e colocava à sua disposição seus quadros e militantes. Olhando retrospectivamente para o seu passado recente, afirmou que seria a coroação de seu processo de transformação, a que chamava de "proletarização", iniciado em 1967.

Conquanto a adesão significasse subordinação à disciplina interna do PCdoB, a incorporação orgânica deveria ser progressiva e cuidadosa. A resolução do Birô ponderou: "O esquema organizativo da Ação Popular deverá continuar funcionando até que o processo de incorporação e o partido dele necessitem" (APML, 1973c, p. 4). Sobre o II Congresso, anunciou: "Alguns passos práticos, como a forma de realizar o II Congresso, serão esclarecidos posteriormente" (APML, 1973c, p. 4). Para os que seguiram esse caminho, o congresso não viria a ser realizado.

Em seu livro, Haroldo Lima e Aldo Arantes apresentam justificativas. Para eles, previsto para resolver as divergências, com a dinâmica dos acontecimentos e a consolidação das posições, o congresso perdera sua função. Adicionaram, ainda, questões de segurança, impostas pela conjuntura "fascista" e pelo terrorismo de Estado contra os comunistas. Se fosse realizado, o papel do Congresso não seria mais o de estabelecer a conclusão do debate, mas o de fazer o balanço final da organização.[48]

A visão mais ampla desse processo exige a percepção da existência de divergências no seio da ala majoritária e a reação da

48 Ver o capítulo 4 deste livro.

chamada minoria. Protagonista da aproximação entre a APML e o PCdoB, o dirigente Duarte Pereira teve posição distinta nesse desfecho. Ao comentarem a decisão final do Birô Político, veiculada em maio de 1973, Lima e Arantes registraram (1984, p. 158): "Dessa deliberação não participou Duarte Pereira, argumentando razões de conteúdo e de método".

Com a destituição do primeiro secretário do Birô Político, Jair Ferreira de Sá, Duarte Pereira, que era o segundo secretário, havia ascendido à condição de principal dirigente. No início de 1973, porém, afastou-se da direção alegando divergências. Na composição original do birô, havia maioria de quatro membros a favor da aproximação com o PCdoB. Excluídos os líderes da minoria, as diferenças entre os dirigentes remanescentes ficaram em primeiro plano. Nos marcos do novo alinhamento, ele se viu isolado diante do posicionamento dos outros três membros do birô, que conduziram o processo de acordo com as suas convicções.

Por intermédio de um documento consolidado no final da década de 1990, Duarte Pereira esclareceu seu posicionamento. Uma divergência dizia respeito à não realização do II Congresso, que teria o papel, além de resolver a oposição entre os campos em disputa, de solucionar as contradições da maioria. Também não concordava com a revisão unilateral das posições da organização a que pertencia. Mantinha divergências e reivindicava canais apropriados para exercê-las no seio do novo partido. (PEREIRA, 1999b). Em recente palestra, descreveu da seguinte maneira seu posicionamento:

> Seria difícil explicar todas as razões [...]. Achava que a AP deveria se unir com o PCdoB sob condições. Porque as posições que o PCdoB tinha não eram da tradição da AP. Fazia parte da tradição da AP a crítica do modelo soviético desde o Documento-base e eu pessoalmente nunca renunciei a essa crítica. A gente compreendia o papel histórico que Stalin tinha desempenhado na construção do socialismo, na defesa da União Soviética, na Segunda Guerra etc., mas não se podia abrir mão da crítica aos erros, aos

> crimes que haviam sido cometidos. E que precisavam ser discutidos. A China discutia, mas o PCdoB e a Albânia não admitiam essa discussão. Era uma questão decisiva. A outra questão decisiva era a sociedade brasileira. No grau de desenvolvimento do capitalismo que já tínhamos, no grau de industrialização que já havíamos alcançado, não podia ser considerada uma sociedade semifeudal, semicolonial. Esse debate estava presente e eu nunca concordei com ele. Eu achava que devíamos nos unificar através de um congresso que debatesse essas questões, e que as unificasse entre nós (da AP), e que as colocasse como questões para o próprio PCdoB. Não era uma visão de incorporar só para fortalecer quantitativamente o PCdoB, era uma perspectiva de incorporar para nos renovarmos mutuamente diante dos novos desafios e das novas tarefas (PEREIRA, 2014).[49]

Quando aborda a expulsão de Jair Ferreira de Sá e Paulo Stuart Wright, o livro de Haroldo Lima e Aldo Arantes ressalta que nenhuma sanção foi tomada contra seus correligionários, que teriam promovido uma evasão espontânea das fileiras da organização. Contudo, os atingidos pela sanção reagiram politicamente e atribuíram significado diferente ao acontecimento.

No início de 1973, ainda na irradiação da temperatura desse conflito, Jair Ferreira de Sá emitiu um documento, sistematizando um balanço do processo e de seus desdobramentos. No plano da linha política, contrapõe:

> Lutávamos para impedir o verdadeiro fracionismo e liquidacionismo, que era o movimento de integrar-se ao PCdoB sob distintas formas, negando o movimento autocrítico, passando por cima das decisões partidárias para irem reforçar a tão desmoralizada linha direitista (APML, 1973d, p. 13).

Na disputa da memória sobre a luta orgânica pelo controle do partido, acusou o outro setor, adjetivado como "direitista e dog-

---

49 Ver o capítulo 5 deste livro.

mático", de utilizar maiorias eventuais em certos níveis da direção, especialmente na direção central, e composições temporárias de organismos incompletos para forçar a ideia de unidade entre o "Programa Básico" e o programa do PCdoB, com vistas a acelerar a unificação com aquele partido e, assim, deter o movimento de retificação da linha política e impedir o possível avanço das posições da esquerda (APML, 1973d).

Evocando para a ala que liderava a legitimidade de preservar a organização própria da APML, Jair Ferreira de Sá propôs o desafio, contido no título do texto, de fazer uma transição ao II Congresso (APML, 1973d). Juntamente com seus aliados, procurava preservar, com os matizes de sua leitura, a memória e os próprios marcos da história da organização. Daí o fato de as reuniões obedecerem à enumeração anteriormente estabelecida, como exemplifica a convocação do II Congresso (APML, 1973d).

Não é possível detalhar os fatos dessa disputa, repleta de acusações recíprocas de deslealdade. Não há dúvida de que essas questões, relacionadas com a legitimidade das decisões, têm relevância, mas, nos limites aqui dispostos, o foco dirige-se à investigação de como a disputa reescrevia o sentido da história da APML.

A ala majoritária estabeleceu uma linhagem entre o comportamento de seus antagonistas daquela conjuntura e o passado mais remoto da organização. No documento que veiculou a posição do CC sobre a expulsão de Jair Ferreira de Sá e Paulo Stuart Wright (APML, 1973b), elaborou-se a interpretação de que sempre existiram, em combate à afirmação de uma linha justa, persistentes manifestações de tendências pequeno-burguesas na luta interna. Isso seria sobrevivência do "terceirismo", busca de uma terceira posição, presente desde o nascimento da AP.

Sempre que uma tendência era derrotada, ressurgia sob outra forma. Foram arroladas três incidências importantes: em 1965, a luta opôs os revolucionários aos reformistas; em 1967/68, o embate foi entre os marxistas-leninistas e os fidelistas; finalmente, a luta mais aguda envolveu os marxistas-leninistas e os neotrotsquistas. Assim, o terceirismo ideológico emergia como variante do trotsquismo.

Nos termos do balanço divulgado por Lima e Arantes (1984, p. 169),

> a incorporação da AP ao PC do Brasil foi, assim, no plano interno, uma inequívoca vitória do marxismo-leninismo e uma flagrante derrota do revisionismo. Reforça a tendência geral de aglutinação em torno do PC do Brasil e aponta para os marxistas-leninistas de outras origens o caminho provado que devem seguir para ajudar na construção do partido do proletariado no Brasil. No plano externo, significa uma vitória da corrente autenticamente marxista-leninista que se vai desenvolvendo na luta pelo socialismo e contra os revisionistas de todos os matizes.

A decisão de aderir ao PCdoB implicava abrir mão da experiência organizativa própria, fechar o ciclo de existência da AP e abraçar outro partido e a sua história. Era a esse passado que se filiavam. Mesmo a história da AP foi interpretada pela ótica da decisão final de se incorporar ao PCdoB (LIMA &ARANTES, 1984).[50]

Essa fronteira é um dos marcos de disputa de memória. O setor remanescente vai se referir ao desenlace como a "cisão de setembro/outubro de 1972" (APML, 1973d). Segundo definição lacônica de Elzira Vilela, militante que não se incorporou ao PCdoB: "A Ação Popular se cindiu e um grupo da Ação Popular entrou para o PCdoB e outro não" (AQUINO, 2003, p. 134).

Por um período de difícil mensuração, os dois agrupamentos reivindicaram o nome da organização. Mesmo os que aderiram ao PCdoB mantiveram paralelamente, durante certo tempo, antigas estruturas da APML, alegando medidas de segurança. Editaram, por exemplo, o periódico "Libertação", órgão central da APML, até

---

50 Ver o capítulo 4 deste livro.

abril de 1975.[51] A transição duraria anos, provavelmente mais do que fora previsto.

A reconstrução da APML

Logo depois do episódio que denominavam de cisão ou fracionamento, em um quadro de fragilidade organizativa, os líderes da chamada minoria tomaram iniciativas com vistas à rearticulação da APML sob seus próprios parâmetros. No final de 1972, houve a constituição de um Núcleo Executivo Provisório. Em dezembro daquele ano, em reunião do Pleno, foram fixadas diretrizes para a reconstrução da organização. Em coerência com sua identidade, o coletivo orientava-se pela concepção de que a revolução teria o caráter socialista e pela necessidade de a organização sustentar-se no movimento operário. A pauta geral contemplava a questão do II Congresso e seu tema principal, o partido operário.

Nos primeiros meses de 1973, Jair Ferreira de Sá sistematizou o debate do coletivo que liderava em um extenso texto, intitulado "O desafio imediato: como fazer a transição necessária para garantir a realização vitoriosa do II Congresso da AP". Promoveu, inicialmente, um exame da luta interna pretérita, focalizando as disputas pela elaboração do "Programa Básico", aprovado na III RADN, e os embates que o sucederam e culminaram na "cisão de setembro/outubro de 1972". Mediante análise da evolução do capitalismo no Brasil e também dos impasses da APML e da Esquerda Revolucionária, elencou 13 pontos de ação e de orientação política,

51 Em abril de 1973, a última edição antes da incorporação ao PCdoB era a de número 40 do periódico. Sem intervalo, voltou a circular em maio de 1973 e manteve-se até a 54ª. edição, datada de abril e maio de 1975. O ex-dirigente Duarte Pereira tem uma hipótese interpretativa diferente da versão oficial: "Continuaram publicando o jornal 'Libertação', dizem que por motivo de segurança, para não tornar claro que já havia ocorrido a unificação dos dois partidos, mas também por motivos de disputar influência, disputar militantes. Continuaram se apresentando como AP quando já não tinham nada a ver com a AP" (PEREIRA, 2014).

visando à reorganização partidária e à retificação da linha política em suas dimensões estratégicas e táticas.

Os seis primeiros pontos se referem à interpretação das estruturas econômicas, políticas e sociais do Brasil e ao caráter da revolução. O texto reafirmou, nesse sentido, a compreensão de que a formação social brasileira tinha, tanto na fase então vivida quanto ao longo de sua história, o caráter capitalista. Sublinhou, no entanto, que se tratava de um "capitalismo dependente". Por isso, "a revolução assume necessariamente o caráter de revolução socialista-proletária" (APML, 1973d, p.40). O sétimo ponto ressaltou o proletariado, urbano e rural, como força dirigente da revolução, reconhecida a necessidade da aliança operário-camponesa. Distanciando-se da ideia da revolução camponesa, o oitavo ponto salientou "que o caminho para a tomada do poder será necessariamente armado, com a participação das amplas massas, um processo que terá seus pontos-chave e decisivos na insurreição desenvolvida nas cidades" (APML, 1973d, p. 40)

O nono ponto reconheceu, porém, que não estavam "criadas condições para o início de qualquer atividade armada que se considere duradoura e eficaz como luta pelo poder" (APML, 1973d, p. 40). Inferiu, portanto, que o "trabalho de propaganda e organização de classe e das massas populares continua sendo essencial ao desenvolvimento da revolução" (APML, 1973d, p. 40).

Merece atenção a inflexão tática então encetada, que se acentuaria em meados da década.[52] O décimo ponto preconizou:

> Nosso partido destaca neste momento a luta democrática como sendo a essência da nossa tática para o momento presente. Que

---

52 Em 1976, Jair Ferreira de Sá sublinhou a importância dessa inflexão tática, referindo-se ao que havia sido preconizado nos "13 pontos": "Já tínhamos estabelecido, antes das quedas de 73, alguns pontos-chave para a elaboração da tática. [...] Já tínhamos então claro o centro tático na questão das liberdades democráticas" (APML, 1976a, p. 7).

> mantida a fundamental importância do trabalho ilegal e clandestino, deve-se neste momento dar uma destacada importância ao trabalho legal e aberto, dada a situação desfavorável em que se encontra a revolução e a necessidade de, para atingir as massas mais amplas, recorrer a objetivos parciais e a formas de luta e organização que sejam acessíveis (APML, 1973d, p. 40).

Na mesma sintonia, o décimo primeiro ponto estabeleceu:

> Que deve ser dado um grande destaque ao trabalho de organização, pela base, nos locais de trabalho, do movimento operário livre e independente, que vá paulatinamente assumindo caráter de massas. Neste sentido, o trabalho dentro do atual movimento sindical legal – controlado pelo estado burguês e utilizado por ele como instrumento de dominação de classe, deve ser revestido de um caráter crítico. Isto embora consideremos necessária e obrigatória nossa presença em organizações que atuam no seio das massas – mesmo que para dentro delas fazer-lhes oposição, de forma organizada e com caráter de massas (APML, 1973d, p. 40).

Os dois últimos pontos voltaram-se à questão da construção do partido revolucionário, que continuaria sendo a tarefa fundamental e se expressaria "tanto na luta pela elaboração de uma justa linha de aglutinação nos destacamentos de vanguarda da classe, particularmente, no seio do proletariado urbano-industrial" (APML, 1973d, p. 40). Não se tratava, contudo, de uma tarefa exclusiva da APML: "Devem ser desenvolvidos todos os esforços visando um trabalho conjugado teórico e prático com outras forças marxistas-leninistas para conquistar a unidade política-ideológica, que será a base da futura unificação orgânica" (APML, 1973d, p. 41). Citando que já havia contatos e "entendimentos entre a AP, POLOP, MR-8 e Ala",[53] sugere que era permitido "visualizar tal tarefa não como

53 Faz referência à Organização de Combate Marxista-Leninista/Política Operária, ao Movimento Revolucionário 8 de Outubro e ao Partido Comunista do Brasil/Ala Vermelha.

futuro, mas como algo em processamento" (APML, 1973d, p. 4).

Para perseguir tal meta, dever-se-ia tomar como base, mediante avaliação da experiência precedente, a existência de uma Tendência Proletária (TP) no seio da esquerda brasileira, à qual correspondia um acúmulo político.[54] Em um período em que eram vividos os estertores da estratégia militarizada de deflagração da luta armada, a Tendência Proletária nascia dos impasses e das derrotas sofridas pelo campo da Esquerda Revolucionária (ER) e de sua necessária autocrítica.[55] A genealogia e a evolução dessas articulações foram explicadas com mais clareza em um documento consolidado na segunda metade daquela década, que se valeu, naturalmente, do olhar retrospectivo sobre o passado recente:

> A partir da derrota e do isolamento da esquerda revolucionária, no período 69/72, abre-se em seu interior, em diversos setores, um processo autocrítico de questionamento às linhas políticas anteriormente defendidas, à prática desenvolvida, e de busca de alternativas. Nesse processo autocrítico configura-se uma nova tendência dentro da esquerda brasileira: a tendência proletária (APML, 1978a, p. 30-31).[56]

Os impasses vividos foram descritos com crueza:

> Centenas de mortos, milhares de presos, perseguidos e exilados, O's[57] completa ou parcialmente destruídas, sem respaldo

54 No capítulo 6 deste livro, o leitor tem acesso a esse processo a partir das memórias de um dos protagonistas das articulações encetadas com vistas à formação da Tendência Proletária.

55 Em seu clássico livro sobre a esquerda armada, Gorender (1987) abordou essa inflexão no capítulo "Estertores da luta armada e embriões da autocrítica".

56 Em seu livro de memórias, Ricardo de Azevedo (2010) narra como esses debates vicejaram nos círculos de militantes e dirigentes de diferentes organizações de esquerda que estavam exilados no Chile, antes da queda de Allende. Azevedo representava a APML em um fórum de debates.

57 Não é excessivo lembrar que, nos códigos de clandestinidade, era assim que os documentos costumavam fazer referência às organizações revolucionárias.

> efetivo em nenhum setor social, esse é o saldo dos anos negros desse período, num processo que atinge, de forma diferenciada, o conjunto da ER, cada uma das suas distintas vertentes. Pois apesar das linhas políticas que entrecortavam serem diferentes, nenhuma corrente ou O. da ER consegue escapar à derrota, à medida que todas elas tinham em comum uma mesma base de classe, que se manifestava no seu voluntarismo, no seu distanciamento com relação à dinâmica viva do movimento e particularmente da classe operária, e no dogmatismo de suas formulações (APML, 1978a, p. 15).

Tomando como baliza o marxismo revolucionário e a dinâmica concreta do movimento de massas e da classe operária, a autocrítica deveria ter uma relação dialética com a experiência recente da Esquerda Revolucionária:

> O campo da tendência proletária surge assim ao mesmo tempo como a continuidade e a negação da esquerda revolucionária. Continuidade nas suas tradições revolucionárias, no que representar de rompimento com o reformismo e o populismo anteriormente hegemônicos. Negação na essência de suas linhas políticas anteriormente marcadas pelo dogmatismo e associadas a uma prática voluntarista. Abre assim, ao surgir, a perspectiva de superação dialética da esquerda revolucionária tal como ela se configurou na década de 60 (APML, 1978a, p. 31).

Conjugando-o com as tarefas de reestruturação interna, a APML se dedicaria, nos anos seguintes, ao projeto de constituição da Tendência Proletária com organizações que também se encontrassem em fase de autocrítica. Tratar-se-ia de um amplo campo, composto por um conjunto de organizações, frações e grupos independentes e até comunistas isolados. Muito cedo se esboçou o objetivo de divulgação de uma publicação destinada à Tendência Proletária,[58] que viria a ser contemplado pela edição da revista

58 Em suas memórias, Ricardo de Azevedo cita um diálogo que manteve, no final de 1973, com um militante do MR-8, quando estava em Buenos Aires, pouco depois

"Brasil Socialista". As tarefas de reconstrução da APML se desdobrariam nos anos imediatamente posteriores, com base nas atividades internas e nas empreendidas pelos exilados.

Entretanto, enquanto esses temas eram formulados nas instâncias em reestruturação, a questão da segurança se impôs, em razão do recrudescimento da repressão. Na segunda metade de 1973 e no início do ano seguinte, os tentáculos do aparato repressivo provocaram uma série de "quedas" de militantes e dirigentes da APML. Em 1976, Jair Ferreira de Sá elaborou um diagnóstico minucioso dessa fase crítica, examinando o impacto avassalador dessa escalada da violência na já frágil estrutura do núcleo de reorganização da APML:

> Nossa organização sofreu em 1973 um duro golpe repressivo que quase a liquida. Tivemos nosso funcionamento nacional suspenso e foram diretamente atingidos mais ou menos 20 quadros dirigentes, de camaradas de nível regional e de seção, sem falar dos militantes. Deste conjunto, 7 camaradas assassinados. Dos dois dirigentes nacionais em função, perdemos justamente o camarada que mais decididamente tinha assumido a luta contra a linha dogmática e direitista, dando-lhe inestimáveis contribuições. Dos então dirigentes regionais perdemos 3 dirigentes principais de regiões e outros membros de direção regional. Perdemos também os camaradas que viriam compor os departamentos nacionais, assim como foram atingidos os dois camaradas que até então tinham funcionado junto à direção nacional e que estavam retornando às regiões. Em termos práticos tivemos que suspender o trabalho na região norte-nordeste (que estava em fusão), adiando por um tempo razoável a retomada dos contatos partidários dos quadros e militantes dispersos ou semi-articulados entre si que por lá subsistem. Foram, pelo me-

---

de ter sido forçado a deixar o Chile por causa do golpe de Estado que depôs o presidente Salvador Allende: "Ele me deu notícias [...] da situação da AP, me contou que o Jair e a Doralina tinham escapado das quedas e tinham contato com o MR-8. E me disse também que eles tinham um projeto de produzir uma revista teórica, de debates, que servisse para sedimentar o processo de unificação daquilo que chamávamos de tendência proletária da esquerda brasileira" (AZEVEDO, 2010, p. 156).

> nos, 5 estados onde suspendemos nosso trabalho, que terminou ficando reduzido a duas regiões em reorganização e ao exterior. Nos meses que antecederam os acontecimentos de setembro de 1973, a O. vivia já uma crise que estava exigindo uma rápida solução. De fato, havíamos entrado numa fase de imobilismo, profunda dispersão política (APML, 1976a, p. 1).

Eis o rol dos sete assassinados, indicada a data da morte ou do desaparecimento entre parênteses: Paulo Stuart Wright (setembro/1973), Umberto de Albuquerque Câmara Neto (outubro/1973), Honestino Monteiro Guimarães (outubro/1973), José Carlos Novaes da Mata Machado (outubro/1973), Gildo Macedo Lacerda (outubro/1973), Eduardo Collier Filho (fevereiro/1974) e Fernando Augusto de Santa Cruz Oliveira (fevereiro/1974).[59] Houve, como destacado, a eliminação de Paulo Stuart Wright, um dos dois principais expoentes da reconstrução da APML, citado como "o camarada que mais decididamente tinha assumido a luta contra a linha dogmática e direitista". Some-se, ainda, o golpe militar do Chile, em setembro de 1973, que abalou a principal base no exterior.[60]

---

59 Em 1983, já na conjuntura da abertura política, foi editada uma publicação denunciando o assassinato de ex-dirigentes da APML e clamando pela verdade sobre as condições de morte e desaparecimento e por justiça. Subscreve o documento a Comissão pelos Desaparecidos Políticos Brasileiros – familiares, amigos e ex-militantes da Ação Popular Marxista-Leninista (APML). Extraída da apresentação, eis uma passagem representativa: "Entre dezenas de outros, dez dirigentes da APML jamais voltaram. Não eram bandidos, mas companheiros que deram a vida em defesa de seus ideais e dos direitos do povo brasileiro. Nos momentos mais difíceis de nossa história recente, fizeram parte de um grande número de brasileiros que sobrepujaram os interesses pessoais para enfrentar corajosamente a violência" (COMISSÃO PELOS DESAPARECIDOS POLÍTICOS BRASILEIROS, 1983, p. 5). Ao todo, foram elencados dez nomes, os sete discriminados acima e outros três citados em seções anteriores deste capítulo: Jorge Leal Gonçalves Pereira (outubro/1970), Raimundo Eduardo da Silva (janeiro/1971) e Luiz Hirata (dezembro/1971).

60 Em livro de memórias, Ricardo de Azevedo mapeou as bases da AP fora do Brasil. Ressaltando a fragilidade organizacional, informa que a base da América do Norte era composta por três pessoas, uma radicada em Nova Iorque, outra na

Os efeitos políticos e organizativos foram abrangentes e profundos, conforme pode ser lido no diagnóstico redigido por Jair Ferreira de Sá:

> Como consequência imediata das quedas vivemos um período de mais ou menos um ano, em que esteve em xeque a possibilidade de nossa reorganização a nível nacional. Foi o período de recuo forçado pela repressão, onde as incertezas quanto ao futuro da nossa O. estiveram presentes em alguns de nós, malgrado os esforços, sacrifícios e riscos que assumimos para que se descortinasse a possibilidade concreta de nossa reorganização. Este foi o período em que prevalecem a dispersão, tanto política quanto orgânica, mantendo um nível mínimo de atividade política, precariamente organizada em algumas áreas (APML, 1976a, p. 3).

Em julho de 1974, por intermédio do "Boletim Central 8", a Direção Geral sistematizou um balanço do período, parametrizado pelas diretrizes fixadas no Pleno de dezembro de 1972. Apontou que, nesse intervalo, teria ocorrido pouco avanço nas questões programáticas e estratégicas acerca da revolução brasileira. Nesse aspecto, o balanço era "lamentavelmente negativo". E alertou para os riscos de desagregação que tal indefinição acarretava: "Pois é impossível para uma O. revolucionária sobreviver por muito tempo com o nível de indefinições que possuímos em temas de tamanha importância" (APML, 1974, p. 2). Avaliou-se, entretanto, positivamente o compasso de construção da Tendência Proletária. Teriam sido obtidas vitórias na incidência sobre grupos independentes, no país e no exterior (APML, 1974, p. 2). No capítulo em que abordou as perspectivas, o boletim indagou se era pertinente a APML permanecer como organização autônoma.

Califórnia e a terceira em Montreal. A base da Europa era constituída por quatro militantes, três localizados em Paris e outro em Genebra. A base mais ampla e mais importante era a de Santiago (AZEVEDO, 2010).

No balanço que teceu em 1976, Jair Ferreira de Sá detectou, contudo, alguns indicadores positivos de reorganização na segunda metade de 1974:

> O processo sofre uma modificação a partir de agosto de 74, quando a reorganização na região 1 começa a tomar contornos de viabilidade prática e é retomado o contato com a região 2, assim como foram retomados os contatos com as outras O.s. da TP, particularmente com Y e com os camaradas no exterior. A partir de então temos vivido já o processo de reorganização. É verdade que ainda muito descentralizado, fundado mais nas regiões. Aos poucos foi se constituindo uma coordenação efetiva, ainda que informal, dos trabalhos de reorganização partidária ao nível nacional, mesmo deixando muito a desejar em seu funcionamento, que começou a funcionar em 1975. (APML, 1976a, p.3).[61]

A APML não perderia sua existência independente, mas sua intervenção, na conjuntura próxima, estaria pautada pela construção da Tendência Proletária. Tal perspectiva a levou a aprofundar relações com o Movimento Revolucionário 8 de Outubro (MR-8), com a Organização de Combate Marxista-Leninista/Política Operária (OCML/PO) e com o Movimento de Emancipação do Proletariado (MEP). Um dos resultados foi a publicação da revista "Brasil Socialista", editada no exterior e com circulação no país, a qual veiculava tanto textos doutrinários quanto de intervenção na conjuntura do Brasil. O objetivo estava estampado em seu frontispício: "Organizar a resistência dos trabalhadores e construir o Partido Revolucionário do Proletariado". A edição inaugural dessa revista data de janeiro de 1975.

Jair Ferreira de Sá, no já citado documento de avaliação, também escrutinou temas relacionados à estratégia e à orientação política e ideológica da APML. Considerando que era vivido o momento de retomada nacional da organização, declarou que eles eram "her-

61 Nos códigos de clandestinidade, utilizava-se a letra "Y" para fazer referência ao MR-8.

deiros do processo de luta política e ideológica travado nos anos 1971 e 1972, como do processo que lhe seguiu, antes e posteriormente às quedas" (APML, 1976a, p. 4). Além de reforçar a crítica à linha "direitista e dogmática", responsável pelo que define como assimilação mecânica do maoísmo, propôs um exame mais profundo da própria recepção do marxismo e das ideias da "terceira etapa do marxismo" e do "partido de tipo inteiramente novo" que corresponderia a essa fase.

Recuando até a segunda metade da década anterior, salientou que "nossa O. seguiu uma via muito particular no processo de assimilação do marxismo. A crítica ao pensamento de base idealista como base teórica [...] se fez já a partir do 'maoísmo'" (APML, 1976a, p. 4). Mais especificamente, do maoísmo irradiado pela revolução cultural. Sentenciou: "Somos, portanto, 'filhos da revolução cultural', até mesmo no sentido de seus desvios" (APML, 1976a, p. 4).

Em aprofundamento ao movimento autocrítico, amadurecido na luta interna que culminou na cisão e nas duras condições dos anos seguintes, propôs que o eixo da formação, corrigindo o "desvio apontado", retornasse "às fontes fundamentais da teoria marxista", Marx, Engels e Lênin, o que já vinha "sendo parcialmente feito pela corrente de esquerda desde a luta contra a direita" (APML, 1976a, p. 4).

Por outro lado, reconheceu que deveriam ser mantidos "os estudos das obras de Mao Tsé-Tung, tanto pelo que elas têm de aplicação criadora desta doutrina, e nisso são uma fonte inesgotável de aprendizado, como pelo que trazem de especificamente novo à teoria marxista" (APML, 1976a, p. 4). Tais estudos serviriam de base para o reexame formal de concepções, com as quais ele pessoalmente já havia rompido, da "terceira etapa do marxismo" e do "partido de tipo inteiramente novo".

Tal revisão é particularmente importante por algumas razões. Primeiro, por ser elaborada por Jair Ferreira de Sá, o principal protagonista da conversão maoísta da AP na época da I RADN. Segundo, porque não apenas sistematizava uma reavaliação em curso, como também antecipava posições que seriam formalmente consolidadas na sequência.

Para aprofundamento das discussões, o dirigente anunciou a reedição de documentos centrais do período da luta interna, o "Programa Básico", aprovado na III RADN, e outro que fundamentou a posição da "corrente de esquerda", "Combater o dogmatismo de direita e isolar os liquidacionistas nas fileiras do partido". Todavia, defendendo a ideia de que a organização vivia outro patamar de debates, esclareceu que, nessa fase pós-cisão, haviam sido dedicados estudos ao Programa Socialista para o Brasil, elaborado pela Polop[62] em 1967. Era sinal dos contornos dos debates, orientados pela concepção da revolução socialista, e da interlocução com as organizações do campo da Tendência Proletária.

O documento acima informa, sem esconder as debilidades, que a organização da APML havia avançado, basicamente, nas regiões 1 e 2, Rio de Janeiro e São Paulo. Em 1976, o processo de reconstrução avançou com a constituição do Núcleo Provisório de Reorganização Nacional (NPRN).

Sob a égide do NPRN, ainda no mesmo ano, divulgou-se a nova edição do "Programa Básico". Não obstante as derivações de ordem tática promovidas pela APML e as críticas acumuladas, sua orientação doutrinária não havia sofrido uma revisão formal. Na introdução, advertiu-se que se tratava da última edição do PB. Lembra-se que o documento havia sido fruto da luta interna existente no

62 A OCML/PO encontrava-se na linha de sucessão da Organização Revolucionária Marxista - Política Operária (ORM-Polop), da qual foi considerada uma reorganização. Fundada em 1961, a Polop caracterizava-se por sua crítica ao reformismo e à concepção de revolução por etapas do PCB. Defendia, portanto, o caráter imediatamente socialista da revolução brasileira. Aprovado pelo IV Congresso da Polop em 1967, o Programa Socialista sobreviveu à sua fragmentação: "Foi posteriormente confirmado no V Congresso em 1968, quando ocorreu a fundação do POC – Partido Operário Comunista. Em 1970, foi novamente aprovado quando da fundação da OCML/Política Operária" (VIEIRA, 2015, p. 50). Por sua vez, o MEP era uma dissidência da OCML/PO.

início da década, quando houve disputa, parágrafo por parágrafo, por sua elaboração. Por isso, seu resultado significou um "compromisso" precário entre as forças em disputa, uma verdadeira colcha de retalhos, em que prevalecia a aliança entre o "centro" e a "direita". Entretanto, reafirmou-se que, apesar de suas contradições, não servira como "sistematização da linha dogmática e direitista", reproduzindo os pontos de vista emitidos por Jair Ferreira de Sá na conjuntura da cisão.

Quando houve o desfecho daquela luta interna, esse programa já havia deixado de ser referencial real de coesão política. Para a "corrente de esquerda", cujos sucedâneos assinam essa introdução, o "Programa Básico" já então se encontrava superado: "Era, para a esquerda, o último suspiro da antiga linha dogmática e direitista e, como tal, não merecia sequer um bom enterro" (APML, 1976b, p. 1). O objetivo da reedição, inserida nesse processo de reorganização, era "unificar uma avaliação sobre ele e, logo após, declararmos formalmente a suspensão de sua vigência" (APML, 1976B, p. 1). Pouco tempo depois, viria a ser formulada uma extensa e minuciosa análise crítica do PB (APML, 1978b).

Na introdução à reedição do documento "Combater o dogmatismo ...", os dirigentes voltaram a abordar o desfecho da luta interna. Reiteraram, assim, seu ponto de vista acerca do significado histórico da chamada linha "dogmática e direitista". O NPRN advogava que a reedição do documento, mais do que o registro de uma luta interna pretérita, deveria ser vista como "base fundamental no estudo crítico do Programa Básico" e "ponto de partida que estamos assumindo no enfrentamento das questões de elaboração de uma linha revolucionária proletária da revolução brasileira" (APML, 1976c, p. 1).

A reorganização da APML foi vista como consolidada em 1977, quando foram aprovados o estatuto e a política de finanças. No estatuto, foi reafirmada a identidade com o marxismo-leninismo, definido como "doutrina científica e em constante desenvolvimento criador". A APML declarou participar do Movimento Comunista

Internacional e estar comprometida com o enfrentamento de sua crise. Foram focalizados temas como o "centralismo democrático" e a disciplina partidária (OLIVEIRA JR, 2000).

Por meio de seu livro de memórias, Ricardo de Azevedo (2010, p. 205-8),[63] influente dirigente desse período, sistematizou um balanço positivo a respeito desse processo de reorganização:

> A situação da AP tinha evoluído muito favoravelmente. Não só tínhamos reorganizado a nossa base no movimento estudantil, tínhamos reaberto o trabalho em Minas e na Bahia, como também, a partir do movimento estudantil, começamos a atuar em outros setores, aproveitando vários militantes que se formavam, saíam da faculdade, e eram "deslocados" para outros espaços de militância. E também reengajamos na organização militantes que saíam da prisão (AZEVEDO, 2010, p. 206-7).

Para Azevedo, três fatores contribuíram para que a APML fosse reestruturada e tivesse uma sobrevida naquela segunda metade da década de 1970: a persistente liderança de Jair Ferreira de Sá, a rearticulação do movimento estudantil e a reavaliação da tática eleitoral. No movimento estudantil, as relações foram estabelecidas com a tendência "Refazendo", sobretudo com seus círculos dirigentes: "Ao longo de 1977, 1978 e 1979, praticamente toda a vanguarda da Refazendo acabou ingressando na AP" (AZEVEDO, 2010, p. 196).

De sua narrativa depreende-se, também, o alargamento da pauta política com a abertura de novas frentes de atuação, como os movimentos de gênero. A APML, assegurou, "soube entender a importância da luta feminista e soube incorporá-la ao seu projeto de transformação social", superando a "visão de que a luta social era simplesmente a luta de classes, proletariado *versus* burguesia" (AZEVEDO, 2010, p. 207).

---

63 Ver o capítulo 6 deste livro.

No seio da Esquerda Revolucionária, a APML distinguiu-se por revalorizar, desde 1974, a tática eleitoral em sua estratégia política. Com essa inflexão tática, conseguiu eleger, em 1978, deputados estaduais pela legenda legal do Movimento Democrático Brasileiro (MDB)[64] e elaborou uma intervenção para a conjuntura da abertura política.

A APML declarava, entretanto, que essas flexões táticas estavam inscritas em uma estratégia revolucionária mais ampla. Nesse sentido, procurava reafirmar sua diferença com o que chamava de forças populistas e reformistas (nesse caso, aludindo ao PCB), visto que subordinava o objetivo tático da luta pelas "liberdades democráticas" ao objetivo estratégico da revolução socialista proletária.

No processo de construção da Tendência Proletária, a APML manteve relações privilegiadas com o MR-8, fato que a levou a pautar o objetivo de promover fusão entre as duas organizações. Com o tempo, porém, o relacionamento deteriorou-se. De acordo com documento que a APML elaborou para historiar e abordar a crise dessa relação, a aproximação aconteceu entre 1972 e 1973, quando as duas organizações, em fase de autocrítica, estabeleceram contato no exterior.

Na conjuntura posterior à eleição de 1974, as afinidades se acentuaram por causa da interpretação do papel da tática eleitoral na estratégia. Diferente era a posição das outras organizações que compunham as articulações em favor da Tendência Proletária, que teriam mantido uma posição doutrinária mais rígida (APML, 1977).[65]

---

64 Geraldo Siqueira, em São Paulo, e José Eudes, no Rio de Janeiro. Havia o precedente de 1974, quando a APML apoiou a candidatura de Lysâneas Maciel, que não pertencia a seus quadros, a deputado federal pelo Rio de Janeiro. Nessa mesma condição, em 1978, apoiou a candidatura de Adelmo de Oliveira na Bahia.

65 Em estudo sobre a história da Polop, lê-se que essa articulação "se revelou infrutífera em razão das divergências intransponíveis sobre a participação ou não nas eleições e sobre a tática dos revolucionários diante das lutas pela redemocratização. Além de inviabilizar a Tendência Proletária, o problema da transição e as questões mais profundas da relação entre a luta revolucionária e a democra-

O estreitamento de laços também foi estimulado pela visão comum de intervenção no movimento de massas. Intensificando os debates entre as direções, houve interpenetração nos processos políticos, surgiu uma imprensa comum e ocorreu divisão de tarefas em frentes de trabalho. No entanto, o documento da APML, em tom de autocrítica, considerou que haviam ocorrido precipitação e voluntarismo no processo de unificação das forças e de construção conjunta.

Com a evolução da conjuntura e da intervenção política concreta, haviam ficado expostas diferenças e contradições que deveriam ser superadas. As convergências, então, eram apenas no plano tático. Em crítica ao documento "Socialismo e liberdades democráticas", elaborado pelo MR-8, a APML considerou que o posicionamento ali sistematizado e veiculado significava uma mudança de curso e encerrava graves desvios de "direita", influenciados pelo "fetiche da democracia em geral" (APML, 1977).

A APML (1977) declarou, assim, fidelidade à concepção de que a luta pelas liberdades democráticas se inseria em uma conjuntura de descenso e de resistência, servindo ao acúmulo de forças no rumo da constituição da força social revolucionária e do partido de vanguarda. Com o aprofundamento das divergências, malgrado o objetivo de construir a Tendência Proletária, cada uma das organizações seguiria caminhos próprios. No período da abertura política, mesmo no plano institucional, isso ficaria evidente pelo fato de o MR-8 decidir reforçar o MDB, enquanto a APML preferiu participar do processo de fundação do PT.

Os últimos anos

O citado balanço positivo que Ricardo de Azevedo sistematizou a respeito do processo de reestruturação da APML, quando vis-

---

cia burguesa foram a causa de novos rachas na própria Polop naquela década. Um desses cismas deu origem ao Movimento de Emancipação do Proletariado (MEP)" (COELHO; SANTOS, 2011, p. 6).

to retrospectivamente a partir do conhecimento que se tem dos fatos posteriores, também pode ser entendido, ainda de acordo com a narrativa das memórias do ex-dirigente, como o começo do fim da organização. De um lado, a conjuntura política do final daquela década, caracterizada pela pauta da redemocratização do país e pela emergência dos novos movimentos sociais e operários, teria outros protagonistas. De outro lado, no interior da APML, havia indefinições acerca de temas políticos importantes e salientaram-se divergências agudas sobre antigas e novas pautas.

Em uma conjuntura nacional que se modificava e apresentava desafios renovados, a APML mantinha uma direção provisória e não havia aprovado um novo programa. Como regra, as definições sistêmicas costumavam ser adiadas pela compreensão de que não estavam dadas as condições políticas para tal tomada de decisões.

Entretanto, em março de 1978, com o objetivo de preparar a IV Reunião Nacional Ampliada (RNA), a direção da APML editou um extenso documento, referido como "Anteprojeto de Resolução", constituído de uma avaliação do passado recente da esquerda revolucionária e de uma análise da conjuntura do país, da qual se depreendiam debates sobre a reconstrução partidária e questões relacionadas aos objetivos táticos e estratégicos da organização (APML, 1978a). Sua elaboração foi intermediada por duas comissões, convocadas com essa finalidade, e concluída pelo Secretariado Nacional.

Naquele momento, a APML relacionava-se com o processo de rearticulação dos movimentos sociais. Em 1977, haviam emergido manifestações do movimento estudantil. Em 1978, o movimento sindical preencheu a cena nacional, incidindo sobre a pauta da abertura política e da reforma partidária. Como se sabe, viria a servir, pouco depois, de suporte à constituição do Partido dos Trabalhadores (PT). Esse anteprojeto de resolução é um representativo retrato da maneira como a APML interpretava essa conjuntura nacional em rápida transformação e elaborava sua política em face dela.

O documento saudou a retomada das lutas de massas, particularmente do movimento estudantil, cuja reorganização ganhara visibilidade em 1977. Assumindo amplitude de massas, o movimento estudantil preparava a reconstrução de suas entidades maiores.[66] Constatou, também, que o movimento operário e popular dava sinais de reanimação,[67] com clara tendência de crescimento e generalização de suas lutas. Em compensação, a vanguarda social da classe operária se encontraria dispersa e desorganizada politicamente.

Por se considerar, entre as organizações da esquerda revolucionária, a que mais teve penetração na luta de massas no período anterior, a APML ponderou que, com a rearticulação dos movimentos, conseguira reassumir posições significativas no quadro vivido. Se havia relativos avanços, reconheceu que, em termos absolutos, havia muitas debilidades, particularmente junto ao movimento operário. Ressalvou, assim, que essa presença estava longe de significar um vínculo orgânico com as massas e uma maior integração com a vanguarda social do movimento.

De qualquer forma, a avaliação foi otimista quanto às possibilidades de crescimento dos movimentos de massa, nesse contexto que definiu como de crise da ditadura. Advertiu, contudo, que a conjuntura também ensejaria a retomada da iniciativa da oposição liberal e do fortalecimento, nos movimentos de massas, das correntes populistas e reformistas, adeptas da "tendência a reduzir a luta agora à conquista da democracia, deixando para depois a questão do socialismo e da organização independente da classe, diluindo-as agora num vasto bloco democrático" (APML, 1978a, p. 33). Esse "desvio de direita" teria atingido o MR-8 e mesmo um setor minoritário da APML.

O fato de não existir - pelos critérios da APML - o partido revolucionário apareceu como uma grande limitação para a intervenção

66 O Congresso de reconstrução da UNE viria a ocorrer em 1979, em Salvador.

67 Foram citadas as campanhas dos metalúrgicos do ABC e de São Paulo pela reposição salarial. A grande greve do ABC viria a ser desencadeada em maio de 1978.

na conjuntura aberta. Por ainda não ter o seu partido, o proletariado não se expressaria conscientemente como classe revolucionária. Procurando evitar o "desvio" do reformismo e o "dogmatismo" das fórmulas teóricas, identificava, a despeito dos impasses que vivenciava com a relação privilegiada que estabelecera com MR-8, condições favoráveis à "fusão política e ideológica das forças da TP com o movimento vivo do proletariado em luta" (APML, 1978a, p. 40).

Era preciso acumular forças para proceder à fusão da vanguarda social embrionária com a vanguarda ideológica dispersa em várias organizações. A APML declarou manter-se em concordância com o princípio que levou às articulações em favor da Tendência Proletária, expresso no primeiro número da revista "Brasil Socialista", segundo o qual nenhuma organização tinha condições de fazer, isoladamente, o salto de qualidade da construção do partido revolucionário e de seu programa.

A rigor, nos termos em que era anunciada, a tática de intervenção na conjuntura estava intimamente ligada à estratégia, colocando o socialismo na ordem do dia. Em outras palavras: "Nossa tática é uma tática socialista que visa à acumulação de forças, buscando efetivar nossos objetivos estratégicos revolucionários socialistas; não contém nenhuma outra etapa estratégica até o socialismo" (APML, 1978a, p. 43).

O anteprojeto estabeleceu diversas mediações, interligando o objetivo de construção partidária. Seria necessário constituir uma oposição popular e de massas, subtraindo a hegemonia que a oposição burguesa pudesse exercer. Sem descuidar da demarcação da identidade e da disputa de projetos, propôs a formação de polos socialistas nos movimentos de massas, o fortalecimento político e orgânico das organizações que compunham a Tendência Proletária e a promoção da mais profunda propaganda da alternativa socialista para o Brasil.

Os polos socialistas nos movimentos de massas deveriam obedecer a uma articulação mais ampla de uma "corrente socialista", que não deveria ser confundida com a constituição, então debatida por outras forças, como a esquerda do MDB, de um partido socialista. Essa corrente socialista não deveria, imediatamente, visar a nenhuma institucionalização ou legalização. Seria mais adequado explicitar, dentro do MDB, uma tendência socialista, adaptada às circunstâncias.

Advertiu que a criação de um partido social-democrata que chamasse a si mesmo de socialista poderia ser uma armação da burguesia para esvaziar a emergência de um partido revolucionário. Entretanto, não descartou a possibilidade de que o surgimento de um partido, em condições reais e não sonhadas, pudesse ser um passo à frente. Nesse caso, caberia participar dele e organizar uma ala esquerda em seu interior.

A IV RNA ocorreu em fevereiro de 1979, em um contexto em que havia sido confirmada a ascensão do movimento operário e em que a pauta da abertura política entrara em nova fase. A enumeração do encontro obedeceu à sequência histórica dos eventos da organização. Em pauta: a conjuntura nacional, o futuro da APML e a opção partidária institucional.

Promoveu-se, logo no início, um ajuste com o passado. Revogou-se, finalmente, o "Programa Básico", aprovado pela III Reunião Ampliada da Direção Nacional, ocorrida no já distante ano de 1971. Aprofundando a revisão, conclui-se que teria sido cometido o erro de considerar o maoísmo a terceira etapa do marxismo. O marxismo-leninismo continuaria sendo a base teórica fundamental sobre a qual deveria se sustentar o desenvolvimento da APML. Em decorrência da concepção da terceira etapa, teria sido cometido o equívoco de propor um "partido de tipo inteiramente novo, marxista-leninista-maoísta".

O "Programa Básico" teria efetivado um diagnóstico equivocado da sociedade brasileira, na medida em que esta não havia sido identificada como capitalista dependente. Disso teria derivado o erro de caracterização da revolução brasileira, que havia sido definida como nacional-democrática e popular, em vez de socialista-proletária. Por conta desse equívoco, havia sido aprovada a estratégia da "guerra popular prolongada, com base principalmente no campo, e não como deveria ser de um processo de acúmulo de forças para a luta armada de base, principalmente insurrecional e assentada principalmente sobre a classe operária" (APML, 1979a, p. 2). Esta classe deveria ser entendida não apenas como dirigente, mas como a força motriz da revolução.

Tudo não passou de um rito formal. Lê-se nas resoluções: "Como já tinha sido feito na prática e mesmo em vários documentos de nossa O., [...] revogou-se formalmente o Programa Básico" (APML, 1979a, p. 2). A questão do maoísmo como terceira etapa do marxismo havia sido retificada pelo próprio PC da China e saíra de pauta da esquerda internacional.

Revisitando o passado mais remoto, a IV RNA fez autocrítica do processo de expulsão da "Corrente 2" em 1968, no curso da I RADN:

> Esta corrente foi expulsa [...] com base na resolução de 6 pontos que unificou nossa O., e que representava no essencial as mesmas posições expressas no Programa Básico aprovado na III RADN. Esta corrente, então expulsa de nossa O., se constituiu na primeira corrente interna a defender posições de revolução socialista, as quais mais tarde viríamos a adotar, ainda que na época suas posições justas, no que toca ao caráter da sociedade brasileira e da revolução, ficassem até certo ponto obscurecidas pelo desvio militarista que se manifestou naqueles companheiros. Nossa autocrítica [...] diz respeito tanto à base política errônea que informou essa decisão, quanto aos métodos sectários utilizados no processo de luta interna, que em grande parte impediram um desenvolvimento do debate político (APML, 1979a, p. 3).

Chamam a atenção os termos da autocrítica à expulsão da "Corrente 2", referida como a "primeira" a defender a revolução socialista. De certa forma, faz-se tábula rasa da primeira fase da história da AP. Presente no "Documento-base", a defesa da revolução imediatamente socialista era um dos traços distintivos da origem da organização, ainda que seus referenciais não estivessem nos cânones do marxismo-leninismo.

Antes da RNA, havia sido divulgada minuciosa análise crítica do "Programa Básico", na qual podem ser encontradas mais nuanças da interpretação dos embates pretéritos. A "Corrente 2", expulsa naquela época, chegou a ser citada como "nossa fração de esquerda de 1968". O PRT, partido que os dirigentes expulsos ajudaram a fundar, teria elaborado o documento mais avançado do período, "o anteprojeto de programa" (APML, 1978b).

A IV RNA fez esse ajuste com o passado, revogando o programa anterior e fazendo autocrítica do desfecho da luta interna de 1968, mas percebe-se, nos documentos da última fase da APML, a tendência de inserir a história da organização na trajetória da Esquerda Revolucionária (ER). Embora tenha existência autônoma e marcos próprios de identidade, é sempre no campo da ER que a experiência da organização é referida. Vista pelo prisma da APML, a trajetória coletiva da ER serve de baliza para analisar as limitações e os impasses da constituição da Tendência Proletária e do partido revolucionário.

Concluindo que não havia condições para a formulação de uma teoria revolucionária para a construção do partido do proletariado no Brasil, a IV RNA remeteu o aprofundamento do debate ao II Congresso, cuja convocação constava de suas deliberações. Preservava-se, entretanto, a compreensão de que havia um campo proletário na esquerda brasileira, constituído na luta contra o reformismo, o populismo e o militarismo, em defesa do caráter socialista da revolução.

Em uma conjuntura que exigia um salto de qualidade, haveria preocupante distanciamento entre as organizações da esquerda revolucionária e os novos movimentos sociais. Para a APML (1979a, p. 45), "a construção de um partido do proletariado no Brasil passa necessariamente pela integração da vanguarda ideológica com a vanguarda social, criada pelos novos movimentos de trabalhadores". A superação dos limites exigia um duplo movimento. De um lado,

> só é possível avançar na aglutinação dos marxistas-leninistas na medida em que se rompa o casulo no qual estes marxistas estão envolvidos, transformando-os em uma vanguarda política, ou seja, em elementos de proa do movimento político e social. De outro lado, a elevação do nível de consciência das parcelas avançadas da classe operária e demais camadas populares no sentido de que elas interiorizem a necessidade do partido proletário e superem a sua consciência espontânea corporativista está na razão direta da capacidade dos marxistas-leninistas marcharem ao lado desta vanguarda social (APML, 1979a, p. 44).

Diferentemente dos documentos aprovados nas três reuniões ampliadas da direção, ocorridas entre 1968 e 1971, a resolução da IV RNA promoveu extensa análise da política nacional, da qual extraiu um conjunto de tarefas. A chave explicativa, também aqui, era a necessidade de "integração da vanguarda ideológica com a vanguarda social". O objetivo tático principal era derrotar a "transição por cima" patrocinada pela ditadura e impedir a gestação de uma alternativa liberal, comprometida com uma democracia "autoritária" e com a manutenção do processo dentro dos marcos do bloco dominante.

Caberia ao movimento operário e popular derrotar a "transição por cima" e impor a derrubada da "ditadura reformada". Naquele momento, porém, não haveria condições maduras para definir uma proposta precisa de alternativa de governo à ditadura. Ainda assim, como forma de disputa de projetos e de aglutinação da vanguarda, seria necessário realizar a propaganda do governo dos trabalhadores.

A plataforma de lutas incluía: anistia ampla, geral e irrestrita; total liberdade de organização partidária; liberdade de expressão e manifestação; liberdade sindical, com a criação da Central Única dos Trabalhadores; direito de greve; melhores condições de vida e de trabalho; eleições livres e diretas; fim da ditadura militar; convocação de uma Assembleia Constituinte. Evitando se confundir com a oposição liberal, a resolução ressalva que a presença da palavra de ordem pela Constituinte tinha uma dimensão de propaganda tática, pelos espaços que abriria e pelo acúmulo de forças que poderia representar. Não seria uma alternativa global à ditadura nem poderia estar desligada da plataforma de lutas.

Para aglutinar e impulsionar a luta social, a resolução apresenta a proposta da constituição de uma Frente de Mobilização Popular, da qual poderiam participar organizações independentes, entidades sindicais atreladas que tivessem postura combativa, entidades estudantis e personalidades políticas. A condição era assumir, ainda que parcialmente, os eixos da plataforma de lutas. Aceitava-se a possibilidade de alianças com setores liberais, para não os jogar nos braços da ditadura. Dentro dessa frente deveria ser constituído um "Bloco de Oposição Popular" (BOP) para "nuclear (sic) parcelas da vanguarda social do movimento popular que possam fortalecer a perspectiva da organização independente dos setores oprimidos" (APML, 1979a, p. 35-36).

No plano institucional, deveriam ser aproveitados ao máximo os espaços de lutas legais, evitando, contudo, convertê-los no canal principal de expressão do movimento. Aprova-se a proposta de promover filiações ao MDB buscando uma intervenção organizada em seu interior, mas se descarta a hipótese de tomá-lo, mudar seu caráter de classe e transformá-lo em um partido popular. O BOP deveria assumir, dentro e fora do MDB, a condição de embrião de um novo partido político.

Diante da nova conjuntura, sem abrir mão da necessidade de constituir a Tendência Proletária, propôs-se a formação de um Partido Popular, entendido como "um novo agrupamento político, de caráter ainda frentista, de luta contra a ditadura, porém sem a presença dos liberais, e com conteúdo político claramente à esquerda do MDB" (APML, 1979a, p. 39). Registre-se, por fim, que foi constituído o novo Comitê Central da APML, o primeiro desde a cisão do início da década.

Por meio de entrevista divulgada em um livro organizado por Marta Harnecker (1994), o ex-dirigente Jorge Almeida promoveu diagnóstico detalhado da realização da IV RNA. Nessa época, segundo seu testemunho, havia várias tendências e opiniões no seio da organização. Não se tratava, esclareceu, de tendências organizadas, mas de opiniões diferentes acerca dos temas vividos pelo partido: o marxismo, o leninismo, a relação com outras forças, a tática e a estratégia.

A organização mantinha-se como marxista-leninista, mas a compreensão do leninismo não estava isenta de interpretações diferenciadas. Semeavam-se debates sobre a importância da luta institucional, da necessidade do acúmulo prolongado de forças antes da ruptura final, enfim, da disputa de hegemonia. Ninguém mais assumia o maoísmo, apesar de alguns defenderem suas contribuições. Havia, ainda, posições autonomistas, de diluição da organização. A IV RNA, concluiu Jorge Almeida, não conseguiu unificar a APML e lhe dar alento político (HARNECKER, 1994).

Naquele momento, informou Jorge Almeida, a construção de um partido revolucionário era vista como tarefa a ser desenvolvida em paralelo a um partido institucional, que deveria ter um caráter popular, mas ser suficientemente amplo para incorporar o conjunto dos setores progressistas no enfrentamento com a ditadura militar (HARNECKER, 1994).

A reforma partidária estava em pauta e havia outros projetos de constituição de uma legenda que tivesse perfil comparável ou assemelhado. A APML deveria participar criticamente das diversas articulações partidárias em curso, levando a proposição de seu projeto de criação futura de um "partido popular". O surgimento e o adensamento do movimento pró–PT impuseram, no entanto, redefinição de caminhos. Com efeito, em outubro de 1979, tendo ficado evidente que a proposta do Partido Popular era inviável, o CC da APML reuniu-se e decidiu pela incorporação ao Movimento pró-PT.

Mas havia divisões internas, evidência da crise de perspectivas. Preservados os elementos que lhe conferiam identidade, o universo político da APML não era monocromático. Daí o fato de vários militantes, quando se afunilou a definição pela reorganização partidária, terem seguido orientação política diversa, não se incorporando ao PT. A tentativa de estabelecer uma intervenção centralizada deparava com essas nuanças (DIAS, 2009).

Um setor defendia a entrada no MDB. Dessa perspectiva surgiu uma fração, chamada Ação Comunista, que viria a ingressar no PCB. Outros militantes desligaram-se em direção ao MR-8, também alojado no MDB. Havia divergências entre os que se inclinavam pela formação do PT. De um lado, havia quem o defendesse como um partido classista, definido em uma perspectiva socialista e revolucionária; de outro, quem o compreendesse como um partido popular, mais amplo e com vocação institucional. Em cada uma dessas posições, havia defensores da manutenção da organização e também de sua diluição (HARNECKER, 1994).

Consagrando a adesão ao movimento pró-PT, o CC declarou:

> Lutamos por esta concepção e não pelo nome. Ou seja, em havendo a evolução política dos que defendem a proposta de PT, a unificação deste setor com os que propõem hoje o PP não pode ser obstaculizada em torno de qual seria a sigla assumida pela alternativa partidária. O nome PP não é uma questão de princípio e deveremos até estar abertos a abrir mão do nome se isto facilitar a unificação (APML, 1979b, p. 10).

Entre as legendas institucionalizadas pela reforma partidária, o PT era a principal novidade. A singularidade de sua origem mereceu a atenção de muitos estudos. Conforme Daniel Aarão Reis, o inusitado de sua formação na história da esquerda brasileira decorria do fato de ensejar aliança entre "lideranças sindicais autênticas, revolucionários marxistas-leninistas e militantes cristãos radicais" (REIS, 2007, p. 506). Pela discriminação de sua clivagem, a APML pertencia ao leito dos "revolucionários marxistas-leninistas" egressos do período da luta armada:

> Também desde o início, tomaram parte na iniciativa [...] grupos remanescentes de organizações que haviam participado da luta contra a ditadura militar: Ala Vermelha do Partido Comunista do Brasil (Ala-PCdoB), Ação Libertadora Nacional (ALN), Ação Popular Marxista-Leninista (AP-ML), Partido Comunista Brasileiro Revolucionário (PCBR), Movimento de Emancipação do Proletariado (MEP) – todos ingressaram nas articulações que dariam origem ao PT (REIS, 2007, p. 506).

Não obstante suas recentes resoluções, a diversidade de perspectivas e a tendência de fracionamento da APML dificultavam a ação unitária. Por isso, em maio de 1980, reunião do CC aprovou a suspensão da aplicação do centralismo na APML, "constatando a total impossibilidade político-ideológica de centralização da nossa O". Nesse diapasão, deflagrou-se "um processo de congresso a curto prazo como meio mais eficiente e democrático para buscar a solução de nossa atual crise política e orgânica" (APML, 1980, p. 12).

Em outubro de 1980, no Rio de Janeiro, finalmente se realizou o II Congresso. A pauta seria concentrada nos debates de conjuntura e tática e de construção partidária. Quando foi pautado pela III RADN, o congresso deveria concluir o debate sobre o partido do proletariado. No momento em que se realizava, pelo menos para os dirigentes do período, essa pendência se mantinha. O contexto histórico, porém, era muito diferente. A APML passara pelo que os remanescentes chamavam de cisão de 1972/73, tinha feito autocrítica do período anterior e relacionava-se com uma conjuntura em que os movimentos dos trabalhadores ocupavam a cena política. Vivia-se, enfim, um quadro de grande fragilidade organizativa e de fragmentação de cenários de perspectivas.

Em sua tese de doutorado, o historiador Franklin Oliveira Jr., que também participou desse congresso como delegado da bancada da Bahia, sustentou que os debates, além da grande diversidade de posições, tiveram um

> forte cunho emocional. Há quem se retire durante o Congresso, alguns propõem pura e simples extinção da organização, mesmo que para agrupar-se no PT sob uma tendência. O partido aparece com várias promessas para os comunistas revolucionários. [...] Em termos de deliberações do II Congresso da AP sai um documento muito genérico e a constituição da CNP (OLIVEIRA JR, 2000, p. 755).

A Comissão Nacional Provisória (CNP) funcionou, precariamente, até 1981, desarticulando-se por si própria. Em resumo sobre o legado do II Congresso e os últimos dias da organização, comentou Jorge Almeida, membro da CNP:[68]

> O Congresso não adotou praticamente nenhuma resolução, à parte de definir a participação na construção do PT sem espírito utilitarista de autoconstrução.[69] E foi integrada uma coordenação nacional sem poderes de centralização. Na prática, a organização deixou de funcionar, com cada grupo de militantes aplicando sua linha. Esta Coordenação se reuniu cerca de três vezes e se liquidou. Assim terminou a Ação Popular, sem nenhuma decisão formal ou disputa pela sigla, como ocorre em outros casos (HARNECKER, 1994, p. 260).

Mesmo sem a presença de um agrupamento que reivindicasse esse espólio, o legado político da experiência da Ação Popular con-

---

68 Também integravam a CNP Jair Ferreira de Sá e Manoel da Conceição (OLIVEIRA JR, 2011, p. 204).

69 É lícito informar ao leitor que não foi possível obter acesso à resolução extraída do congresso. Não está disponível no Fundo Documental Jair Ferreira de Sá (Arquivo Público do Rio de Janeiro) nem no Fundo Documental Ricardo de Azevedo (Centro Sérgio Buarque de Holanda/da Fundação Perseu Abramo). Por meio de correspondência eletrônica com o autor, o ex-dirigente Jorge Almeida disse que não se lembrava com segurança de que o documento houvesse sido produzido. Em sua tese de doutorado, Franklin Oliveira Jr. não cita diretamente a resolução; recorre ao próprio testemunho de participante dos acontecimentos. Em livro de memórias, apresenta uma variação ao depoimento sobre o II congresso: "Em termos de deliberação saiu um documento que prima pela generalidade, o qual nunca mais vi" (OLIVEIRA JR., 2011, p. 204).

tinuou a ser disputado nos registros memorialísticos de seus ex-militantes e ex-dirigentes.

Considerações Finais

A AP se distinguiu no leito da esquerda brasileira da década de 1960 por defender, em sua origem, um projeto revolucionário heterodoxo, aberto a diferentes orientações doutrinárias, objetivando forjar uma ideologia e um caminho próprios ao socialismo. Na conjuntura posterior ao golpe de Estado de 1964, procurou corrigir – conforme incisiva expressão cunhada em seus documentos - sua "pretensão de forjar uma teoria revolucionária à margem da tradição revolucionária contemporânea" e filiou-se ao marxismo.

Para tanto, dialogou com a história do marxismo e com as expressões revolucionárias contemporâneas, inseridas na temporalidade do marxismo-leninismo ou do marxismo-leninismo-maoísmo. O caminho de redefinição estratégica e organizacional levou a duras lutas internas, que resultaram em dramáticas cisões.

A conversão ao marxismo-leninismo, com ritos que declaravam a "velha AP" morta e saudavam a "nova AP", significou uma ruptura com o passado e a atualização de sua memória e de sua identidade. Nas disputas existentes no processo de definição de qual seria a linha marxista-leninista a ser seguida, havia a compreensão, a despeito das divergências, de que essa ruptura com o passado era necessária, a fim de que a AP fosse reorganizada com base na tradição marxista.

A busca dessa tradição se fez sentir, com variações, nos debates sobre o partido de vanguarda do proletariado. Viu-se como uma ala aderiu ao PCdoB por entender que se tratava do partido histórico do proletariado, o portador da tradição. Outra ala manteve-se organizada como APML, defendendo que o partido deveria ser construído de acordo com a tradução contemporânea daquela tradição, na etapa vivida pelo marxismo. Nos dois casos, houve redimensionamento da relação com o passado.

Na fase seguinte à cisão de 1972/73, quando os remanescentes se empenharam na reorganização da APML, manteve-se a pauta do partido de vanguarda, sempre apontado como principal carência do processo revolucionário. Nesse período, embora tivesse existência autônoma, a identidade da APML se insere no campo da Esquerda Revolucionária, em cujo seio nasceria o partido de vanguarda.

Foi com a identidade de pertencer ao campo da Esquerda Revolucionária marxista-leninista que a APML se incorporou ao processo de formação do PT, visto não como o partido de vanguarda, mas como uma legenda institucional que ensejava uma frente política popular contra a ditadura. A concepção estratégica da APML ia além do PT, dentro do qual se identificava como herdeira da tradição marxista-leninista.

Desde que se filiou ao marxismo-leninismo, a APML não teve mais um projeto exclusivo para si, visto que sua própria reconstrução se subordinava ao objetivo de formação do partido de vanguarda do proletariado brasileiro, consideradas as variações presentes em seu debate interno. Por isso, a produção de sua memória e a maneira como narrava sua história sofriam um duplo influxo. Por um lado, exigia ajustes com seu passado organizativo e ideológico. Por outro, inseria sua história específica no leito mais amplo da tradição que abraçava. À medida que projetava seu futuro além dos marcos de sua experiência organizativa própria, alargava seu passado e o significado de sua história.

SEGUNDA PARTE

SOBRE AS VIRTUDES E AS POTENCIALIDADES DO “CAMINHO PRÓPRIO”

2. A HISTÓRIA DA AÇÃO POPULAR (AP) NAS MEMÓRIAS DE HERBET DE SOUZA[1]

Preâmbulo

O sociólogo Herbet de Souza, mais conhecido como Betinho, tornou-se, na década de 1990, personagem popular da política nacional, em consequência da projeção que obteve ao liderar a campanha "Ação da Cidadania Contra a Miséria e pela Vida".[2] Antes disso, porém, ele já era personagem respeitado nos meios intelectuais e no campo político de esquerda, seja por sua atuação de sociólogo engajado,[3] seja por ter sido um dos fundadores e primeiro coordenador nacional da Ação Popular - AP, importante organização de esquerda das décadas de 1960 e 1970.

---

1 Publicado originalmente na revista *Diálogos*, nº 3, v. 11, 2007, p. 163-198 (DIAS, 2007).

2 Tal foi sua popularidade naquela conjuntura que a revista "Isto é", a partir de enquete feita com seus leitores, considerou Herbet de Souza, no rol de líderes políticos e estadistas, a sexta personalidade brasileira mais importante do século XX. No título do verbete dedicado a ele, destacava-se a "Ação da Cidadania Contra a Miséria". Ficou acima de Fernando H. Cardoso, então presidente da República, e de Luiz Inácio Lula da Silva. Além disso, tornou-se tema de samba-enredo do carnaval carioca, em 1996, homenageado pela Escola de Samba Império Serrano. Faleceu em agosto de 1997, aos 61 anos.

3 Já havia liderado importantes iniciativas cidadãs. Em 1981, fundou o Instituto Brasileiro de Análises Sociais e Econômicas (Ibase), organização não governamental que tinha como objetivo interferir na vida pública para radicalizar a democracia. Em 1983, articulou a Campanha Nacional pela Reforma Agrária. Em 1986, fundou a Associação Brasileira Interdisciplinar da Aids. Em 1992, foi um dos líderes do Movimento pela Ética na Política, na conjuntura da luta pelo *impeachment* do presidente Fernando Collor.

Desde a segunda metade da década de 1970, quando se encontrava exilado, Herbet de Souza concedeu vários depoimentos sobre a sua trajetória política, divulgados em obras coletivas ou em livros que tematizavam diretamente sua biografia. Entre os muitos aspectos abordados, sobressai a história da AP, tendo em vista o protagonismo que desempenhou em sua formação e nos primeiros anos de sua existência.

Não é exagero dizer que, por causa da popularidade adquirida por Herbet de Souza em seus últimos anos de vida, tais registros foram o canal mais acessível para o grande público ter contato com a história da AP. Sua abordagem tornou-se, por tudo isso, fonte indispensável aos pesquisadores desse tema. O objetivo deste capítulo é analisar a especificidade dessa contribuição, ou seja, como a história da Ação Popular foi narrada nas memórias de Herbet de Souza.

Para efeito da análise pretendida, foram selecionados cinco depoimentos expressivos. O primeiro registro importante foi divulgado no livro "Memórias do exílio" (SOUZA, 1978). O segundo foi veiculado pelo livro "Conversas com a utopia" (GONTIJO, 1989). O terceiro é uma entrevista à revista "Teoria e Debate", editada pelo Partido dos Trabalhadores - PT (SOUZA, 1991). O quarto é uma longa entrevista concedida a um grupo de intelectuais e jornalistas, sistematizada no livro "No fio da navalha" (SOUZA, 1996a). O quinto é o livro "Revoluções da minha geração", que divulgou depoimentos colhidos por François Bougon (SOUZA, 1996b).[4]

Editados no formato de entrevistas ou em narrativas contínuas, esses depoimentos devem ser compreendidos como manifestações do universo da memória. Para investigar sua interface com

---

4 Em 2005, por ocasião do septuagésimo aniversário do nascimento de Herbet de Souza, o Ibase patrocinou a edição do livro "Um abraço, Betinho" (PANDOLFFI & HEYMANN, 2005), que não pretende ser uma biografia, mas um "reencontro de Betinho com seus grandes temas". Privilegiando o período posterior à organização do Ibase, o livro não dedica seções à fase de sua militância na AP, referida apenas em uma cronologia inicial.

a história, devem ser observadas duas coordenadas. A primeira é o entrelaçamento das memórias individuais com a experiência coletiva (HALBWACHS, 1990). A segunda é que a memória é afetiva, seletiva e recria o passado a partir de demandas relevantes à inserção do personagem no presente (HALBWACHS, 1990). Dada a natureza do registro, as memórias de Herbet de Souza, mais do que o simples relato de fatos da história da AP, procedem a uma interpretação peculiar de sua experiência.

Os depoimentos têm formato e extensão diferentes, até porque os últimos abarcam um período mais longo, mas há, nas partes que focalizam a experiência da Ação Popular, um roteiro comum. Na clivagem dos temas e na sedimentação da interpretação, o primeiro registro é base dos posteriores. Constata-se, ainda, que o distanciamento de duas décadas entre o primeiro e os últimos depoimentos não introduz interferências fundamentais, embora haja nuanças e detalhamento de informações na interpretação de Herbet de Souza a respeito da história da AP e de seus pontos de inflexão.

Cumpre observar que não há contradição entre essa constatação e o que se afirmou como pressuposto teórico-metodológico para investigação do universo da memória. Tudo se explica pelo fato de a interpretação de Herbet de Souza ter sido consolidada, em suas linhas mestras, sob a mediação de sua experiência de exílio no Chile de Salvador Allende, que é anterior ao primeiro registro analisado.

Da origem da AP ao golpe de Estado de 1964

A narrativa de Herbet de Souza, considerados os seus diversos depoimentos, reconstrói a origem da AP a partir da politização da militância das organizações leigas da Igreja Católica, notadamente da JEC e da JUC,[5] experiência que viveu diretamente. Embora a AP tenha atraído militantes de outras origens, seja de diferentes

5 Respectivamente, Juventude Estudantil Católica e Juventude Universitária Católica.

vertentes religiosas,[6] seja de formação independente, a JUC, secundada pela JEC, pode ser considerada o tronco principal no processo de sua constituição.

Esses ramos de atuação especializada da Ação Católica do Brasil tinham, inicialmente, um perfil conservador e o objetivo de cristianizar o seu meio. Todavia, na segunda metade da década de 1950, experimentaram um processo de politização crescente. Entre 1958 e 1962, conforme Herbet de Souza (1978), viveu-se a transição que culminou na formação da AP.

A transformação da concepção a respeito do cristianismo, na vivência pessoal de Herbet de Souza, tem aspectos insólitos. Hemofílico e tuberculoso, estabelecera uma relação patológica com a religião. Desenvolveu a compreensão de que, para sobreviver à tuberculose, deveria cultivar uma existência ascética com vistas a obter a pureza. Até então, segundo suas palavras, a Igreja sempre lhe apresentava "Cristo como uma figura desligada, assexuada, mística, descomprometida, ele no céu e nós aqui na terra a pensar" (SOUZA, 1978, p. 70). Visão muito diferente passou a ser propagada na JEC, cujos assistentes "apresentavam o Cristo como macho, o forte, o homem, o cara que veio para fazer uma revolução, não uma revolução em termos políticos, mas de qualquer maneira uma revolução" (SOUZA, 1978, p. 70).

Peculiaridades à parte, seus depoimentos revelam o impacto dessa visão renovada do cristianismo em sua geração de militantes dos setores leigos da Igreja Católica: "Cultivávamos uma religiosidade muito politizada no sentido de uma sociedade justa, como uma visão anticapitalista e socialista, e a comunhão entendida como comunidade, enfim, muita coisa que não se comparava com a tradição predominante" (GONTIJO, 1989, p. 57). Dito de outra for-

6 Um estudo sobre a experiência da AP no Paraná, por exemplo, apontou uma interface com a Juventude Democrata Cristã (DIAS, 2003). Outra vertente foi a do protestantismo, evidenciada pelo relevo da atuação de Paulo Stuart Wright, de formação presbiteriana, no final da década de 1960 e início da seguinte.

ma, "ao invés de a religião ser transformada num elemento de impotência e castração das possibilidades tanto dos homens quanto das mulheres, na JUC e na JEC ela se transformava num elemento de impulso" (SOUZA, 1978, p. 71).

Nesse contexto, a própria leitura da Bíblia adquiria outros contornos. Não se tratava mais de ler a Bíblia, mas o Evangelho, o que, garante, "era uma visão bastante revolucionária do que significava o cristianismo" (SOUZA, 1991, p. 34). Um fato do cotidiano era ilustrativo. Quando estudantes de outras orientações políticas ironizavam o vínculo religioso que mantinha, não se sentia atingido: "A religião que estavam gozando não era a nossa também, e se eles liam autores franceses, nós também, só que noutra vertente" (GONTIJO, 1989, p. 58).

Crescia, então, a influência da mediação da leitura dos pensadores que "fizeram a cabeça" daquela geração de cristãos engajados: Jacques Maritain, Teilhard Chardin e Emmanuel Mounier. Herbet de Souza revela, também, o contato com duas outras referências que estariam presentes na origem da AP, o existencialismo e o marxismo. Sobre o existencialismo, diz: "Tínhamos, desde aquela época, uma visão contra o socialismo real, eu lia Sartre [...]. Éramos muito mais empáticos ao pensamento de Sartre do que ao pensamento ortodoxo do PC" (SOUZA, 1996a, p. 39).

A aproximação com o pensamento marxista ocorreu de forma emblemática, ainda nos tempos da JEC: "O primeiro livro que li de Marx foi através de (Jean) Ives Calvez, que era um jesuíta. Era uma leitura de Marx que trata do problema da alienação em Marx. Tudo isso foi produzindo uma cultura" (SOUZA, 1996a, p. 34). Tratava-se de uma leitura filosófica, "o que para nós era uma coisa fascinante também" (SOUZA, 1996a, p. 34). Recorrente na aproximação entre cristãos e marxistas, o tema da alienação ocuparia espaço importante nos documentos e na elaboração teórica da AP.

Foi no curso desse processo que a JUC adotou uma prática política e passou a disputar a direção da União Nacional dos Estudantes

(UNE). Herbet de Souza (1978) ressalta que o Congresso de 10 anos da JUC foi um marco nessa progressão. Primeiro, pela aprovação do documento "Algumas diretrizes de um Ideal Histórico cristão para o povo brasileiro", que condenava o capitalismo. Segundo, pelo reconhecimento da própria força política, exemplificada pela aspiração de conquistar a direção da UNE.

Herbet de Souza foi protagonista nesse processo. Em sua fase de líder estudantil, foi o primeiro candidato jucista à presidência da UNE, no congresso de 1960. Não obteve êxito. No ano seguinte, foi um dos articuladores da vitória da chapa encabeçada por Aldo Arantes, que levou a JUC ao comando do movimento estudantil nacional. No início, a JUC valeu-se de uma aliança com os estudantes do PCB, mas inaugurou-se uma hegemonia que se estenderia, por intermédio da Ação Popular, por toda a década de 1960: "Quando tomamos o movimento estudantil, a hegemonia foi tão avassaladora que no final só havia candidatos da AP e a AP sozinha poderia competir contra as forças da esquerda e da direita juntas" (SOUZA, 1978, p. 76).

Apesar da relativa abertura ensejada pelo pontificado de João XXIII, a práxis da JUC, flertando com o marxismo e adotando alianças com a esquerda comunista, ultrapassava os limites tolerados pela hierarquia da Igreja Católica. Por isso, a Igreja censurou a aproximação, teórica e prática, com o marxismo e com agrupamentos nele inspirados (COMISSÃO EPISCOPAL DA ACB, 1961, p. 947). O impasse gerou uma ruptura: "Não devíamos explicações a ninguém: nossa única obrigação, em relação à Igreja e à Ação Católica, era flexível, negociada. Quando a Igreja tentou mexer com a nossa independência, saímos da Ação Católica" (SOUZA, 1996b, p. 18).

A esse impasse somavam-se as limitações de atuação política de uma organização que aglutinava por confissão religiosa. Estabeleceu-se, então, o objetivo de criação de uma organização política laica, não eclesial, que desempenhasse, de maneira autônoma, uma função exclusivamente política. Em 1962 ocorreram algumas reuniões e, em fevereiro de 1963, realizou-se o congresso que formalizou a fundação da AP. Os impasses vivenciados pelo crescimento do movimento promoveram, pois, a passagem de uma visão religiosa a uma perspectiva política, quando se começou a sair, segundo suas palavras, da *gestalt* cristã e a entrar em uma visão de mundo influenciada pelo marxismo (SOUZA, 1978).

Herbet de Souza descreve os meandros de sua participação na articulação da nova organização. Quando a JUC se tornou força dirigente da UNE, desencadeou-se o processo de mobilização estudantil por meio das caravanas conhecidas como UNE Volante. No próprio curso dessas caravanas, articulou-se a Ação Popular. De acordo com suas palavras:

> Paralelamente, eu articulava a AP ao nível nacional. Enquanto o presidente da UNE entrava em contato com lideranças estudantis, eu entrava em contato com intelectuais, profissionais liberais, padres, líderes operários, camponeses, mostrando a necessidade de um movimento nacional alternativo ao PC (SOUZA, 1978, p. 74).

Também teve participação na elaboração dos principais documentos da AP. Nos tempos da JUC, colaborara com a redação do documento "Ideal Histórico". Na sequência, foi um dos elaboradores do "Documento-base", aprovado no congresso de fundação da AP. A experiência pessoal de Herbet de Souza está, pois, indissociavelmente ligada à experiência coletiva, no movimento de gestação da novidade política representada pela Ação Popular.

Em relação à origem da AP, seus depoimentos fornecem uma interpretação que está intimamente vinculada à análise das fases seguintes. A aproximação e a assimilação do marxismo fizeram-se, em seu entender, pela manutenção da mesma atitude: "Passamos à política com a mesma mística que havíamos vivido na religião, a mesma perspectiva de compromisso, a mesma pureza, responsabilidade, auto-renúncia" (SOUZA, 1978, p. 71). A conversão procedeu-se com o sentimento, herdado do cristianismo e transposto à nova identificação, de que "temos uma missão, somos uma geração com uma missão salvadora" (SOUZA, 1978, p. 71).

Da orientação política e ideológica

O horizonte filosófico, ideológico e político da AP foi sintetizado no "Documento-base", aprovado em seu congresso de fundação. Ensejando um diálogo entre o pensamento cristão progressista, o existencialismo e o marxismo, o "Documento-base" (AP, 1963b) criticava o "socialismo real", acusando a gestação de novas formas de alienação em sua experiência. Advogava a existência de caminhos plurais ao socialismo e se definia, sem rigor conceitual e estratégico, pela necessidade da revolução socialista. A AP preconizava, então, "uma ideologia própria" e o socialismo como humanismo.

Em nenhum de seus diferentes depoimentos Herbet de Souza chega a se deter exaustivamente sobre o "Documento-base", apesar de ter sido um de seus elaboradores. Emite, entretanto, reflexões que permitem balizar sua análise retrospectiva a respeito da formulação que movia a AP naquela fase. Em entrevista à revista "Teoria e Debate", compara a mudança de perspectiva existente entre o "Documento-base" e o texto do "Ideal histórico", elaborado nos tempos da JUC:

> O "Ideal Histórico" [...] é a preliminar do Documento-base da Ação Popular. Eu diria que ele ficava além do pensamento cristão clássico e um passo aquém no debate com o marxismo. Fazia a crítica do capitalismo, mas não falava em socialismo. O Documento-base da AP tenta situar muito mais concretamente a questão democrática e da revolução, da política. Foi um passo dado quando percebemos que era impossível fazer o tipo de política que queríamos dentro da Igreja (SOUZA, 1991, p. 35).

Salienta a ampliação de perspectivas e o caráter aberto como o "Documento-base" incorporava o marxismo, sugerindo o contraste com a rigidez do período posterior:

> O Documento-base não era uma produção da JUC, enquanto tal, mas a JUC foi muito atraída por ele. Eu diria que todo jucista politizado acabaria na Ação Popular. Exatamente porque o Documento-base não fazia uma profissão de fé ideológica, marxista. Usava o marxismo mas não tinha aquela coisa que veio depois, quando você tinha que afirmar que era marxista, como um primeiro passo, depois ter que provar que era marxista e depois que só nós éramos marxistas (SOUZA, 1991, p. 35).

Na entrevista divulgada pelo livro “No fio da navalha”, Herbet de Souza foi questionado sobre o tema da via ao socialismo então preconizada pela AP. Suas respostas foram razoavelmente difusas, exigindo intervenção dos arguidores para buscar exatidão. De início, afirma que a AP se colocava numa posição próxima da terceira via, porque não era capitalista nem socialista. Interpelado, ressalta a crítica, contida no “Documento- base”, ao socialismo real e, embora ainda tente situar a formulação entre o socialismo e o capitalismo, ressalva: “Acho que era entre socialismo e capitalismo, se bem que nós nos dizíamos socialistas, de um socialismo humanista, socialismo democrático eu diria, hoje” (SOUZA, 1996a, p. 42). Por fim, resume: “Estávamos no socialismo humanista”.

A despeito de sua dificuldade de refletir sobre a antiga formulação décadas depois, inclina-se, como se vê nesta e em outras passagens, a ter uma simpatia maior por aquela fase da vida da AP: “No início, a Ação Popular se diz socialista. Depois ela vai não sei se evoluindo ou se perdendo e vira marxista-leninista e depois maoísta. Foi uma sucessão de conversões” (SOUZA, 1996a, p. 42).

Herbet de Souza considera positivas a abertura de perspectivas e uma margem de indefinição conceitual. Essas características eram vantajosas, por exemplo, na afirmação da AP como movimento alternativo ao PCB. A AP estabeleceu alianças com o PCB para a conquista da UNE e também na fundação da Confederação Nacional dos Trabalhadores da Agricultura (Contag), mas mantinha uma disputa de hegemonia.

Em relação a esse cenário de disputa, Herbet de Souza aponta fatores que colaboraram para a ascensão da Ação Popular como força política. Um deles era a representatividade social do catolicismo: "Até 1964, cerca de 90% dos militantes políticos se declararam católicos, ou seus pais o eram. É preciso que se compreenda essa ligação, essa continuidade, apesar da ruptura com a tradição cristã, processo que tomou um cunho político e que se radicalizou" (SOUZA, 1996b, p. 21). Outro fator era a linguagem: "O PC esforçava-se sempre por se auto-afirmar como PC. Mas isso afastava a massa, que estava impregnada de pregação anticomunista. Nós dizíamos o que o PC queria dizer mas sem usar nenhum slogan" (SOUZA, 1978, p. 75).

Ressalta o impacto da renovação política ensejada pela AP: "Como não tínhamos o peso de uma tradição [...], tínhamos mais flexibilidade diante da realidade social [...]. Essa flexibilidade, esse sentido de iniciativa, essa abertura e sensibilidade para o movimento real, e mais esse problema de linguagem vão nos diferenciar" (SOUZA, 1978, p. 76). Em resumo: "A nossa proposta podia ser utópica, inviável ou ingênua, mas era sem dúvida a mais bonita, empolgante e radical. Tanto que ganhamos o movimento estudantil" (GONTIJO, 1989, p. 61).

O golpe de Estado e o seu significado

A Ação Popular experimentou um rápido processo de expansão. Entre as organizações de esquerda fundadas no início da década de 1960 como alternativa ao PCB, era a que tinha maior audiência de massas (GORENDER, 1987). Todavia, sua ascensão foi interrompida pelo golpe militar de 1964, como de resto aconteceu com os movimentos políticos de esquerda que marcaram a conjuntura dos primeiros anos daquela década. Às organizações de esquerda impôs-se a amarga tarefa de entender as razões do insucesso político e o seu significado. A partir de então, a AP seguiria o caminho que culminaria em sua adesão ao marxismo-leninismo.

Em seus depoimentos, Herbet de Souza consolidou uma análise sobre o significado do golpe de 1964 que segue uma linha oposta ao caminho percorrido pela Ação Popular. Por um lado, sua narrativa contém uma identificação com os processos então interrompidos e, por outro, faz críticas às opções que viriam a ser feitas no interior de sua organização.

O sentido de fratura, promovido pela ruptura institucional vivida pelo país, pôde ser percebido imediatamente: "Quem viveu aquilo, quem entendeu e estava ali presente, não pode esquecer aquilo nunca. Era como se um pedação de história que eu tinha vivido tivesse sido cortado, posto fora. Agora é diferente. Minha perspectiva de futuro, meus amigos, meus hábitos, inclusive meu passado, tudo mudou" (SOUZA, 1978, p. 78).

Naquele momento, entretanto, o sentido último dos acontecimentos não podia ser entendido na devida profundidade. Essa dificuldade não decorria apenas da complexidade dos fatos, correspondia ao próprio fazer-se da organização, cuja flexibilidade combinava-se com grande dose de voluntarismo. Herbet de Souza observa que

> o movimento prevalecia sobre o entendimento. [...] Para nós da AP era muito difícil entender, na conjuntura tumultuada do momento, na ação e nas novas chances que se abriam para fazer política, que você devia parar para fazer uma análise e ter um entendimento mais profundo do que era aquilo tudo. Isso só vai ser possível com o movimento reflexivo posterior (SOUZA, 1978, p. 76).

Com a mediação desse movimento reflexivo posterior, comenta o corte sobre as perspectivas de desenvolvimento nacional: "Estou convencido de que até 63 um processo revolucionário era possível no Brasil. Possivelmente não o socialismo. Mas uma democracia mais avançada era possível. E um desenvolvimento econômico mais nacionalista" (SOUZA, 1978, p. 76).

A respeito das perspectivas da AP, avalia: "Fomos tragados por uma dinâmica que nos levava na direção de um partido de massas. Não fosse o golpe de 1964, talvez esse tivesse sido o destino da Ação Popular, com seus quadros, seus militantes e uma força de sustentação popular" (SOUZA, 1996b, p. 27).

Percebem-se, nessas reflexões, o peso dos impasses vividos no período da ditadura militar e, sobretudo, a influência de sua experiência de exílio no Chile, quando redescobriu a política de massas abortada pelo golpe de Estado de 1964. É o que se lê nesta passagem, extraída de um de seus últimos depoimentos:

> Aquela época foi uma das mais ricas do Brasil em termos de experiência política, somente comparável ao período de 1972-1973 no Chile. Acreditávamos que algo de novo poderia surgir. Vivíamos num clima de permanente ação e tensão em que nos sentíamos atores participantes, bem ao contrário do que iria se passar após o golpe, em que só poderíamos ser espectadores ou vítimas (SOUZA, 1996b, p. 27).

O centro de gravidade da análise de Herbet de Souza sobre o significado do golpe de Estado de 1964, verificado no primeiro depoimento e reiterado nos posteriores, é sua identificação com os processos interrompidos e com suas possibilidades de desenvolvimento. Torna-se crítico das redefinições vividas pela esquerda em geral e pela AP em particular. Por isso, tende a exaltar, a despeito da imprecisão e de certa ingenuidade, a inventividade daquele momento, em detrimento das certezas do marxismo-leninismo que a AP abraçaria na conjuntura posterior.

Nota-se, em suas falas, o uso deliberado do subjuntivo, como exemplifica a frase "não fosse o golpe de 1964". Essa reflexão não deve ser entendida como manifestação do que se convencionou chamar de "nostalgia do não vivido". Não se trata de uma tentativa de volta ao passado. As reflexões de Herbet de Souza estão a "detectar [...] as virtualidades não realizadas, a história que poderia ter ocorrido tivessem sido outras as circunstâncias", como escreveu, analisando um tema correlato, Marco Aurélio Garcia (1991, p. 19).

Não obstante a avaliação construída no movimento reflexivo posterior, Herbet de Souza viveria as tensões das sucessivas conversões experimentadas pela AP. Foi com o olhar de quem tinha vivido essas conversões que comentou criticamente a fase iniciada com a instauração da ditadura.

A opção pela luta armada

Em seus depoimentos, Herbet de Souza detalha sua participação na conjuntura imediatamente posterior ao golpe de 1964, por meio de uma narrativa que promove o entrelaçamento das transformações ocorridas em sua vida pessoal e da AP. Revela que, logo depois do golpe de Estado, exilou-se no Uruguai, juntamente com outros dois líderes da AP, Aldo Arantes e Jair Ferreira de Sá. No vizinho país, encontrou expressivas lideranças do movimento popular.

Formaram-se, conforme seu relato, duas correntes entre os exilados. A primeira era próxima do ex-presidente João Goulart. A segunda, na qual os apistas se incluíam, ficou próxima de Leonel Brizola. Principalmente entre os últimos, vicejaram ideias de uma reconquista. Herbet de Souza afirma que chegou a ser incumbido, em 1965, de uma missão para estabelecer a relação Cuba-Brizola, a fim de obter apoio material e logístico (GONTIJO, 1989). Em sua avaliação, havia uma grande ilusão. "Era como se não se tivesse aceito a realidade, se tentasse espichá-la para além das suas fronteiras" (SOUZA, 1978, p. 79).

Foi então que começou a entender o que ocorrera. "Era como se estivesse digerindo pela segunda vez. No fim de um ano, todo o esquema se desmistificou, e começamos a adquirir nossa dimensão política real. Não temos nada que fazer aqui, onde temos que fazer alguma coisa é no Brasil" (SOUZA, 1978, p. 80). Em entrevista do início da década de 1990, retoma o tema, detalha alguns aspectos e demonstra que, apesar dos impasses, sedimentara-se a adesão à ideia da luta armada:

> Nessa época nós víamos que as coisas não iam bem com a Ação Popular. As informações que tínhamos eram de que tudo estava desmobilizado. Aí decidimos voltar, para propor à AP a guerrilha. Viemos para São Paulo, retomamos a direção da Ação Popular e foi aí que se decidiu que o caminho da revolução era o da luta armada (SOUZA, 1991, p. 36).

Embora os depoimentos investigados não contenham referências diretas à sua elaboração, a primeira revisão teórica importante procedida pela AP foi condensada no documento "Resolução Política", aprovado em 1965, em Reunião Nacional Extraordinária. Herbet de Souza integrou o Comando Nacional eleito nessa reunião. Deixou, contudo, de ser o Coordenador Geral, atribuição que foi conferida ao dirigente Aldo Arantes.

Preservou-se, na "Resolução Política" (AP, 1965a), parte essencial do edifício conceitual do "Documento-base", especialmente os aspectos que abordavam o socialismo como humanismo e as críticas ao socialismo real, mas efetivou-se uma redefinição da estratégia. Criticando a imprecisão da elaboração anterior,[7] a grande mudança foi a adesão explícita ao objetivo de conquistar o poder pela via insurrecional, por meio da estratégia da Revolução Socialista de Libertação Nacional, conceito que sofria influência das revoluções cubana e chinesa.

No primeiro momento, teria prevalecido o que Herbet de Souza chama de "fase debrayrista", influenciada pela teoria do foco revolucionário. Ressalva, porém, que havia uma contradição: "A gente defendia a luta armada, mas continuávamos uma luta política.

---

7 No "Documento-base", a referência à luta armada era vaga: "A história não registra quebra de estruturas sem violências geradas por essas mesmas estruturas, que produzem, em última análise, essa conseqüência" (AP, 1963b, p. 10).

Estávamos assim na propaganda do foco, não na execução do foco [...]. A Ação Popular, na verdade, nunca colocou em funcionamento a sua pregação de luta armada. Fez algumas ações que não poderiam ser classificadas de luta armada" (GONTIJO, 1989, p. 94). Cita dois exemplos dessas ações. O primeiro foi um desastrado assalto a banco no interior da Bahia, em 1966, que não deixou lastro político. Mais delicado, o segundo foi um malsucedido atentado a bomba no aeroporto Guararapes (Recife), ocorrido em julho de 1966, cujo alvo era o general Artur da Costa e Silva, que percorria o país arregimentando forças para suceder a Humberto A. Castelo Branco na presidência da República. Costa e Silva teve o itinerário alterado e nada sofreu, mas houve outras vítimas.

Herbet de Souza explica que o atentado foi realizado "por dois membros da nossa organização, mas sem qualquer autorização" (GONTIJO, 1989, p. 95). O comando nacional só tomou conhecimento do fato consumado e o reprovou: "Ao sermos informados, na direção da AP, ficamos em pânico. Não havíamos decidido nada daquilo" (GONTIJO, 1989, p. 95). Nenhum dos dois atos citados fazia parte do repertório da AP. A repercussão interna negativa contribuiu para o ocaso da influência foquista na organização (GORENDER, 1987).

O processo de redefinição política afunilou-se em 1967 com a convocação do Debate Teórico e Ideológico (DTI). A resolução que deflagrou o DTI estabeleceu que, para chegar a resultados coerentes, era "necessário considerar o estudo crítico do marxismo como eixo e princípio ordenador da discussão" (AP, 1967, p. 14). No mesmo ano, o Comando Nacional aprovou uma resolução desencadeando o debate sobre a necessidade de constituir um partido de vanguarda para a direção do processo revolucionário.

Nessa conjuntura, a AP programou o envio de delegações para Cuba e China. A delegação para Cuba foi sustada, pois Herbet de Souza representou a AP em um congresso da Organização Latino-americana de Solidariedade (OLAS), constituída com o objetivo de articular a revolução no continente.

Influenciadas pelos paradigmas das revoluções cubana e chinesa, duas correntes polarizaram a conclusão do processo do Debate Teórico e Ideológico. A "Corrente 1", adepta da linha chinesa e da compreensão de que o maoísmo constituía a terceira etapa do marxismo, defendia a revolução nacional-democrática, a partir do pressuposto de que o Brasil era um país semicolonial e semifeudal. Compreendia que existira um partido de vanguarda no Brasil, criado por influência da Revolução Russa, mas ele sucumbira ao revisionismo. Defendia, portanto, a reconstrução do partido do proletariado. A luta armada deveria ser realizada por intermédio da guerra popular prolongada, tendo como arena principal o campo. Seguindo práticas da Revolução Cultural chinesa, propunha, também, a "proletarização" da militância da AP, que deveria ser reeducada pela política de "integração na produção" (AP, 1968c).

A "Corrente 2" preconizava a revolução imediatamente socialista, entendendo que a sociedade brasileira era capitalista. Recusava a ideia de que o maoísmo constituía uma nova etapa do marxismo e defendia que, como o antigo partido operário havia se tornado revisionista e gerara dissidências violadoras do marxismo-leninismo, era preciso construir "um novo Partido de Vanguarda do Proletariado do tipo Leninista" (AP, 1968d, p. 42).

Em 1968, a polarização teve um desenlace traumático. Na I Reunião Ampliada da Direção Nacional, ganhou a disputa a "linha chinesa" e promoveu-se a exclusão dos membros da segunda corrente, cujos líderes viriam a participar, em 1969, da formação do Partido Revolucionário dos Trabalhadores (PRT). Disputas à parte, a Ação Popular converteu-se, definitivamente, em uma organização marxista.

Herbet de Souza revela aspectos do cotidiano de sua crise com o cristianismo e de sua opção pelo maoísmo. Se a Ação Popular viveu um processo de ruptura com a influência do cristianismo e de adesão formal ao marxismo-leninismo, afirma que a sua crise pessoal de fé, iniciada antes mesmo do golpe de 1964, foi mais psicanalítica do que teológica. Um psicanalista que o clinicava infundiu-lhe uma crise com a figura de Cristo, cuja imagem era citada como ambígua, pois "era cabeludo como uma mulher" e se "vestia como mulher".

> O que cai mesmo não é minha sexualidade, mas a minha religião. Eu tinha que romper com aquilo. A minha identificação com o Cristo, que era absolutamente neurótica, tinha que ser rompida. E ele fez isso através da ameaça do homossexualismo. Era uma coisa que eu morria de medo (SOUZA, 1996a, p. 73).

Se essa insólita dimensão de sua crise de fé não era representativa do coletivo, Herbet de Souza formula instigante análise do fenômeno de conversão ao marxismo-leninismo, no leito mais amplo de sua organização. A principal característica de sua interpretação demarca a processualidade do avanço do marxismo na experiência da AP e a sua complexa relação com o passado cristão da maioria de sua militância.

Salienta, por exemplo, que o marxismo já avançara bastante na encruzilhada de 1964 e estabelece uma distinção com o que ocorreria na conjuntura posterior: "Eu diria que em 64, por aí, na Ação Popular nós nos considerávamos marxistas. Quando a gente passa a se dizer marxista-leninista aí começa outra etapa, porque marxismo-leninismo é diferente de marxismo" (SOUZA, 1996a, p. 78-79).

No contexto da redefinição ideológica da AP, Herbet de Souza permaneceu em Cuba por onze meses, por conta do congresso da OLAS. Com a indefinição dos destinos dessa organização, decorrente da morte de Ernesto Guevara, retornou ao Brasil. A AP estava dividida entre a linha maoísta e a linha cubana. Na escala que fazia em Santiago, recebeu uma delegação dos defensores da linha maoísta (GONTIJO, 1989), à qual veio a aderir.

Com visão retrospectiva, critica a forma de recepção da influência da revolução cubana e o que se convencionou chamar de "teoria do foco revolucionário":

> A nossa visão era muito esquemática e eu diria que profundamente equivocada. Nós achávamos que devíamos fazer a luta

> armada por intermédio da guerrilha, criando um foco, que geraria conflito, e este conflito jogaria a ditadura contra nós, mas a revelaria à sociedade. Esta, sob o impacto da revelação, iria nos apoiar e se rebelar. Boa parte das teorias guerrilheiras da época trabalhava com a hipótese de um período de guerrilha e, logo depois, um período de greve geral e insurreição, que era o modelo cubano (SOUZA, 1991, p. 36).

As razões da adesão ao maoísmo foram assim descritas, sem dispensar pitadas de ironia:

> Logo depois eu me converti ao maoísmo. Porque eu já tinha lido Mao no Uruguai, um livro sobre a contradição, os escritos militares, tudo eu já tinha lido. E o maoísmo caiu melhor na minha estrutura de inspiração cristã. Um católico praticante fervoroso pode virar um maoísta numa questão de segundos, porque você tem Deus, que é o Mao, tem o camarada que é o chefe, você tem a revolução que é inexorável [...]. Tem a Bíblia vermelha, que é pequenininha e fácil de ler. Bom, aí eu me converti no meio do caminho, voltando, eu já estava dizendo: entre esses e aqueles, eu fico com esses (SOUZA, 1996a, p. 83).

Minuciosamente, analisou:

> Nós viemos de uma tradição cristã. Então tinha que haver uma fase de transição, com certa solução de compromisso se estabelecendo. Negar hoje o valor disso dizendo simplesmente que até então éramos um grupo pequeno-burguês cristão e que depois viramos marxistas, por volta de 1967, é pura idiotice. É não entender que nós éramos uma resultante de um processo com profundas raízes sociais encontradas no Brasil. Há que entender essa ligação, essa continuidade, essas rupturas de uma tradição cristã, que toma depois um aspecto político, se radicaliza na política. Então tanto as virtudes como as graves deficiências estão vinculadas a esse processo. Ao chegarmos a adotar o maoísmo como uma religião em 1968-1969, tínhamos uma base para isso. Por que fomos nós e não os outros grupos? Nós saímos da Ação Católica e outros não. Depois de Cristo, deu-se o

> vazio, mas o maoísmo chegou e o camarada Mao pegou de novo a bandeira (SOUZA, 1978, p. 72).

Em conclusão:

> Quando o maoísmo, na versão idealista e voluntarista da pequena burguesia do Brasil, absorve a AP, é essa mística que lhe vai servir de base, como um reencontro histórico, com uma base já existente. Essa ideia de missão, de testemunho, de compromisso radical com uma causa e com a idéia de uma revolução (SOUZA, 1978, p. 71).

Como já observara na transição entre a "*gestalt* cristã" e a AP, Herbet de Souza interpreta a adesão ao maoísmo pela permanência de atitude religiosa, traduzida, por exemplo, por uma ética militante análoga. A "proletarização" da militância, que preconizava "trabalhar com o povo, viver com e como o povo", era um ponto comum. Deve-se ressalvar, porém, que a "Corrente 2" da AP, que rejeitava a metodologia da "proletarização",[8] também tinha líderes com passado católico, como Vinicius Caldeira Brant, e até mesmo um clérigo, o padre Alípio de Freitas. Em suma, nem todos os que aderiram ao maoísmo eram cristãos[9] e nem todos os militantes com passado cristão aderiram ao maoísmo.

Não havia, assim, uma relação direta de causa e efeito entre a opção pelo maoísmo e a origem cristã, mas a interpretação é instigante, na medida em que procura identificar que a nova opção tinha raízes em uma cultura anterior. Não havia uma descontinuidade absoluta. O caso da AP não foi isolado, saliente-se. Em outros países, houve transição semelhante da esquerda católica ao maoísmo. De qualquer forma, a analogia entre a religião e a práxis

8 A "Corrente 2" desqualificava esse horizonte como "perspectiva individualista do auto aperfeiçoamento de si" (AP, 1968d, p. 10).

9 Por motivações e traduções próprias, correntes de origem marxista aproximaram-se do maoísmo, como o PCdoB e sua dissidência, a Ala Vermelha.

das organizações revolucionárias, tal como elaborada por Herbet de Souza, pode ser estendida também às outras vertentes do marxismo-leninismo de sua geração, nas quais ele identificava um sentido missionário e messiânico.

Por causa de sua opção pelo maoísmo da "Corrente 1", foi interpelado sobre seu posicionamento a respeito da exclusão dos líderes da "Corrente 2", na conclusão do Debate Teórico e Ideológico. Respondeu:

> Eu aderi ao grupo maoísta. Só havia duas alternativas: ou aderia a tudo o que ele fazia, que era uma espécie de guerra santa, um negócio de um furor ideológico incrível, ou então eu tinha que sair da AP. Sair da Ação Popular naquelas circunstâncias era como pedir para alguém sair de seu próprio corpo. Porque eu era fundador. Só depois, em 71, é que eu elaborei a idéia de sair (SOUZA, 1991, p. 37).

Desenvolveu, em seus depoimentos, uma visão muito ácida sobre os desdobramentos políticos da conjuntura. De forma irônica, definiu nestes termos a decisão de proceder ao enfrentamento armado, de resto comum às posições em que a AP se dividiu, naquela correlação de forças:

> Então, o que nós fizemos foi tomar uma varinha e cutucar o leão. Só que, quando ele deu o urro, você estava dentro da jaula com ele, sem arma e sem chicote, e o leão era bem bravo. [...] Essa movimentação foi proposta em fins de 66 e 67 e em 68 já era uma realidade, mas em 68 não éramos só nós, já existia um movimento de massas. E, em 1969, o leão, que já tinha dado uns gritos, não só deu o grito como comeu o pessoal. Eu consegui escapar. Quer dizer, saí de perto, mas continuei provocando o leão (SOUZA, 1978, p. 81).

A clandestinidade e a "proletarização"

Herbet de Souza sempre descreve a experiência da clandestinidade de forma dramática e dilacerada. Logo depois do golpe militar, na primeira fase em que esteve clandestino, para fugir da repressão chegou a buscar refúgio em um hospital psiquiátrico, de onde comparou a situação dos internos com a do país: "Ficava trancado num quarto, tinha visões fantásticas ao observar os loucos no pátio, o que completava a tragédia de toda a situação" (SOUZA, 1978, p. 79). Em outro relato, comenta que tal situação era um símbolo da loucura coletiva que se instalava (SOUZA, 1996b, p. 34).

Em razão de ser hemofílico, o risco de ser preso e de sofrer tortura seria fatal. Por isso, a hipótese de vir a morrer estava muito presente. Nos primeiros anos da ditadura, por exemplo, por causa de uma úlcera supurada, teve de ser operado em um hospital clandestino. Descoberto pela repressão, não sofreu nenhuma represália imediata e foi intimado a se apresentar em um dia determinado. Conseguiu fugir e mergulhou, definitivamente, na clandestinidade.

Foi com essa dramaticidade que relatou a experiência de integração na produção a que foi submetido, que se constitui em um dos momentos mais emblemáticos de sua reflexão. A corrente que prevaleceu na direção da AP era adepta da "proletarização" da militância pequeno-burguesa, com o objetivo de reeducá-la. Herbet de Souza, que não mais ocupava cargos de direção, sofreu as injunções dessa política: "O pessoal não se convenceu muito da minha conversão. Eles exigiram que eu fosse para a base, para me proletarizar" (SOUZA, 1996a, p. 83).

Inicialmente, por causa de sua frágil saúde, foi cogitada a hipótese de ele não ser integrado diretamente na produção. Ele deveria assumir uma tarefa mais leve, como a de vendedor em uma banca de revistas e jornais, o que permitiria o estabelecimento de contatos e a entrega de boletins. Contudo, absorvendo a escala de valores de sua organização, ele preferia tornar-se operário metalúrgico. Conseguiu emprego em uma indústria cerâmica, em Mauá (SP), região em que a AP estava bem articulada.[10] A preferência pelo ramo metalúrgico sobreviveu, mas a solução era satisfatória. Ao menos, seria operário.

---

10 A atuação política da AP nessa região mereceu a atenção de consistente pesquisa de mestrado, elaborada pela historiadora Mônica de Oliveira (2005).

Sua primeira tarefa foi carregar caixas de louças. Debilitado fisicamente, reivindicou, após uma semana, mudança de função e foi deslocado para lixar e polir xícaras de porcelana. Politicamente, articulou um abaixo-assinado para obter o sábado livre, mediante compensação de horas ao longo da semana, mas a adesão ficou aquém do esperado. Além da atividade na fábrica, mantinha agenda de reuniões à noite, depois da jornada de trabalho, e nos finais de semana. A experiência nessa fábrica durou quatro meses e meio. Conhecido de todos, sem condições de segurança, demitiu-se. Quando estava na iminência de conseguir vaga em uma empresa metalúrgica de Santo André, onde pretendia realizar um "trabalho revolucionário", veio uma série de prisões e teve de se evadir.[11]

Veiculada sem variações importantes nos vários registros disponíveis, sua avaliação é impiedosa:

> Começa uma fase terrível e eu, dada a minha vocação cristã de sofrer no martírio, vou assumir tudo isso, aceito agora em nome do proletariado. Dizem-me que sou pequeno burguês, que nunca deixei de ser. Então, porque sou pequeno burguês, tenho que passar por um processo de proletarização, o que significa purgar todas as vestes de pequeno burguês e tornar-me um operário (SOUZA, 1978, p. 82).

Sua narrativa é repleta de dor e sofrimento. Sua condição de hemofílico potencializava a dimensão dramática da experiência, mas a sua crítica principal era ao sentido amplo da chamada proletarização:

> É a teoria mais curiosa da formação do partido do proletariado: você pega um movimento pequeno burguês, põe numa máquina

---

11 Nos depoimentos de Herbet de Souza, os marcos cronológicos dessa experiência não ficam muito claros. Segundo recente biografia, no final de 1968 ele já estaria localizado em Santo André. Em 1969, fixou-se em Mauá e empregou-se na empresa citada. Decorrente da repressão, sua evasão deu-se em 1970. As prisões em série estão no contexto da "Operação Bandeirantes" (RODRIGUES, 2007).

> de tortura ideológica, porque é uma tortura ideológica, e passa essa pequena burguesia por uma tortura tão violenta que ela dá um salto de qualidade. Ela passa a ser operária. [...] Está formado um fantástico partido (SOUZA, 1978, p. 87).

Com vocabulário oriundo do universo religioso, define as consequências do processo: "A pequena burguesia passa pelo purgatório, muitos caem no inferno e muitos são aí destruídos" (SOUZA, 1978, p. 87). Destruídos, no caso, pela loucura:

> Chega então toda essa loucura que engoli, que aceitei, chegando a pensar que nessa época eu fiquei meio louco. Deveria ter chegado para os companheiros e dito: Vocês estão todos loucos, então até logo, vou conversar com gente mais normal. Mas não consegui fazer isso e fiquei louco com os loucos (SOUZA, 1978, p. 83).

Insistindo no uso da linguagem psiquiátrica, completa:

> É o capítulo da esquizofrenia, da paranóia; o que me interessa é saber por que se chegou a isso. Creio que foi o resultado de uma perda de pé na realidade. Quer dizer, você manteve a mística, manteve o sentido de compromisso, o espírito de grupo, manteve a família, manteve as funções de prestígio, de liderança. Mas faltava a realidade, faltava a política (SOUZA, 1978, p. 87).

Em uma situação de clandestinidade, a utilização de "nomes frios" torna-se prática obrigatória. No contexto vivido pela AP, tal prática adquiria outros contornos. Mais do que outros nomes, a reeducação na produção levava a que fossem assumidos outros papéis e atribuições: "No início da AP, se você era um professor você trabalhava com os professores, se você era um padre trabalhava com os padres, se era um jornalista trabalhava com jornal. Agora todo mundo, menos alguns dirigentes, teria que ser transformado em operário ou camponês" (SOUZA, 1978, p. 87). Por isso, o sociólogo, metamorfoseado em operário, lamenta que não tenha produzido nada em termos teóricos, de pesquisa e de elaboração (SOUZA, 1978).[12]

Além dos limites e desdobramentos negativos que aponta na política da "integração na produção", Herbet de Souza critica sua relação com a estrutura de poder interna. A direção da AP dava notas aos militantes, a partir de critérios que considerava válidos para a superação da condição pequeno-burguesa. Descreve assim a incidência e a repercussão sobre seu caso:

> E eles me deram a nota +2 e depois me rebaixaram para -2. Com essa nota, eu podia, por exemplo, ser de direção regional. Mas a direção decidiu que eu tinha que ir para a base durante um tempo e não podia ser dirigente nem de célula. Eu tinha que ser militante de base (SOUZA, 1991, p. 37).

Acusa essa metodologia de servir à hierarquia e à disputa interna. Afirma que havia uma disputa entre Jair Ferreira de Sá e Duarte Pereira para serem os modelos de virtude dos militantes. Somente um poderia atingir a pontuação mais elevada, sugere. Haveria, também, uma espécie de culto à personalidade em torno de Jair Ferreira de Sá, o único a atingir a pontuação máxima.

> Nessa simbologia, se houvesse dois +1, poderia haver dois secretários-gerais. Na verdade a nota era uma definição de poder. Já tinha uma estrutura totalmente vertical, centralizada e dogmatizada. Você não podia chamar o Jair de Jair, você tinha de chamá-lo de "camarada Dorival", seu nome de guerra. O camarada Dorival e sua companheira eram os exemplos a serem seguidos. Era uma visão extremamente moralista e subjetiva

12 Fato sintomático dessa angústia de Herbet de Souza pode ser visto na dissertação de mestrado de Mônica de Oliveira, que coletou depoimentos de militantes daquele período. Um deles revelou que "Betinho chegou a se identificar ao grupo, ao mencionar um livro publicado por ele em italiano chamado 'A juventude como vanguarda de luta'. Segundo Caetano, Betinho falou: 'eu sou essa pessoa aí'" (OLIVEIRA, 2005).

> de virtude. Ele era o sujeito de todos os heroísmos, de todas as virtudes etc. Um negócio altamente ideologizado. Eu creio que o Jair morreu em meados de 80 ainda convencido de tudo o que ele viveu. Pra você ver o nível de loucura a que se chegou (SOUZA, 1991, p. 37).

Em relação a Jair Ferreira de Sá, havia feito, em outra ocasião, um comentário ainda mais ácido:

> O Jair viajou como Jair Ferreira de Sá e reapareceu como Camarada Dorival, futuro líder da revolução na América Latina, e inquestionavelmente no Brasil, perfeito sob todos os aspectos da teoria revolucionária. O único indício de que algo não ia bem com ele era a dor lancinante que passara a sentir na cabeça. Um indicador físico da loucura psíquica. Morre em decorrência das várias operações cardíacas a que se submeteu, nos braços da polícia que o socorreu na calçada do Leme, e sem ter jamais reconhecido o desatino maoísta que ajudou a destruí-lo (GONTIJO, 1989, p. 96).

Tais comentários geraram respostas que merecem registro. Por meio de documento elaborado como réplica, Duarte Pereira argumenta que Herbet de Souza teria sido injusto com a direção, na medida em que ele próprio teria reivindicado a integração. Teria existido a hipótese, apresentada por Duarte Pereira, de que ele assumisse, por causa de suas limitações físicas, a representação da AP na Europa. No clima de luta interna, sugere que Herbet de Souza mantinha um plano de voltar à direção a partir da base (PEREIRA, 1999c).[13]

Ângela Borba, última esposa de Jair Ferreira de Sá, rebateu a entrevista à revista "Teoria e Debate" (SOUZA, 1991), em carta endereçada ao periódico:

---

13 Disponível no Fundo Documental Duarte Pereira, Arquivo Edgard Leuenroth (Unicamp).

> A impressão que fica é de alguém que analisa aquele momento como se não o tivesse vivido e classifica de loucura o que os outros fizeram. Betinho não se inclui nas "loucuras", ignora que foi cúmplice delas. [...] As notas dadas aos militantes podem ter sido invenção dos maoístas, mas será que Betinho, naquela época, tinha a esse respeito a avaliação política que tem hoje? É bom analisar o passado com um olhar crítico, mas não é ético excluir-se da crítica e nem tratar mesquinhamente a história que envolveu uma geração (BORBA, 1992, p. 80).

E complementa:

> Por fim, Betinho diz que Jair teria morrido em meados de 80 ainda convencido de tudo o que viveu. Quero aqui dar um depoimento pessoal, que desmente esta afirmação e prova que as pessoas mudam como certamente Betinho mudou (BORBA, 1992, p. 80).[14]

A réplica de Ângela Borba introduz uma importante questão de método. Na maior parte das falas de Herbet de Souza, conduzidas com a amarga ironia de seu olhar retrospectivo, nem sempre ficam explícitas as razões que o moviam na época. De fato, o tom crítico de que se utiliza suscita a indagação de por que se submeteu a tal experiência.

No primeiro depoimento, Herbet de Souza deixou entrever suas motivações: "O sentimento de culpa da pequena burguesia, o

---

14 Adicione-se que o historiador Franklin Oliveira Jr, militante da última fase da AP, em sua pesquisa sobre a história da organização, também refuta Herbet de Souza. Segundo ele, a afirmação de que Jair Ferreira de Sá teria falecido convencido daquelas posições não teria fundamento, pois ele procedera a autocríticas públicas (OLIVEIRA JR., 2000). Ainda na fase de convivência com Herbet de Souza na AP, embora houvesse sido o líder da aprovação da linha chinesa em 1968, Jair Ferreira de Sá promoveu uma guinada em sua concepção de estratégia revolucionária, passando a defender a visão de que a revolução brasileira não comportaria a fase nacional-democrática e seria diretamente socialista. Nas seções finais do primeiro capítulo deste livro, o leitor pode ter acesso à evolução das posições de Jair Ferreira de Sá, que faleceu em 1985.

sentido de missão, o envolvimento cultural, ideológico, e um secreto desejo que eu tinha de viver até as últimas consequências uma experiência de me identificar com o operário e camponês me levaram a aceitar o desafio" (SOUZA, 1978, p. 82). Em uma de suas últimas entrevistas, ele foi frontalmente indagado a respeito desse tema. Sua resposta foi direta e clara:

> Há algumas coisas. A primeira delas é que eu estava tranquilo em relação à minha posição, porque eu era maoísta, não tinha dúvidas, e achava que esses caras estavam, no fundo, fazendo sacanagem. Essa noção, essa percepção da sacanagem, foi crescendo, crescendo em mim. Tanto que eu não os procurava. O segundo elemento é que eu fui para um bairro popular, Zaíra, em Mauá, e lá eu tinha relação excelente com a população (SOUZA, 1996a, p. 88).

Na seguinte declaração, os fatos são apreciados como foram vividos na época: "Eu fui maoísta mesmo. Durante um período eu fui maoísta mesmo, eu fui possuído pelo maoísmo como os outros foram. E só assim você consegue aguentar aquela vida" (SOUZA, 1996a, p. 90). Por isso, não é o caso de contrastar, item por item, as versões de Herbet de Souza com a de Duarte Pereira. É evidente que o sistema de avaliação, hierarquizando a militância, estava inserido nos jogos de poder.[15] Voluntariamente, Herbet de Souza,

---

15 Respeitadas as particularidades, esses rituais de disciplina interna eram comuns nas organizações marxistas-leninistas, como se lê na tese do historiador Daniel Aarão Reis. Segundo esse autor, o partido era "a encarnação de uma vontade coletiva, politicamente organizada, detentor de um saber maior, porque científico e social" (1989, p. 119). O militante, por oposição, "aparece como indivíduo fraco, vulnerável e atomizado" (1989, p. 119). Essa assimetria produzia o "complexo da dívida": "A figura do débito estará sempre estruturando a prática social dos comunistas: incorrendo em erros, terá faltado ao Partido, deverá acertos de contas, autocríticas. Nas vitórias, não terá senão cumprido o dever revolucionário e aplicado a linha do Partido" (1989, p. 119). É o partido que transforma os militantes, estabelecendo o "leque de virtudes" próprias ao revolucionário. O revolucionário de tempo integral submete-se ao "massacre das tarefas", internas e externas, que

"possuído pelo maoísmo", aceitava as regras do jogo, independentemente de suas pretensões e discordâncias.

Além disso, a experiência da "proletarização" produziu repercussões contraditórias na vivência de Herbet de Souza, pois permitia que ele saísse do cotidiano hierárquico da organização, estabelecesse atividades políticas fora de seus círculos conspirativos e mantivesse contato com pessoas comuns. Mesmo em condições tão extremas, impostas pela clandestinidade, confessa:

> Eu tive prazer. Eu fundei células. A gente fazia agitação, fazia pichamento, fazia tudo, fazia reunião, tentamos fazer um curso de profissionalização, para atrair gente, ia a festinhas, dançava, comia em casa dos companheiros. Era mundo. [...] Então, eu tive este outro lado que compensava. O meu inferno estava para cima, era a direção (SOUZA, 1996a, p. 88).

O contato com o "mundo real" e com pessoas normais incide sobre sua percepção de mundo: "Se Ação Popular me deixava louco, as pessoas me mantinham ligado à realidade, à normalidade" (SOUZA, 1996b, p. 48). Isso contribuiu para o seu processo de autocrítica: "Era o início de um lento processo de recuperação da razão, que durou vários anos. Comecei a me curar logo que fui trabalhar na fábrica, onde me acotovelava com pessoas normais" (GONTIJO, 1989, p. 106). A dilacerante autocrítica seria concluída no exílio.

---

vão do estudo teórico e conhecimento da linha justa à sua aplicação. Eram constantes os exercícios de autocrítica, em que o indivíduo devia expiar sua culpa diante do coletivo. Para acentuar a impotência do militante, sobrevivia a celebração da autoridade, que punha líderes como modelo a seguir. A AP, que tivera uma origem heterodoxa, não fazia parte do leque das organizações analisadas por Reis. Percebem-se, no entanto, inúmeros pontos de contato entre o cenário descrito por Herbet de Souza, relativos ao período em que a AP aderira ao marxismo-leninismo, e a tipologia elaborada pelo historiador.

A clandestinidade e os disfarces

A linguagem repleta de categorias derivadas da psicologia e de áreas afetas é recorrente nos relatos de Herbet de Souza, como demonstra o episódio da crise de sua fé. Se esse exemplo específico encerra uma grande dose de idiossincrasia, a despeito de abordar aspectos da experiência coletiva, a questão da clandestinidade, mesclada com a "proletarização" promovida pela AP, tinha tal representatividade que mereceu um estudo especializado, realizado por Maria Auxiliadora Arantes (1994).

A autora desenvolve sua análise a partir de depoimentos de cinco ex-militantes da AP, incluindo Herbet de Souza.[16] Em seu estudo, demonstrando escrúpulo profissional e político, adverte que não estava aplicando um modelo de explicação, mas utilizando recursos da psicanálise para entender a questão da clandestinidade. Respeitadas as especificidades de cada campo, tenta elaborar uma peculiar construção.

A clandestinidade, ressalta a autora, é uma escolha contingenciada em condições excepcionais. O militante deve defender a própria vida e a sobrevivência da organização a que pertence. Nos códigos de clandestinidade mesclam-se situações de resistência e de luta. Vive-se, pois, uma situação de excesso de custos, que exige um investimento psíquico permanente, tal é o desgaste provocado.

De acordo com a análise, a vitória e o fracasso têm dimensões coletivas, mas a dor e o prazer são dos indivíduos. A causalidade, em que o singular e o plural estavam entrelaçados, devia ser interpretada. Para suportar tal carga, o militante devia proceder a uma relação em que produzia o "prazer necessário" e o "prazer suficiente". Na relação custo/benefício, o militante amparava-se no fato de estar engajado em organizações e ser movido por pro-

---

16 A escolha não foi aleatória. Não bastasse a representatividade da AP, a autora foi militante da organização. Além de Herbet de Souza, foram entrevistados Aldo Arantes, Haroldo Lima, Elzira Vilela e Maria Luísa Barros Carvalho.

jetos e ideais elevados: os interesses da nação, a emancipação dos trabalhadores, o socialismo.

Nos códigos de clandestinidade, o militante era impelido a usar disfarces, entre os quais o de assumir outro nome e, no caso da "integração na produção", outras atribuições profissionais. O disfarce tinha uma dimensão contraditória, pois, mesmo quando conhecia a identidade original, a ditadura valia-se dessa circunstância para reprimir e matar clandestinamente.

Utilizando uma categoria freudiana, a autora observa que o militante devia fazer recurso psíquico ao narcisismo, entendido como "captação amorosa do indivíduo pela imagem que adquire de si mesmo". Era com essa relação essencial que se podia manter identidade em todas as situações, mesmo naquelas em que essa identidade tinha sido externamente alterada, transfigurada e camuflada. O clandestino que não se desorganizou manteve sua estrutura narcisística bem-resolvida, como avalia Maria Auxiliadora Arantes.

Essas questões, desenvolvidas com cautela por uma especialista, trazem subsídios para analisar a reflexão de Herbet de Souza acerca da vivência de clandestinidade. Não é o caso de classificar o depoente dessa ou daquela maneira, até porque a autora não procedeu assim. Preferiu, ao contrário, fazer aproximações conceituais e não individualizar a análise. Não resta dúvida, no entanto, de que essas questões compõem um painel interessante para reflexão e ajudam a entender a mediação pessoal a que procedeu Herbet de Souza, descrita por ele próprio com dramaticidade e dilaceramento, observando a singularidade de sua vivência e a sua relação com a experiência coletiva.

A autoridade, a teoria e o dogma

A despeito de o marxismo supostamente estar calcado em uma visão científica da realidade, o quotidiano da organização, segundo a narrativa de Herbet de Souza, revelava uma situação diferente. Na prática, haveria uma sacralização da teoria e um alheamento da realidade: "A partir de certo momento, a realidade política desapareceu do nosso campo de visão" (SOUZA, 1996b, p. 46).

Nos termos colocados por seus depoimentos, a teoria marxista era um instrumento inquisitorial de disputa de poder: "As análises deixavam de ser políticas. Elas só serviam para classificar as pessoas à direita ou à esquerda. Citar Lênin, por exemplo, não servia para discutir a realidade brasileira, mas para detectar um desvio. A literatura marxista se tornou uma reserva teórica da nova Inquisição" (SOUZA, 1996b, p. 46).

Foi com essa ambientação que se atualizou o debate a respeito do partido de vanguarda e da revolução brasileira. Não obstante a definição pela linha maoísta em 1968, as disputas teóricas não adormeceram no interior da AP. A própria influência do maoísmo assumiu feições bastante complexas.

Setores da AP romperam com a noção de que era necessário construir um partido inteiramente novo e caminharam para o reconhecimento de que o PCdoB era o partido histórico do proletariado brasileiro. A base da aproximação, entretanto, era um programa razoavelmente identificado com a estratégia maoísta para a revolução, de perfil nacional-democrático e com o centro de gravidade no campo. Naquele período, embora rejeitasse a ideia da nova fase do marxismo, o PCdoB identificava-se com a linha chinesa.

Por seu turno, aqueles que permaneceram apoiando a construção de um partido da nova etapa do marxismo, o maoísmo, romperam com a compreensão de que o Brasil era um país semifeudal e que a revolução deveria vir do campo, passando a defender a revolução imediatamente socialista. Em 1971, houve uma etapa importante dessa disputa, por ocasião da III Reunião Ampliada da Direção Nacional, que aprovou o "Programa Básico" (APML, 1971a).

Foram, então, incorporados aspectos das posições que polarizavam as polêmicas em curso, mas as definições últimas foram remetidas à realização do II Congresso da AP. A partir desse momento, a AP passou a denominar-se Ação Popular Marxista-Leninista – APML. A luta interna se acirrou e o corolário desse processo foi a incorporação da maioria dos seus militantes ao PCdoB, no início de 1973. Outro setor procurou reorganizar a AP, que teve existência até o início da década de 1980 e cujos remanescentes organizados dissolveram-se no interior do PT (DIAS, 2004).

Em 1971, Herbet de Souza exilou-se no Chile, de onde acompanhou o desfecho da disputa interna. Suas vinculações eram mantidas, então, com o setor, liderado por Paulo Stuart Wright,[17] que recusava a incorporação ao PCdoB. Esse caminho, em entrevista de 1991, mereceu o seguinte comentário: "Não aceitávamos de modo nenhum. Nem com ninguém. Nós achávamos que tínhamos uma proposta, uma história a ser desenvolvida. Este pessoal foi pro PCdoB por uma visão dogmática: 'só pode existir um partido, o partido é esse, logo vamos todos'" (SOUZA, 1991, p. 38). Por isso mesmo, a respeito do livro em que Haroldo Lima e Aldo Arantes contam a história da AP pelo prisma dos que aderiram ao PCdoB (LIMA & ARANTES, 1984), afirma: "Não li, nem lerei" (SOUZA, 1991, p. 38).[18]

Acusa que, nessa fase de disputa acirrada, foram identificados nele desvios de toda natureza: "Ponta de lança do neo-revisionismo contemporâneo ou revisionista de esquerda com forte influência militarista cubana. O problema era encontrar em todas as propostas que eu fazia o germe do militarismo" (SOUZA, 1978, p. 87). Na virada da década, por sua vinculação com a ala de Paulo Stuart Wright e suas teses, foi identificado como membro de uma "minoria trotsquizante".[19] Diante desse novo anátema, observou:

---

17 O outro líder dessa corrente era Jair Ferreira de Sá. Por causa da animosidade que caracterizava sua relação com esse dirigente, Herbet de Souza mantinha vínculos com Paulo Stuart Wright (AZEVEDO, 2010).

18 Ver o capítulo 4 deste livro.

19 Não havia vínculo direto entre o trotsquismo e essa ala da AP, mas deve-se esclarecer que os trotsquistas se distinguiram, no seio da esquerda brasileira, pelo

> Essa é uma definição idiota, não tem outra qualificação para isso. Só para você ter uma ideia, eu nunca li Trotski na minha vida. O que acontecia neste tipo de loucura é que você tinha que usar, em relação aos companheiros que estavam arriscando a vida com você, as formas clássicas de estigmatização ideológica. Quando você queria estigmatizar um cara, você chamava de trotskista (SOUZA, 1991, p. 38).

A ruptura no exílio

A ideia do exílio foi elaborada de forma dolorosa. Herbet de Souza relata que tomou consciência de quão suicida era a situação vivida, que era agravada, não custa lembrar, por sua saúde frágil. No primeiro depoimento, assinala: "Tinha que continuar no Brasil, continuar a luta, possivelmente acabaria sendo preso. Hemofílico, seria torturado e morreria" (SOUZA, 1978, p. 89). Em entrevista posterior, ressalta: "Começa a cair tudo, e a gente pensava: Se eu cair, eu tenho duas chances: ou eu falo, e me transformo num traidor, ou eles vão me matar" (SOUZA, 1991, p. 38).

Mas suicida, em sua avaliação, era a própria experiência coletiva: "A linha política que nós levávamos era desastrosa. Por onde nós passávamos, propúnhamos ações, formas de agir que não eram suicidas só para nós mesmos, eram suicidas para as massas" (SOUZA, 1978, p. 92). Pesavam, também, a fragilidade da organização e o pouco alcance de sua ação política:

---

questionamento da revolução por etapas. Naquela conjuntura, eram influentes as teses de Gunder Frank acerca da teoria da dependência, que tinham pontos de contato com as teorias de Trotsky sobre a revolução na periferia do capitalismo (GORENDER, 1987). Em contraposição, na troca de anátemas, o setor que rejeitava a revolução nacional-democrática acusava seus defensores de dogmáticos e direitistas, visto que, supostamente, tentariam impor um modelo de interpretação sem correspondência com a realidade brasileira e, por conta desse equívoco, rebaixariam as tarefas revolucionárias.

> Outra tomada de consciência grande foi a de que nós não éramos quase nada, ou praticamente nada. Que nós não éramos um partido, que não éramos um partido da classe operária, que não tínhamos condições de sobrevivência, que nessa altura não só a minha vida, mas em conjunto era uma situação de suicídio. E isso não era política! Foi então que tomei a decisão, com alguns poucos amigos, de sair, e de sair de qualquer jeito (SOUZA, 1978, p. 90).

Esse esboço de autocrítica se aprofundou, decisivamente, na experiência do exílio. Não bastasse outro motivo, o exílio ocorreu no Chile de Allende, que Herbet de Souza considerava "o país de maior politização e mobilização política da América Latina" (1978, p. 95). A experiência do Chile passa a ser o centro de gravidade para a formulação de suas ideias políticas e para o exame da experiência que tivera na Ação Popular: "Começa o contraponto que me permite voltar ao meu passado, a 64, terminar meu processo de revisão e autocrítica do que tinha vivido. Quer dizer, finalmente concluí, a Ação Popular acabou" (SOUZA, 1978, p. 95).

A ruptura não foi imediata. Nos primeiros tempos, Herbet de Souza ainda manteve vínculo com a AP. Foi em 1972, conforme sua narrativa, que rompeu com sua "criação", com sua "criança". Essa ruptura consagrou seu retorno à "normalidade", à "realidade", a si próprio: "O Chile [...] me permitiu completar a crítica à Ação Popular e colocar um fim naquela relação esquizofrênica com o mundo" (SOUZA, 1996b, p. 53).

A efervescente realidade do Chile, que define como um curso de Ciências Políticas, é referência para consolidar a crítica à situação vivida no Brasil. No Chile, descobre – ou redescobre - o que é a luta de classes, a política com "P" maiúsculo, a dimensão de massa da política. Em contrapartida, ao definir a práxis da esquerda brasileira daquele período, utiliza adjetivos contundentes: elitista, voluntarista.

No Chile, Herbet de Souza elabora a repercussão do fim da clandestinidade e do uso de nomes frios, que dilaceravam sua personalidade:

> A transformação mais importante que ocorre para mim no Chile é que depois de ser no Brasil José, Pedro, Joaquim, Gilson, uma série de pessoas nessa vida clandestina, eu tenho que no Chile voltar a ser eu e, para trabalhar e sobreviver, tenho que voltar a ser sociólogo. Era como se, em princípios de 72, tivesse que retomar o que eu tinha sido em 62, 10 anos atrás. E fazer exatamente o contrário do que tinha feito até então. [...] Eu tenho uma história, eu sou um profissional, sou um sociólogo (SOUZA, 1978, p. 96-97).

O exílio do Chile também serve para a promoção da ruptura com atitudes, explícitas ou implícitas, de religiosidade. Não se trata aqui, esclareça-se, de ruptura com o cristianismo, que já tinha ocorrido, mas com a reprodução da atitude religiosa nas opções marxistas que ocorreram dentro da AP. Como se viu, interpretava a conversão ao marxismo em geral e ao maoísmo em particular como a substituição de uma religião pela outra. Enfatiza:

> Acho que só começo a deixar de ser religioso e a entender a realidade como tal recentemente. [...] Isso é terrível. Você leva 20 anos de atividade, passando por diferentes tipos de rótulos, de humanismo integral, Mounier, Maritain, Chardin, Debray, Guevara, Mao Tsé-Tung, marxismo-leninismo e tudo isso dentro de um denominador comum que se chama "atitude religiosa diante da realidade, da vida, de si mesmo" (SOUZA, 1978, p. 100).

O corolário é a ruptura com o sentido missionário e messiânico da política, que identificava nas formas de ação da esquerda: "Descobri que não sou missionário, que sou um cidadão comum e corrente. Não sou um dos 12 apóstolos" (SOUZA, 1978, p. 103).[20]

---

20 Não deixa de ser irônico que Herbet de Souza tenha recebido, por causa de sua fragilidade física e do apelo humanitário da "Ação pela cidadania contra a miséria", uma espécie de canonização em vida, como exemplifica, entre outras demonstrações, o enredo da escola de samba que o homenageou, que o retratava como um "ser de luz". Contra suas convicções, aos olhos da mídia e de boa parte da população,

Ressalva, porém, que preservou aspectos substantivos do cristianismo: "Certos ideais humanísticos. O problema da liberdade. O pensamento democrático que tenho hoje, em grande parte é tributário disso. Mas, sem a fé" (SOUZA, 1996a, p. 74).[21]

Chama a atenção o fato de citar Lênin, em seu primeiro depoimento, para formular a crítica aos autodeclarados marxistas-leninistas de sua geração. Depois da experiência do Chile, avalia o vanguardismo da esquerda brasileira: "aí sim você compreendia que a política é política, como dizia Lênin, quando milhões de pessoas entram na história" (SOUZA, 1978, p. 95). Sobre o alheamento da realidade, completa: "Você tem que fazer como Lênin fazia [...] para dizer que há uma linha revolucionária que é válida, que não é dogmática, que não é esquizofrênica, que é real" (SOUZA, 1978, p. 101).

Nesse momento, na rejeição ao voluntarismo, formula a questão da revolução em termos estruturais: "Acho que o dia em que chegar o momento em que vamos participar de um processo não vai ser porque um chamou ou teve a idéia, mas porque uma necessidade objetiva nos vai colocar na situação" (SOUZA, 1978, p. 103). Nessa mesma linha:

> Levou muito tempo para formular: é o supra-sumo do voluntarismo e do individualismo dizer: eu faço a revolução. Quem faz a revolução é a luta das massas, é a história. [...] O revolucionário é muito mais um participante no processo do que alguém que cria as condições. Quando eu procurava dizer coisas como

---

tornou-se, na falta de melhor definição, um "santo laico". Na comoção da morte de Herbet de Souza, Leonardo Boff defendeu publicamente a ideia de que a Igreja Católica o canonizasse, o que seria, segundo suas palavras, "um ato profético".

21 A interpretação da história da AP realizada por Herbet de Souza tem pontos de contato com as demarcações realizadas pela esquerda católica. Autores ligados ou identificados com a esquerda católica também valorizam a fase de origem da AP e são críticos do período posterior ao golpe militar. A diferença é que a esquerda católica procura, na primeira fase, a semente da Igreja Popular e da Teologia da Libertação, o que não estava na pauta de Herbet de Souza. Ver o capítulo 3 deste livro.

> esta era tachado de supra-sumo do espontaneísmo, porque isso era negar o partido (SOUZA, 1978, p. 91).

As sequelas da experiência da clandestinidade e do cotidiano em um partido militarizado incidem, na mediação do exílio do Chile, na elaboração da questão dos verdadeiros agentes políticos: "O que existe é uma outra realidade, são as classes, as massas, a Igreja, grupos e indivíduos, ou tudo aquilo que eu não soube ver [...]. Desapareceu de minha cabeça qualquer ideia no sentido de criar. De criar partidos" (SOUZA, 1978, p. 95).

Em meados da década de 1970, Herbet de Souza, além de sofrer os influxos de sua experiência no Chile, era ainda impactado pelas lutas populares em Portugal e no Vietnã. A revolução estava em pauta. Em seus últimos depoimentos, colhidos em conjunturas de descenso dos movimentos revolucionários, de crise do chamado socialismo real e de desmoronamento da União Soviética, percebe-se que manteve uma postura anticapitalista, mas aprofundou a ruptura, consolidada em suas linhas principais no exílio, com a esquerda tradicional. É o que se verifica neste balanço:

> No que diz respeito ao meu engajamento na esquerda, evoluí de uma visão estreita e autoritária em seus métodos, muito dogmática, em direção a uma outra visão da política, afastando-me da esquerda clássica. A questão da democracia se tornou, cada vez mais, a preocupação central. Matizei e tornei relativo o papel dos partidos. Reforcei a importância da ética como fator de construção da política. Em meu espírito, apareceram outros princípios que qualifico de democráticos. Eles existem na realidade, mas não os encontro na teoria. Por exemplo, a descentralização. Estou convencido de que descentralização e democracia devem andar juntas. Tudo o que vai no sentido da centralização é autoritário (SOUZA, 1996b, p. 122).

Desde o exílio no Chile, o conceito-chave que passa a desenvolver é o de democracia. Em entrevistas da década de 1990, salienta o caráter emancipador da democracia, que seria “absolutamente incompatível com o capitalismo. Uma sociedade democrática deve necessariamente superar o capitalismo e inventar novas relações no plano econômico, político e social” (SOUZA, 1991, p. 40). Em outro depoimento, acrescenta:

> Democracia deve articular: igualdade, liberdade, diversidade, participação e solidariedade. Uma sociedade só é democrática se esses cinco princípios existirem simultaneamente, não separadamente. Nenhum deles é limitado. [...] Não chegaremos jamais à sua realização completa, mas seus princípios nos inspiram e iluminam nosso caminho (SOUZA, 1996b, p. 125).

Nos primeiros anos da década de 1970, o movimento de autocrítica em relação ao militarismo e ao vanguardismo foi um fenômeno que atingiu, com diferenças de ritmo e de tonalidades, o leito da esquerda revolucionária como um todo (GORENDER, 1987), incluindo os remanescentes da Ação Popular no período de sua reconstrução (DIAS, 2004). Mas essa esquerda revolucionária, mesmo em fase de autocrítica, não abriu mão do marxismo-leninismo. Herbet de Souza, em contrapartida, assumiu uma perspectiva diversa, a começar por sua recusa a participar de organizações políticas centralizadas e por romper com o que definia como sentido missionário da esquerda.

A desilusão com a militância nos partidos se manteve até o fim da vida de Herbet de Souza. Na primeira entrevista, o país ainda não havia passado pela “abertura política” e pela reestruturação partidária. No início da década de 1990, indagado sobre sua relação com a origem do PT, o principal partido de esquerda criado nas lutas democráticas, afirmou:

> Sempre tive uma posição de muita prudência, porque tenho grandes dúvidas em relação ao PT. Um partido de quadros para mim é um negócio perigoso. Não me inspira confiança. [...] O fato de que o PT abriga cinco ou seis vertentes de esquerda

> também me incomoda profundamente, porque eu sei que esses grupos levam ao desastre. Por outro lado, eu acho que ele é o fenômeno mais importante que aconteceu no Brasil nas últimas décadas. Eu torço para que o PT dê certo. Dada a minha história, eu não tenho condições de entrar e lutar para que ele dê certo. Eu diria, como aquelas pessoas que já sofreram uma desilusão, "eu não aguento a segunda" (SOUZA, 1991, p. 40).

Em ocasião posterior, reiterou: "O PT: eu acho que tinha uma vacina muito forte. Tudo que se referia a partido, crítica e autocrítica, deliberação, decisão, disciplina eu falava: Tô fora, não é comigo" (SOUZA, 1996a, p. 143).

Em resumo, após seu retorno do exílio, destituído da pretensão de conquistar o poder de Estado ou de se tornar seu agente, Herbet de Souza destacou-se como sujeito político na sociedade civil. Primeiro, pela criação do Ibase: "Decidi que o Ibase como organização não governamental seria suprapartidário e supra-religioso" (SOUZA, 1991). Depois, na década de 1990, por intermédio da campanha pela cidadania que coordenou. Na época, recusou convite do "presidente da República, Itamar Franco, para presidir o Conselho Nacional de Segurança Alimentar (Consea), órgão consultivo voltado para o combate à fome no Brasil, e decide participar apenas como conselheiro da entidade" (PANDOLFFI; HEYMANN, 2005, p. 48).

Considerações Finais

Herbet de Souza viveu a experiência da AP desde a sua fundação até a conjuntura inicial da década de 1970. Participou, portanto, de diferentes fases de formulação e de identificação política, da fase da ideologia própria ao maoísmo. Um aspecto central de sua contribuição é atribuir um fio de continuidade a essas sucessivas rupturas ideológicas, na medida em que identifica, na motivação dos militantes, uma permanente atitude religiosa, malgrado o ateísmo declarado.

Não obstante apontar essa continuidade de atitude, interpreta a história da AP pelo prisma das alternativas históricas abortadas em 1964, cujas consequências teriam sido danosas ao desenvolvimento da organização e do país. Por um lado, abortou-se a hipótese de a AP tornar-se um partido de massas; por outro, a hipótese de o país viver um período de democracia de massas, com reformas estruturais e ampla participação popular. Em certo sentido, teria existido, para o país e para a AP, um retrocesso. É com essa perspectiva que analisa, sem poupar as tintas da melancolia e da amargura, a conjuntura posterior, em que se procedeu à conversão ao marxismo-leninismo e se aderiu ao objetivo de promover a luta armada.

A mediação decisiva para sua percepção de mundo ocorreu no exílio do Chile, onde reencontrou a política de massas. Seus vários depoimentos, coletados após essa experiência, não apresentam variações significativas de interpretação a respeito da história da AP. São constantes as críticas ao vanguardismo e ao voluntarismo da fase posterior a 1964 e a identificação com a experiência anterior ao golpe. De qualquer modo, na elaboração de sua memória, não há um hiato entre a fase inicial da AP e o período do exílio. O dilaceramento vivido no período de clandestinidade é importante para o amadurecimento de sua interpretação.

No que se refere ao período posterior ao exílio do Chile, constata-se um contínuo afastamento da esquerda clássica e um aprofundamento da questão democrática, considerado seu sentido emancipador. A política é entendida em seu sentido aberto, de construção permanente. Por isso, pode-se dizer que a identificação de Herbet de Souza com a AP das origens não se relaciona propriamente com o ideário que a movia naquela época, mas com a abertura de formulação de seu projeto.

Herbet de Souza não tinha, pois, uma visão nostálgica. Sua identificação com as alternativas de desenvolvimento históricas abortadas está associada com as lutas de seu presente. Sua atitude está relacionada com as opções que vivenciava no momento em que procedia a essa revisão de seu passado e de suas opções políticas pretéritas. Na dialética da memória, as opções do presente informam a leitura sobre o passado e, ao mesmo tempo, se alimentam das potencialidades das alternativas que não vingaram.

3. DA ESQUERDA CATÓLICA À ESQUERDA REVOLUCIONÁRIA: A AÇÃO POPULAR (AP) NA HISTÓRIA DO CATOLICISMO[1]

Preâmbulo

O Brasil viveu, no início da década de 1960, um processo de renovação do campo político da esquerda, marcado pela fundação de organizações que se contrapunham à linha estratégica do PCB. Entre essas novas organizações, a Ação Popular teve a origem mais singular. Enquanto o PCdoB e a Polop[2] filiavam-se à herança marxista, a gênese da Ação Popular é relativamente heterodoxa, porque ramificada no seio da Igreja Católica. Embora atraísse militantes de origem diversa, o tronco principal da formação da Ação Popular enraíza-se nos setores leigos da juventude católica.

Constituída como organização laica, a AP significava, por si própria, uma ruptura dos católicos progressistas com a estrutura da Igreja, mas percebiam-se, em sua formulação, ecos do pensamento cristão e uma tentativa de síntese com outras referências, como o marxismo e o existencialismo. Depois de 1964, quando reorientou seu ideário e aderiu ao marxismo-leninismo, a AP promoveu uma ruptura com a herança cristã.

Apesar dessas rupturas, a experiência da Ação Popular tornou-se referência para a história da Igreja Católica do período.

1 Publicado originalmente na *Revista Brasileira de História das Religiões*, Ano I, nº 1, maio 2008, p. 166-195 (DIAS, 2008).

2 PCB: Partido Comunista Brasileiro; PCdoB: Partido Comunista do Brasil; Polop: Organização Revolucionária Marxista - Política Operária.

Primeiro, pelo fato de ser gerada uma organização de esquerda no seio de uma instituição que, até então, tinha uma trajetória essencialmente conservadora;[3] segundo, porque sua gênese e sua práxis foram relacionadas com o processo de desenvolvimento da Igreja Popular e da Teologia da Libertação, influentes na década seguinte. Mesmo a ruptura com a influência do cristianismo e a definição pelo marxismo-leninismo no pós-1964 são fatos que ensejam debates sobre os fios de continuidade entre um período e o outro.

O presente capítulo investiga a forma como a experiência da Ação Popular foi interpretada na literatura que analisa aquele período da história do catolicismo. São focalizados tanto documentos oficiais da Igreja Católica quanto obras de intelectuais ligados à instituição ou interessados em refletir sobre a sua experiência histórica. Naturalmente, selecionou-se material relacionado ao advento e ao desenvolvimento da esquerda católica, fenômeno com o qual a Ação Popular costuma estar associada.

A análise percorrerá duas coordenadas. Na primeira, serão abordados episódios relevantes da história da AP, com o fito de estabelecer as demarcações necessárias para cotejar as posições dos autores selecionados. Na segunda, serão descortinadas duas tendências conflitantes de interpretação. De um lado, a tendência conservadora da Igreja Católica, que era influente no período de emergência da AP e foi sistematizada por documentos oficiais e por clérigos alinhados.[4] De outro, a tendência sintonizada com as transformações que a própria instituição viveria com o advento da Igreja

3 Segundo Edgard Carone (1984, p. 16), a AP "é um fenômeno estranho na nossa história, pois, na nossa história, o catolicismo sempre se identificou com o reacionarismo".

4 Sabe-se que a hierarquia não era monolítica e que vicejava, no seio do clero, o que se convencionou chamar de setores progressistas, cujo ícone era D. Helder Câmara. São salientadas as tendências conservadoras porque elas mostraram sua influência no processo de censura à esquerdização da juventude católica e se fortaleceram na conjuntura do golpe militar, ao qual a Igreja, de resto, manifestou apoio.

Popular e da Teologia da Libertação, representada por intelectuais orgânicos ou pesquisadores identificados com as mudanças.

Da Ação Católica à Ação Popular

No final de 1961, o episcopado emitiu um documento de orientação às atividades da Juventude Universitária Católica (JUC), cujos líderes vinham assumindo posições de destaque no movimento estudantil nacional. Na época, esse movimento experimentava uma radicalização de perspectivas. O documento episcopal admitia que, para exercer seu apostolado católico, os estudantes jucistas poderiam estar no centro da vida universitária, mas, sem margem para dúvida, estabelecia:

> O jucista tem uma doutrina da qual não lhe é lícito afastar-se. Ninguém, nem dos quadros da JUC, nem de fora deles, pode apresentar interpretações ou estabelecer linha de conduta que leve o movimento jucista ou um só dos seus membros a discrepar da orientação que lhe dá a Hierarquia Católica. [...] Se a ação for em nome da JUC, ou dos militantes jucistas, como tais – seja sempre recordado o princípio de quem age por mandato, está ligado ao pensamento e às diretrizes de quem lhe conferiu esse mandato (COMISSÃO EPISCOPAL DA ACB, 1961, p. 947).

Na mesma linha, o documento saudava a preocupação que os jovens católicos demonstravam com o subdesenvolvimento do país e com o sofrimento do povo. Concordava que os jovens defendessem reformas estruturais, mas, em nome da consciência de pastores, circunscrevia:

> 1) Não é lícito apontar a cristão o socialismo como solução de problemas econômico-sociais e políticos, nem muito menos apontá-lo como solução única. Aliás, essas observações deveriam ser óbvias a dirigentes nacionais do Movimento; 2) Não é lícito admitir-se que ao se formular a figura de uma Revolução Brasileira – em assembléias ou círculos de estudos

> da JUC, se afirme doutrina de violência, como válida e aceitável (COMISSÃO EPISCOPAL DA ACB, 1961, p. 947).

O documento identificava impasses ocorridos nas eleições para as entidades estudantis, quando os jucistas somavam-se aos comunistas para conquistar a direção de organismos estaduais ou nacionais. Diante disso, decretava:

> A começar do ano de 1962, nenhum dirigente jucista poderá concorrer a cargos eletivos em organismos de política estudantil, nacional ou internacionais, sem deixar os seus postos de direção da JUC. O mesmo se diga, como é evidente, quando se trata de participação ativa em partidos políticos (COMISSÃO EPISCOPAL DA ACB, 1961, p. 949-50).

Por intermédio desse documento, a Igreja Católica exercia plenamente a hierarquia que regia suas relações, como se lê nesta passagem: "É preciso que [...] entendam o papel da Hierarquia, que é orientar, disciplinar, corrigir, advertir, traçar diretrizes, com o direito de ser ouvida, acatada, não discutida" (COMISSÃO EPISCOPAL DA ACB, 1961, p. 949). A JUC era um braço leigo da estrutura da Igreja, submetido, portanto, às regras disciplinares. Sua atuação estava delimitada pelo mandato que lhe era delegado.

Esse impasse é um emblema das transformações que ocorriam na juventude católica naquele período. Desde o final da década anterior, a radicalização política se verificava nos movimentos leigos da Igreja, em particular na JUC. Setor especializado da Ação Católica Brasileira, a JUC tinha, em sua origem, um perfil conservador e clerical, visando cristianizar a futura elite do país. Sua preocupação fundamental era com a formação de seus membros ou militantes, o aprofundamento na fé (SIGRIST, 1982).

A guinada ocorreu no final da década de 1950, quando a JUC participava mais intensamente da movimentação e da política estudantil e se envolvia nos debates sobre os problemas estruturais do país. Os jovens jucistas não ficaram alheios à influência desses movimentos. Progressivamente, a JUC ultrapassou suas preocupações estritamente religiosas e doutrinárias e engajou-se nas lutas pela reforma universitária e pela mudança das estruturas da sociedade brasileira.

Um vetor que influenciou a JUC pode ser encontrado nas próprias estruturas da Igreja Católica, sob os auspícios do pontificado de João XXIII, que, inicialmente visto como um período de transição, promoveu mudanças que marcaram época na história do catolicismo, traduzidas nas encíclicas *Mater et Magistra* (1961) e *Pacem in Terris* (1963) e na convocação do Concílio Vaticano II.

Sob o primado da Doutrina Social da Igreja (PORTELLI, 1990), o novo pontificado saudou a "socialização", entendida como um conjunto de processos relacionados ao avanço da presença do Estado e da regulação do setor público, como fenômeno positivo (*Mater et Magistra*). Além disso, estabeleceu uma visão de relativa convergência e aproximação com determinadas correntes do socialismo democrático. De forma pragmática, sob a orientação da autoridade eclesial e sem transigir com os fundamentos doutrinários, concebe a colaboração entre católicos e não cristãos no seio dos movimentos (*Pacem in Terris*). Conquanto estivesse circunscrita no campo de referência e de exercício de poder de uma instituição hierarquizada, a atualização do magistério pontifício exerceu enorme impacto sobre o laicato brasileiro.

Entretanto, identifica-se que a movimentação entre alguns segmentos leigos do Brasil precedeu e ultrapassou a atualização da posição da cúpula da Igreja. Havia a mediação de sua inserção nas estruturas sociais e na efervescente conjuntura política. Como resumiu Ridenti (2002, p. 216), havia o confronto "com as desigualdades gritantes da sociedade brasileira e com o ascenso na mobilização política de trabalhadores urbanos e rurais, numa dada evolução da conjuntura política nacional [...] e internacional, notadamente com a vitória da Revolução Cubana em 1959".

O crescente engajamento da JUC no movimento estudantil colocou a necessidade de definição de objetivos políticos mais amplos. Na preparação do Congresso de 10 anos, ocorrido em 1960, a JUC estabeleceu a pauta da definição do "Ideal Histórico" para a sua atuação, "exigindo dos militantes uma presença concreta no presente, um conhecimento concreto do presente, uma inserção na História" (SIGRIST, 1982, p. 23). Nesse Congresso, o horizonte para a guinada à esquerda que vinha se realizando foi sintetizado no documento "Algumas diretrizes de um Ideal Histórico cristão para o povo brasileiro".

As diretrizes aprovadas subdividiam-se em três componentes, tidos como de igual importância: o religioso, o econômico e o político. Na esfera política, estimula-se a participação partidária dos jovens católicos. O horizonte era uma estrutura "política democrática, pluralista, fundamentada na consciência, na participação e decisão dos diversos grupos sociais" (SIGRIST, 1982, p. 57). Para tanto, era necessário elaborar uma ideologia essencialmente anticapitalista.

No plano econômico, faz-se a opção pelo desenvolvimento e pela superação do capitalismo. Critica-se o trabalho humano como mercadoria e defende-se o direito de propriedade como um instrumento de personalização para todos os brasileiros. Na abordagem do capitalismo, fica explícita a crítica – que ecoaria nos documentos iniciais da AP – à alienação do trabalho e do trabalhador. O documento sentencia: "O que devemos dizer, sem tergiversações, é que o capitalismo, realizado historicamente, só pode merecer a tranquila condenação da consciência cristã" (JUVENTUDE UNIVERSITÁRIA CATÓLICA, 1979, p. 89).

No início da década de 1960, a ascensão da JUC no movimento estudantil traduziu-se na conquista do comando da União Nacional dos Estudantes (UNE). Nesse momento, aliou-se com o PCB. Inaugurou-se uma hegemonia que se estenderia, por intermédio da AP, ao longo da década. Foi nessa conjuntura precisa que a práxis jucista, ultrapassando e entrando em choque com os limites tolerados, gerou a citada reação da hierarquia da Igreja Católica.

Pelos limites de atuação em uma estrutura eclesial e por conta dos atritos com a hierarquia, pautou-se a criação de uma organização laica, que, em vez de ter como elemento de coesão a confissão religiosa, aglutinasse por motivos políticos. Em 1962, foi desencadeada uma série de reuniões com esse objetivo. Em menos de um ano, estaria constituída a Ação Popular.

Foi na segunda reunião, ocorrida em junho de 1962, que o movimento adotou o nome "Ação Popular" e a sigla AP. O documento que convocou essa reunião qualificou a nova organização como "um grupo ideológico não confessional [...], um movimento amplo, com ideologia definida, englobando todos os setores de atividade, visando a se constituir numa expressão de um pensamento organizado, definido e orientador da luta revolucionária pela emancipação nacional" (apud GARCIA, 1979a, p. 12). O congresso de fundação ocorreu em fevereiro de 1963, na Bahia. Aprofundando o caminho teórico que vinha sendo trilhado, aprovou-se o "Documento-base" (DB), que orientou a organização nesse período e que exerceu influência até a conjuntura imediatamente posterior ao golpe militar de 1964.

A JUC, sem dúvida, é o tronco principal no processo de origem da AP. Entretanto, considere-se que a organização, como era seu objetivo, atraiu militantes de outras origens, seja de vertente religiosa, seja de formação independente. Um estudo de caso sobre a sua experiência no Paraná, por exemplo, apontou interseção com a Juventude Democrata Cristã.[5] Outra vertente foi a do protestantismo, evidenciada pelo relevo da atuação de Paulo Stuart Wright, de formação presbiteriana, no final da década de 1960 e início da seguinte (WRIGHT, 1993). A atração sobre militantes independentes não pode ser menosprezada, pois a organização tinha a pretensão de ter um perfil laico,

5 Os vínculos orgânicos não eram fortes, mas a JDC, hegemônica na União Paranaense dos Estudantes, alinhava-se com a AP nas questões nacionais do movimento estudantil (DIAS, 2003).

unir em razão da política e constituir, nas palavras de Herbet de Souza (1978), um movimento nacional alternativo ao PC.

Com a fundação da AP, ocorre o fenômeno da dupla militância dos estudantes jucistas que se incorporam ao movimento recém-criado. Como a JUC não tinha uma ideologia política própria, a dupla militância era uma opção pessoal de seus integrantes. Em um boletim que a JUC editou em 1963, lê-se que a preferência pela AP decorria de seu "compromisso com o homem, com o homem brasileiro antes que tudo" (Apud GÓMEZ DE SOUZA, 1984, p. 210). A dupla militância atraía os universitários mais ativos e dotados de vocação política. O efeito gravitacional exercido pela AP foi significativo, pois, a despeito da aparente divisão de atribuições, certas áreas de atuação da JUC sofreram declínio (GÓMEZ DE SOUZA, 1984, p. 212).

A ideologia própria da AP

Em sua origem, a AP distinguia-se das organizações de esquerda de sua geração por não reivindicar filiação marxista e pela busca de ideologia e de caminhos próprios. Sob influência do cristianismo, do existencialismo e do marxismo, tentava formular uma nova síntese política, à qual correspondia certo ecletismo. O conceito-chave era o de socialismo como humanismo. O "Documento-base" era a expressão dessa tentativa de síntese.

A divisão de tarefas na formulação do "Documento-base" revelava a herança que a AP recebia das organizações leigas católicas. Na elaboração da perspectiva filosófica, sobressaiu a participação do padre Henrique Vaz, como reconhece Herbet de Souza, primeiro coordenador nacional da AP: "O padre Vaz foi nosso ideólogo. [...] Quando a gente quis elaborar o documento da AP, a parte ideológica, teórica, filosófica, foi ele quem escreveu. Já nascemos com a teoria elaborada, a gente elaborou mais a parte da análise histórica e política" (SOUZA, 1996a, p. 38).

Na seção de fundamentação filosófica, o referido documento critica o materialismo e o idealismo. O primeiro promoveria a "consciência reflexo". Ao anular a especificidade da consciência, negaria a condição de sujeito do homem. O segundo promoveria a "consciência abstrata", que atraiçoaria as responsabilidades históricas concretas. Procura situar-se em uma terceira posição, proclamada como "realista": "É uma articulação dialética; pela consciência, o homem compreende a natureza, estrutura-a em mundo; mas esta compreensão não é só pensamento: é ação e transformação" (AP, 1963b, p. 6).

Em sintonia com as encíclicas de João XXIII, adota o conceito de socialização como linha condutora de interpretação do processo civilizatório. Identifica no capitalismo a primeira forma de civilização mundial, um estágio de socialização sem precedentes na história da humanidade. Sob influência marxista, aponta o caráter contraditório do capitalismo, que remete a um desenlace socialista: "Nesta perspectiva é que convém situar o advento do socialismo, primeiro como crítica imanente do capitalismo, logo como exigência histórica da sua superação real" (AP, 1963b, p. 4).

A formulação do projeto da AP apresenta uma tensão entre a concepção da revolução como necessária negação do capitalismo, demandada por suas contradições, e o imperativo ético advindo do humanismo. O horizonte socialista é descortinado como "possibilidade concreta de realização do homem dentro do processo de socialização em cujo sentido a história inelutavelmente se move" (AP, 1963b, p. 2).

O DB reconhece a importância do marxismo, citado como "expressão mais profunda e rigorosa da crítica ao capitalismo e como interpretação teórica de passagem ao socialismo" (AP, 1963b, p. 4). E propõe que se compreenda a "contingência histórica do encontro e fusão entre os moldes teóricos do marxismo na sua forma leninista e o primeiro movimento revolucionário socialista" (AP, 1963b, p. 4). Ressalva, porém, que essa perspectiva "não esgota a realidade histórica do movimento socialista mundial e muito menos o encerra em quadros aprioristas e dogmáticos de pensamento e ação" (AP, 1963b, p. 4).

O conceito de "socialismo como humanismo" era uma crítica às ditaduras de esquerda e ao chamado socialismo real. O

"Documento-base" salienta o fato de que, na superação do capitalismo, tenham surgido novas formas de burocratização, de dominação e de alienação. Preconiza que, no complexo mundo socialista em gestação, poderiam existir experiências plurais e com orientações ideológicas distintas. Em seu entender, "os caminhos para o socialismo permanecem abertos numa larga frente de possibilidades" (AP, 1963b, p. 4).

De qualquer forma, embora advogue o pluralismo de perspectivas e seja crítico do socialismo real, introduz ponderações que não seriam poupadas pelos pensadores católicos conservadores. Por um lado, afirma que a burocratização é consequência de uma orientação ideológica que, "não dando à consciência a possibilidade de transcender à História, a vê como consciência-reflexo, e a submete às leis massificadas do poder político de controle restrito" (AP, 1963b, p. 9). Por outro lado, pondera que a burocratização não é inerente ao socialismo, mas característica de uma fase em que sua implantação ocorrera em clima de autodefesa e isolamento.

Nessa linha, não descarta a ideia de que, segundo as circunstâncias do processo revolucionário, poderia haver a necessidade de um partido único ou de outro tipo de organização. Por isso, "o problema do partido único ou da ditadura do proletariado não se coloca em seu aspecto formal, mas sim do grau de participação do povo em suas direções" (AP, 1963b, p. 10).

Em sua formulação estratégica, recusa a concepção de que deveria haver uma fase de consolidação do capitalismo como etapa necessária à revolução brasileira, defendida pelo PCB. Alegando que não poderia antecipar como ocorreria o processo revolucionário, aponta a necessidade de explorar as contradições do poder vigente, com vistas a conquistar os instrumentos que pudessem ser utilizados como força de pressão radicalizadora. Acima de tudo, dispõe-se a desencadear um "processo de preparação revolucionária", definido como "mobilização do povo, na base do desenvolvimento de seus níveis de consciência e organização" (AP, 1963b, p. 13). Sobre as formas de luta, com certo eufemismo, complementa: "A história não registra quebra de estruturas sem violências geradas por essas mesmas estruturas, que produzem, em última análise, essa conseqüência" (AP, 1963b, p. 10).

A descristianização da AP

Na conjuntura posterior ao golpe militar, a Ação Popular iniciou um processo de reavaliação de sua política, em face da derrota sofrida em 1964. Essa reavaliação culminaria na ruptura com a influência cristã presente em sua origem. Todavia, essa ruptura não ocorreu imediatamente. Houve um período transitório.

A primeira resposta aos novos desafios foi sistematizada em 1965, no documento "Resolução Política". Preservou-se, nessa resolução, parte essencial do edifício conceitual do "Documento-base", especialmente seus fundamentos filosóficos, os aspectos que abordavam o socialismo como humanismo e as críticas ao socialismo real: "Enganam-se aqueles que pensam estar o Documento-base superado. As suas linhas mestras e definidoras conservam-se vivas e atuais. O que ele precisa é ser, antes de tudo, *conhecido e entendido,* e depois urgentemente *completado*" (grifos do original) (AP, 1965a, p. 9).

Entretanto, efetivou-se uma redefinição da estratégia política. A grande marca da "Resolução Política" foi a adesão explícita ao objetivo de conquistar o poder pela via insurrecional, que se realizaria por meio da Revolução Socialista de Libertação Nacional, conceito que sofria influência das revoluções cubana e chinesa. Essas permanências do período anterior foram colocadas em xeque em 1967, quando foi convocado o Debate Teórico e Ideológico.

A resolução que convocou esse processo de debate enfatizou que a Ação Popular não era uma organização ideologicamente indefinida, pois o caráter socialista do projeto fora ressaltado no "Documento-base" e reafirmado na "Resolução Política". Faltava, porém, uma teoria científica para dar consistência à definição ideológica. Essa teoria de base científica, evidentemente, seria o marxismo, definido como eixo do processo então instaurado. A convocação do debate acentuou a ruptura com a formulação anterior:

> Mas assim como não se deve pedir demais, também não se deve pedir de menos do debate atual. Pedir de menos seria negar a necessidade de centralizar o debate no estudo do marxismo, e pretender estudar, ao mesmo tempo, o pensamento de Teilhard Chardin, Emmanuel Mounier, Bertrand Russel etc. [...] Lembremos que nosso objetivo é estudar os princípios gerais de teoria revolucionária para, aplicando-os de maneira criadora à prática da revolução brasileira, elaborar a teoria da revolução brasileira. Ora, é indiscutível que as obras de Teilhard de Chardin ou de Emmanuel Mounier, por exemplo, não constituem, em si mesmas, obras de teoria revolucionária, no sentido preciso da expressão, ainda que possam encerrar elementos positivos a serem integrados na elaboração de uma teoria revolucionária, o que deverá ser objeto de discussão em etapas futuras do debate. Na etapa atual, para que se possa chegar a resultados coerentes e inclusive preparar etapas futuras, é necessário considerar o estudo crítico do marxismo como eixo e princípio ordenador da discussão (AP, 1967, p. 14).

Também em 1967, o Comando Nacional emite uma resolução abrindo o debate sobre a necessidade de constituir um partido de vanguarda para a direção do processo revolucionário. No curso desses debates, a influência das revoluções chinesa e cubana não ocorreu de forma entrelaçada, como na "Resolução Política". Essa influência se verificou em cada uma das alas em que a AP se dividiu no processo, cada qual apresentando postulados sobre a caracterização da sociedade brasileira e sobre os caminhos para a revolução.

A chamada "Corrente 1" era claramente tributária do maoísmo, então definido como a terceira etapa do marxismo, o marxismo da atualidade. Revendo a posição anterior, defendia que a revolução brasileira teria um caráter nacional-democrático, em razão de o país possuir, segundo o novo entendimento, um caráter semifeudal e semicolonial. Por intermédio da guerra popular prolongada, o campo seria a grande arena da revolução. Os maoístas, tal como ocorria na China sob os influxos da revolução cultural, adotaram o método da integração na produção, tanto no campo quanto na cidade, para "proletarizar" a militância de origem pequeno-burguesa (AP, 1968c).

Essas teses foram combatidas pela "Corrente 2", para a qual a revolução deveria ter um caráter imediatamente socialista, tendo em vista que, em sua análise, a sociedade brasileira era capitalista. Recusava a ideia de uma terceira etapa do marxismo e refutava a prática da "proletarização", que (des) qualificava como "perspectiva individualista do auto aperfeiçoamento de si" (AP, 1968d, p. 10).

Em setembro de 1968, na conclusão da I Reunião Ampliada da Direção Nacional, prevaleceram as teses da "Corrente 1". Com a vitória da linha maoísta, membros da segunda corrente foram expulsos da AP. No ano seguinte, participariam da fundação do Partido Revolucionário dos Trabalhadores - PRT.

Quanto ao processo de definição pelo marxismo, não se pode deixar de registrar a influência do pensamento de Louis Althusser, instrumento de que a AP se utilizou para romper com o humanismo teórico, predominante em sua origem e subjacente na fase de transição ao marxismo. O pensamento católico progressista, principalmente aquele que influenciara a formulação teórica da AP, tivera seu ponto de contato com o marxismo na interlocução com os textos do "jovem Marx". Althusser foi um dos maiores críticos do "jovem Marx" e defendeu a tese – de resto, controversa – de que havia um corte epistemológico entre esse período e a obra posterior do autor de "O capital". Enquanto no "jovem Marx" estariam em evidência as questões da alienação e da autorrealização humana, no Marx da maturidade encontrar-se-ia a ciência do materialismo histórico, com suas determinações de estruturas e de classes.

Entretanto, apesar do pano de fundo da ciência marxista, o processo não deixou de apresentar permanências, conforme observação de Gorender (1987, p. 114): "O positivismo althusseriano não dissolveu o fundo religioso da AP. Esse fundo ficou recalcado e mascarado ao nível do consciente. Mas fortalecido ao se revestir de nova forma, na aparência contrária ao velho conteúdo".[6]

A opção pelo maoísmo foi vista, por alguns estudiosos da história da AP, como eco da influência do cristianismo presente em sua origem (GORENDER, 1987; RIDENTI, 2002). A definição pela "integração na produção", fazendo com que intelectuais vivessem como e com operários e camponeses, tinha pontos de interseção com a noção de política como serviço ao povo, cara à esquerda cristã.

Em depoimentos colhidos a partir da década de 1970, Herbet de Souza (1978), primeiro coordenador da AP, avaliava que teria ocorrido a substituição de uma religião por outra. Ressalve-se que também havia, na "Corrente 2", remanescentes de origem cristã, que fizeram opção por outra linha política. Se o maoísmo encontrava eco em uma cultura política anterior, não havia uma relação de causalidade mecânica entre o passado cristão e a vertente marxista que prevaleceu.

De qualquer forma, no que diz respeito à atualização da identidade da AP, as duas correntes, formalmente, procuraram romper com suas origens e tentaram refundá-la, cada qual a seu modo, como uma organização marxista-leninista. As divergências não diziam respeito à opção pelo marxismo, mas a qual marxismo aderir. A disputa apresentava como ponto comum a necessidade de superação da "velha" AP, tida como pequeno-burguesa, eclética e idealista, em nome do marxismo-leninismo.

Superada essa disputa interna, a ruptura com o passado se acentuou. Os documentos da organização dão conta do ritual, desenvolvido voluntariamente, de autodestruição da AP, para reconstrução em novas bases. Em documentos aprovados na sequência, a AP formalizou tal ruptura. Declarou-se, então, que a transformação ideoló-

6 Portantiero (1989) constatou que Althusser exerceu ampla influência sobre a esquerda guerrilheira latino-americana, pois oferecia, a partir da relação entre ciência e vanguarda revolucionária, uma justificativa teórica para as extremadas opções em curso.

gica da AP não poderia ocorrer em uma evolução linear. O "partido pequeno-burguês" deveria promover uma autodestruição, condição para que surgisse o partido do proletariado. Em junho de 1969, na II Reunião Ampliada da Direção Nacional, a AP proclamou que entrara em uma nova etapa de sua história, a de transformação em "um partido revolucionário proletário" (AP, 1969c, p. 4). Documento extraído dessa reunião, traduzindo o rito de morte e de recriação da AP, sentenciou: "Ao mesmo tempo em que começava a morrer a velha Ação Popular, começava a nascer uma nova Ação Popular, marxista-leninista, proletária" (AP, 1969c, p. 3).

Em maio de 1971, por ocasião da III Reunião Ampliada da Direção Nacional, a AP decidiu estruturar-se em moldes leninistas e alterou seu próprio nome, passando a ser denominada como Ação Popular Marxista-Leninista – APML. O "Programa Básico", resolução dessa reunião ampliada, demarcou, à luz da identidade que se consolidava, as fases da história da organização e as transformações ocorridas:

> Surgiu de um partido pequeno-burguês, fundado em 1962, que se transformou de um partido pequeno-burguês reformista (1962-1964) num partido pequeno-burguês revolucionário (1965-1967) e depois, através de uma árdua luta teórica e prática (1967-1969), numa organização marxista-leninista (a partir do segundo semestre de 1969) (APML, 1971a, p. 1).

Novas fases de luta interna ocorreriam na vida da APML. Em 1973, a ala majoritária decidiu se incorporar ao Partido Comunista do Brasil, saudado como o partido de vanguarda do proletariado brasileiro.[7] Outra ala buscou reorganizar a Ação Popular e atualizou a pauta da construção do partido de vanguarda do proletariado brasileiro. No final daquela década, a APML esteve entre os agentes políticos que participaram do processo de criação do PT.

---

7 Ver o capítulo 4 deste livro.

Na fundação do PT, convergiram agentes políticos egressos dos novos movimentos sindicais e populares, das comunidades eclesiais de base, assim como organizações revolucionárias remanescentes do período da luta armada. Entre esses novos agentes políticos, destacava-se a presença de militantes formados nos trabalhos da Igreja Popular. Nessa confluência, a Ação Popular estava incluída, porém, no campo da chamada esquerda revolucionária marxista-leninista. Não tinha, então, identidade nem pontos de contato com os setores ligados à Teologia da Libertação, cuja semente costuma ser buscada nos movimentos em que teve origem, nos anos 1960 (DIAS, 2004).

Sob as lentes do conservadorismo católico

No final de 1963, para reagir ao fenômeno da dupla militância que a juventude católica promovia nos movimentos de leigos e na AP, a cúpula da Igreja emitiu nova determinação, na qual orientava a conduta prática dos leigos e fornecia interpretação pioneira sobre o significado do movimento político. Considerava, sobretudo, que a AP tinha uma orientação naturalista. Não representava, portanto, "o pensamento cristão autêntico".

Estabeleceu que era inoportuna a presença de integrantes da Juventude Estudantil Católica (JEC) em suas fileiras. Quanto aos membros da JUC, poder-se-ia aceitar que participassem da AP em duas circunstâncias: "a) a de um elemento com vocação para atividade dessa natureza e bem formado; b) a de entrar com a intenção de modificar substancialmente a Ação Popular para uma linha cristã autêntica" (Apud BEOZZO, 1984, p. 209).[8]

No início de 1964, outro documento, veiculado pela "Revista Eclesiástica Brasileira", retomou e desenvolveu o tema. Fundamentando as reservas à orientação política e filosófica da AP,

8 Nessa relativa abertura, que aceita a participação sob determinadas condições, pode-se perceber alguma influência da atualização do magistério pontifício. Na

acusou que o "Documento-base" pecava pelo naturalismo, sendo omisso ou vago nas questões morais que condicionam a questão social. Ancorado nas doutrinas constitutivas do magistério pontifício, sentenciou:

> Além do caráter econômico, o problema social encerra aspectos morais que condicionam qualquer solução positiva. Nas manifestações conhecidas da Ação Popular este fato ou fica de todo omisso ou apenas vagamente lembrado. E do naturalismo, que ignora os valores morais e religiosos, ao ateísmo, que os nega e combate ferozmente, vai distância muito pequena (Apud FLORIDI, 1973, p. 166).

Condenou, também, a perspectiva da luta de classes e qualificou como suicídio a colaboração com forças políticas de orientação comunista, citadas como inimigas dos ideais cristãos. O exemplo era a aliança que a AP fizera com o PCB na composição da primeira diretoria da Confederação Nacional dos Trabalhadores da Agricultura (Contag), quando preferiu isolar outros setores católicos tradicionais. Segundo os termos do documento, "a cúpula das organizações de trabalhadores rurais [...] passou, devido à citada lamentável colaboração e união, para domínio dos adversários implacáveis da ordem social cristã" (Apud FLORIDI, p. 168).

Garantiu que aceitava reformas no interior do capitalismo, incluindo a restrição ao direito de propriedade em favor dos interesses não privados, mas rejeitava a opção comunista. Profetizou qual seria a natureza do regime que seria instaurado no país, caso vingassem a subversão da ordem e a conquista do poder por parte dessas forças: "Existe o receio fundado e inafastável de que, [...] instalados os novos governantes, suprimam eles as liberdades públicas e os direitos in-

encíclica *Pacem in Terris*, editada em 1963, João XXIII enfoca, de forma pragmática, a colaboração entre católicos e não cristãos no seio dos movimentos, com vistas à promoção do bem comum.

dividuais e, sem programa definido e comprovado de reconstrução, submetam o povo e o país à escravidão comunista, adotando seus métodos e ideologia" (Apud FLORIDI, 1973, p. 167). O atual capitalismo seria substituído pelo "capitalismo todo-poderoso e irrefreável do estado, mais cruel, mais opressor e mais injusto que o outro" (Apud FLORIDI, 1973, p. 168). Assim, a opção para os católicos seria esta: "O mundo de hoje deve escolher entre a servidão comunista e a defesa contra suas injustiças e a espoliação, que faz, de todos os direitos individuais" (Apud FLORIDI, 1973, p. 169).

Derivações das posições expressas por esses documentos eclesiais podem ser encontradas em uma publicação, escrita pelo padre Eustaquio Gallejones, que fez, em 1965, um balanço precoce da curta trajetória da AP. Não é excessivo citar a motivação do autor, descrita na introdução de seu texto, como forma de exemplificar as controvérsias que já existiam a respeito da história da AP.

Gallejones cita um suposto diálogo entre um estrangeiro e três brasileiros, que teria ocorrido em fevereiro de 1964, do qual teria surgido a seguinte polarização. O estrangeiro dissera que, mesmo antes de vir ao Brasil, tinha a visão de que a AP era um movimento de jovens "universitários, cristãos autênticos, com idéias sociais progressistas e lutando pelas mesmas sob a orientação e inteira aprovação da Igreja" (GALLEJONES, 1965, p. 7). Por seu turno, os demais procuraram refutá-lo, argumentando que a AP nada mais era que uma organização de fachada do Partido Comunista, como exemplificariam seu ideário, seu vocabulário e suas práticas.

Se esse episódio introdutório ocorreu ou era uma "licença poética" para motivar a argumentação, pouco importa, pois as polêmicas, exemplificadas nos documentos eclesiais citados logo acima, eram reais. Gallejones alega que escreveu para dirimir a falta de conhecimento sobre a AP. Sua análise e suas conclusões expressam pontos de vista conservadores, próximos ou representativos do posicionamento da hierarquia da Igreja. O texto é dotado de relativa abrangência, constituído de várias seções, mas é nas partes dedicadas ao exame crítico da ideologia e à compreensão do processo histórico e do socialismo que reside o interesse maior para o debate aqui realizado.

Para Gallejones, a Ação Popular era a conclusão lógica do processo iniciado dentro da JUC entre 1959 e 1960, quando tomou conhecimento dos problemas brasileiros e lançou-se à luta política e ideológica. Seu engajamento, no entanto, teve um custo muito alto: a aliança com os comunistas. Denunciada como "organização de fachada do comunismo universitário brasileiro, a JUC sofreu a intervenção do Episcopado, impasse que precipitou a fundação da AP" (1965, p. 10).

Gallejones identifica ecos de influências diversas nos documentos da AP – Hegel, Marx, padre Lebret –, algumas das quais talvez não fossem reconhecidas por seus ideólogos e ativistas, ironiza. Assim, denuncia a precariedade da formação dos membros da AP, a despeito das "nobres intenções" e do "entusiasmo" que os moviam. De qualquer forma, esquiva-se do exame da árvore genealógica das influências e aceita esquadrinhar a ideologia da AP em si mesma, a qual teria três pontos vulneráveis: visão incompleta do homem; conceito falso de propriedade privada e crítica inconsistente do capitalismo; análise equivocada do processo histórico.

A visão incompleta do homem decorreria do naturalismo da AP, cuja concepção da dignidade humana não partia do transcendental. "O fundamento da dignidade humana vai, pois, além do homem. Depende exclusivamente de Deus. É por isso que sua dignidade ultrapassa o tempo, tem um caráter eterno, não depende dos regimes nem de sistemas transitórios" (GALLEJONES, 1965, p. 26).

O falso conceito de propriedade privada e de capitalismo seria influência do marxismo no DB. A luta de classes não teria sido confirmada pela evolução histórica, cada vez mais aberta ao compromisso de vários setores. Se ainda havia um longo caminho a percorrer na busca da justiça social, a orientação deveria ser encontrada na Doutrina Social da Igreja e não, como seria o caso da AP, em um socialismo ortodoxo, baseado na luta de classes e na supressão da propriedade privada.

Gallejones considera uma contradição em termos falar de humanismo marxista e em socialismo humanista, como teria feito o "Documento-base" da AP. Da premissa de que o verdadeiro fundamento do humanismo seria a transcendência, conclui que o materialismo marxista seria, intrinsecamente, anti-humanista. Mesmo os socialismos de outros matizes, por não conferirem a devida ênfase à dimensão transcendental, encerrariam um humanismo mutilado. Não se poderia, também, falar em socialismo cristão, visto que a doutrina social da Igreja tinha, entre seus fundamentos, a defesa do direito à propriedade individual, vendo nele a defesa da liberdade individual e a garantia do pleno desenvolvimento da personalidade humana.

> Por aí se conclui que é um absurdo falar em socialismo cristão. [...] Se entendermos por socialismo um sistema que, além de democrático, seja espiritualista e aceite o princípio do direito de propriedade privada, embora advogue o direcionismo estatal, então é claro que se lhe pode aplicar o adjetivo cristão... Apenas tal sistema não seria mais socialismo (GALLEJONES, 1965, p. 31).

Segundo Eustaquio Gallejones, seria ingenuidade pensar que a AP buscava a conciliação entre comunismo e cristianismo e que utilizasse a palavra "socialismo" apenas por conveniência publicitária, a fim de mobilizar proletários e estudantes. Se o ponto de partida da AP tinha sido o cristianismo, as características da doutrina social católica foram omitidas em seus documentos.

Em coerência com sua linha de análise, Eustaquio Gallejones critica a AP por não repelir a violência revolucionária, visto que o DB indicava o fato de a história não registrar quebra de estruturas sem violência. Além disso, seria tolerante com o regime de ditadura do proletariado, quando tentava interpretar sua implantação como imperativo das condições em que ocorreram as revoluções.

Em suas reflexões finais, estabelece três parâmetros para avaliação do fenômeno da AP. O primeiro era o da organização, em que a AP não seria mais perfeita do que as congêneres. O segundo parâmetro era o ideológico, em relação ao qual o autor compara o projeto da AP com a "gravação deficiente de uma velha música, interessante para os colecionadores e sugestiva para os aficionados" (GALLEJONES, 1965, p. 45).

O último aspecto era a sua dimensão social. Nascida em período de crise, quando "geralmente [...] surgem coisas ridículas, [...] a AP é um tanto ridícula, grotesca, muito embora apresente também o seu aspecto grave, não em si mesma mas pelo que representa" (GALLEJONES, 1965, p. 45). A AP estaria preenchendo um vazio, principalmente entre a juventude, que deveria ser ocupado, corretamente, pela Igreja Católica e por sua doutrina social.

Em conjuntura próxima, foi elaborada, nos marcos da instituição eclesial, outra leitura conservadora da experiência da AP, de autoria do padre italiano Ulisse Alessio Floridi. Publicado em italiano em 1968, o livro circulou em português em 1973, ostentando, portanto, uma visão muito próxima das disputas em curso naquele período. De certo modo, é ainda mais contundente do que Gallejones na crítica à AP.

Em relação ao que chama de concepção naturalista do "Documento-base", escreve: "O que admira, neste documento, é a absoluta falta de referência, não digo à doutrina social da Igreja, mas ao próprio Cristo e ao Evangelho. Isso fez pensar que este 'ideal cristão de hoje', tão entusiasticamente descrito por [...] um dos fundadores da AP, se reduza praticamente a um messianismo terrestre" (FLORIDI, 1973, p. 163). Comete, aqui, um equívoco conveniente, pois se refere a um texto que Herbet de Souza escrevera quando era dirigente da JUC. Enquanto esta era uma instituição católica e submetida à hierarquia, a AP era laica e independente.

Acusa a AP de aceitar, no fundamental, as posições do materialismo histórico, tentando introduzir nelas uma visão personalista:

> O socialismo é uma exigência da história. É a consequência imediata do capitalismo, caracterizado pela apropriação dos meios

> de produção, pela separação das classes, pela alienação dos trabalhadores, pela exploração do homem, pelo colonialismo e pelo imperialismo. O movimento de socialização que preside o processo histórico desemboca necessariamente no socialismo (FLORIDI, 1973, p. 163).

Floridi cita uma passagem em que o "Documento-base" qualifica o marxismo como a "expressão mais profunda e rigorosa da crítica ao capitalismo e como interpretação teórica da passagem ao socialismo". O autor não desconhece as relativizações que o DB estabelece em relação ao marxismo, citadas em seção anterior deste capítulo, mas tacha a AP de dogmática. De um ponto de vista doutrinário, entende que a AP não excluiria "nem o totalitarismo nem a necessidade de governar, por um período de tempo indeterminado, como partido único" (FLORIDI, 1973, p. 164). Além disso, não ocultaria "sua intenção de ir ao poder inclusive com a violência" (FLORIDI, 1973, p. 164). Nada disso depunha em favor de seu humanismo. Por isso, indaga: "Que garantias oferece a AP de respeitar a pessoa humana e de ser diferente dos outros socialismos?" (FLORIDI, 1973, p. 164).

Oferece uma atenuante ao que define como "conduta imprudente e radical da AP": os jovens militantes não conseguiriam entender corretamente o pensamento social "tipicamente importado" da França. Nesse caso, reitera a ironia antecipada no livro de Gallejones, segundo o qual haveria um abismo entre a rebuscada linguagem filosófica que fundamentava o "Documento-base" e a compreensão dos militantes da AP.

Se a leitura do "Documento-base" já estabelecia suspeitas sobre o paradeiro do socialismo apista, Floridi escreve em uma conjuntura em que a AP promovera rupturas com a sua origem eclética e convertia-se ao marxismo. Sem se deter na influência do golpe de Estado de 1964 e da instauração da ditadura militar nas redefinições que a AP viveria na segunda metade da década, aponta a ressonância das revoluções cubana e chinesa na formulação da "Resolução

Política", aprovada em 1965, em que documenta a adesão ao objetivo de conquistar o poder por intermédio da luta armada.

Faz digressões, na sequência, sobre debates ocorridos em 1968, período em que entraram em pauta a definição pelo marxismo e a questão do partido de vanguarda. Embora cite apenas um documento periférico, esse processo de redefinição é usado como comprovação de sua tese, já presente na interpretação do "Documento-base", acerca da incompatibilidade entre o cristianismo e a perspectiva socialista ou comunista:

> O caminho percorrido pela AP, em menos de um decênio, à procura de um "cristianismo humanizado" e que terminou com a descoberta e a exaltação do comunismo mais violento, como o dos "vietcongs" com seu brutal terrorismo nas cidades e nos campos, é muito significativo. Fica, com efeito, demonstrado que aquele cristianismo humanizado não é nem cristianismo, nem humanismo autêntico (FLORIDI, 1973, p. 182-183).

A experiência da AP, então, é descrita com tintas fatalistas:

> Os católicos e os eclesiásticos radicais que [...] creem salvar seu cristianismo aceitando o socialismo (comunismo) como ideal ou fenômeno histórico inevitável têm no caso da AP a prova de que isso não é possível. Os militantes da AP veem hoje, e não há razão para pensar que sejam insinceros, que quem escolhe o socialismo deve necessariamente optar pelo comunismo concreto, ideológico, partidário, anti-humano e violento (FLORIDI, 1973, p. 183).

A interface com a Igreja Popular e a Teologia da Libertação

No início da década de 1970, influenciado pelo advento do catolicismo popular, Márcio Moreira Alves produziu uma tese de doutorado, convertida em livro anos depois, em que investigou as relações entre a Igreja e a política (ALVES, 1979). Seu interesse pelo tema, porém, fora aguçado na conjuntura imediatamente posterior ao golpe de Estado de

1964, quando produziu o livro “O Cristo do povo” (1968). Tal obra foi derivação da pesquisa que o autor realizava acerca da repressão encetada pela ditadura, que resultaria em outro título, “Torturas e torturadores”. Descobriu que, nos bancos dos réus e nas câmaras de torturas, havia muitos cristãos ao lado dos comunistas.[9]

Em o “Cristo do povo”, após detalhado relato da politização vivida pelos estudantes católicos, Márcio Moreira Alves afirma: “A Ação Popular (AP) é um movimento revolucionário que surgiu como resposta política aos anseios e angústias dos jucistas” (ALVES, 1968, p. 233). No contexto de início da ditadura, sugere que a AP era “considerada, pela polícia política, mais perigosa que o próprio Partido Comunista” (ALVES, 1968, p. 233). O período pós-1964, analisado no calor da hora, foi visto como de radicalização premida pelas circunstâncias, que levou ao marxismo-leninismo. Em tom crítico, conclui: “O resultado da definição foi um violento expurgo em seus quadros, um grande desperdício de vocações revolucionárias” (ALVES, 1968, p. 235).

Em sua obra mais recente, reflete se a Igreja católica teria potencial para engajar-se em um projeto de transformação socialista. Depois de acusar a incompatibilidade entre a cadeia de comando da Igreja e projetos revolucionários, demonstra os impasses de organizações de elite, como a JUC, e aponta as potencialidades das comunidades eclesiais de base, embora considerasse precoce qualquer julgamento definitivo a respeito.

Sobre a AP, finalmente, faz uma observação lacônica: “A organização política resultante das descobertas revolucionárias da JUC foi a Ação Popular. Gradualmente, exigirá ela dos seus membros uma lealdade exclusiva, que os desligará da Igreja institucional até explicitar [...] a sua opção pelo marxismo-leninismo” (ALVES, 1979,

9 Prefaciando a obra em que se transformou a tese de Márcio Moreira Alves, Frei Betto afirma que o livro “O Cristo do povo” é resultado da descoberta “de um cristianismo fiel às suas origens, desligado de compromissos com o poder, voltado aos oprimidos” (ALVES, 1979, p. 10).

p. 131). Nas duas intervenções de Márcio Moreira Alves, subjaz um olhar crítico sobre o desperdício das "descobertas revolucionárias" presentes em sua origem.

No final da década de 1970, período de consolidação da Teologia da Libertação, a experiência da Ação Popular e sua relação com a história do catolicismo voltariam a ser analisadas por intelectuais oriundos da JUC ou identificados com as mudanças de perspectivas da Igreja Católica. Conhecia-se o fato de Gustavo Gutierrez, quando preparava seu clássico livro sobre a Teologia da Libertação, publicado em 1971, ter vindo ao Brasil para entrevistar cristãos militantes do período 1960-1963 e refletir sobre a práxis da esquerda católica daqueles anos, como registrou Luiz Alberto Gómez de Souza, autor de importante contribuição aos estudos a respeito da interface da AP com o catolicismo.[10]

Ex-dirigente da JUC e fundador da AP, esse autor demarca as diferenças de projetos entre os dois movimentos. Sobre os impasses verificados entre o envolvimento da JUC no movimento estudantil e a sua subordinação à Igreja, indaga: "Um movimento 'oficial' e 'mandatado' pode tratar de construir relações orgânicas com setores emergentes quando a Igreja no seu conjunto estava em posição mais tímida e moderada? Haveria a necessidade de um movimento político distinto?" (GÓMEZ DE SOUZA, 1984, p. 197).

A resposta a essas indagações revela a dinâmica do processo. Em 1960, falava-se de uma esquerda cristã, que pudesse abrigar jovens profissionais e jucistas. Em 1961 e em 1962, porém, "perguntava-se se se tratava de uma 'esquerda cristã' ou simplesmente de um movimento de esquerda onde os cristãos participassem" (GÓMEZ DE SOUZA, 1984, p. 198).

Por isso, em texto produzido na segunda metade da década de 1980, esclarece que esse deslocamento de posições correspondeu

---

10 Conforme esclarecimento do autor, o trabalho foi desenvolvido originalmente como tese de doutorado, no fim da década de 1970.

ao deslocamento da influência de Jacques Maritain, em que subjazia a noção de uma nova cristandade, para Emmanuel Mounier:

> Logo foi ficando mais ou menos claro que não se trata de descobrir uma política dos cristãos, mas que os cristãos teriam de buscar sua inserção política num terreno diferente, no trabalho em comum com outros cidadãos, a partir de uma análise da realidade que se situaria no nível de toda uma consciência histórica da época e não no horizonte estreito das ideias de companheiros de uma crença religiosa (GÓMEZ DE SOUZA, 1987, p. 100).

Assim:

> Essa geração foi chegando ao socialismo, mas não ao socialismo cristão, nem tampouco ao socialismo derivado do cristianismo. Ainda que a discussão tivesse começado no âmbito de movimentos cristãos da AC, logo passou a ser uma caminhada em comum com pessoas de diferentes origens, analisando o processo histórico das lutas populares e os contornos de um futuro projeto político. Daí o surgimento da Ação Popular, impropriamente considerada por muitos analistas como um movimento de esquerda cristã, mas que pretendia ser, desde o início, um movimento pluralista, embora não se possa negar que a biografia da maioria de seus criadores estivesse condicionada por suas origens cristãs (GÓMEZ DE SOUZA, 1987, p. 101).

Em sua abordagem sobre o "Documento-base" da AP, destaca que, em sua perspectiva histórica, a socialização e a personalização estão dialeticamente condicionadas. Na perspectiva filosófica, sobressai a relação entre a consciência e o mundo (GÓMEZ DE SOUZA, 1984, p. 199). Quanto ao horizonte socialista, aponta a crítica às formas de alienação política geradas pelas experiências históricas (GÓMEZ DE SOUZA, 1984, p. 200). Em intervenção posterior, é bastante direto quanto a esses temas, assinalando a recusa de uma consciência reflexo do mundo (determinismo das condições materiais) e a opção por um socialismo democrático, em coerência com a crítica às experiências autoritárias (GÓMEZ DE SOUZA, 1987, p. 101).

Não havia, em seu entender, uma reflexão prévia e acabada como ponto de partida, mas uma experiência, até certo ponto hesitante, que se iniciara, para muitos militantes, ainda nos tempos da JUC. A "experimentação" e a "teorização" gradual demarcavam, "ao mesmo tempo, a originalidade e a aparente fragilidade do movimento, diante de outros grupos ideológicos que já têm naquele momento soluções preparadas e tiradas de seu baú de 'posições corretas'" (GÓMEZ DE SOUZA, 1984, p. 200). A fragilidade, vista retrospectivamente, decorria do fato de que, até março de 1964, houve pouco tempo "para um debate aberto e público que permita compatibilizar, corrigir e melhorar a prática, com um pensamento cuja elaboração se faria aos poucos. Essa pelo menos era a intenção em 1963" (GÓMEZ DE SOUZA, 1984, p. 201).

Entretanto, é com aquele período inicial, com suas potencialidades e limitações, que o autor se identifica. O período posterior ao golpe militar de 1964 é abordado com pouco interesse e linguagem ácida. Para ele, na segunda metade daquela década, "em tempos de clandestinidade e repressão, num salto em direção oposta, vários de seus dirigentes, com complexo de inferioridade, procuram a tranquilidade nas águas do dogmatismo e uma clara ortodoxia leninista ou maoísta" (GÓMEZ DE SOUZA, 1984, p. 200). O movimento, então, transformou-se, segundo suas palavras, "num rígido partido marxista-leninista sem originalidade" (GÓMEZ DE SOUZA, 1987, p. 102).

Conclui que essa transformação do movimento mereceria um estudo cuidadoso, que analisasse tanto os condicionamentos externos, impostos pela clandestinidade, quanto os internos. Sem eufemismos, sugere que esse estudo seria "um pouco 'uma patologia do político', ou, em linguagem mais irreverente, 'de como um movimento político endoidou'" (GÓMEZ DE SOUZA, 1987, p. 102).[11]

---

11 Conforme procurei demonstrar em outro trabalho, Herbet de Souza, em vários depoimentos, expressou um ponto de vista análogo acerca dos períodos de vida

Ainda no final da década de 1970, Luiz Gonzaga de Souza Lima divulgou um estudo sobre os estudantes católicos, em que também aborda o fenômeno da formação da AP. Focalizando o período anterior a 1964, associa o crescimento da AP a uma espécie de herança que recebeu da Ação Católica Brasileira (ACB), que estava organizada nas principais cidades do país e em quase todos os estados: "O fato de ser proveniente da ACB possibilitou a curiosa situação de uma organização política que já nasceu com quadros dirigentes nacionais, direções regionais, quadros intermediários e uma base, em que não era fácil estabelecer limites entre a AP e a ACB" (SOUZA LIMA, 1979, p. 43-44). Exemplo desse impulso ocorreu no movimento estudantil, no qual a AP herdou a hegemonia que a JUC vinha sedimentando.

Outro fato que impulsionou o crescimento da AP foi o de ter uma ideologia em formação. Valorizando a ação, esse projeto em construção aliava motivações humanistas cristãs com o materialismo histórico, sem deixar de fazer críticas às experiências socialistas. Tudo isso exercia fascínio sobre amplos setores católicos e "era funcional, naquele momento histórico, para explicar e justificar a prática social das classes e setores de classe aos quais pertenciam, na direção da Revolução Brasileira" (SOUZA LIMA, 1979, p. 44).

Luiz Gonzaga de Souza Lima também analisa a formação da AP a partir da radicalização de setores da ACB. Recusa, porém, a interpretação de que se trata de um fenômeno interno da Igreja Católica. Propõe que esse fenômeno de radicalização seja entendido no contexto político do período e na conjuntura da luta de classes: "[...] As relações sociais principais dos católicos, como todos os outros cidadãos, são suas relações com o conjunto da estrutura social, ao nível econômico, político e ideológico" (SOUZA LIMA, 1979, p. 45). Em suma, "o desenvolvimento da ACB e a formação da AP são fenôme-

da AP, apesar de ter rompido seus vínculos com a Igreja e com as religiões. Ver o capítulo 2 deste livro.

no nacional, que se coloca dentro dos marcos teóricos e históricos do processo de formação das esquerdas brasileiras e necessita ser conhecido, compreendido, analisado e criticado como tal" (SOUZA LIMA, 1979, p. 45).

Como ocorre com os intelectuais católicos, seu interesse pela fase posterior da AP é mínimo. Aponta, esquematicamente, as fases que a AP viveria no pós-1964: adesão à luta armada e ao marxismo de matiz maoísta, transformação em uma organização marxista-leninista e virtual extinção pela confluência da maioria de seus quadros em outras organizações clandestinas. Essencialmente genérica, essa descrição não tem, claro, o objetivo de detalhar as nuanças e os meandros de cada encruzilhada vivida pela AP na conjuntura da segunda metade da década de 1960 em diante. O interesse do autor é mesmo o de acentuar a distância com as motivações e bases sociais da origem. Em linguagem sóbria, mas sem dispensar certa dose de ironia, anota:

> Essa evolução político-ideológica, se de um lado deu aos seus dirigentes e quadros uma teoria revolucionária internacionalmente considerada como tal, afastou o movimento de suas bases sociais, que eram os cristãos progressistas. O abandono do humanismo cristão como ponto de partida, ao mesmo tempo em que se abandonavam suas bases sociais, haveria de transformar a AP em uma organização pequena e impaciente, que disputava verbalmente com outras organizações clandestinas a hegemonia na direção da classe operária e da Revolução Brasileira (SOUZA LIMA, 1979, p. 47).

Em 1984, o padre Oscar Beozzo divulgou suas reflexões sobre a práxis da AP, inseridas em um livro que aborda a radicalização dos estudantes católicos. Detém-se nos aspectos doutrinários da AP e em sua relação com a prática política do movimento, mas não faz propriamente uma investigação empírica das ações. Propõe-se a esmiuçar, com rigor metodológico, o "Documento-base", no qual identifica, conquanto houvesse opções que lhe dessem unidade, três núcleos de inspiração e três diferentes linhas centrais.

> As três críticas centrais são: para a primeira parte, consagrada à perspectiva histórica, o peso muito exclusivista dado ao aspecto econômico, erigido quase em variável explicativa única da história. Para a segunda parte, o personalismo, desembaraçado de todo o idealismo abstrato que se percebe na perspectiva filosófica. Enfim, na terceira parte, a "práxis" sugerida como última instância das opções a serem tomadas na fase de preparação e da luta revolucionária. Estamos bem longe do postulado da comunicação das consciências, exigência fundamental à qual todas as outras se ordenam (políticas, sociais, econômicas e morais) (BEOZZO, 1984, 129).

Sua maior identificação dirige-se à fundamentação filosófica, desenvolvida pelo padre Vaz. É a partir dessa premissa que critica as limitações dos demais núcleos: "O edifício filosófico, bem arquitetado, crítico e matizado, parece não fecundar e penetrar as outras perspectivas e flutua um pouco entre a análise econômica, de um lado (como interpretação da história), e as opções concretas, de outro" (BEOZZO, 1984, p. 129-30).

Essa dissociação ganha tradução nas demais seções do documento. Na avaliação da perspectiva mundial e latino-americana, por exemplo, haveria prioridade absoluta ao plano econômico, excluindo as dimensões políticas e culturais. Reconhece que houve um esforço concreto de compreensão da realidade brasileira, apesar de acentuar que houve um fechamento na perspectiva econômica. Padecendo de um pronunciado corte da perspectiva teórica, a análise seria escrava de um postulado ativista e imediatista, que arriscava "afastar da luta sua raiz e seus objetivos mais universais e diluir a força das opções na pura tática, liberta de toda orientação normativa" (BEOZZO, 1984, p. 130).

Na conjuntura anterior a 1964, a Ação Popular teria despertado e agitado as forças populares, mas não teria promovido um esforço correspondente de organização e de elaboração de uma política revolucionária consequente.

> Constata-se um divórcio generalizado entre a prática e a teoria, a falta de estudos sérios sobre o poder político e sobre a fase de transição entre a revolução e a construção do socialismo, e, finalmente, a excessiva importância dada à análise econômica e a falta de laço entre a análise histórica e a perspectiva filosófica (BEOZZO, 1984, p. 131).

Essas limitações tiveram, no entender de Beozzo, graves consequências políticas para a Ação Popular, na decisiva conjuntura de 1964:

> Negligenciando sistematicamente os amplos setores da realidade que não entravam em seu horizonte de análise, o político por exemplo e a natureza do poder, ou o poder do Exército e da Igreja Católica, para não citar senão dois, eles basearam sua luta sobre um conhecimento estreito e incompleto da realidade, negligenciando a ação junto aos setores-chave do controle social. A revolução de 1964 (sic) encontrou-os inteiramente desprevenidos e só lhes deixou a ingrata tarefa de procurar encontrar uma explicação para seu fracasso (BEOZZO, 1984, p. 130).

Beozzo não se espanta, portanto, com o fato de que os debates sobre a estratégia e a natureza da organização monopolizassem a sua reflexão no período posterior, cujos contornos, de resto, não investiga.

Em meados da década de 1980, o brasilianista Scott Mainwaring intervém no debate, em livro dedicado a estudar a relação entre a Igreja Católica e a política. A cronologia, abarcando o período de 1916 a 1985, desemboca na conjuntura de influência da Igreja Popular. Sobre as raízes católicas da AP, anota: "É digno de nota que, dentro de uma instituição que ainda era mais ou menos conservadora e hierárquica, tenha surgido um movimento com posições tão progressistas quanto as da Ação Popular" (MAINWARING, 1989, p. 87).

Entretanto, diante dos impasses que a juventude católica vivera com a estrutura eclesial, salienta que, livre das restrições que os bispos impunham ao apostolado leigo, a Ação Popular adotou posições políticas à esquerda da JUC e "criava uma nova possibilidade que independia da hierarquia" (MAINWARING, 1989, p. 87).

O interesse de Mainwaring pela AP, tanto quanto o dos autores católicos citados acima, é por sua primeira fase, em que seu projeto mesclava o humanismo cristão com outras referências. Assim, é lacônico e crítico ao indicar as mudanças que a AP viveria a partir do golpe militar de 1964:

> A história da AP após o golpe foi trágica, como também o foi a história da maior parte da esquerda brasileira. O movimento tornou-se clandestino logo depois do golpe devido à repressão. Por isso, passou por uma rápida radicalização que o levou ao marxismo e à participação na luta armada. Como outras facções da esquerda, a AP sofreu uma série de lutas e de divisões internas. Reduzido a um pequeno partido maoísta, em 1973 a AP decidiu dissolver-se e unir-se ao PCdoB (MAINWARING, 1989, p. 87).

Entre os autores selecionados, é o único que focaliza essa encruzilhada. De qualquer forma, resvala em questão delicada, pois a afirmação de que a AP decidiu dissolver-se no PCdoB merece reparos. Na verdade, houve incorporação de expressivo número de militantes àquele partido. Remanescentes procuraram manter a organização da AP, que existiu até 1981.

Retomando o exame da relação entre a Igreja e a política, extrai duas inferências. Na primeira, constata que, no pós-1964, a AP "abandonou suas origens cristãs e, nesse processo, deixou de ter influência dentro da Igreja. O movimento progressista dentro da Igreja passou por novos canais, embora se valesse do legado deixado pelos jovens católicos radicais" (MAINWARING, 1989, p. 87). Na segunda inferência, é enfático quanto ao legado da AP sobre o desenvolvimento da Igreja Popular, a despeito dos caminhos assumidos na segunda metade da década de 1960:

> É [...] notável a presciência da Ação Popular em relação a um grande número de assuntos que vão desde os compromissos com a transformação social radical até uma perspectiva crítica do leninismo e do socialismo burocrático. Sob esses aspectos, a Ação Popular antecipou a ideologia dos intelectuais da Igreja Popular das décadas de 70 e 80. Não havia uma relação causal direta entre a AP e a Igreja Popular, mas a AP realmente estabeleceu uma tradição de humanismo radical dentro do catolicismo brasileiro que continuou depois de o próprio movimento ter abandonado suas origens católicas (MAINWARING, 1989, p. 87).

Na primeira metade da década de 1990, Giovanni Semeraro contribui com o debate, por intermédio do livro "A primavera dos anos 1960: a geração de Betinho". A conjuntura em que a obra foi gestada, caracterizada pela crise do socialismo e pelo avanço do neoliberalismo, é ressaltada pelo autor. Inconformado com o ideário dominante nesse período e com o "cinismo contemporâneo", motivou-se a estudar o início da década de 1960 "para colher a concepção de mundo, a dinâmica social, o espírito de luta e a transparência ética que animaram os jovens politizados daqueles anos" (SEMERARO, 1994, p. 13). O caráter de resistência da obra foi ainda dimensionado pelo fato de a Teologia da Libertação encontrar-se em franca perda de influência.

Embora haja uma tendência a qualificar a práxis daquela geração como "ingênua e romântica", Semeraro (1994, p. 15) considera que havia "intuições e valores que se situam na origem de uma visão original que, hoje, com características diferentes, voltam a repropor-se no debate atual". Sua interpretação caracteriza-se por apontar ruptura de horizontes não apenas com os modelos tradicionais da Igreja, mas também com a visão dos partidos de esquerda da época.

Para Semeraro, a Ação Popular, produto direto das relações tensas entre a Ação Católica e a Igreja hierárquica, era uma superação da controvertida ideia de "esquerda cristã". Mas enfatiza que, apesar de proclamar-se não confessional, a AP, na fase anterior a 1964, apresentava "uma marca inconfundível de humanismo cristão e uma visão utópica de transformação de mundo" (SEMERARO, 1994, p. 60). Com esses parâmetros, infere que "o Documento-base da AP é, indiscutivelmente, o ponto mais alto da trajetória da esquerda católica até 1964" (SEMERARO, 1994, p. 163).

Sua ideologia, mesclando o humanismo cristão com o materialismo histórico, justificava e convocava o engajamento dos cristãos no processo de transformação social, especialmente pela renovação que propunha no projeto socialista: "A AP afirmava claramente a necessidade de superar o capitalismo e de estabelecer os ideais do socialismo, fora da esclerose dos modelos comunistas. O socialismo seria reivindicação para o homem" (SEMERARO, 1994, p. 62).

Sem deixar de destacar a influência do ideário cristão, insere a Ação Popular no leito das organizações de esquerda do período, no qual disputava posições e espaços. Salienta, entretanto, a sua originalidade e a renovação que promovia:

> O ambiente que vigorava em geral nas esquerdas políticas do país era de uma certa rigidez dogmática, de um dirigismo e de um centralismo partidário que fazia uso de fórmulas feitas e de categorias sociais que mal se adaptavam ao contexto histórico brasileiro [...]. A proposta de socialismo e de "homem novo" que nascia da esquerda cristã nunca deixou de valorizar as pessoas, suas interioridades e suas dimensões comunitárias. Desde cedo, a AP fazia questão de repudiar a esclerose que tomava conta, em forma de burocratismo, de igualitarismo e da falta de liberdade, dos países socialistas, desfigurando sua natureza democrática e popular (SEMERARO, 1994, p. 177).

Em tom superlativo, considera que a AP era, na conjuntura anterior a 1964, a organização mais revolucionária do Brasil, pois seu projeto representava um diálogo original:

> Pela crítica de conceitos marxistas-leninistas, pela rejeição do economicismo vulgar, pela condenação dos regimes socialistas autoritários e burocráticos, os cristãos superavam as deformações da esquerda tradicional. Voltavam a instaurar a dinâmica da dialética no melhor pensamento de Marx, ao se baterem pela criação de um socialismo humanista que tinha a democracia como valor universal e o pluralismo na participação de múltiplos sujeitos coletivos (SEMERARO, 1994, p. 181-182).

Não deixa, porém, de fazer críticas à AP e à esquerda católica. A despeito da retórica de participação e socialização então praticada, identifica, na esquerda católica do início da década de 1960, o "despontar de uma vanguarda larvadamente leninista que vai se revelar mais acentuadamente depois dos eventos de 64" (SEMERARO, 1994, p.191). As classes médias intelectualizadas apresentar-se-iam como "intérpretes e dirigentes do novo processo em gestação no país" (SEMERARO, 1994, p.191).

Argumenta que a pressa revolucionária levou a uma luta frontal e prematura. Ainda que movido por práticas generosas e proféticas, esse enfrentamento expôs a fragilidade diante de um poder que se ergueu compacto e ameaçador com o golpe militar. Sobre a AP, especificamente, anota:

> Na complexa e efervescente realidade brasileira do início de 60, que acenava à emergência de novos sujeitos históricos, no terreno fértil dos movimentos populares ensaiando os primeiros passos em direção a uma sociedade pluralista e democrática, a constituição e o ritmo da AP, cedendo a certo vanguardismo, revelaram-se uma queima de etapas para muitos cristãos. Pela grandiosidade do projeto apoiado sobre bases ainda precárias e

> sobre um número reduzido de militantes diretamente engajados, era inevitável que houvesse dispersão de forças e rápido cansaço. Como muitos movimentos revolucionários dos anos 60, a esquerda católica deixou conduzir-se pelo voluntarismo e pelo "heroísmo" de um grupo de iluminados (SEMERARO, 1994, p. 195).

Tributário de Beozzo, critica o que considera ser a desvinculação entre as dimensões filosóficas e históricas no projeto original da AP. Sobre o pós-1964, quando a AP aderiu ao marxismo-leninismo, sua análise vai ao encontro das formulações críticas de Luiz Gonzaga de Souza Lima e Luiz Alberto Gómez de Souza. Citando-os, reafirma que a AP se tornou uma organização "impaciente" e "endoidou".

Não obstante as críticas, seu balanço é favorável. Entre 1959 e 1964, os cristãos de esquerda, incluídos os que se enveredaram pela AP, "deixaram traços inconfundíveis e lançaram as premissas de um processo que assumirá proporções impressionantes nos anos 1970 e 1980, quando despontará a Teologia da Libertação e serão esboçadas as linhas de um novo partido da classe trabalhadora" (SEMERARO, 1994, p. 197). Em síntese:

> Foi no início dos anos 60, de fato, que, pela primeira vez na história da Igreja brasileira, um grupo de católicos optava abertamente por uma prática política de esquerda e, movidos pelas razões de sua fé, resolvia orientar as suas posições em conflito aberto com o capitalismo e em rota de colisão com o sistema dominante na Igreja e na sociedade. Se suas atitudes, de um lado, geraram inquietação e lançaram sementes de renovação na instituição eclesiástica, de outro, ao tentar a difícil articulação entre fé e política, se distanciavam das posições dogmáticas dos partidos de esquerda e inauguravam uma nova concepção política e social (SEMERARO, 1994, p. 197).

Considerações Finais

Conquanto fosse uma organização laica e tivesse, após o golpe militar, aderido ao marxismo-leninismo, a trajetória da Ação

Popular mantinha pontos de interseção com a história do catolicismo, como salientaram as duas tendências de interpretação, no que diz respeito ao capítulo da esquerda católica.

Traduzindo uma posição conservadora, as análises de Gallejones e Floridi são convergentes e complementares. Ambos procuram se ancorar nos documentos da hierarquia da Igreja e defender a doutrina oficial. Há, quando muito, nuanças entre um e outro. Gallejones identifica a tendência de extrema esquerda no período anterior a 1964. Ao afirmar que a AP não era uma organização de católicos, submetida à hierarquia e orientada pela doutrina social, situa-se nos marcos de uma visão de nova cristandade. Ele exige que a AP, um movimento laico, fosse algo que não queria ser, uma organização eclesial. Floridi segue essa linha e a radicaliza, pois exige referências ao Evangelho. Uma nuança é a sua visão de que o ecletismo da primeira fase penderia para o marxismo. Como escreve três anos após Gallejones, pôde assistir à conclusão da transformação ideológica da AP e a descreve com tintas fatalistas. Diferentemente dos autores progressistas, ressalta, no DB, aspectos de aproximação entre a AP e as noções de ditadura do proletariado e de violência revolucionária.

Autores identificados com as transformações que a Igreja experimentou procuram destacar o caráter renovador da esquerda católica em geral e da Ação Popular em particular. Movimento laico e independente, a AP é vista como desdobramento da esquerda católica. Tanto se beneficia de seu legado quanto mantém incidência sobre seu curso. Por outro lado, foi um canal pelo qual os cristãos puderam influenciar, para além dos marcos da instituição eclesial, a práxis política mais ampla e o ideário socialista.

Sobressaem, assim, as críticas ao socialismo real e às formas de alienação geradas em sua experiência. Nos autores que estabelecem essa relação, há sintomática omissão de certas atenuantes na crítica à ditadura do proletariado, explicada como decorrência do isolamento e das condições em que ocorreram as revoluções. De qualquer forma, ambiguidades à parte, não há dúvida de que prevalecem, no "Documento-base", o aspecto crítico ao socialismo real e o horizonte de renovação do socialismo. Em todos os autores que analisam as vinculações com a Igreja Popular, predomina uma visão crítica às transformações que a AP viveria no pós-1964.

Na verdade, para as duas vertentes, o interesse pela história da AP se encerra quando se faz a opção pelo marxismo-leninismo. Por motivos opostos, ambas são críticas dessa transformação. Rejeitando toda a experiência, os intelectuais conservadores consideram que esse era o desfecho natural para a incompatível convivência de orientações díspares. Por seu turno, os intelectuais identificados com o catolicismo popular, com ou sem vínculos com a Igreja, interpretam essa definição como o encerramento dos aspectos criativos da práxis da AP. Por isso, procuram na fase original da AP o impulso renovador para a Igreja ou para a esquerda, a despeito de ingenuidade ou imprecisão de formulação. É naquele período que procuram a centelha de esperança para avivar as lutas de seu tempo.

TERCEIRA PARTE

EM BUSCA DA TRADIÇÃO: QUAL PARTIDO DE VANGUARDA?

4. HISTÓRIA DA AÇÃO POPULAR NA PERSPECTIVA DO PCdoB: UMA ANÁLISE DA OBRA DE HAROLDO LIMA E ALDO ARANTES SOBRE A HISTÓRIA DA AP[1]

Preâmbulo

Lançado em 1984, o livro "História da Ação Popular: da JUC ao PCdoB", de autoria de Haroldo Lima e Aldo Arantes, é um trabalho pioneiro não apenas na abordagem da experiência da organização referida no título, mas também da própria esquerda originada na década de 1960. A respeito da Ação Popular, conhecia-se uma longa entrevista de Herbet de Souza, divulgada na segunda metade da década anterior (SOUZA, 1978).

Único livro disponível sobre a história da AP ao longo de muitos anos, o trabalho de Lima e Arantes tornou-se referência para as novas abordagens que foram veiculadas posteriormente, oriundas tanto de depoimentos de ex-militantes quanto de pesquisas sobre a história da esquerda do período. A obra procede a um mapeamento de ações, debates e encruzilhadas históricas da AP, cuja utilidade não foi menosprezada pelos pesquisadores.

Sua principal característica, no entanto, é a interpretação que procede da história da AP, baseada na memória da ala interna que decidiu, no início da década de 1970, incorporar-se ao Partido Comunista do Brasil. O livro traduz o balanço que essa ala realizou da experiência histórica por que havia passado, com vistas a perenizar sua memória.

---

1 Publicado originalmente na revista *Diálogos*, nº 1, v. 10, 2006, p. 143-175 (DIAS, 2006).

Mais do que isso, embora os autores esclareçam que não receberam essa incumbência de seu novo partido (OLIVEIRA JR, 2000), sua obra representa também a visão oficial do PCdoB sobre a experiência da AP, da qual recebeu militantes e cuja história procurou interpretar. Conforme se lê em sua introdução (LIMA & ARANTES, 1984, p. X), o livro é derivado do documento intitulado "Vitória do Marxismo-Leninismo: Ação Popular incorpora-se ao PC do Brasil", que recebeu os últimos retoques na reunião do CC de dezembro de 1976. Após esses retoques, deveria ser divulgado como balanço oficial do PCdoB sobre a experiência da AP.

Entretanto, tal reunião foi desmantelada pela repressão, no trágico episódio conhecido como a "Chacina da Lapa", e o documento foi confiscado. Presos, os autores redigiram a obra no cárcere, usando requintes de resistência, como ocultar os originais no vaso sanitário. Depois, camuflaram o material no fundo falso de um arranjo de flores e o enviaram para fora. Beneficiados pela anistia, recuperaram o citado documento do CC. A primeira parte, porém, já havia sido contemplada pela redação do livro. Pela sua importância, a segunda parte, um balanço da experiência, foi integralmente incorporada ao livro como anexo (LIMA & ARANTES, 1984, p. XI). De resto, suas linhas interpretativas fundamentais podem ser reconhecidas em resolução aprovada no VI Congresso do PCdoB (PARTIDO COMUNISTA DO BRASIL, 1983).[2]

Os aspectos instrumentais da análise de Haroldo Lima e Aldo Arantes, identificáveis na formulação de sua obra, não são desconhecidos da bibliografia especializada (GORENDER, 1987; OLIVEIRA JR, 2000; DIAS, 2004). Não obstante, o livro ainda não recebeu uma análise exclusiva. Preencher tal lacuna é um dos objetivos deste capítulo. Pretende-se, enfim, esmiuçar o fio condutor

---

2 É significativo registrar que Haroldo Lima tornou-se, também, historiador do PCdoB. Em 1984, publicou "Itinerário das lutas políticas do Partido Comunista do Brasil – de 1922 a 1984".

da interpretação histórica elaborada por Lima e Arantes, destinada a demonstrar, com viés teleológico, o que chamam de processo de superação de uma organização pequeno-burguesa pela adesão ao verdadeiro marxismo-leninismo, condição atribuída ao PCdoB.

Outro objetivo é cotejar essa abordagem com outros focos narrativos construídos a partir da documentação primária da AP e de outras opções colocadas no leito do processo. Com isso, pretende-se investigar em que medida a análise de Lima e Arantes tem pontos de contato com o avanço do marxismo-leninismo na vida da AP.

As origens da AP

Identifica-se que a origem da AP é analisada a partir de três coordenadas, que podem, sem preocupação com hierarquia interna, ser assim descritas. A primeira é a dinâmica interna da Igreja Católica, que passava por um processo de mudanças no pontificado de João XXIII (1958-1963). O impacto da atualização do magistério pontifício foi assim saudado:

> João XXIII [...] fez, pela primeira vez em nível de encíclica papal, uma referência positiva ao fenômeno da "socialização" do mundo. Na *Pacem in Terris*, voltando a tratar da questão social, reconhece, o que era inédito em termos de Igreja, "a gradual ascensão das classes trabalhadoras" (LIMA & ARANTES, 1984, p. 27).

A segunda coordenada é a influência da dinâmica da conjuntura da segunda metade da década de 1950 sobre a Juventude Universitária Católica (JUC), referida no livro como principal tronco de gestação da AP. Movimento originalmente destinado à cristianização das universidades, a JUC sofreu uma guinada no final da referida década, quando acentuou sua participação nos movimentos estudantis. A JUC não tardou a criticar a dimensão elitista da universidade e a engajar-se nas lutas pela reforma universitária e pela mudança das estruturas da sociedade brasileira.

Já em seu Congresso dos 10 anos, realizado em 1960, a JUC aprovou o documento "Diretrizes Mínimas Para o Ideal Histórico do Povo Brasileiro", em que fazia, segundo o registro de Lima e Arantes (1984, p. 28), "a opção por um 'socialismo democrático' e pelo que chama de revolução brasileira." O uso de aspas e de relativização (pelo que chama) indica a postura dos autores, que procurariam provar, tendo como contraponto o marxismo-leninismo que abraçaram, a inconsistência dessas formulações.

Lima e Arantes demonstram como, no início da década de 1960, as posições da JUC ganharam espaço no movimento estudantil e passaram a influenciar seus documentos, como a "Declaração da Bahia", resolução do I Congresso Nacional de Reforma Universitária. Essa ascensão da JUC no movimento estudantil, que culminou na conquista do comando da UNE, provocou choques com a hierarquia da Igreja Católica, especialmente pela política de alianças com o Partido Comunista Brasileiro (PCB). Em consequência, a Igreja expulsou da JUC, que era uma organização leiga subordinada à estrutura eclesial, o estudante que ocupava a presidência da UNE[3] e proibiu que fossem assumidos cargos nas entidades estudantis. Esse choque precipitou a formação de uma organização laica, que viria a ser a AP:

> Em 1960, a JUC já era a força mais importante do movimento estudantil brasileiro. Entretanto não era uma organização adequada ao cumprimento da tarefa especificamente política e cedo sua capacidade de cumprir esse papel esgotou-se. A JUC era uma organização da Igreja Católica, não unia em função da política, mas da confissão religiosa (LIMA & ARANTES, 1984, p. 34).

A terceira coordenada, a mais característica do enfoque desenvolvido pelo livro, remete à disputa no campo da esquerda. Explicitamente, Lima e Arantes (1984, p. 33) apontam que não era possível compreender a ascensão da JUC no movimento estudantil fora "da crise de di-

3 O presidente da UNE era Aldo Arantes, um dos autores do livro ora analisado.

reção que viveu nessa época o movimento de esquerda no país". A referência direta é à crise que teria acometido o PCB, no final da década de 1950, quando, em decorrência da repercussão do XX Congresso do Partido Comunista da União Soviética (PCUS), em que foram denunciados os crimes de Stalin, teriam grassado o chamado revisionismo contemporâneo e uma linha reformista.[4]

A conclusão dessa crise foi a cisão no PCB, que Lima e Arantes interpretam com os matizes do PCdoB. A esmagadora maioria da bibliografia laica, não relacionada organicamente a nenhum dos dois partidos comunistas, tende a interpretar o PCB como o partido fundado em 1922 e o PCdoB como um partido novo, fruto do "racha" de 1962. Reproduzindo a identidade do PCdoB, afirmam Lima e Arantes (1984, p. 15): "O partido entrou em profunda e grave crise que o imobilizou por certo período e levou à reorganização procedida em 1962".

Por isso, o PCdoB reivindicou a história, os símbolos e a herança do partido marxista-leninista histórico, que teriam sido aviltados pelo revisionismo.[5] A terminologia utilizada pelo livro não é inocente. A fim de salientar as diferenças, o PCB passa a ser referido

4 O revisionismo clássico seria aquele que Eduard Bernstein influenciou, no final do século XIX, no seio do Partido Social-Democrata Alemão, quando preconizou que o caminho para o socialismo deveria ser sedimentado por intermédio do processo eleitoral e da implantação de reformas cumulativas.

5 Importante análise sobre o papel dessa disputa de história, memória e símbolos na formação da identidade e na práxis do PCdoB foi realizada por Jean Rodrigues Sales. Em recente artigo, extraído de sua dissertação de mestrado, comentou: "Na demarcação de território político e ideológico em relação ao PCB, uma das principais ferramentas utilizadas pelo PCdoB foi exatamente a história e a memória partidária. Com efeito, o discurso político que fundamenta a criação do partido seria estruturado a partir do respaldo no passado, e que tem como exemplo mais aparente o fato de, ao surgir ou, como querem seus membros, ser 'reorganizado' em 1962, reivindicar para si o nome e o patrimônio simbólico do velho partido comunista fundado em 1922. E vai ser exatamente através do respaldo em sua história que o PCdoB irá tentar convencer os seus militantes e interlocutores de que seria o verdadeiro partido comunista atuante no Brasil, o que se mantivera dentro das autênticas tradições marxista-leninistas, enquanto o outro teria se afastado desse caminho" (SALES, 2002, p.157).

como o "brasileiro", enquanto o PCdoB é o PC do Brasil, o partido histórico da classe operária.

Essa clivagem direciona o olhar sobre a disputa de hegemonia na conjuntura. Por conta dos ventos de reformas que então sopravam no governo federal, o programa gradualista do agrupamento que "passou a se chamar Partido Comunista Brasileiro" exerceu influência nos movimentos operários. Todavia, seu reformismo e sua política de cúpula tiveram menos impacto no movimento estudantil, onde a radicalização da luta política exigia mais do que o "brasileiro" podia apresentar.

> A partir de 1961, quando o Partido Comunista Brasileiro aparece no movimento estudantil, o processo de desgaste político e da perda de iniciativa do grupo revisionista que lhe deu base agravou-se. A própria disciplina partidária decompunha-se, indicando desagregação e luta de tendências não inteiramente concluída. Paralelamente, o setor de esquerda da JUC não só ia sentindo a necessidade de atuar de forma mais disciplinada como começava a fazê-lo (LIMA & ARANTES, 1984, p. 34).

Lima e Arantes ressaltam a atuação conjuntural da JUC e, depois, da AP. Bem plantada nas universidades e sensível aos problemas dos estudantes, a JUC foi a "primeira força do movimento estudantil a tratar abertamente em congressos e seminários do tema 'revolução brasileira', ao qual procurou vincular sua posição face à reforma universitária" (1984, p. 34). Em suma:

> A política mais radical adotada pela JUC, mesmo que dentro dos limites do reformismo, e sua linha de massas, que rompia com a prática cupulista, tiveram grande receptividade entre os estudantes. [...] Esta a razão fundamental do êxito da JUC e do surgimento da Ação Popular (LIMA & ARANTES, 1984, p. 32).

Por que o PCdoB, "reorganizado" em 1962, não conseguiu ocupar esse espaço? Segundo os autores, o PCdoB saiu dessa crise ideologicamente revitalizado, mas debilitado organicamente. Haveria, de um lado, um PC do Brasil organicamente débil e, de outro, o PC Brasileiro com uma linha política estéril para as exigências do movimento estudantil. Estavam dadas, pois, as condições para a ascensão da JUC e a criação da AP.

A crítica, como se vê, não se dirige à fragilidade do PCdoB, que estava em fase de reorganização, mas ao cupulismo e ao reformismo do PCB. O objetivo central do livro, como se adiantou, é demonstrar como uma organização pequeno-burguesa, a AP, superou suas raízes e aderiu à perspectiva proletária representada pelo PCdoB. Entretanto, na explicação da origem da AP, exalta-se seu papel conjuntural e critica-se frontalmente o PCB.

Sobre a ideologia própria da AP

Nessa primeira fase, da qual Lima e Arantes participaram como protagonistas, a Ação Popular caracterizou-se por buscar uma síntese entre perspectivas diversas - como o cristianismo, o marxismo e o existencialismo - e pela elaboração de uma ideologia própria, como se lê no "Documento-base" (DB), aprovado em seu congresso de fundação. Preconizando o socialismo como humanismo, o DB criticava a noção de ditadura do proletariado e as novas formas de dominação e alienação geradas pelas experiências socialistas realmente existentes. Defendia, ainda, que a revolução brasileira deveria ter um caráter imediatamente socialista e a possibilidade de vários caminhos de passagem ao socialismo (AP, 1963b).

Na década de 1970, quando não apenas tinham feito a adesão ao PCdoB como também tinham passado por todo o processo por meio do qual a AP havia promovido revisão de sua primeira identidade, Lima e Arantes criticaram a ideologia própria então preconizada pela organização, dialogando com o "Documento-base".

No plano filosófico, rejeitaram a noção de "terceira posição" da AP, chamada de "realista", elaborada como alternativa ao materialismo e ao idealismo. Afirmam que essa concepção sucumbiria, no final, ao idealismo, resultado que consideravam natural em uma organização recém-egressa do catolicismo.

Haveria um grande equívoco na análise da AP, que, tendo sucumbido ao idealismo, subestimaria as determinações materiais. A crítica da AP à ditadura do proletariado seria informada pela caricatura grotesca que a burguesia divulgava a respeito desse tipo de Estado. Reproduzindo conhecida definição, Lima e Arantes alegavam que a ditadura do proletariado era o Estado da mais ampla democracia para a maioria trabalhadora e ditadura somente contra a minoria exploradora. Confrontavam, nesse sentido, o conceito de ditadura do proletariado com o horizonte do socialismo como humanismo.

A ênfase no humanismo, direcionada à realização do homem em geral e não às classes, seria sinal de que a AP admitia a luta de classes apenas formalmente, não assimilando suas últimas consequências. A noção de socialismo como humanismo seria, enfim, uma visão pequeno-burguesa acerca da ditadura do proletariado, imprescindível à construção do socialismo (LIMA & ARANTES, 1984, p. 37):

> Afirmando o objetivo – o socialismo – e criticando ou ressalvando o meio prático de realizá-lo – a ditadura do proletariado –, o Documento-base resvala para a defesa de um socialismo utópico – que chama de socialismo como humanismo – e que provavelmente seria um socialismo sem ditadura do proletariado, desconhecido do ponto de vista da experiência histórica concreta da humanidade e inviável no quadro da luta de classes.

Na avaliação do tema da ditadura do proletariado, tocam em outra questão que demarcava a identidade do PCdoB, o legado de Stalin (LIMA & ARANTES, p. 1984, p. 38):

> O Documento-base, crítico da ditadura do proletariado, termina por estigmatizar, unilateralmente, de passagem e sem cuidado, o que denomina de "era staliniana", mostrando-se influenciado pela propaganda revisionista e imperialista que pretende,

> pretextando erros de Stalin, negar em bloco a sua contribuição, negar Lênin e a experiência concreta da construção do socialismo na União Soviética sob as direções de Lênin e Stalin.

Embora afirmem que a AP tinha sido suscetível à propaganda revisionista, os autores a comparam, implícita ou explicitamente, com o PCB. Nessa contraposição, ainda que imperfeita, inconclusa e incorreta, a elaboração da AP sempre leva vantagem. É o que se verifica, por exemplo, na crítica à tese da revolução imediatamente socialista no Brasil, defendida pela AP.

O PCdoB, apesar de ter rompido com os métodos reformistas do PCB, manteve a linha da revolução nacional-democrática, derivada da resolução do VI Congresso da Internacional Comunista para os países coloniais e semicoloniais. De certo modo, em sua análise das estruturas econômicas do país, estava mais próximo do PCB do que da AP. Não obstante essa herança comum, Lima e Arantes salientam, na contraposição entre o PCB e a AP, aspectos favoráveis para a última:

> O caráter imediatamente socialista da revolução no Brasil é outra conclusão a que o documento chega, mas não explica, e que aparece coexistindo contraditoriamente com o apoio à luta pela posse da terra e à luta contra a dominação imperialista. É claro que a AP nessa época desconhecia inteiramente a teoria leninista da revolução proletária por etapas ininterruptas. Mas o seu pronunciamento, em 1963, pela revolução imediatamente socialista no Brasil era também uma rejeição da tese revisionista da necessidade de consolidação do capitalismo no Brasil como etapa prévia à revolução socialista (LIMA & ARANTES, 1984, p. 39).

Uma questão decisiva é a do partido de vanguarda, tendo em vista o fio condutor da análise, justificar a opção pelo PCdoB. O capítulo dedicado a explicar o nascimento da AP e a formulação do "Documento-base" foi assim intitulado: "Surge a AP como organização democrático–reformista". A AP teria nascido como expressão da pequena-burguesia radicalizada, distante da problemática do partido de vanguarda do proletariado, necessário para a direção do processo revolucionário. O DB fazia referência a uma organização dirigente, que poderia ser um partido ou uma coalizão, negando, assim, a existência de um partido de vanguarda no Brasil, o PCdoB.

Em síntese, o "Documento-base", retrato oficial da AP daquele momento, era a "expressão típica de uma intelectualidade idealista debatendo-se entre concepções variadas, mas sentindo a necessidade de transformações sociais" (LIMA & ARANTES, 1984, p. 39). A rebeldia da AP era preferível ao revisionismo do PCB. Os "erros" e "equívocos" da AP se explicariam pelo desconhecimento da teoria revolucionária.

Pode-se inferir que uma coisa era a organização política não ter amadurecido para as questões constituintes do processo revolucionário; outra, muito mais grave, era a revisão da política revolucionária. Por esse prisma, à medida que a luta política se acentuou, uma parte dessa organização, da qual Haroldo Lima e Aldo Arantes faziam parte, amadureceu e reconheceu no PCdoB o partido de vanguarda.

A crítica dos autores, formulada na década de 1970, tem pontos de contato com o processo de autocrítica iniciado no pós-1964, quando a AP se converteu ao marxismo-leninismo e fez um acerto de contas com seu passado. Tornar-se-ia recorrente, nesse processo de autocrítica, a AP caracterizar sua primeira fase como "idealista" e "pequeno-burguesa".

Transição ao marxismo

Na conjuntura pós-1964, em que se verificavam, segundo Lima e Arantes, as consequências da derrota do reformismo e quão explícitas ficaram as falsas e quiméricas ideias divulgadas pelo PC Brasileiro, tornou-se imperativa uma mudança geral de rumo para a AP. Assinalam que houve o despertar viçoso de uma perspectiva revolucionária. Não por acaso, o capítulo que aborda essa passagem tem o título “Da reforma à revolução”.

Após responsabilizar o reformismo do PCB pela derrota de 1964, os autores demarcam um deslocamento da AP na conjuntura posterior ao golpe militar. A partir de 1965, houve ruptura com o PCB, que passou a ser combatido como reformista e traidor do movimento revolucionário. A AP ensaiava o estabelecimento de relações com as dissidências estudantis e as organizações foquistas entre 1965 e 1967, assim como a aproximação com o PCdoB. Qualquer que tenha sido o impacto dessa aproximação na época, ela adquiriu o significado de primeiros passos na direção que levaria à incorporação de uma ala da AP ao PCdoB, no início da década seguinte.

Atualizando a contraposição entre os partidos comunistas, completam que, na nova conjuntura, “estavam, por um lado, a força que ascendia mas que ainda era débil do PC do Brasil, que logo após sua reorganização teve que enfrentar a rebordosa de 1964; por outro, o desgaste sofrido pelo ‘Brasileiro’ com a derrota do reformismo” (LIMA & ARANTES, 1984, p. 66).

Sobre o papel então despenhado pela AP, ressaltam:

> O movimento popular, quando foi retomando seu dinamismo, já não o fez a reboque do governo, mas contra ele! A direção desse movimento escapou das mãos da burguesia nacional e passou à pequena burguesia, que progressivamente se radicalizava. A AP foi um dos meios mais eficazes por meio dos quais a pequena burguesia cumpriu esse papel (LIMA & ARANTES, 1984, p. 65).

A atualização do projeto da AP foi sistematizada no documento “Resolução Política”, aprovado em 1965. Essa resolução, com o objetivo de inserir a organização nos desafios de um novo período histórico, procedeu a um reexame de sua política anterior, condensada, principalmente, no “Documento-base”.

A relação com esse documento e com seu conteúdo não é, no entanto, de ruptura total. A crítica frontal atinge mais a parte da tática e da estratégia política do que a fundamentação filosófica, que é reafirmada. De acordo com a "Resolução Política", as linhas mestras do "Documento-base" estariam vivas e atuais. Ele precisava ser, antes de tudo, conhecido e entendido e depois urgentemente completado (AP, 1965a). O horizonte era o do socialismo como humanismo, gestado a partir da compreensão de que a luta pela superação do capitalismo comportava "experiências as mais diversas e com orientações ideológicas distintas" (AP, 1965a, p. 9).

Criticando certo gradualismo da fase anterior, a redefinição de maior impacto promovida pela "Resolução Política" foi o estabelecimento do objetivo de conquistar o poder pela via insurrecional. Mantinha-se a compreensão de que a revolução brasileira não continha uma fase burguesa. A concepção de revolução abarcava as tarefas de libertação nacional e as tarefas socialistas. A revolução socialista de libertação nacional baseava-se na luta armada, por intermédio da guerra de guerrilhas, e elegia o campo como a sua arena principal (AP, 1965a).

Não obstante assinalarem o despertar viçoso da perspectiva revolucionária, os autores apontam, com a onisciência da leitura retrospectiva que realizaram, o que consideram limitações na "Resolução Política":

> Por essa época, a AP ainda era uma organização idealista, com elementar e disperso conhecimento do marxismo. Continuava desconhecendo a teoria leninista da revolução proletária, a teoria da revolução ininterrupta por etapas, assim como não fazia uma análise correta das condições objetivas e subjetivas da sociedade. Achava indispensável propor-se a uma revolução imediatamente socialista, pois não lhe parecia coerente uma organização socialista – como ela se considerava – levantar bandeira de outro tipo (LIMA & ARANTES, 1984, p. 62).

Segundo essa releitura, o horizonte socialista da AP ainda seria utópico, desprovido da fundamentação científica do marxismo-leninismo:

> O seu "socialismo", além de tudo, carregava a marca da utopia. A resistência à ditadura do proletariado aparecia encoberta na proposta de "socialismo como humanismo" e ainda na formulação equívoca do "socialismo democrático". [...] O que a AP, na época, e as correntes liberais ainda hoje intentam é encontrar, para a construção do socialismo, uma alternativa ao Estado proletário sem cair no Estado burguês, alternativa até hoje não encontrada, porque inexistente (LIMA & ARANTES, 1984, p. 62-63).

Colocando sempre a noção de ditadura do proletariado como a peça de resistência, argumentam que a formulação da AP acerca da democracia encerrava dois grandes equívocos:

> O de apontar no rumo de um hipotético socialismo que prescinda do Estado da ditadura do proletariado, acontecimento nunca visto no mundo; e o de introduzir a ideia de que o Estado mais democrático que o mundo já conheceu, o Estado proletário, socialista – que garante a democracia para a ampla maioria da população e não para uma minoria – não é democrático (LIMA & ARANTES, 1984, p. 63).

Ao mesmo tempo em que saúdam a adesão à compreensão de que a luta armada era inevitável, criticam o ecletismo que ainda marcaria a elaboração da "Resolução Política", na medida em que teria misturado características de revoluções diferentes no conceito de "revolução socialista de libertação nacional". A AP estaria enfrentando desafios para os quais não se preparara. Não teria, por exemplo, compreensão científica do problema da luta armada, razão de seu ecletismo. Ao referir-se ao desenvolvimento da luta revolucionária no país, respaldava-se em pontos de vista marxistas, mas, quando indicava como essa luta seria desencadeada, apelava para o atalho "foquista" (LIMA & ARANTES, 1984, p. 64).

Em balanço geral da "Resolução Política", resumem:

> As posições fundamentais afirmadas na Resolução Política de 65 mostravam que a AP, do ponto de vista filosófico, continuava

> com as mesmas posições gerais do Documento-base; do ponto de vista de classe, continuava uma organização pequeno-burguesa. Mas, do ponto de vista político, já não era uma organização democrática reformista: transformara-se em uma organização democrática revolucionária. Estava longe do campo marxista-leninista, contudo (LIMA & ARANTES, 1984, 64-65).

Em meados de 1967, afunilou-se o processo de definição pelo marxismo, com a aprovação de duas resoluções de grande alcance. A primeira dizia respeito à necessidade de construir o partido de vanguarda para a direção do processo revolucionário. A segunda era a "Resolução sobre o Debate Teórico e Ideológico" (AP, 1967), "que convocou todos os militantes e amigos da organização ao estudo e debate organizado do marxismo" (LIMA &ARANTES, 1984, p. 68).

Inspiradas em vertentes marxistas, duas posições polarizariam o desfecho do "Debate Teórico e Ideológico", cada qual apresentando postulados sobre a caracterização da sociedade brasileira e sobre os caminhos para a revolução. No léxico da luta interna, restaram conhecidas como correntes 1 e 2.

A "Corrente 1", cujo programa ficou conhecido como "Esquema dos Seis Pontos" (AP, 1968c), era influenciada pela linha chinesa e afirmava o maoísmo como a terceira etapa do marxismo, o marxismo da atualidade. Entendia que o Brasil era um país semicolonial e semifeudal e que a revolução, a ser realizada por meio da estratégia da guerra popular prolongada, era de tipo nacional-democrático. Compreendia que já existira um partido de vanguarda no Brasil, fundado em 1922. Todavia, como teria sucumbido ao surto revisionista e perdera seu caráter proletário por volta de 1958, defendia a necessidade de sua reconstrução. Eco da Revolução Cultural chinesa, propunha que os militantes da AP, de origem pequeno-burguesa, passassem pela experiência de "integração na produção", ou seja, que fossem "proletarizados" (AP, 1968c).

Alinhados com a "Corrente 1" em 1968, Lima e Arantes resenham, nos seguintes termos, as posições estratégicas da "Corrente 2":

> Sustentavam posições anti-revisionistas, mas não defendiam a existência de uma terceira etapa do marxismo-leninismo. Consideravam capitalista a sociedade brasileira, não viam nela nenhum traço feudal significativo, razão porque defendiam uma revolução imediatamente socialista para o país. Não tinham proposta clara a respeito do caminho da revolução, embora alguns dos seus mais destacados representantes tivesse nítida posição "foquista". Sustentavam que no país nunca existira um partido proletário, sendo necessária não a "reconstrução do partido", como formulava a "corrente 1", mas a sua construção (LIMA & ARANTES, 1984, p. 71).

Em setembro de 1968, por ocasião da I Reunião Ampliada da Direção Nacional, as posições da "Corrente 1" consolidaram-se como majoritárias na AP, mas o processo foi conflituoso e resultou na expulsão dos líderes da "Corrente 2".[6] Havia, a despeito da demarcação das diferenças de perspectivas, pontos de contato na formulação das duas correntes. A primeira referência era o destaque à luta contra o "revisionismo contemporâneo", representado, por exemplo, pelo PCB. Outro objetivo, já anunciado pelo documento que convocou o Debate Teórico e Ideológico, era a superação da "velha" AP, tida como pequeno-burguesa e idealista, em nome do marxismo-leninismo.

No que se refere à visão sobre a origem da AP, o livro de Lima e Arantes reproduz, com objetivos próprios e linguagem peculiar, a visão que passava a vigorar oficialmente, a partir desse momento, no seio da organização. Quanto às questões que moviam as duas correntes no curso do Debate Teórico e Ideológico, os autores assumem um caráter crítico na avaliação retrospectiva que promovem. Não se percebe, no entanto, autocrítica de sua participação e de seu posicionamento. A crítica dirigia-se, inclusive, aos temas da "Corrente 1", da qual foram líderes, como se vê na questão da linha chinesa:

6 Em 1969, os líderes dessa dissidência viriam a participar da constituição do Partido Revolucionário dos Trabalhadores - PRT.

> No ambiente abrasado pelas ideias marxistas pouco digeridas e dispersas, onde o papel revolucionário que a China então jogava no cenário internacional dava-lhe enorme prestígio, o Esquema dos Seis Pontos, fundamentalmente transplantado da experiência chinesa, teve grande receptividade e foi apoiado de forma dogmática (LIMA & ARANTES, 1984, p. 70-71).

Fazem uma crítica sinuosa à exclusão dos líderes da "Corrente 2", que agora consideram precipitada: "O conjunto não pôde beneficiar-se do aprofundamento e do confronto das ideias, inclusive de algumas críticas corretas que eram feitas ao Esquema dos Seis Pontos" (LIMA & ARANTES, 1984, p. 72).[7] Essa crítica, feita como se não tivessem responsabilidade pelo fato, resulta em uma estocada aos outros líderes da "Corrente 1": "Ironicamente, alguns dos maiores críticos das posições da Corrente 2 e dos mais intransigentes defensores da expulsão precipitada assumiriam e desenvolveriam posteriormente as opiniões equivocadas daquela corrente, especialmente Jair Ferreira de Sá" (LIMA & ARANTES, 1984, p. 72).[8]

Foi na I Reunião Ampliada da Direção Nacional que, pela primeira vez, "todos os participantes de um encontro nacional da AP consideravam-se marxistas-leninistas" (LIMA & ARANTES, 1984, p.72).

A questão do partido de vanguarda

Na conjuntura posterior à I Reunião Ampliada da Direção Nacional, o tema do partido de vanguarda tornou-se o centro da pauta e da luta política interna. No "Esquema dos Seis Pontos", que

---

7 Entretanto, no documento "Contribuição ao estudo científico da sociedade brasileira", que ajudaram a elaborar no início da década seguinte, quando a luta interna da AP ganhava novos contornos, incluem as posições da "Corrente 2" entre as "ideias extravagantes" que, por vezes, surgiam no caminho da AP, sugerindo que era possível uma revolução imediatamente socialista no Brasil (APML, 1972a).

8 Referem-se ao fato de Jair Ferreira de Sá, líder da aprovação do "Esquema dos Seis Pontos" em 1968, rompendo com a concepção estratégica sistematizada nesse documento, ter passado a defender a visão de que a revolução brasileira não comportaria a fase nacional-democrática e seria diretamente socialista.

prevaleceu na disputa ocorrida em 1968, o objetivo era a "reconstrução do partido proletário no Brasil". Como líderes do setor que rompeu com essa tese, Lima e Arantes detalham o processo que levou uma ala da AP a aderir à conclusão de que o PC do Brasil era o partido histórico do proletariado. A aproximação doutrinária com o citado partido teria sido precedida e combinada, segundo a narrativa do livro, pelo estreitamento de laços na luta política.

Em 1968, quando houve grande ascensão das lutas contra a ditadura militar, em que vicejavam perspectivas revolucionárias, não mais existiria, salientam Lima e Arantes, a aliança que a AP mantivera com o PCB, pois já havia posição clara contra o revisionismo contemporâneo representado pela União Soviética. A AP, então, passou a se relacionar com outros grupos combativos e "aprofundou, na ação, a unidade com uma força com que a partir de então só se aproximaria, o Partido Comunista do Brasil" (LIMA & ARANTES, 1984, p. 76). A proximidade na ação política se completava com os pontos de contato no combate ao revisionismo e ao foquismo, na compreensão da realidade nacional e na concepção de revolução brasileira.

Os debates sobre a questão do partido não cessaram e culminaram na II Reunião Ampliada da Direção Nacional. Realizada em junho de 1969, essa reunião teve como conclusão a tese da Reconstrução do Partido Operário Unificado do Brasil (AP, 1969c). Entende-se, então, que o marxismo vivia a etapa do pensamento de Mao Tsé-Tung, tese que era aceita unanimemente na AP, acentuam Lima e Arantes. Enquanto alguns partidos tinham soçobrado diante do revisionismo e outros tinham se fragmentado, era preciso proceder à unificação a partir de agrupamentos redefinidos pelos parâmetros do novo período.

A grande inovação introduzida pela resolução foi a conclusão de que duas organizações políticas fundadas em 1962, a AP e o PCdoB, eram as mais avançadas para liderar o processo de redefinição do partido de vanguarda, pois, a despeito de suas origens e trajetórias distintas, teriam chegado a uma unidade fundamental de princípios e de formulação política. A união entre as duas seria a base da reconstrução do partido operário unificado. Cumpria definir, então, qual seria o polo principal. Porém, destacam Lima e Arantes, na hora de demonstrar que o PCdoB fora fundado em 1962, surgiu um dilema: teria sido fundado ou reorganizado?

Sem alterar o fundamental da deliberação, essa questão foi remetida a posterior aprofundamento. A análise do documento "Audácia nos objetivos e rigor nos métodos", que veicula as conclusões dessa reunião, demonstra que, de fato, essa dúvida foi registrada (AP, 1969c). A resposta dada a esse questionamento seria decisiva para os rumos da AP. Na ótica da posição que viria a ser defendida por Lima e Arantes, as consequências seriam estas:

> Se reconhecesse que o PC do Brasil, com que afirmava ter unidade ideológica e política fundamental, era o mesmo partido da classe operária do Brasil, fundado em 1922, consequentemente com perto de meio século de existência à época, então não poderia, à luz do princípio leninista do partido único da classe operária, deixar de reconhecer naquele partido o centro de aglutinação dos marxistas-leninistas do país (LIMA & ARANTES, 1984, p. 123).

De acordo com o depoimento dos autores, no que diz respeito ao setor a que pertenciam, a dúvida não tardou a ser dirimida. Antes mesmo da II RADN, AP e PCdoB haviam deliberado realizar, em maio de 1969, "reunião entre representantes das duas direções para discutir problemas da conjuntura política e a 'questão do Partido' no Brasil" (LIMA & ARANTES, 1984, p. 121). O estudo das anotações extraídas dessa reunião foi um ponto de partida para o reexame da questão e

> levou os principais dirigentes da AP a entenderam que o fato histórico da "reorganização do PC do Brasil em 1962" encerrava o processo concreto pelo qual no Brasil se resistiu ao revisio-

> nismo de tipo Kruschovista e se salvou o caráter revolucionário proletário do antigo agrupamento marxista-leninista do país. Compreendeu-se por que os marxistas-leninistas se referem ao PC do Brasil como o partido fundado em 1922 e reorganizado em 1962 (LIMA & ARANTES, 1984, p. 127).

Mais do que a revisão da tese da reconstrução do partido operário, essa conclusão não teria outro desfecho coerente para a AP, segundo o ponto de vista de Lima e Arantes, "senão propor sua incorporação ao PC do Brasil", o que significaria o fim de sua existência autônoma como organização política. Mas a AP ainda não estaria preparada para promover esse reconhecimento da primazia do PC do Brasil:

> Este princípio da direção proletária é um princípio que a pequena burguesia revolucionária, ou mesmo reformista, não tem muita dificuldade em adotar, teoricamente. [...] O difícil mesmo é uma organização pequeno-burguesa encontrar a forma prática e conseqüente de acatar a direção proletária dispondo-se a fortalecer, como no caso do Brasil, o partido marxista-leninista existente. Em geral, essas organizações negam a existência do partido marxista-leninista, sob mil pretensos argumentos, e proclamam a disposição de fortalecer o partido proletário que surgirá algum dia no futuro, segundo acham, a partir delas próprias (LIMA & ARANTES, 1984, p. 128).

Tem-se, então, um período de depuração das posições para a promoção dessa ruptura política, que demoraria cerca de três anos para ser consumada. Na verdade, apesar da clareza que os autores atribuem a si próprios nesse momento, a narrativa deixa entrever que suas posições ainda não eram tão definidas, ou seja, também passavam pelo que chamam de depuração.

Nesse período, que medeia o desfecho do impasse, houve nova conjuntura de luta interna em torno do partido de vanguarda e da estratégia revolucionária. Emergiu, no interior da AP, um questionamento ao "Esquema dos Seis Pontos", a partir do qual vieram a ser colocadas em xeque a definição do Brasil como um país semifeudal e a necessidade da etapa nacional-democrática da revolução.[9]

Sobre o tema do partido de vanguarda, também havia novos contornos nos debates. Lima e Arantes afirmam que, à medida que crescia a compreensão sobre a história do PCdoB, seus adversários passaram a escamotear a questão principal. De forma irônica, ressaltam que, para seus oponentes, o fundamental não era mais a questão da fundação ou reorganização do PCdoB em 1962, pois descobriram "que o decisivo era a construção de um 'partido de tipo inteiramente novo, marxista-leninista-maoísta' no Brasil e, deste tipo, diziam, o PC do Brasil não era" (LIMA & ARANTES, 1984, p. 131).

O pano de fundo, reconhecem, era a interpretação da etapa do marxismo: "A minoria buscava justificar a necessidade do partido 'inteiramente novo' com a 'terceira etapa no marxismo-leninismo, o maoísmo', à qual deveria corresponder um tipo específico de partido" (LIMA & ARANTES, 1984, p. 131).[10] Descrevendo as posições dos oponentes, informam:

> No Brasil, tal partido deveria ser construído, na opinião da minoria, "a partir das organizações de segunda etapa, marxistas-leninistas" que existiam, nomeadamente: "Ação Popular, Partido Comunista do Brasil e outras" que, com suas concepções e linhas "redefinidas diante da terceira etapa", procurariam unir-se, formando "o partido inteiramente novo" (LIMA & ARANTES, 1984, p. 131).

Por isso, a AP se dividiria em duas grandes tendências. A primeira amadurecia a posição pela incorporação ao PCdoB e inclina-

---

9 Essas posições foram veiculadas pelo documento "Cinco pontos de luta interna", do dirigente Paulo Stuart Wright (1970).

10 Teses dessa natureza foram defendidas por Paulo Stuart Wright, no documento "Cinco pontos da luta interna". Segundo suas palavras, "necessitamos de um partido de tipo inteiramente novo porque estamos vivendo uma etapa inteiramente nova na revolução mundial e em nosso país" (WRIGHT, 1970, p. 1).

va-se para a defesa do caráter nacional e democrático do estágio que a revolução deveria atingir naquele momento. A segunda defendia a construção de um partido inteiramente novo, próprio da terceira etapa do marxismo. Nessa ala, floresceram teses que questionavam a existência de feudalismo no Brasil e propunham a revolução socialista imediata.

Avaliando a correlação de forças desse momento, ressaltam Lima e Arantes:

> A maioria dos dirigentes da AP tomou posição em defesa da linha nacional e democrática da revolução no presente estágio, do caminho da guerra popular, da análise marxista-leninista que o PC do Brasil faz da sociedade brasileira, do papel revolucionário de Stalin e da contribuição inestimável da IC. Mais ainda, essa maioria começou a compreender e a destacar como o PC do Brasil ocupara o posto de vanguarda no Brasil em todas essas questões, tendo-as mais amadurecidas e desenvolvidas que a AP (1984, p. 131).

De qualquer forma, reconhecem que essa polêmica entre os dirigentes atingiu as bases da AP e pautou a III Reunião Ampliada da Direção Nacional, realizada em maio de 1971. Entretanto, a resolução dessa reunião foi uma espécie de solução de compromisso entre as posições em disputa. Caberia ao II Congresso da AP, a ser realizado em breve, dirimir as pendências e chegar a conclusões definitivas. Mesmo assim, o "Programa Básico", então aprovado, foi um marco na vida da AP, atualizando, nas condições e na correlação de forças existentes, a redefinição que a organização vinha sofrendo. Consagrou-se uma mudança de grande impacto, incorporando o adjetivo "marxista-leninista" ao antigo nome da AP, que passou a ser chamada, a partir de então, APML.

Além das implicações organizativas e de condução da linha política, a mudança tinha grande dimensão simbólica. A tentativa de romper com o passado fica explícita no acento colocado, em toda a redação do texto, de que se trata da "nova Ação Popular", expressão presente na introdução de cada tópico do "Programa Básico". Na passagem em que anuncia a mudança do nome, por exemplo, registra-se: "A nova Ação Popular passa a chamar-se Ação Popular Marxista-Leninista do Brasil" (APML, 1971a, p. 16). A ruptura final se daria na construção do partido proletário, mas os passos sedimentados tinham o objetivo de aprofundá-la.

Em formulação em torno da qual não havia divergências importantes, o período anterior foi sintetizado, no tópico "caráter de classe e missão da organização", que abre o "Programa Básico", da seguinte maneira (APML, 1971a, p. 1):

> A nova Ação Popular é uma organização política proletária, inteiramente dedicada a servir ao proletariado e por isso a todo o povo, e tem como missão dirigir a classe operária e as amplas massas populares na luta contra seus inimigos de classe. Surgiu de um partido pequeno-burguês, fundado em 1962, que se transformou de um partido pequeno-burguês reformista (1962-1964) num partido pequeno-burguês revolucionário (1965-1967) e depois, através de uma árdua luta teórica e prática (1967-1969), numa organização marxista-leninista (a partir do segundo semestre de 1969).

Entretanto, a solução representada pela III RADN, essencialmente provisória, mantinha a disputa acesa, como se verifica na forma como as alas da APML avaliavam o "Programa Básico", cada qual proclamando vitória, embora fossem acusadas insuficiências no texto. Haroldo Lima e Aldo Arantes escrevem que o referido programa era uma vitória da "tendência marxista-leninista" em formação, que aspirava a uma maior aproximação com o PCdoB, expressando o ponto de vista do setor que aderiu a esse partido. Havia equívocos e insuficiências, mas sua linha seria essencialmente marxista-leninista, exatamente pela aproximação com a estratégia daquele partido.

Sobre a caracterização das estruturas do país e da natureza da revolução, observam:

> Afirmou que na sociedade brasileira já predominavam as relações capitalistas de produção, sendo de todo errôneo caracterizá-la como semicolonial e semifeudal. Expondo corretamente os traços básicos da sociedade brasileira – a dependência, o predomínio capitalista, as sobrevivências pré-capitalistas -, o Programa Básico afirmava também com correção ser a revolução brasileira, na atual etapa, nacional e democrático-popular, anti-imperialista e agrária, enunciado que correspondia à síntese da linha do PC do Brasil (LIMA & ARANTES, 1984, p. 133).

Sintomaticamente, voltam a enfatizar a questão Stalin:

> O Programa Básico não se omitiu na defesa aberta de Stalin. [...] É um divisor de águas ante o qual revolucionários marxistas não podem sequer omitir. [...] A crítica a Stalin tem sido um dos carros-chefes dos revisionistas e trotsquistas e por isso a sua defesa separa os verdadeiros marxistas-leninistas dos tergiversadores do marxismo (LIMA & ARANTES, p. 133 e 134).

Em coerência com o fio condutor de sua análise, Lima e Arantes ressalvam que o principal problema se concentrava na proposta da construção do "partido novo da terceira etapa":

> Mas onde o Programa soçobrou, não conseguindo chegar a uma posição marxista-leninista, foi no capítulo sobre o Partido no Brasil. A aliança de um setor da própria "maioria" com a "minoria" criou as condições para que a mais representativa das posições da "minoria" prevalecesse, a da "luta pela construção de um partido proletário no Brasil, de tipo inteiramente novo, marxista-leninista-maoísta", a ser formado levando em conta a existência no país de um "partido marxista-leninista, o PC do Brasil" e de "outras forças marxistas- leninistas", aos quais se propunha a unificação, "tomando por base os princípios e as posições deste Programa Básico" (LIMA & ARANTES, 1984, p. 134).

A solução final deveria ser consolidada pelo II Congresso da AP, agora APML, mas os acontecimentos seguiram um rumo diverso. Avaliando a III RADN, Lima e Arantes (1984, p. 135) afirmam que "a maioria já aparecia efetivamente como uma tendência marxista-leninista em formação", que não se consolidara ainda, porém. Nessa ótica, a conjuntura seguinte consolidou essa maioria e as suas posições, que passavam a orbitar, cada vez mais, em torno da primogenitura do PCdoB.

Cabe esclarecer que se firmou, aqui, uma situação paradoxal. A aproximação com o PCdoB implicava a revisão da tese de que o maoísmo correspondia a um novo período do marxismo, a terceira etapa. O programa político mantido, entretanto, guardava flagrante identidade com a linha chinesa: revolução nacional-democrática, a deflagração da guerra popular como estratégia de conquista do poder etc. Por seu turno, o setor que defendia o maoísmo como a nova etapa do marxismo empunhava a bandeira da revolução imediatamente socialista, sem identidade com o programa da revolução chinesa. Em vez de promover um transplante mecânico da linha chinesa para a realidade brasileira, era preciso se inspirar no método do maoísmo, diziam os defensores desse caminho (APML, 1972b).

O desenlace anunciado

A citada maioria em formação estava traduzida na composição do birô político da AP, do qual faziam parte Haroldo Lima, Aldo Arantes, Renato Rabelo, Duarte Pereira, Jair Ferreira de Sá e Paulo Stuart Wright. Os dois últimos eram adeptos da concepção da revolução imediatamente socialista e da tese do partido de tipo novo, próprio do que consideravam ser a etapa vivida pelo marxismo. Duarte Pereira viria a assumir posição distinta, favorável à construção de um partido de tipo novo, tomando como base o PCdoB (LIMA & ARANTES, 1984, p. 144). Os três primeiros trilharam o caminho da revisão de posições sobre a etapa vivida pelo marxismo e de defesa da incorporação ao PCdoB.

A narrativa de Lima e Arantes revela que tal revisão não foi imediata. Os três dirigentes - entre os quais estão os dois autores

- que lideraram esse processo apresentaram, em reunião extraordinária do CC, a primeira após a III RADN, um documento em que apontavam mudanças na formulação, mas a questão da etapa do marxismo, central para o debate, não foi revista totalmente:

> A existência da terceira etapa do marxismo não era negada no documento dos três [...]. Não obstante, a questão já foi abordada sob uma ótica diferente. [...] O critério destacado era o da luta decidida contra o revisionismo contemporâneo, encabeçado pelo soviético. O PC do Brasil [...] preenchia o critério definidor (LIMA & ARANTES, 1984, p. 145).

O resultado, veiculado pelo livro como uma grandiosa vitória, foi que a

> reunião concluiu, pela primeira vez ao nível do Comitê Central da AP, pelo reconhecimento do PC do Brasil como o partido autenticamente marxista-leninista do país, fundado em 1922, reorganizado em 1962, centro de aglutinação dos marxistas-leninistas do país, com o qual a AP concordava no fundamental, em torno do qual deveria unir-se. Para a decisão em última instância a respeito da questão ficou acertada a convocação do II Congresso da AP (LIMA & ARANTES, 1984, p. 145).

O PCdoB interveio no debate. Logo após a reunião extraordinária do CC, seu órgão oficial divulgou uma crítica desdenhosa ao "Programa Básico". O PCdoB se negava a reconhecer a AP como marxista-leninista e criticava a sua caracterização da terceira etapa do marxismo e a sua "trotsquizante" concepção de construção do "partido inteiramente novo". Lima e Arantes salientam que a crítica de fundo era justa e vinha ao encontro das decisões do CC, que eram mais um passo na direção da completa assimilação do verdadeiro marxismo-leninismo.

Houve reação de parte dos militantes da APML (1972c) à intervenção do PCdoB. Denunciou-se o tom pejorativo de seu documento, acusando-o de tentar desagregar a APML e conclamando um posicionamento em defesa da organização. Tentou-se, sem sucesso, uma retratação do PCdoB. Entretanto, a divisão interna não teria reversão e o PCdoB exerceria, cada vez mais, atração sobre uma ala significativa da APML.

A "maioria" divulgou o documento "Contribuição ao Estudo Científico da Sociedade Brasileira" para refutar, definitivamente, a "análise completamente falsa" que seus adversários faziam da realidade do país (APML, 1972a). Fundamentando a necessidade da revolução nacional e democrática, esse documento "outra coisa não fazia que repor, atualizar e fundamentar as conclusões sobre a sociedade brasileira a que chegaram os marxistas-leninistas do país, cuidando de responder aos problemas específicos surgidos na luta interna da AP" (LIMA & ARANTES, 1984, p.147-8).

Após a reunião do CC, explicitadas todas as questões fundamentais, configurou-se uma "situação nova dentro da AP", no dizer de Lima e Arantes (1984, p. 148-149):

> Duas linhas antagônicas disputavam a supremacia política da organização: a linha marxista-leninista da revolução nacional e democrático-popular e a linha trotsquizante da revolução imediatamente socialista. A primeira ligava-se à perspectiva da incorporação ao PC do Brasil; a segunda, à fundação de um partido de "tipo inteiramente novo".

Na tensão da luta interna, foi comum a troca de anátemas. As posições que Lima e Arantes defendiam foram estigmatizadas como "direitistas" e "dogmáticas": "dogmáticas" porque fariam um transplante mecânico de um modelo de revolução para a realidade brasileira; "direitistas" porque rebaixariam as tarefas revolucionárias, em uma linha que não seria fundamentalmente distinta daquela preconizada pelo PCB (APML, 1972b).

Em contrapartida, qualificavam as posições de seus oponentes como "trotsquizantes". Tal adjetivação tinha duas motivações. A primeira referia-se à concepção de construção partidária. Embora a concepção de seus adversários "não fosse clara e abertamente trotsquista, tinha semelhança com a ideia trotsquista a respeito do partido como ajuntamento de tendências e frações, dentro de uma organização fundada na conciliação, sem caráter proletário e sem unidade de vontade" (LIMA & ARANTES, 1984, p. 131). A segunda relacionava-se com a concepção de revolução. Acusam seus oponentes de construírem um país hipotético e fantástico, sob influência de devaneios de autores "trotsquistas" ou "trotsquizantes" (LIMA & ARANTES, 1984, p. 148). De resto, "trotsquizante" era o máximo anátema para um partido que mantinha ou assumia uma identidade stalinista ou staliniana.

É revelador o vocabulário utilizado pelos autores para acentuar o caráter novo da conjuntura vivida. Configurou-se uma situação em que, internamente, havia "duas linhas antagônicas" disputando a "supremacia política na organização", ao mesmo tempo em que, externamente, grassava o terrorismo de Estado para eliminar os "comunistas e outros revolucionários" (LIMA & ARANTES, 1984, p. 148-149).

> Tal situação, e sobretudo a necessidade de empenhar maiores esforços na luta antifascista, levava um sentido de urgência no encaminhamento da luta entre as duas linhas dentro da AP, sem o que a organização ver-se-ia atada a questões internas, numa hora de emergência da situação nacional (LIMA & ARANTES, 1984, p. 149).

Depreende-se que, em sua interpretação, não havia mais margem para negociação, persuasão ou para uma ala subordinar a outra na correlação de forças. A maioria passou, então, a uma ofensiva geral, com o objetivo de "ganhar o conjunto depurado da organização e encaminhar a solução da luta interna" (LIMA & ARANTES, 1984, p. 149). Para tanto, promoveu a completa depuração de suas posições.[11]

---

11 Na biografia de Pedro Pomar, um dos dirigentes do PCdoB mais influentes nesse debate, lê-se: "Pomar escreveu então um artigo em 'A classe operária', aprovado pela executiva, explicitando que o único caminho para a incorporação da

A primeira e mais importante depuração referia-se à etapa histórica vivida pelo marxismo. Lima e Arantes avaliam, agora, que teria havido uma incorporação dogmática da linha chinesa, de grande prestígio em 1968. Ressaltam que o PCdoB não havia apoiado a tese da terceira etapa e que o livro vermelho não fora distribuído por conta do prefácio que a apontava. Da mesma forma, utilizam textos desse partido para reafirmar a atualidade das ideias de Lênin contra a tese da terceira etapa. O leninismo continuaria fundamentando as lutas revolucionárias do período.

Deliberadamente, Lima e Arantes minimizam a relação do PCdoB com a China, que era, pelo que se sabe, muito estreita, a despeito da polêmica acerca da terceira etapa do marxismo. No final da década de 1960, o PCdoB era reconhecido como representante autorizado do PCCh no Brasil (REIS, 1991). Em suas publicações desse período e do início da década seguinte, o PCdoB não economizou elogios à experiência chinesa e ao seu líder máximo (GORENDER, 1987).

Todavia, houve uma reviravolta no fim da década de 1970, quando se abandonou a China como referência (REIS, 1991). Como observou Jean Rodrigues Sales, procedeu-se, a partir dessa cisão, a "uma crítica retrospectiva ao modelo chinês, na qual se procura mostrar que o partido já demonstrava discordância com este modelo pelo menos desde 1963" (SALES, 2000, p. 114).

Percebe-se, pois, que Lima e Arantes analisam as questões daquela época sob os influxos das mudanças de posição do PCdoB em relação à China. A adoção da estratégia baseada na linha chinesa, aprovada pela AP em 1968, foi um elo importante em sua aproximação com o PCdoB (REIS, 1991). Essa simpatia pela linha chinesa revelava-se, por exemplo, na concepção da revolução nacional-democrática e na proposta de guerra popular.

AP no PCdoB era sua aceitação das políticas do partido, sem condicionamentos" (POMAR, 2003, p. 303).

A segunda questão a ser depurada dizia respeito à aceitação da teoria da revolução ininterrupta por etapas, ou seja, à necessidade de cumprir as tarefas da revolução nacional-democrática para passar à revolução socialista. Ao mesmo tempo em que rejeitam a tese da revolução socialista imediata, posição mantida pela "minoria", Lima e Arantes (1984, p. 153) criticam os revisionistas, que não enxergavam os vínculos estreitos entre as duas fases da revolução. A terceira questão era relativa à formação da frente anti-imperialista, que excluiria "a grande burguesia monopolista e o latifúndio exportador. Tais classes e setores não se opõem à dominação imperialista, não fazem parte da frente. Não é uma frente de toda a nação, mas da maioria desta" (LIMA & ARANTES, 1984, p. 156).

A "maioria" da AP, solucionadas as pendências de ordem doutrinária, passava a ter unidade completa, em todas as questões fundamentais da revolução, com o PC do Brasil, salientam Lima e Arantes. Restava ganhar adesões individuais e conduzir o conjunto depurado da organização para a incorporação àquele partido, desfecho que teria solução no II Congresso. Além da afinidade de linha política, a luta guerrilheira que o PCdoB patrocinava na região do Araguaia exercia poder de atração sobre a militância da AP, asseguram.

A "minoria", dizem, "estava encurralada". A disputa tornou-se mais acirrada, provocando exclusões e precipitando o desfecho da contenda. Haroldo Lima e Aldo Arantes resumem assim a sua versão dos fatos (1984, p. 157).

> Foi nesse quadro de dificuldades e pressentindo derrota estrepitosa, que a minoria trotsquizante apelou para o fracionismo. Seus dirigentes puseram-se a fazer articulações paralelas, viagens às escondidas, reuniões à margem da estrutura organizativa e, onde podiam, praticavam a política própria. Isso colocou-os em antagonismo com a organização, provocando a destituição de funções e posterior expulsão dos seus principais dirigentes, Paulo Wright e Jair Ferreira de Sá. Nenhuma medi-

> da foi tomada contra os demais adeptos das idéias da minoria, mas todos os que defendiam essas idéias e eram contrários à incorporação ao PC do Brasil deixaram a organização por conta própria. Após a depuração, nada impedia a incorporação.

Nos termos da versão que veiculam, além da expulsão dos dois líderes da chamada minoria, seus adeptos promoveram uma evasão espontânea das fileiras partidárias. Dessa forma, "a luta ideológica se resolveu de uma forma que não foi prevista, mas que a vida apresentou" (LIMA & ARANTES, 1984, p. 157). O II Congresso, que fora pensado para resolver as divergências sobre a questão do partido, perdera sua função, na visão desse setor. Alegam, ainda, que se somavam questões de segurança. Não fosse a conjuntura "fascista", marcada pelo terrorismo de Estado contra os comunistas, o Congresso poderia ter sido mantido. Seu papel, no entanto, não seria o de adotar a decisão, que foi precipitada pelos fatos, mas o de fazer o balanço final da organização.[12]

O desfecho é assim descrito:

> A 17 de maio de 1973, o Bureau Político do Comitê Central da Ação Popular Marxista-Leninista do Brasil divulgou a sua última circular, indicando o procedimento acertado entre as duas direções para o ingresso no PC do Brasil (LIMA & ARANTES, 1984, p. 158).

12 Embora fosse considerado membro da "maioria", Duarte Pereira teve posição diferente nesse desfecho. Conforme Lima e Arantes, "dessa deliberação não participou Duarte Pereira, argumentando razões de conteúdo e de método. Os demais participantes da 'maioria' consideraram que os motivos apresentados por Duarte não eram suficientes para impedir o desenlace da incorporação, sobretudo na nova conjuntura que o partido enfrentava" (1984, p. 158). Duarte Pereira, por conta própria, procurou esclarecer seu posicionamento. No documento "Estêvão e o Partido Comunista do Brasil", de 1999, afirma que o II Congresso, além de resolver a oposição entre os campos em disputa, deveria, também, solucionar as contradições da maioria. Não aceitava, além disso, a revisão unilateral das posições da organização a que pertencia. Mantinha divergências e reivindicava canais apropriados para exercê-las no seio do novo partido (PEREIRA, 1999b). Ver o capítulo 5 deste livro.

Não houve fusão de organizações partidárias, mas a incorporação de militantes da AP ao PCdoB.[13] Um documento do PCdoB registrou que, em 1972 e em 1973, começou o ingresso de militantes da AP. A massa de adesão de dirigentes e militantes aconteceu, porém, a partir de 1974 (PARTIDO COMUNISTA DO BRASIL, 1983). De acordo com pesquisa recente, a incorporação definitiva levaria tempo. Por causa do contexto repressivo, foram mantidas, em uma espécie de transição, antigas estruturas da APML, concomitantes com as do PCdoB (OLIVEIRA JR, 2000).

Inserido como anexo ao livro de Haroldo Lima e Aldo Arantes, o documento "A experiência da Ação Popular", aprovado pelo Comitê Central do PCdoB em 1976, instrui a avaliação do significado desse desfecho:

> A incorporação da AP ao PC do Brasil foi, assim, no plano interno, uma inequívoca vitória do marxismo-leninismo e uma flagrante derrota do revisionismo. Reforça a tendência geral de aglutinação em torno do PC do Brasil e aponta para os marxistas-leninistas de outras origens o caminho provado que devem seguir para ajudar na construção do partido do proletariado no Brasil. No plano externo, significa uma vitória da corrente autenticamente marxista-leninista que se vai desenvolvendo na luta pelo socialismo e contra os revisionistas de todos os matizes (LIMA & ARANTES, p. 169).

Para esse documento, a proclamada vitória do marxismo-leninismo era mais completa porque, além do revisionismo, fora derrotado o "oportunismo de esquerda", que

---

13 Convertido em historiador do partido a que aderiu, Haroldo Lima anotou no "Itinerário das lutas políticas do PCdoB": "Ação Popular reconhece a marca proletária, marxista-leninista, do PC do Brasil e constata ser ele o velho partido da classe operária brasileira, fundado em 1922 e reorganizado em 1962; compreende a importância de incorporar-se a ele, para fortalecer seu papel dirigente e sua condição de partido único da classe operária do Brasil" (LIMA, 1984, p. 24-25).

> também não conseguiu plantar raízes e desenvolver-se na AP, apesar de tentativas feitas. Insinuou-se em 1968, por meio da "Corrente 2", e ressurgiu com mais força em 1970, completando suas ideias e conformando uma linha. Volta a negar o papel do campesinato, da burguesia nacional e, sobretudo, contesta o papel de vanguarda do PC do Brasil, propondo uma aglutinação de forças heterogêneas como método de construir um outro partido no Brasil. Não consegue sequer manter um enfrentamento à altura com os marxistas-leninistas, apelando, logo que atacado política e ideologicamente, não só para a capciosa política das evasivas, como, mais tarde, para os métodos fracionistas (LIMA & ARANTES, 1984, p. 169-170).

O impacto da adesão de dirigentes e militantes da AP foi reconhecido pela direção do PCdoB, em documento firmado posteriormente:

> Aspecto positivo da incorporação da AP foi o reforço político e orgânico do Partido, pelo grau de combatividade e nível político de grande número de quadros que haviam se formado nas difíceis condições de luta contra o fascismo. Esse reforço se deu em nível regional e no Comitê Central, na reestruturação de 1975. A incorporação dos militantes e dirigentes da Ação Popular foi a que se revelou mais correta e mais benefícios trouxe ao Partido (PARTIDO COMUNISTA DO BRASIL, 1983).

Note-se o elogio à combatividade e ao alto nível dos quadros incorporados. Em sua análise retrospectiva, Lima e Arantes salientaram essa dimensão positiva da militância da AP, sempre caracterizada como rebelde e aguerrida. A limitação de formação estava, definitivamente, superada, na medida em que se concluíra a transformação ideológica e se reconhecera a primazia do PCdoB como o partido histórico da classe operária.

Esse documento do PCdoB consolida a visão que conduziu a obra de Lima e Arantes:

> A história da evolução da AP até o marxismo-leninismo e ao Partido demonstra que, se o Partido da classe operária tem uma política revolucionária clara e uma prática consequente, sua influência no movimento político real estende-se a outras organizações e serve de ponto de referência na diferenciação de posições corretas e incorretas no processo da luta de classes. Mostra igualmente toda a potencialidade do marxismo-leninismo e a força irresistível do socialismo como perspectiva de organização da sociedade. Os marxistas-leninistas, sem abdicar de suas posições de princípios, de suas orientações estratégicas e táticas, devem estabelecer corretas relações de unidade e luta com certos agrupamentos revolucionários em formação e, dessa forma, contribuir para que os elementos mais avançados dessas organizações evoluam às posições revolucionário-proletárias e ao marxismo-leninismo (PARTIDO COMUNISTA DO BRASIL, 1983).

Em 1973, definida a incorporação da chamada maioria ao PCdoB, fechara-se o ciclo de existência da AP, segundo a cronologia e o sentido que Haroldo Lima e Aldo Arantes procuram imprimir à história.[14]

A fronteira estabelecida pelo livro é um dos marcos de disputa de memória. O setor remanescente vai se referir ao episódio da expulsão dos dirigentes como a "cisão de setembro/outubro de 1972".[15] Militante da ala que permaneceu organizada como APML,

14 Em 1973, membros do setor que procurou manter a organização da APML foram abatidos pela repressão. Embora não façam referência ao fato de essas quedas terem ocorrido após a cisão com a ala que se incorporou ao PCdoB, da qual faziam parte, Haroldo Lima e Aldo Arantes puseram as divergências de lado e fizeram emocionada homenagem a alguns militantes da APML que foram então vitimados, incluindo José Carlos da Mata Machado e Gildo Lacerda, elevando-os à condição de mártires da história recente do país. Sobre Paulo Stuart Wright, em particular, escreveram: "Manifestamos nosso respeito à memória de Paulo Stuart Wright, combatente sério e dedicado, que, preso pela ditadura militar fascista, em setembro de 1973, foi torturado e morto, tendo-se portado com dignidade revolucionária" (LIMA & ARANTES, 1984, p. 160).

15 É o que se lê, reiteradas vezes, em um documento que Jair Ferreira de Sá divulgou. Segundo esse documento, desde o início teria ficado claro que a "direita"

Elzira Vilela define desta maneira o desenlace: "A Ação Popular se cindiu e um grupo da Ação Popular entrou para o PCdoB e outro não" (AQUINO, 2003, p. 134). Além de procurar manter a organização, essa ala promoveu a disputa da memória dos fatos da luta interna e a defesa da correção da linha política que representava (APML, 1973d). Por um período, antes que se consumasse a incorporação da ala majoritária ao PCdoB, os dois agrupamentos reivindicariam o nome da legenda (RIDENTI, 2002).

Os remanescentes procuravam preservar, com os matizes de sua leitura, a memória e os próprios marcos da história da organização, que foi reconstituída e teve existência até 1981. Incorporada ao PT como tendência interna, dissolveu-se no interior desse partido. Os membros que aderiram ao PCdoB abriram mão de sua experiência organizativa para abraçar outro partido e a sua história. Mais do que isso, passaram a narrar e interpretar a história da AP pela ótica do PCdoB.

Considerações Finais

O livro de Haroldo Lima e Aldo Arantes faz uma leitura retrospectiva da história da AP, com o objetivo de legitimar a opção, assumida pela ala a que pertenciam, de se incorporar ao PCdoB. O

---

usaria todas as formas para forçar a ideia de unidade entre o "Programa Básico" e o programa do PCdoB, com vistas a acelerar a unificação com aquele partido. Por isso, na disputa da memória sobre a luta orgânica pelo controle do partido, acusa o outro setor, adjetivado como "direitista e dogmático", de utilizar maiorias eventuais em certos níveis da direção, especialmente na direção central, e de composições temporárias de organismos incompletos para travar o possível avanço da corrente de esquerda e deter o movimento de retificação da linha política. Invertendo as acusações de fracionismo, afirma que o outro setor promoveu "a quebra da legalidade interna feita em torno de inúmeras questões, culminando uma sucessão de golpes e tentativas de golpes [...]. Para isso invocaram também um conjunto de 'denúncias' quanto ao nosso pretenso fracionismo, quando, de fato, lutamos por impedir o verdadeiro fracionismo e liquidacionismo, que era o movimento de integrar-se no PCdoB sob distintas formas" (APML, 1973d, p. 13).

pressuposto é o de que se trata de um processo de transformação de uma organização pequeno-burguesa, que, convertida ao marxismo--leninismo, aderiu ao verdadeiro partido histórico do proletariado.

Ressalve-se, contudo, que tal procedimento, abstraídas as questões que remetiam diretamente ao PCdoB, corresponde ao processo de transformação vivido pela AP como um todo. Na segunda metade da década de 1960, quando a AP iniciou o processo de autotransformação para construir o partido marxista-leninista, realizaram-se revisões do passado da organização e foi atualizada sua memória, como demonstra fartamente sua documentação. A diferença é que as outras alas, estabelecida a opção pelo marxismo-leninismo, alimentavam perspectivas distintas de construção do partido de vanguarda. A semelhança, observadas as particularidades de cada elaboração, era a revisão do passado, com fortes marcas teleológicas.

A opção pelo PCdoB, que ilumina a abordagem, suscita alguns paralelos entre esse partido e a AP. No início da década de 1960, quando houve o "racha" do PCB, os membros do PCdoB consideraram que não estavam criando um partido novo, mas reorganizando o partido comunista histórico, motivo pelo qual reivindicaram sua tradição, suas datas, seus fatos e a memória anterior à crise do chamado revisionismo. Foi essa mesma tradição que os militantes da AP reivindicaram, no início da década de 1970, quando aderiram ao PCdoB. Emblema dessa atitude é o livro de Lima e Arantes, que narra a história da AP pela perspectiva daquele partido. Em um caso e no outro, o PCdoB, ungido pelos óleos da pressuposição de que é o partido histórico do proletariado, é o centro de gravidade.

Não menos complexa é a questão da legitimidade da reorganização da APML, efetuada por seus adversários. Quando publicaram o livro, Lima e Arantes não desconheciam, com certeza, quc a outra ala procurou manter e reestruturar a APML e que esta, reorganizada, existiu até o início da década de 1980. A lógica e a cronologia que estabeleceram, com desfecho na incorporação dos militantes de sua ala ao PCdoB, buscam delimitar a legitimidade de quem tinha autoridade para falar, antes e depois, em nome da organização. Embora a incorporação tenha sido objetivamente de militantes, é da incorporação da AP ao PC do Brasil que se fala, estabelecendo um ponto final para a organização.

É um procedimento paradoxal. Na cisão de 1962, os militantes que "reorganizaram" o PC do Brasil eram minoritários em relação ao "Brasileiro". Lembre-se que Lima e Arantes reconheceram que o PCdoB saiu ideologicamente revigorado, mas organicamente débil. Isso não impediu que se reivindicasse a história do partido fundado em 1922. Agora, com a cisão da APML, delimitam e inscrevem a legitimidade de sua experiência no caminho seguido pela ala que aderiu ao PCdoB. Por oposição, retiram a legitimidade da ala minoritária que procurou preservar e reorganizar a APML.

Há uma dupla apropriação, portanto. A primeira é a da experiência anterior à incorporação ao PCdoB. A segunda é a da legitimidade da experiência da APML na conjuntura seguinte. Reconhecer a reorganização, na ótica que conduz a abordagem, era esvaziar a legitimidade de sua opção e a "verdade" de que o PCdoB era o partido de vanguarda do proletariado brasileiro.

5. ESTÊVÃO E A AÇÃO POPULAR (AP): A HISTÓRIA DA AP NAS MEMÓRIAS DE DUARTE PEREIRA[1]

Preâmbulo

O presente capítulo tem por objetivo analisar como a trajetória da Ação Popular (AP), organização de esquerda das décadas de 1960 e 1970, é interpretada por Duarte Pereira,[2] um dos mais influentes dirigentes de sua história.

Fundador da AP, membro da equipe que elaborou seu "Documento-base", aprovado em seu primeiro congresso, dirigente da União Nacional dos Estudantes (UNE) na conjuntura do golpe de Estado que depôs o presidente João Goulart, Duarte Pereira foi membro do núcleo dirigente da organização de 1965 a 1973, não obstante as variações de formas e nomes de instâncias. Nesse período, houve radical processo de transformação política, orgânica e ideológica da AP, que rompeu com suas origens ecléticas, influenciadas pelo humanismo cristão, pelo existencialismo e pelo marxismo, e aderiu ao marxismo-leninismo e ao objetivo da conquista revolucionária do poder por intermédio da luta armada.

---

1 Versão ligeiramente modificada de artigo publicado originalmente na *Revista Brasileira de História das Religiões*. Ano IX, nº 26, set./dez. 2006, p. 253-292 (DIAS, 2016).

2 Seu nome completo é Duarte Brasil Lago Pacheco Pereira. Na clandestinidade, utilizou dois nomes, Heleno e Estêvão (PEREIRA, 1999b). Foi como Estêvão que ficou associado à memória da AP.

Repleto de disputas de posições em torno de quais seriam os passos mais consequentes para transformar a AP no partido de vanguarda da revolução brasileira, esse processo se caracterizou por divisões internas e cisões. Por isso mesmo, a interpretação dos acontecimentos e do significado da história da organização se sujeita a duras disputas de memória. No universo editorial, com sistematização variada, estão disponíveis exemplos dos diversos focos narrativos do sentido dessa experiência, elaborados por outros ex-dirigentes: Herbet de Souza, Luiz Alberto Gómez de Souza, Haroldo Lima e Aldo Arantes.

De 1962 a 1973, Duarte Pereira vivenciou diretamente todas as fases da história da AP, engajando-se nas várias dimensões da militância ensejadas pela práxis da organização: foi dirigente estudantil ou sindical, articulador da intervenção junto ao movimento operário, coordenador de trabalhos de formação política e da imprensa partidária. Dono de sólida formação intelectual, é reconhecido, pelos seus contemporâneos e pelos pesquisadores acadêmicos, como um dos principais elaboradores da linha política da AP.[3]

Como membro do núcleo dirigente no período de definição marxista-leninista, foi um dos protagonistas no debate acerca da aproximação com o Partido Comunista do Brasil (PCdoB), que culminou na adesão da maioria da AP ao citado partido em 1973. Outro setor, tido como minoritário, procurou reorganizar a AP na fase se-

3 O advogado Marcelo Cerqueira, membro da diretoria da UNE entre 1963 e 1964, presidida por José Serra, comentou em entrevista ao projeto Memória do Movimento Estudantil (2004, p. 10): "A convivência na diretoria dele era muito boa. Acho que o mais preparado intelectualmente era o Duarte Pereira". Conforme testemunho de Marco Aurélio Garcia, veiculado por um livro de Bernardo Kucinski (1991, p. 193), Duarte Pereira "era considerado um gênio por seus companheiros, quando foi eleito para a diretoria da UNE". Em livro de memórias, Aldo Arantes (2013, p. 194), fundador e um dos principais dirigentes da história da AP, anotou a respeito de Duarte Pereira: "A partir do congresso de fundação da AP, ele foi assumindo, cada vez mais, um papel de liderança política e intelectual na direção da organização. Passou a redigir todas as decisões importantes adotadas pela AP. [...] Teve papel destacado na adesão ao marxismo".

guinte. Membro da ala majoritária na maior parte desse processo, por divergências que serão abordadas adiante, Duarte Pereira distinguiu-se no desenlace, não se incorporando ao PCdoB.

Em 1999, produziu o ensaio "Estêvão e o Partido Comunista do Brasil", sistematizando seu posicionamento a respeito daqueles acontecimentos. Em anexo, incorporou um esquema interpretativo sobre a história da AP, intitulado "Onze anos de lutas e de avanço no caminho da revolução", produzido em 1973, do qual consta uma periodização comentada. Ainda em 1999, decidiu doar amplo acervo documental que preservou, mesmo em condições de clandestinidade, ao Arquivo Edgard Leuenroth (AEL), da Universidade de Campinas (Unicamp). Concedeu, então, extensa entrevista a uma equipe de professores dessa universidade, incorporada ao fundo documental, analisando aspectos centrais da experiência da AP.

Tal fundo documental converteu-se em importante manancial para os pesquisadores. Alguns deles, além da consulta ao arquivo e do acesso à entrevista, lograram êxito no diálogo direto com Duarte Pereira. Por um caminho ou por outro, a produção acadêmica a respeito da história da AP não prescindiu da interlocução com esse protagonista político.

Este capítulo sistematiza a especificidade da interpretação de Duarte Pereira. Não se trata apenas de esclarecer alguns fatos, mas de inferir os sentidos que sua peculiar narrativa atribui à experiência da AP, considerado o período em que manteve vínculo orgânico. Em razão da relação da elaboração da memória com a influência do momento vivido (HALBWACHS, 1990), cumpre cotejar os depoimentos e manifestações com os documentos da época de atividade na AP.

A análise tem como suportes: a) depoimento concedido ao AEL (PEREIRA, 1999a); b) entrevista ao autor deste livro (PEREIRA, 2011); c) palestra que proferiu sobre a história da AP, no calendário da série de eventos "Sábados Resistentes" (PEREIRA, 2014); d) o fundo documental que leva seu nome, disponível no AEL; e) o documento "Estêvão e o Partido Comunista do Brasil" (PEREIRA,

1999b) e seus anexos (PEREIRA, 1973); f) fundos documentais disponíveis em outros arquivos.

Aproximação e ingresso na AP

Duarte Pereira relata que sua aproximação com a AP, então em fase de formação, ocorreu em julho de 1962, durante o XXV Congresso da UNE, do qual participou como delegado pelo Centro Acadêmico Ruy Barbosa, da Faculdade de Direito de Salvador (PEREIRA, 1999):

> Eu tinha certa influência na bancada da Bahia, da qual fazia parte. Foi aí que comecei a estabelecer contato com o Betinho (Herbet de Souza), com o Vinícius (Caldeira Brant), com o Aldo Arantes. Eles me convidaram para participar de reuniões da AP, ainda que eu não fosse membro da AP, na tentativa de formar uma área de apoio maior.

A alusão a Herbet de Souza e a Aldo Arantes é representativa do papel desempenhado pela Juventude Universitária Católica (JUC) na formação da AP. Como demonstra ampla bibliografia, de natureza acadêmica ou da autoria de ex-dirigentes, embora tenha sido um processo mais amplo, a gênese da AP está associada à radicalização política da esquerda católica, sobretudo dos setores ligados à JUC.

No ano anterior, por ocasião da realização do XXIV Congresso da UNE, ocorrera a ascensão de líderes da JUC ao comando da entidade estudantil, representada pela eleição de Aldo Arantes para a presidência. Inserida em um contexto em que a sociedade brasileira registrava a ascensão de movimentos e projetos de esquerda, a radicalização da juventude católica esbarrou nos limites tolerados pela cúpula da Igreja, visto que, no campo das ideias, havia aproximação com o horizonte socialista e com projetos de revolução brasileira e, na ação concreta, havia aliança com o partido comunista, necessária, por exemplo, para a conquista da direção da UNE. Já no final de 1961, a hierarquia eclesial censurou tais movimentações, proibiu a participação de militantes da JUC em entidades estudantis nacionais e expulsou Aldo Arantes, então presidente da UNE, de suas fileiras (LIMA & ARANTES, 1984).

Para a juventude católica, os limites institucionais eram muito estreitos e não atendiam ao objetivo de articulação de um movimento que aglutinasse por identidade política e não por vínculos eclesiais. Em 1962, foram desencadeadas articulações e reuniões com vistas à fundação de tal movimento.

A primeira reunião ocorreu no início de 1962, em São Paulo. A embrionária organização aprovou um documento em que afirmava o compromisso com o socialismo e com a revolução brasileira e adotou o nome de Grupo de Ação Popular (GAP). O "grupão", nome como o coletivo ficou então conhecido, forma de se distinguir da sigla do conservador Grupo de Ação Patriótica, consolidou-se no período da greve por 1/3 de representação estudantil nos órgãos colegiados de direção das universidades e das faculdades, desencadeada na gestão de Aldo Arantes à frente da UNE. No curso da caravana UNE Volante, em paralelo às atividades da entidade estudantil, ampliou-se a articulação em favor do novo movimento (SOUZA, 1978).

Em junho de 1962, em Belo Horizonte, houve a segunda reunião, que contou com representação de 14 estados (LIMA & ARANTES, 1984, p. 36). Foram efetivados o nome Ação Popular e a sigla AP. O congresso que formalizou a fundação viria a ocorrer em fevereiro de 1963, em Salvador, mas a AP tinha existência concreta desde meados do ano anterior. Foi entre essa segunda reunião nacional e o congresso de fundação que houve a aproximação e o ingresso de Duarte Pereira na AP. Ele complementa:

> Foi no segundo semestre de 1962 que eu recebi um convite para entrar formalmente na AP. O convite me foi feito pelo estudante da Faculdade de Engenharia chamado Severo Sales, uma das figuras importantes da AP na Bahia. Ele tinha a particularidade de, já nessa época, declarar-se ateu. Ele não pertencia à JUC e já se declarava marxista. Foi ele que me recrutou para a AP,

> e não uma figura destacada da JUC. [...] Eu entrei via Severo. No segundo semestre de 1962, eu passo a fazer parte da AP na Bahia (PEREIRA, 1999).

Duarte Pereira enfatiza a especificidade de sua trajetória e as nuanças que caracterizaram a formação da AP. Na citação acima, relativa a seu ingresso, há duas variações. Primeira, a presença de um dirigente que se declarava marxista; segunda, o ingresso de cristãos não vinculados à Ação Católica. Esse também era o seu caso (PEREIRA, 1999): "Todo mundo pensa que fui da JUC. Nunca fui da JUC. Tenho outra trajetória". Detalhou o ambiente universitário que vivenciou e suas vinculações:

> Havia a JUC, mas não tinha uma liderança muito expressiva na Faculdade de Direito. Havia outro grupo, que nós chamávamos de esquerda independente, ao qual eu me filiei e com o qual trabalhei por muito tempo. Esse grupo reunia cristãos, como eu ainda era, católicos ou protestantes, jovens que já não se diziam religiosos e que seguiam muito a influência existencialista (PEREIRA, 1999).

Sua formação escolar e a visão de mundo que detinha naquele momento foram, contudo, influenciadas pelos vínculos que mantivera com instituições católicas. Baiano de Santo Amaro da Purificação, Duarte Pereira foi aluno do Liceu Salesiano da Bahia, localizado em Salvador. Dadas as dificuldades financeiras vividas por sua família, agravadas pelo falecimento de seu pai, era aluno bolsista.

Na origem, por coerência com sua natureza de liceu, a instituição deveria combinar o ensino humanista com a formação profissionalizante, mas prevalecia uma estrutura dualista rígida, parte voltada aos alunos de elite e parte aos alunos pobres, com prioridade aos primeiros. A contradição aguçou sua sensibilidade política: "Aquilo me chocava porque era o contrário da proposta do Dom Bosco" (PEREIRA, 1999). Tal percepção gerou consequências: "Por volta do 3º ano ginasial, decidi ser padre salesiano para fazer o que a Ordem tinha deixado de fazer" (PEREIRA, 1999).

Nessa nova fase, deu seus primeiros passos no movimento estudantil. "Comecei minha militância como estudante secundarista, no Seminário Central da Bahia, onde ocupei cargos no grêmio, fundei o jornal 'O Acadêmico' e ajudei a organizar o primeiro encontro sobre a reforma do seminário" (PEREIRA, 1999).

No entanto, a crise de sua relação com instituições católicas agravou-se. Primeiro, "fui percebendo que havia uma ênfase na formação litúrgica, nos ritos da igreja". Segundo, divergia do acento na virtude da obediência e da submissão. Terceiro, selecionado para desenvolver atividades junto ao cardeal, testemunhou que o líder agia como "um príncipe da Igreja" e privilegiava "a elite rica da Bahia" (PEREIRA, 1999). Desabafa: "Fui me convencendo de que essa não era a igreja que eu queria. Não era o projeto de vida que eu tinha alimentado" (PEREIRA, 1999).

Nesse período de seminário, iniciou o curso de Filosofia. Seu horizonte intelectual foi então ampliado, visto que tomou contato

> com a literatura teológica progressista que começava a existir na Igreja Católica. Não dentro dos cursos do seminário, mas paralelamente, às vezes até escondido, com a ajuda de colegas. Comecei a tomar contato com Henry du Lubac, com (Yves Marie-Joseph) Congar, com (Antonin-Dalmace) Sertillanges, com outros teólogos que viriam a ter um papel importante no Concílio Vaticano II, que representou uma renovação no pensamento cristão, outra forma de encarar aquela fé que eu ainda partilhava (PEREIRA, 1999).

Ao sair do seminário, decidiu passar um ano sem estudar. Trabalhou, então, em uma empresa aérea, a Varig, onde teve sua primeira experiência sindical e participou da greve geral dos aeronautas e dos aeroviários. Outro fato foi sua participação na criação do periódico sindical "Variguionando", prenúncio de sua verve de jornalista. Passada essa fase, ingressou na Faculdade de Direito da Bahia, mesmo sem pretender seguir o ofício de advogado, atraído pela formação humanista do curso. Logo se integrou ao Centro Acadêmico Ruy Barbosa, primeiro como secretário da Cultura e depois como presidente da entidade. A chapa que liderou distinguia-se na história do C.A. Por um lado, era presidida por um estudante independente que mantinha "aliança com o PC e [...] com a JUC, mas não vindo das fileiras do PC" (PEREIRA, 1999). Por outro, em face da força da coalização, os tradicionais setores de direita não se apresentaram para a disputa.

Foi nessa conjuntura que se incorporou ao processo de formação da AP. Reitera que se mantinha cristão e assim permaneceria por vários anos, mas havia firmado convicção de não mais se vincular a instituições eclesiásticas ou a movimento dirigido pela hierarquia católica. Procurava atuar por meio de instituições mais amplas, visando ao desenvolvimento de uma "ação secular, que envolvesse pessoas de diferentes denominações religiosas e pessoas que não tinham religião" (PEREIRA, 1999). Define assim sua identidade naquele momento: "Eu me considerava ainda cristão, cada vez mais cristão ecumênico e cada vez mais um cristão marxista" (PEREIRA, 2014).

Tais demarcações não retiram o reconhecimento do protagonismo da JUC na formação da AP. Em depoimento ao AEL, afirmou: "A AP, como é sabido pelos que estudaram a sua história, nasce fundamentalmente da juventude universitária e da JUC" (PEREIRA, 1999). Entretanto, se a JUC foi o tronco principal, acentuou, em palestra recente, que "não existe esse nexo direto que às vezes é bastante divulgado. Não só boa parte dos militantes da JUC não ingressou na AP, como parte dos militantes da AP não era da JUC" (PEREIRA, 2014). Formula a relação da seguinte maneira: "A AP nasceu da crise política da JUC [...], quando a JUC encontrou seus limites para atuação progressista na própria hierarquia da Igreja Católica" (PEREIRA, 2014).

Além disso, identifica outras influências. Dentro do cristianismo de esquerda, suas intervenções registram a interface com vertentes protestantes:

> Outra observação que eu faria é que a juventude evangélica - não só a Presbiteriana, mas a Metodista, a Anglicana e a Batista, são várias denominações - já estava vivendo um processo de renovação anterior ao da JUC. Eles já tinham organizações que eram semelhantes à JUC e à JEC: a Uceb (União Cristã dos Estudantes do Brasil) e a ACA (Associação Cristã Acadêmica). Com essas observações, que eu poderia alongar mais, quero ressaltar que também uma parte da juventude evangélica teve participação nesse processo de criação da AP (PEREIRA, 2014).[4]

Outra vertente que aponta na formação da AP era de um setor que denomina de esquerda independente: "Não era nem da JUC nem de nenhuma dessas organizações evangélicas progressistas" (PEREIRA, 2014). Em suma: "A AP não veio em uma linha direta da JUC. Ela teve também uma linha que vinha da evolução progressista da igreja evangélica e outra de setores independentes que aderiram" (PEREIRA, 2014).

Ao esquadrinhar a composição social, ressalta que, embora houvesse prevalência da juventude e de estudantes, "a AP teve advogados, sociólogos, economistas. A organização já tinha quadros formados. E tinha, desde o começo, operários, poucos, mas tinha. Tinha também lideranças camponesas desde o começo" (PEREIRA, 2014). De acordo com seu balanço, "a maioria esmagadora era formada por estudantes universitários, mas a AP já tinha ramificações em outros setores sociais. E vai fazer todo empenho para evoluir nessa direção" (PEREIRA, 2014). Aos intérpretes que menosprezam essa diversidade na formação da AP, assegura: "A aproximação

---

4 Expressão dessa mobilização da juventude evangélica, em 1962 ocorreu a Conferência "Cristo e o processo revolucionário brasileiro", em Recife. Foi presidida pelo setor de Responsabilidade Social da Igreja, da Confederação Evangélica do Brasil.

desses setores ajudou a AP a avançar em suas formulações. Basta comparar os documentos dos dois primeiros encontros de 1962, tão imprecisos, onde não consta uma verdadeira opção pelo socialismo, com o Documento-base" (PEREIRA, 2002).

Nesse diapasão, em suas últimas intervenções, sugeriu que a fase anterior ao congresso poderia ser vista como uma espécie de "pré-história" da AP, porque ela ainda não existia como organização. Entende que "a formalização da AP com programa, com direção, como organização etc., dá-se no Congresso de Salvador" (PEREIRA, 2014). Não significa que não considere o período anterior, incorporado à periodização que compôs em 1973, mas que lhe atribui uma característica diferente.

O congresso de fundação da AP e o Documento-base

Duarte Pereira não apenas participou do congresso de fundação da AP, mas também teve responsabilidades organizativas e integrou a equipe que elaborou sua resolução, o "Documento-base". Segundo o seu mapeamento, "a AP nasceu de uma articulação que envolvia, fundamentalmente, Minas Gerais, Rio de Janeiro e, secundariamente e mais à frente, São Paulo". A presença da Bahia era crescente: "Tanto que o congresso foi realizado com nosso apoio material na Escola de Veterinária, no campus de Ondina, no carnaval de 1963" (PEREIRA, 1999).

Em sua avaliação, "foi um congresso ainda não muito formalizado, não houve um grande debate nacional, não houve eleição de delegados" (PEREIRA, 1999). Isso se refletia no processo de formulação das teses: "Às vésperas do congresso, quando o Luiz Alberto (Gómez de Souza) chegou para ajudar, não havia projetos de resoluções. Ele chegou para tentar redigir esses projetos gerais. Achamos aquilo extremamente precário" (PEREIRA, 1999). A ideia inicial era compor um anteprojeto com três partes: perspectiva filosófica, perspectiva histórica (mundial, latino-americana e brasileira) e socialismo. Por causa de sua formação acadêmica e conhecimento prévio das ideias do padre Henrique Vaz, inspirador da geração que vinha da JUC, Duarte Pereira foi encarregado de desenvolver a seção de perspectivas filosóficas.

Duarte Pereira salienta que o padre Vaz, mesmo sem vínculo organizativo, foi o líder intelectual durante essa primeira fase da AP. A ascendência seria verificada na elaboração do "Documento-base". Esclarece a forma como ocorreram a sua participação pessoal e a influência do filósofo na formulação da resolução do congresso: "O Pe. Vaz estava dando um seminário para a JUC em Aracaju. Conseguimos autorização para eu assistir ao seminário da JUC, embora não fosse membro, porque eram essas ideias que perpassavam a esquerda católica na época" (PEREIRA, 1999).

De volta a Salvador, com subsídios colhidos nos cursos e nos diálogos diretos com o filósofo, Duarte Pereira, ao lado de Luiz Alberto Gómez de Souza e de Herbet de Souza, participou da elaboração do anteprojeto do "Documento-base" e, depois, integrou a equipe responsável por sua redação final. Na dinâmica do congresso, houve a subdivisão em quatro grupos temáticos de debates, aos quais correspondiam relatórios para aprovação em plenário. Assim, desmembrou-se um capítulo sobre a evolução da realidade brasileira. Aos três membros já citados, somou-se Vinicius Caldeira Brant, relator do novo eixo temático. No plano inicial, o documento seria aberto pelo capítulo de perspectivas filosóficas, mas houve a alteração da ordem, ficando no início a seção de perspectiva histórica mundial e latino-americana. Antecipando a análise da realidade, identifica-se a ressonância do método "Ver, Julgar e Agir", presente no imaginário dos estudantes de origem católica.

A versão final ainda contou com a assessoria do padre Vaz. Entretanto, Duarte Pereira (1999) informa que o filósofo "não redigiu antes e não redigiu depois. Ele apenas se comprometeu a dar uma edição final, dar mais consistência ao documento aprovado no congresso. As ideias básicas eram as que ele vinha defendendo". Na fase de transição da JUC para a AP, padre Vaz teria contribuído para a superação das concepções, até então influentes, de Jacques Maritain e do pensamento neotomista mais tradicional, introduzindo uma visão dialética. Como era um dos mais importantes filósofos hegelianos de sua geração, "do ponto de vista marxista, tratava-se de uma dialética de base idealista, de base cristã" (PEREIRA, 1999).

O "Documento-base" sistematizou a identidade da AP em torno da elaboração de ideologia e de caminhos próprios, buscando formular uma nova síntese política, em que podiam ser reconhecidas influências do cristianismo, do existencialismo e do marxismo. O conceito-chave era o "socialismo como humanismo", por meio do qual a AP criticava as ditaduras de esquerda e o chamado socialismo real. Defendia-se a tese de que, no complexo mundo socialista em gestação, poderiam existir experiências com orientações ideológicas plurais. A realidade comportava a possibilidade de diversas concepções de passagem ao socialismo (AP, 1963b).

Na formulação da estratégia política, em contraponto à linha do PCB, recusa a concepção de que deveria haver uma fase de consolidação do capitalismo como etapa necessária à revolução brasileira. Não supunha possível, contudo, uma revolução socialista imediata. A AP dispunha-se a desencadear o que chamou de "processo de preparação revolucionária", definido, genericamente, como "mobilização do povo, na base do desenvolvimento de seus níveis de consciência e organização" (AP, 1963b, p. 13). O "Documento-base" afirma que não cabia à AP antecipar como ocorreria o processo revolucionário. Reconhecia, porém, que "a história não registra quebra de estruturas sem violências geradas por essas mesmas estruturas, que produzem, em última análise, essa conseqüência" (AP, 1963b, p. 10).

Nas fases seguintes da história da AP, o "Documento-base" viria ser criticado na razão direta de sua transformação em uma organização marxista-leninista. Duarte Pereira foi protagonista e um dos elaboradores desse processo de autocrítica. Em 1973, no debate de adesão da maioria da AP ao PCdoB, sistematizou uma periodização comentada da história da organização. O objetivo era subsidiar a produção de uma avaliação global da experiência, mas esse outro documento não chegou a ser redigido, em razão dos desencontros de sua posição com a de outros membros da maioria.

Essa periodização sistematizou temas presentes em documentos que a AP elaborara no pós-1964, quando reviu suas posições iniciais. Com efeito, define-se que a AP surgiu "como um partido democrático combativo, mas impregnado de ilusões reformistas" (PEREIRA, 1973). Haveria forte influência reformista, anticomunismo e definição ambígua sobre o socialismo. A descrição desses documentos redigidos no processo de autocrítica, contemplada na sequência deste capítulo, contribuirá para a compreensão do sentido desses tópicos no bojo da elaboração geral da AP.

De qualquer forma, nas entrevistas que concedeu nos últimos anos, Duarte Pereira oferece uma visão bastante nuançada daqueles primórdios e da linha política que os regia. Destaca, assim, aspectos que considera avançados no "Documento-base". Em primeiro lugar,

> o que essa geração da JUC e da AP representa é que ela rompe com uma concepção de Democracia Cristã, com qualquer projeto político que fosse especificamente só de cristãos e que formasse também um partido só de cristãos ou que tomasse por base essa referência. Por isso, essa geração se recusou a fazer parte do Partido Democrata Cristão que então existia, que tinha uma Juventude Democrata Cristã e que, em alguns estados, tinha até setor de esquerda dentro dessa juventude, como no Paraná (PEREIRA, 1999).

Em segundo lugar,

> rompíamos com uma tradição que marcava mesmo a esquerda cristã, a esquerda católica, que era a de buscar a chamada terceira via, nem capitalismo nem socialismo marxista, o socialismo como já era praticado em vários países do mundo, mas buscar uma terceira via, um caminho inteiramente distinto (PEREIRA, 1999).

Enfatiza que a AP se colocava nitidamente no campo socialista, com divergências distintas:

> Embora ainda com críticas às experiências socialistas que estavam em curso, não muito bem precisas e nem bem formuladas, mas que tinham a ver com a política cultural, política religiosa, com aspectos antidemocráticos que nós identificávamos nessa experiência, com determinados aspectos também da base econômica muito centralizada. Mas nós nos colocávamos nesse campo, mesmo do ponto de vista da política internacional (PEREIRA, 1999).

Formula a relação da seguinte maneira:

> É um documento que define claramente a organização pelo socialismo, pretende uma crítica de esquerda às experiências socialistas realmente existentes. Não adere a uma perspectiva marxista, mas não adere a uma perspectiva claramente cristã. Quer fazer um movimento socialista amplo que pudesse receber a adesão tanto de cristãos como de não cristãos (PEREIRA, 1999).

Na doutrina social da Igreja, explica, "o socialismo é intrinsecamente mau, porque ateu, porque traduz uma concepção materialista da vida, enquanto o capitalismo é reformável" (PEREIRA, 1999). No "Documento-base" (PEREIRA, 1999),

> a problemática se transforma. Passa a ser o socialismo que pode ser reformado, que pode eliminar seus elementos tirânicos de perseguição religiosa, de falta de democratização. É o capitalismo que é estruturalmente perverso. A nossa geração cristã faz essa inversão e, com isso, rompe radicalmente com o capitalismo e se coloca no campo socialista.

Em relação à estratégia política, Duarte Pereira procura circunscrever o sentido com o qual ela foi elaborada na época, criticando formulações, presentes em memórias de outros ex-dirigentes e em documentos posteriores da AP, que classificam aquela fase apenas como reformista, resultado das redefinições vividas no pós-1964 (PEREIRA, 1999):

> Na realidade, esse documento tinha uma visão política inicial que falava em preparação revolucionária. Essa era a nossa perspectiva. Nós participávamos das lutas pelas chamadas reformas de base, não com a perspectiva de a reforma ser um substituto da revolução, mas como uma forma de preparar a transformação revolucionária. Desse ponto de vista, nós apoiávamos o governo Jango com uma perspectiva mais crítica [...]. Nós dávamos apoio ao governo, mas um apoio crítico, procurando fortalecer a atuação de forças mais à esquerda.

Recorda-se que esse tema foi objeto de disputa no Congresso de 1963: "Um setor de São Paulo propôs a opção pela não violência. Isso foi objeto de uma deliberação explícita do congresso, que rejeitou essa opção. Portanto, manteve aberto se o caminho afinal se daria pela via armada" (PEREIRA, 1999). Pondera:

> Se não havia uma solução clara quanto a uma perspectiva, que na época já se discutia na América Latina, de luta guerrilheira, de luta armada, também não havia o contrário. É bom registrar isso. No livro que Aldo Arantes e Haroldo Lima escreveram sobre a história da AP, eles classificam esse período inicial como uma fase reformista. Passa-se uma ideia de que teria havido uma opção por uma transformação gradativa, feita pela via eleitoral. Essa não era a realidade. Tanto que a AP não se organizou como partido legal. Não procurou se registrar. Ela não participava das eleições com candidatos registrados em seu nome. Ela apoiava candidatos por outros partidos (PEREIRA, 1999).

Em julho de 1963, Duarte Pereira tornou-se vice-presidente da UNE, em diretoria encabeçada por José Serra, na qual a AP se aliou com o PCB. Coordenador da bancada da AP, foi vice-presidente de Assuntos Educacionais e Culturais da UNE na gestão interrompida pelo golpe militar. Essa ruptura institucional impediu que tomasse posse, como representante discente, no Conselho Federal da Educação. Humberto A. Castelo Branco, o primeiro presidente do ciclo ditatorial, revogou a nomeação.

O golpe de 1964, a desarticulação e a reorganização da AP

No período que sucedeu o golpe de Estado de 1964, a AP sofreu um drástico processo de desarticulação, a exemplo do que ocorreu com os demais movimentos de esquerda. Por motivos de segurança, alguns de seus principais dirigentes, Herbet de Souza, Aldo Arantes e Jair Ferreira de Sá, exilaram-se no Uruguai, onde havia uma comunidade de agentes políticos brasileiros. Radicada em São Paulo, manteve-se uma direção provisória. Somada à fragilidade organizativa, havia uma crise de perspectivas, em razão da derrota política que as forças de esquerda haviam vivido.

No exílio, na órbita da liderança de Leonel Brizola, dirigentes da AP aproximaram-se da ideia de uma rápida reconquista armada, ecos da influência da Revolução Cubana (SOUZA, 1978). Resultado da rearticulação interna, ocorreu um evento de reorganização da AP em 1965, em São Paulo, a Reunião Nacional Extraordinária. No mapeamento de Duarte Pereira (1999),

> organizamos um encontro nacional de Ação Popular, com representação dos principais polos de reorganização em curso - Rio de Janeiro, São Paulo, Minas Gerais e Bahia - e com alguns companheiros que se encontravam no exterior e se agruparam principalmente na França, em Paris.

Os resultados foram sistematizados no documento “Resolução Política” (RP). Considerada como a “primeira resposta aos novos desafios”, de acordo com os termos com que foi redigida, a RP tinha o objetivo de definir uma política revolucionária para a organização, a ser aplicada sem adiamentos, visando inseri-la em uma nova fase de sua história, rigorosamente popular e revolucionária (AP, 1965a). Não promoveu, contudo, uma ruptura total com o "Documento-base". Preservando a fundamentação filosófica, retificou a estratégia e a tática políticas. A esse respeito, discorre Duarte Pereira: "Por isso é que o documento aprovado em 1965 se chama 'Resolução Política'. Com isso se quer marcar a continuidade com o 'Documento-base'" (PEREIRA, 1999). Em outro momento, adicionou:

> Não era uma revogação geral do Documento-base, da sua perspectiva filosófica. Achávamos que isso tinha que ser objeto de um debate posterior, mais calmo, mais desenvolvido. A questão principal era o seu último capítulo, uma avaliação da nova situação política do país e o desenvolvimento de nossa orientação política para essa nova situação. Colocávamos a Resolução Política como complemento do Documento-base, não como uma revogação (PEREIRA, 2011).

A RP preserva, por um lado, o horizonte do "socialismo como humanismo", informado pela compreensão de que a luta pela superação do capitalismo comportava experiências as mais diversas e com orientações ideológicas distintas. Por outro lado, define o objetivo de conquistar o poder pela via insurrecional. A concepção de revolução então aprovada abarcava as tarefas de libertação nacional e as tarefas socialistas (AP, 1965a), por influência das revoluções cubana e chinesa.

Em recente palestra, Duarte Pereira demonstrou as conexões com a formulação anterior, salientando que a violência também estava inscrita no "Documento-base":

> O raciocínio que está feito ali era o seguinte: isso não depende de nós, não se pode prescrever antecipadamente se as transformações sociais vão ocorrer por um caminho pacífico ou por um caminho armado. A questão era a seguinte: esgotadas as possibilidades de uma transformação pacífica, tinha-se de encarar a inevitabilidade de uma transformação violenta. E isso veio mais

> rápido do que nós esperávamos com o golpe de Estado. Com essa "Resolução Política", portanto, a AP dá consequência ao que já havia previsto no seu "Documento-base": esgotadas as possibilidades de atuação pacífica, tinha-se de ter a coragem, a valentia, de enfrentar a necessidade de fazer as transformações pela via armada (PEREIRA, 2014).

Particularizando sua condição pessoal, recorda-se Duarte Pereira (1999): "Eu participei do encontro como representante escolhido da Bahia e indicado, também pela Bahia, como eventual membro da nova direção que seria eleita". Atando os fatos da conjuntura do golpe com o momento então vivido, prossegue (PEREIRA, 1999):

> Formei-me no final de 1964, em Direito, pela Universidade da Bahia. Desloquei-me para cá (SP) no primeiro semestre de 1965, quando já estávamos empenhados no esforço de reorganizar a AP. Já havia acontecido o golpe militar. Era uma fase de transição do regime militar. Eu tinha respondido ao IPM relativo à UNE, mas estava liberado. O processo tinha sido levado à Justiça e eu tinha vida legal.

Conseguiu exercer vida profissional, articulando-a com a militância:

> Transferi-me para São Paulo já como tarefa política. Ao mesmo tempo, trabalhei como professor universitário e jornalista. Integrei-me à Editora Abril, onde comecei minha vida de jornalista profissional. Fiz parte da equipe que lançou uma revista que na época teve bastante impacto. Chamava-se "Realidade". Paralelamente, comecei a dar aula na PUC, numa cadeira experimental que vinha sendo criada, chamada "Cultura Brasileira", que se destinava um pouco a integrar os vários cursos, a promover debate sobre as principais interpretações da realidade do Brasil. Liguei-me ao incipiente movimento de professores da Pontifícia Universidade Católica e à oposição que se formava à direção acomodada do Sindicato dos Jornalistas (PEREIRA, 1999).

Por meio de balanço elaborado naquela conjuntura, a AP afirmou que o movimento saiu unido da citada reunião nacional, aprovando a "Resolução Política" por unanimidade (AP, 1966a). Porém, segundo Duarte Pereira, havia tensões que não tardariam a provocar consequências. Assevera que, antes da reunião extraordinária, "a direção nacional estava dividida entre alguns membros da antiga direção - como Betinho, Aldo e Jair - e os membros da direção estadual paulista", para os quais havia sido transferida a responsabilidade da coordenação no período em que aqueles dirigentes estavam exilados. Havia forte tensão política entre as duas alas. O polo principal de resistência à retificação da linha de ação residiria em São Paulo (PEREIRA, 1999).

O corolário foi o que Duarte Pereira (1999) definiu como a primeira grande luta interna da AP: "Fruto disso, houve a primeira cisão, o afastamento de vários dirigentes e militantes que não aceitavam essa perspectiva, que nós chamávamos da necessidade de 'reopção', fazer uma nova opção no quadro modificado do país". Entretanto, ressalva (PEREIRA, 1999):

> A "Resolução Política", à qual me coube dar redação final, reflete o embate entre essas duas alas e a prevalência de uma terceira posição, ainda não bem desenvolvida e baseada numa aliança essencialmente da Bahia e da turma de Paris (Vinícius Caldeira Brant, Carlos Aumond, Sérgio Menezes etc. não compareceram pessoalmente, mas enviaram contribuições por escrito) com a turma chegada do exterior (Aldo Arantes, Betinho, Jair Ferreira de Sá, Paulo Stuart Wright, Alípio de Freitas etc.). Posteriormente, um setor da ala paulista, se podemos chamá-la assim (tinha ramificações em outros estados), se diferenciou e, sob a liderança de Sérgio Motta, passou a apoiar as decisões de 1965.

Além de encarregado de dar redação final à RP, Duarte Pereira tornou-se, no final da reunião, membro do Comando Nacional então constituído, ao lado de Aldo Arantes, de Herbet de Souza, de Sergio

Mota, de Paulo Stuart Wright e de Carlos Aumond (representante da base de Paris). Aldo Arantes tornou-se o coordenador nacional da AP.

Em contexto de alterações conjunturais tão acentuadas e de reformulação de sua orientação política, Duarte Pereira comenta que a AP experimentou mudança em sua composição:

> A organização passa por uma grande mudança na sua área estudantil. Vai diminuindo o número de estudantes cristãos, pela própria mudança que está ocorrendo na situação do movimento estudantil, e vai surgindo uma nova geração que não vem mais dessa experiência de JUC e da área Evangélica. Já nasce no quadro daquele novo movimento estudantil posterior ao golpe, tanto na área universitária como na área secundarista (PEREIRA, 1999).

Logo após a Reunião Nacional Extraordinária, como forma de subsidiar o processo de organização, foi realizada uma espécie de pesquisa sociológica para aferir o perfil dos militantes. Malgrado a dificuldade de realizar tal tarefa naquele contexto, os dados disponíveis contribuem para a compreensão do processo de reorganização. Entre os membros que responderam, 68% haviam ingressado no pós-1964. A militância com origem no catolicismo persistia influente, mas não era o caminho principal. O movimento estudantil ainda era o mais efetivo canal de recrutamento (AP, 1966b).

Na época de impulso desses debates, Duarte Pereira coordenou a edição de um conjunto de textos, visando ao aprofundamento da formação dos militantes. Como se pode verificar no acervo que doou ao AEL, o leque era ainda heterogêneo, contemplando temas como a guerra de guerrilhas, a guerra popular, o marxismo e o humanismo etc. Mais tarde o estudo se concentraria no marxismo.

Os desafios da nova conjuntura, em que a AP pautava sua autotransformação, são assim descritos por Duarte Pereira (1999):

> De (19)65 a (19)67, esse esforço que vai nos colocar diante dos novos problemas, da discussão de como fazer luta armada, coloca-nos em contato com Cuba e com a China e, necessariamen-

te, com a discussão marxista que se processa no mundo entre a União Soviética e a China. Paralelamente, nosso contato crescente com a classe operária, com o movimento operário, com o movimento camponês nos coloca diante de novos problemas, da questão das classes, da luta de classes etc. Nós temos a necessidade de estudar o marxismo para ter capacidade de ter categorias para estudar essa nova realidade. É daí que nasce a discussão sobre o marxismo. Mas ela nasce inicialmente muito marcada pelo estudo dos clássicos do marxismo. Durante certo momento, houve até influência forte althusseriana, que vem dos nossos companheiros que se encontravam em Paris.

O ano da encruzilhada ou o início da proletarização

Na periodização comentada que sistematizou em 1973, Duarte Pereira anotou que, de 1965 a 1967, a AP amadureceu como um partido democrático revolucionário. Em 1967, a organização viveria uma encruzilhada: "Consolidar-se como partido democrático revolucionário ou transformar-se em partido revolucionário proletário?" (PEREIRA, 1973). Em intervenção posterior, elucidou que foi o ano em que se instalou "a discussão do marxismo dentro da AP" (PEREIRA, 1999). Nos documentos da AP, viria a ser referido como o início do processo de "proletarização".

Em 1967, mediante debate do Comitê Nacional, foram aprovados dois documentos que teriam repercussão na vida da AP. Um versava sobre o partido de vanguarda, visto como necessário para dirigir a revolução brasileira. Em 1963, quando fundada, a AP definiu-se como um movimento e não como partido. À medida que se priorizava o aprofundamento do debate sobre o marxismo, colocava-se em pauta a questão do partido de vanguarda. O outro documento convocava o Debate Teórico e Ideológico (DTI), visando ao estudo e ao debate organizado do marxismo. Nos termos de um retrospecto feito em conjuntura posterior: "A rigor, por aí se inicia nosso complexo e rico processo de transformação ideológica" (APML, 1971d, p. 27).

Embora o "Documento-base" atribuísse importância decisiva ao marxismo, não ocorrera um estudo sistemático a respeito. Segundo o texto que convocou o DTI, a AP, desde sua fundação, tinha uma definição socialista, aprovada no DB e reafirmada na RP, mas quase teria caído na pretensão de forjar uma teoria à margem da tradição revolucionária contemporânea. Faltava-lhe uma teoria científica, que seria o marxismo, eixo do processo então instaurado. De forma clara, sistematiza a ruptura:

> Mas assim como não se deve pedir demais, também não se deve pedir de menos do debate atual. Pedir de menos seria negar a necessidade de centralizar o debate no estudo do marxismo, e pretender estudar, ao mesmo tempo, o pensamento de Teilhard Chardin, Emmanuel Mounier, Bertrand Russel etc. [...] Na etapa atual, para que se possa chegar a resultados coerentes e inclusive preparar etapas futuras, é necessário considerar o estudo crítico do marxismo como eixo e princípio ordenador da discussão (AP, 1967, p. 14).

Na literatura sobre a história da AP, há um grupo de intérpretes, identificado com a esquerda católica, que critica essa transformação. Um dos mais expressivos autores dessa vertente é Luiz Gonzaga de Souza Lima. Para ele, no período pós-1964, quando se distanciou do humanismo cristão e modificou suas bases sociais, a AP se converteu em "uma organização pequena e impaciente que disputava verbalmente com outras organizações clandestinas a hegemonia na direção da classe operária e da revolução brasileira" (SOUZA LIMA, 1979, p. 47).

Em correspondência com Nilce Azevedo Cardoso, ex-militante da AP, Duarte Pereira (2002) replicou a abordagem de Luiz Gonzaga de Souza Lima:[5]

---

5 Essa réplica poderia ser estendida ao que escreveu Luiz Alberto Gómez de Souza, fundador da AP, cujo ponto de vista sobre a reformulação ocorrida no pós-1964 encontrava-se no mesmo diapasão. Gómez de Souza (1987, p. 102) afirmou que o mo-

> Essa visão negativa da evolução da AP pós-64 não tem a menor procedência. O golpe não paralisou o desenvolvimento da AP, nem do ponto de vista quantitativo, nem qualitativo. A organização atravessou uma crise temporária, aliás, inevitável, mas, já no final de (19)65, começou a crescer novamente e num patamar político-ideológico superior. O autor subestima, embora mencione, as dificuldades acarretadas pela repressão crescente do regime ditatorial-militar; atribui quase todos os problemas à mudança de orientação da AP. A JUC não mudou de rumo básico; sobreviveu? Por acaso, foi a AP que escolheu a ilegalidade? Indo ao fundo: a AP devia permanecer numa posição reformista? Devia permanecer predominantemente pequeno-burguesa? Por outro lado, a Igreja Católica teria avançado sem o avanço da luta de classes e da resistência ao regime? E esse avanço não contou significativamente com a contribuição da AP?

E complementa:

> A passagem de uma fase para outra não foi determinada pela decisão arbitrária e caprichosa destes ou daqueles dirigentes, pela má vontade com estes ou aqueles militantes; decorreu, essencialmente, das mudanças reais no país e no mundo e das imposições que daí decorriam para quem queria persistir na militância e nos compromissos de lutar contra o regime militar, contra o imperialismo e por uma sociedade socialista. Este é o fio que muitos esqueceram: a ruptura com as ambiguidades reformistas da fase inicial da AP e a opção pela via revolucionária, inclusive pela luta armada imposta imediatamente pelo golpe de Estado e pelo regime ditatorial que se seguiu; a luta para mudar a composição social da organização e vinculá-la cada vez mais ao operariado, ao campesinato e às massas fundamentais de trabalhadores assalariados e autônomos, e não apenas a estudantes e a profissionais de nível universitário; em função dessas necessidades, a exigên-

vimento se transformou "num rígido partido marxista-leninista sem originalidade". Irônico, sugeriu que um estudo a respeito dessa fase seria algo como uma "patologia do político", para entender "como um movimento político endoidou". Ver o capítulo 3 deste livro.

> cia de avançar na compreensão científica da sociedade brasileira e do mundo e na orientação programática, estratégica e tática da luta; e, nesse esforço, a compreensão das bases teóricas frágeis e idealistas do "humanismo cristão", inclusive em suas formas mais elaboradas, mas ainda assim ecléticas e fundamentalmente idealistas, de pensadores como padre Vaz – é tudo isso que impeliu a AP para frente, para seus compromissos revolucionários e de classe amadurecidos, para sua assimilação progressiva do marxismo, e para sua aproximação das forças marxistas realmente existentes no mundo (PEREIRA, 2002).

Tal processo não foi indolor na história da AP. Há registro de evasão de quadros que não se identificaram com as mudanças e sectarismos de alas internas da organização, adeptas de redefinição imediata em favor do marxismo. Conforme livro de memórias de Aldo Arantes, Duarte Pereira teve papel de destaque no debate acerca do marxismo e sobre a forma como a AP elaboraria a relação de sua posição marxista com a religião.

Arantes citou a seguinte passagem de um documento (sem identificá-lo), inspirada no pensamento de Lênin e sistematizada por Duarte Pereira: "Para o partido marxista-leninista, a admissão de militantes religiosos desde que aceitem, como os demais militantes, o programa partidário, atuem numa de suas organizações e contribuam financeiramente para suas atividades" (2014, p. 177). Não havia incompatibilidade, mas assinalava: "A expectativa é que os militantes religiosos, através de suas experiências de luta, combinados com a formação teórica marxista, acabem rompendo com suas crenças e práticas religiosas" (ARANTES, 2014, p. 177).

Sobre Althusser

Tema recorrente a respeito da fase histórica em que a AP promovia o debate teórico e ideológico em favor do marxismo, a influência de Louis Althusser foi abordada por Duarte Pereira em várias intervenções. A mais bem sistematizada encontra-

-se em uma correspondência eletrônica com o professor Carlos Nelson Coutinho, quando repercutiu o comentário, presente em livro de Michael Löwi, a respeito do fato de ele, Duarte Pereira, ter traduzido e editado o primeiro texto de Althusser publicado no Brasil, incluído no material de formação dos militantes. Circulou com o selo da Editora Sinal, que a AP constituiu para essa finalidade.

Duarte Pereira assegura que "a AP como um todo, por um breve período, sofreu a influência do pensamento de Althusser. O documento oficial da AP que mais evidencia isso se intitula 'Resolução sobre o Debate Teórico e Ideológico'". Todavia, ressalva que "a aproximação da AP com Althusser, além de breve, nunca foi total e irrestrita" (PEREIRA, 2005). Esclarece que, no próprio livro que veicula o texto de Althusser, foi incluído outro texto como contraponto, elaborado pelo editor de uma revista francesa de diálogo entre cristãos e marxistas.

Sobre a especificidade da recepção da obra do marxista francês, demarca: "Um dos temas que mais nos atraiu na releitura do marxismo por Althusser foi justamente sua proposta de um 'anti-humanismo teórico'. Vivíamos no Brasil o período de maior influência da releitura 'humanista' do marxismo" (PEREIRA, 2005). Citando a repercussão de autores como Roger Garaudy e Erich Fromm, reforçada nos meios da JUC e da AP pela obra de jesuítas franceses, como Jean-Yves Calvez, Henri Chambre e Pierre Bigo, avalia (PEREIRA, 2005):

> Toda essa releitura "humanista" do marxismo se baseava na revalorização das obras juvenis de Marx, especialmente de seus "Manuscritos econômico-filosóficos" [...]. A tese-guia de Bigo é que O capital só poderia ser compreendido à luz da antropologia prévia e fundante, expressa nos "Manuscritos econômico-filosóficos".

Sistematiza as implicações teóricas e políticas:

> Todas essas obras, de ampla divulgação no Brasil nos anos (19)60, tendiam para uma conciliação teórica impossível entre marxismo e cristianismo e, no plano político, para um programa reformista moderado e diluído, centrado na consigna de "humanização": da economia, da política, da cultura etc. Essa corrente de ideias tinha influência na liderança da AP. Nesse sentido, a proposta de "anti-humanismo teórico" de Althusser e sua insistência na necessidade da ciência para a formulação e fundamentação de um programa político revolucionário de sentido socialista tiveram o impacto positivo de nos livrar dos impasses teóricos e práticos criados por essa tradição "humanista", com seu método "essencialista-dedutivista" e suas práticas conciliadoras (PEREIRA, 2005).

Nesse contexto, foi positiva a ênfase althusseriana na "ruptura" entre a juventude e a maturidade de Marx. Em resumo:

> Naquele momento em que a AP se abria para o debate sobre o marxismo e sofria em muitos de seus setores as distorções de uma intepretação dogmática, quase religiosa, do marxismo por influência dos manuais soviéticos e em seguida dos textos chineses, a polêmica provocada por Althusser convidava a uma abordagem histórico-crítica do marxismo e tinha, portanto, por mais paradoxal que seja, um sentido antidogmático. Isso é claro na "Resolução sobre o Debate Teórico e Ideológico" (PEREIRA, 2005).

Considera que a polêmica sobre Althusser, a exemplo de outras, foi mal encerrada: "A influência althusseriana logo seria submergida pelo 'marxismo-leninismo-maoísmo' e, mais do que isso, pelo empirismo da política de 'integração na produção' - para 'aprender o marxismo na prática'" (PEREIRA, 2005). Em outras palavras: "Sob a influência do pensamento de Mao, o althusserianismo começou a ser criticado na AP, especialmente sua tendência teoricista (manifestada no conceito de 'prática teórica') e suas discutíveis distinções entre teoria e ideologia e entre filosofia e ciência" (PEREIRA, 2005).

Cuba e China

As intervenções de Duarte Pereira subsidiam a compreensão das formas de recepção das experiências cubana e chinesa na vida da AP, principalmente depois de 1964, com a adesão explícita ao objetivo de promover a luta armada revolucionária.

Focalizando a conjuntura imediatamente posterior ao golpe de Estado de 1964, Duarte Pereira indica, primeiramente, algumas evidências da influência da Revolução Cubana. Uma delas diz respeito ao fato de os dirigentes da AP que se exilaram temporariamente no Uruguai, próximos da liderança de Brizola, terem cogitado a reconquista armada. Outra evidência refere-se à trajetória do ex-padre Alípio de Freitas e do ex-deputado Paulo Stuart Wright, que se asilaram no México e depois em Cuba, onde fizeram treinamento de guerrilha, antes de voltarem ao Brasil e desempenharem papel de relevo na fase de reorganização da AP.

Na linha definida pela "Resolução Política" de 1965, embora também seja possível identificar ressonâncias da revolução chinesa, a influência maior era da experiência cubana. Duarte Pereira (2014) abordou essa inflexão:

> Quando se colocou o problema de termos que organizar a resistência armada, a grande expressão, a grande inspiração, o grande exemplo era a Revolução Cubana. Foi para ela que nos voltamos inicialmente, em busca de ensinamento e de inspiração. Houve inicialmente uma grande influência do que se chamava entre nós - alguns não gostam dessa expressão, mas eu acho que ela era precisa - da teoria do foco.

O aprofundamento da elaboração estratégica suscitava estudos sistemáticos. Na série de "Textos para debates", havia a tradução de uma obra de Guevara e ainda foi incorporado um subsídio, redigido pelo próprio Duarte Pereira, em que foram explicadas as características da chamada teoria do foco. Outra contribuição presente nesse leque de textos foi elaborada por Herbet de Souza, ligando o imaginário humanista ao legado da Revolução Cubana (PEREIRA, 1999):

> O Betinho trazia uma posição, que era muito corrente nos movimentos de esquerda na América Latina, difundida pelos cubanos, o chamado humanismo revolucionário. Era uma tentativa de evitar grandes problemas ideológicos e se unir em torno desta consigna ampla. E tentaram nesse período introduzir essa discussão na AP.

A AP manteria relações com a Revolução Cubana por algum tempo, como evidencia o fato de ter sido representada na reunião da criação da Organização Latino-Americana de Solidariedade (OLAS), em 1967. Nesse período, porém, já era ascendente a influência da Revolução Chinesa.

Duarte Pereira avalia que a influência da Revolução Cubana nunca prevaleceu na AP. Referindo-se à virada ensejada pela aprovação da "Resolução Política", garante: "Se analisar cuidadosamente os documentos e a prática que se segue, a AP jamais adotou a perspectiva do foco guerrilheiro" (PEREIRA, 2011). Assinala, por exemplo, que o primeiro ponto da estratégia da "Resolução Política" preconiza a Radicalização da Luta Institucional: "O primeiro ponto não era a luta armada, a preparação de um foco guerrilheiro etc. [...] O primeiro objetivo era retomar a luta de massas, adaptá-la à nova situação, com outros objetivos" (PEREIRA, 2011).[6]

Avalia que a AP não se alinhou, entre outros motivos, por discordar da ideia de que o foco precedia a existência do partido e por sua tradição de luta de massas:

---

6 Refere-se à segunda parte da "Resolução Política", seção dedicada à Estratégia Revolucionária. A primeira parte da RP faz análise crítica do período anterior. A primeira fase da luta insurrecional é definida como "defensiva estratégica". Na sequência, era previsto o seguinte desenvolvimento: "preparação da contra-ofensiva", "contra-ofensiva geral" e "luta insurrecional e de massas" (AP, 1965a).

> Achávamos que havia a necessidade de ter um partido à frente da luta e por isso estávamos empenhados em reorganizar a AP como uma organização revolucionária. Achávamos necessário que se retomasse, se ampliasse e se aprofundasse o trabalho de massas. E achávamos que, paralelamente, deveríamos começar uma fase de preparação de quadros, de mais estudos estratégicos do país, para, mais à frente, quando as condições políticas, partidárias e as organizações de massa estivessem mais maduras, então aí se colocariam na ordem do dia ações armadas propriamente ditas (PEREIRA, 2011).

Nos documentos posteriores da AP, elaborados na época da definição pelo maoísmo, essa fase seria referida como a de "foquismo reinterpretado", em razão das características de suas formas de recepção. Seja como for, apontando a concorrência da influência maoísta, ponderou Duarte Pereira (2014):

> À medida que nós aprofundávamos o conhecimento da experiência cubana, mais nos convencíamos de que ela não tinha nada a ver com a nossa situação, e que não era nela que nós podíamos nos apoiar para levar à frente a resistência que nós queríamos.

Para ampliar a compreensão a respeito do desenvolvimento das relações com a China, Duarte Pereira sistematizou breve cronologia. Um primeiro contato ocorreu em 1963, em Salvador, durante o Primeiro Seminário dos Estudantes do Mundo Subdesenvolvido, envolvendo acadêmicos ligados ao Partido Comunista da China (PCCh) e ativistas da UNE e da AP. Após o golpe de 1964, como forma de retribuir a solidariedade recebida no rumoroso episódio em que membros de uma missão comercial da China foram detidos no Brasil, uma delegação da Frente de Mobilização Popular brasileira foi convidada a visitar aquele país. Em 1965, Vinicius Caldeira Brant, que se encontrava na França, representou a AP na delegação brasileira. Em contato com membros da direção do PCCh, Brant recebeu o convite para que um dirigente nacional da AP visitasse a China.

Em 1966, o Coordenador Nacional da AP, Aldo Arantes, realizou essa missão política, estabelecendo relações oficiais entre a AP e o Instituto Chinês para a Amizade com os Povos do Mundo. Embora não fosse relação formal entre partidos comunistas, vínculo que o PCCh mantinha com o PCdoB, as tratativas resultaram no estabelecimento de formas de apoio para a AP: "Nos entendimentos [...] ficou acertado o envio de militantes da organização para fazerem cursos político-militares" (ARANTES, 2013, P. 143).

Quando de seu retorno, o coordenador da AP elaborou um documento intitulado "A teoria da revolução chinesa", sistematizando quais seriam os elementos estruturantes da estratégia maoísta (ARANTES, 2013, p. 143). Conhecido como "Documento amarelo", por causa da cor da capa, foi um marco divisor na história dessa relação.

Em 1967, nessa nova fase de relacionamento, Duarte Pereira recebeu a incumbência de comandar o primeiro grupo que se destinava à China, mas houve contratempos com a retirada de passagens na escala realizada em Montevideo. A delegação resultou chefiada por outro membro do Comando Nacional, Carlos Aumond. O dirigente Jair Ferreira de Sá, que também compunha essa delegação, entusiasmou-se com a Revolução Cultural chinesa e, ao retornar ao Brasil, liderou a formação da corrente maoísta, conhecida, na disputa interna, como "Corrente 1". Entretanto, considerando os fatos precedentes, interveio Duarte Pereira (1999):

> O que eu estou querendo ressaltar é que nossa primeira influência chinesa não veio através da revolução cultural. A revolução cultural acontece no final de 1966. Nosso primeiro contato com os chineses foi para conhecer a experiência revolucionária deles, particularmente a maneira deles encararem essa forma de luta, como conduzir uma luta armada e revolucionária, a transformação revolucionária do país.

No início do DTI, havia cinco alas internas (AP, 1968b). Duas seriam caracterizadas pelo perfil antimarxista e reformista, enquanto as outras eram variações de horizontes revolucionários. O alvo da resolução era o bloco antimarxista. Por seu turno, Duarte Pereira (1973) destaca embates contra a corrente antimarxista e também contra uma outra que defendia uma definição marxista imediata.

No desfecho da I Reunião Ampliada da Direção Nacional (RADN), duas correntes, enumeradas na vida interna como "1" e "2", polarizaram a disputa acerca das redefinições pautadas pela AP.

Liderada por Jair Ferreira de Sá, a "Corrente 1" apresentou o "Esquema dos Seis Pontos", identificado com o maoísmo. De acordo com sua clivagem, o maoísmo era entendido como a terceira etapa do marxismo, o marxismo da atualidade. Caracterizava o Brasil como um país semicolonial e semifeudal, preconizando que a revolução deveria ser de tipo nacional-democrático. Tendo o campo como a arena privilegiada da luta revolucionária, elegia a estratégia da guerra popular prolongada. Compreendia que existira um partido de vanguarda no Brasil, o PCB, mas ele havia entrado em estado de degenerescência em razão da linha revisionista que assumira. Sem que isso significasse a extensão da sigla anterior, a tarefa era reconstruir o partido operário brasileiro. Inspirada em práticas da Revolução Cultural chinesa, estabelecia que a militância da AP fosse reeducada em um processo de "integração na produção", no campo e na cidade (AP, 1968c).

A "Corrente 2", em contrapartida, caracterizava a sociedade brasileira como capitalista e preconizava que a revolução deveria ter um caráter imediatamente socialista. Definindo-se como os marxistas-leninistas da AP, seus signatários não aceitavam a tese da terceira etapa do marxismo e recusavam a política "de integração na produção". Avaliando que o antigo partido operário, o PCB, tornara-se revisionista e gerara várias dissidências deturpadoras do marxismo-leninismo, defendiam que a tarefa era construir "um novo Partido de Vanguarda do Proletariado do tipo Leninista" (AP, 1968d, p. 42).

A definição pelo maoísmo

Em 1968, na conclusão da I Reunião Ampliada da Direção Nacional (RADN), prevaleceram as posições da "Corrente 1" e os líderes da "Corrente 2" foram expulsos da AP. A réplica às teses do grupo minoritário foi divulgada pelo texto "Desmascarar e liquidar política e ideologicamente o Grupo Oportunista e Provocador de Rolando" (nome clandestino de Vinicius Caldeira Brant), cuja redação foi confiada a Duarte Pereira.

Na linha de argumentação desse documento, que traduzia as posições da "Corrente 1", os oponentes da "Corrente 2", do ponto de vista prático, foram acusados de atacar a política de integração com as massas fundamentais e, do ponto de vista teórico, de atacar o pensamento de Mao Tsé-Tung, reconhecendo sua contribuição apenas nos marcos da experiência chinesa, sem critérios de universalidade como nova fase do marxismo. Na linha militar, visto que procurariam encobrir a verdadeira natureza de sua estratégia, seriam "foquistas envergonhados" (AP, 1968e, p. 29).

Não obstante o alinhamento com a "Corrente 1" e o papel desempenhado no desfecho, na entrevista que concedeu aos pesquisadores da Unicamp, Duarte Pereira (1999) oferece uma visão matizada desse embate.

> Foi uma cisão precipitada, como outras que houve. Não estavam delimitados os campos suficientemente. No seio da "Corrente 1", a corrente liderada pelo Jair, jamais houve consenso a respeito de todas as questões. O Paulo Wright e eu jamais concordamos com o caráter da sociedade brasileira como sendo semifeudal e semicolonial, embora fizéssemos parte dessa corrente. O problema era outro. A nossa questão era a guerra popular prolongada, a necessidade de prepará-la [...]. Tivemos divergência desde o começo

Não se trata apenas de uma reconstrução da memória. No documento utilizado para refutar as teses da "Corrente 2", está demarcada a existência de posições diferentes na "Corrente 1" acerca da natureza da sociedade brasileira.[7] Dessa forma, Duarte Pereira diz que mantinha pontos de contato com a visão de seus adversários.

Também assinala a heterogeneidade dos membros da "Corrente 2". Embora essa corrente ficasse caracterizada na disputa interna como portadora de suposta tendência de assimilar o marxismo pela via teórica, eco da influência de Althusser, Duarte Pereira identifica diferenças entre seus líderes. Vinicius Caldeira Brant, o Rolando, "mostrava-se mais um leninista clássico", opondo-se ao maoísmo por esse viés. Alípio de Freitas e Altino Dantas seriam dirigentes sem orientação teórica rígida, possuindo estilo prático, influenciados pelo militarismo foquista. Os grandes althusserianos seriam Sergio Bezerra Menezes e Maria do Carmo Menezes. Tal como a disputa teve desfecho, ficaram caracterizados por seus adversários como portadores da influência foquista, pelo viés teoricista e pela recusa da integração com as massas fundamentais.

Em contrapartida, de acordo com a posição majoritária, era necessária a "assimilação ativa e criadora do marxismo-leninismo na integração com as massas, na prática da análise de classes, e na luta ideológica ativa contra todas as formas de antimarxismo" (AP, 1968b, p. 11). Mesmo reconhecendo a ressonância da Revolução Cultural Chinesa na forma como a política de integração foi adotada, Duarte Pereira alertou que, com matizes distintos, essa política tinha precedentes na história da AP: "Tem um texto que está lá no fundo que eu cedi (ao AEL), chamado 'Profissionalização de quadros', que introduz essa necessidade de quadros se vincularem à produção fabril, ao campo, para fazer esse trabalho" (PEREIRA, 1999). Aponta a diferença: "Não era a perspectiva de transformar

7 Nesse documento, lê-se: "Dentro da Corrente 1 havia vários membros que sustentavam o caráter predominantemente capitalista da nossa sociedade, embora defendam igualmente a existência de um modo de produção feudal subordinado, e existe até mesmo um companheiro que sustenta o caráter capitalista dominante de nossa sociedade e nega a existência de feudalismo no Brasil" (AP, 1968e, p. 33-34).

isso em critério de militância. É por isso que fala em quadros. Era para uma pessoa mais experiente, que tinha uma preparação específica, que tivesse condições de fazer isso de forma voluntária" (PEREIRA, 1999). Expondo sua divergência com a forma assumida pela política adotada, declara que "foi voto vencido".

Por disciplina interna, aceitou a normativa: "Eu já fazia trabalho operário em Osasco, mas atuava como intelectual de fora, sem estar vivendo integrado. Já tinha contato com setores operários. Então, eu fui me integrar lá" (PEREIRA, 1999). Por causa de suas características físicas, considerou que não eram favoráveis as possibilidades de disputar um emprego fabril sem levantar suspeitas. Julgando que seu caso supunha qualificação, planejou realizar um curso profissionalizante de eletricista. Mas, por motivos diversos, não chegou a ter uma experiência de integração direta: "Eu me integrei em bairros, participei da vida comum" (PEREIRA, 1999).

Em sua crítica à forma como a política foi adotada, utilizando sua experiência como baliza, comenta que abriu mão de vínculos profissionais de jornalista e de professor universitário e interrompeu a atividade que mantinha na organização sindical dos jornalistas, em que granjeara liderança. Além disso, mantinha relações variadas com a intelectualidade: "Tudo isso se perdeu e nós nos concentramos fundamentalmente apenas nessa tarefa" (PEREIRA, 1999). Reportando-se às limitações que esse critério de militância impunha às atividades de direção, indaga: "Como é que se dirige nacionalmente uma organização que implica viagens e reuniões, se você tem um cotidiano de fábrica?" Esclarece qual era a sua posição:

> Eu defendia que a política da integração devia ser seletiva e não critério de militância. Deveria ser para os quadros mais selecionados, mais experientes, que se submetessem a uma preparação específica e que fossem voluntários dessa tarefa. O trabalho deveria continuar em todas as outras frentes militantes que nós tínhamos. Que vai ser, mais à frente, a política que vai

> ser adotada depois da autocrítica daquela fase inicial e sectária (PEREIRA, 1999).

Duarte Pereira também se declara crítico de análises que reduzem a experiência à caricatura, como teriam feito outros dirigentes da AP em suas memórias, e lembra que houve retificação na conjuntura seguinte, referindo-se ao movimento autocrítico, que será comentado adiante.

A Ação Popular Marxista-Leninista

A questão do partido de vanguarda, vinculada à formulação da estratégia revolucionária, prevaleceu nos debates na conjuntura seguinte. Não que a dinâmica interna se resumisse aos debates teóricos. Há, por exemplo, tomada de posição e adoção de ações com vistas à preparação imediata da guerra popular, por meio da análise de áreas estratégicas (AP, 1969d). Mas os debates sobre a definição da questão do partido e da estratégia subordinavam as demais pautas.

Sintetizando a problemática vivida na conjuntura, em que havia proliferação de organizações que se declaravam marxistas, comentou Duarte Pereira (2014):

> Surgiu o seguinte problema: a organização se tornou marxista [...]. Entrava em xeque um princípio, que é do marxismo, de que em um país não tem sentido haver dois partidos marxistas para representar uma única classe, a classe proletária. É um princípio do marxismo. Pode ser discutível, hoje é discutível, mas existe o princípio. Onde existe uma classe proletária que tem um partido para representá-la não pode haver mais de um partido. Parte-se da ideia que não pode haver contradições antagônicas entre os trabalhadores, principalmente entre os trabalhadores proletários. Pode haver contradições não antagônicas que se resolvem, através da luta interna, dentro do mesmo partido. É esse o raciocínio básico. Ficou a questão: "nós não somos o primeiro partido marxista. Há outros. Por fim, devemos nos unir com essas outras

> forças ou nos mantemos à parte?" Isso gerou a discussão da chamada Unificação das Forças Marxistas, que vai levar, abreviadamente, a maioria dos dirigentes e dos militantes da AP a achar que esse partido era o PCdoB, e que deviam se integrar ao PCdoB. Uma minoria não partilhou esse ponto de vista. Partilhava o ponto de vista de que a integração deveria ser feita com outras forças e com o polo principal em AP.

Resumido na citação acima, o processo transcorreria entre 1969 e 1973, caracterizado por intensos debates e por disputas acirradas em torno das concepções. Na referida periodização comentada, sistematizou: "1969-1971: AP luta para corrigir os erros de seu movimento de proletarização. 1971-1973: A nova AP luta para levar até o fim seu movimento de proletarização e criar as condições para incorporar-se ao PC do Brasil". O primeiro intervalo foi chamado de "Período do movimento autocrítico" e o segundo de "Período da luta pela unificação" (PEREIRA, 1973).

Importante capítulo dessa trama histórica ocorreu na II Reunião Ampliada da Direção Nacional, em junho de 1969. Acentuando sua ruptura com o passado, a AP promoveu um debate sobre a tradição revolucionária internacional, desde os tempos de Marx e Engels até a época vivida, regida, em sua avalição, pelo pensamento de Mao Tsé-Tung. Fez o mesmo exercício acerca da tradição revolucionária brasileira. Em um caminho e no outro, salienta a luta contra os desvios pequeno-burgueses e as manifestações de revisionismo. Naquela conjuntura vivida, tratar-se-ia do revisionismo contemporâneo, representado, principalmente, pela política da União Soviética em escala internacional e, no plano nacional, pelo PCB. Por meio da sistematização de 12 tarefas, estabeleceu critérios para levar até o fim sua autodestruição como organização pequeno-burguesa e completar seu processo de proletarização (AP,1969c).

Em relação ao tema nevrálgico, aprovou-se a tese a favor da Reconstrução do Partido Operário Unificado do Brasil, mediante redefinição das forças proletárias marxistas-leninistas. Naquele cenário, marcado pela existência de diferentes organizações revolucionárias, os critérios deveriam ser orientados pela definição e assimilação clara, teórica e prática do marxismo-leninismo, do pensamento de Mao Tsé-Tung e pela integração junto às massas fundamentais. O polo principal para dirigir o reagrupamento seria constituído por duas organizações originadas em 1962, a AP e PCdoB, consideradas aptas a desempenhar as tarefas exigidas pela terceira etapa do marxismo.

Questionamentos surgidos durante o debate deixaram inconclusa a questão da origem do PCdoB, ou seja, se era o antigo partido marxista-leninista, reorganizado em 1962 após depuração do "revisionismo" que tomara conta do PCB, ou se era uma organização nascida de suas dissidências. A tomada de posição acerca desse tema influenciou o alinhamento no debate interno.

Na II RADN, a AP reconstituiu sua direção interna com a formação da Comissão Executiva Provisória (CEP), cujos membros comporiam o núcleo dirigente até a cisão de 1972/73: Jair Ferreira de Sá, Duarte Pereira, Paulo Stuart Wright, Aldo Arantes, Haroldo Lima e Renato Rabelo. No dizer de Duarte Pereira (2014): "Começamos um processo de corrigir aqueles erros e a tomar outro caminho". No seio da CEP emergiu o "movimento autocrítico", destinado a corrigir os erros do processo de "proletarização" da AP. Implicava revisão de estruturas, de métodos de recrutamento, de concepções espontaneístas de preparação da guerra popular e até mesmo da compreensão do marxismo-leninismo e da questão do partido de vanguarda (APML, 1973b).

Em maio de 1971, a III Reunião Ampliada da Direção Nacional sintetizou nova fase dos debates e das disputas. Dessa reunião em diante, a AP passou a organizar-se em moldes preconizados pelo marxismo-leninismo. A organização teve seu nome alterado para Ação Popular Marxista-Leninista (APML). Constituiu, então, seu Comitê Central (CC) e seu Birô Político (BP). Este último foi composto pelos membros da CEP. Havia, ainda, o secretariado permanente, composto por quatro membros. O primeiro secretário era Jair Ferreira de Sá e o segundo, Duarte Pereira.

Não obstante essa importante modificação, no intervalo entre as duas reuniões ampliadas, o aprofundamento dos debates fez aflorar a heterogeneidade da antiga "Corrente 1" e ensejou a emergência de diferenças e divergências no núcleo dirigente. Por um lado, tornaram-se explícitos os questionamentos à interpretação do Brasil como um país semifeudal e semicolonial e à concepção da revolução nacional-democrática. Porta voz dessa divergência, o dirigente Paulo Stuart Wright ainda propôs a construção de um partido de tipo inteiramente novo, próprio da época vivida (WRIGHT, 1970).

Em contrapartida, outros dirigentes aproximaram-se do PCdoB, com base em afinidades de programa e de concepção acerca do caráter da revolução. Em outubro de 1970, na oitava reunião da CEP, Duarte Pereira, considerando insustentável que a AP se comportasse como o polo principal, defendeu o ponto de vista de que a unificação das forças proletárias deveria ocorrer "tomando como base o Partido Comunista do Brasil", recebendo apoio de Aldo Arantes e Haroldo Lima (APML, 1971d).

A resolução extraída da III RADN, denominada de "Programa Básico", sistematizou o que os dirigentes chamaram de uma "fórmula de transição" que permitisse a reabertura do debate (APML, 1971d), mediante incorporação de aspectos das posições em disputa. As diferenças mais profundas deveriam ser remetidas a um congresso, a ser oportunamente convocado.

De acordo com o "Programa Básico", a APML tinha como base teórica os princípios científicos e universais do marxismo-leninismo-maoísmo. Na caracterização do Brasil, afirmou-se que a complexidade do país combinaria relações semifeudais e feudais, com predominância das relações capitalistas (APML, 1971a). O programa mínimo da APML era a revolução nacional, democrática e popular, anti-imperialista e agrária. Sublinha-se que se tratava de uma revolução nacional-democrática de tipo novo. A tarefa política principal era a preparação imediata e ativa da guerra popular. Define-se, também, que o objetivo era construir um partido de tipo inteiramente novo, marxista-leninista-maoísta. Considerava-se que, no Brasil, havia um partido marxista-leninista, o PCdoB, e outras forças marxistas-leninistas.

O desfecho da luta interna

Quando ocorreu a III RADN, conforme um documento que fez um balanço de seus resultados, havia cinco tendências presentes no debate (APML,1971b). Na fase imediatamente posterior à edição do "Programa Básico", visto como uma solução temporária de compromisso, a disputa se afunilaria com a polarização de duas posições. Por um lado, formou-se, na direção da APML, maioria favorável à incorporação ao PCdoB, com base na afinidade de programas e no reconhecimento de que ele seria o partido histórico da classe operária, fundado em 1922 e reorganizado em 1962. Por outro lado, uma ala minoritária da direção defendia a estratégia da revolução imediatamente socialista e a necessidade da constituição do partido inteiramente novo, próprio da etapa vivida pelo marxismo.

Dentro do Birô Político, embora não houvesse coincidência total de posições entre todos os membros dos blocos, sabe-se que a divisão se dava nos seguintes termos: Duarte Pereira, Aldo Arantes, Haroldo Lima e Renato Rabelo apoiariam a posição que se tornou majoritária, enquanto Jair Ferreira de Sá e Paulo Stuart Wright seriam os líderes da chamada minoria.[8] Antes de explicitar a especificidade da posição de Duarte Pereira, cabe descrever os fatos principais do desfecho desse embate.

Os desdobramentos se precipitaram. Em julho de 1971, pouco depois da III RADN, o Birô Político, em reunião extraordinária, for-

8 Não é excessivo salientar que Jair Ferreira de Sá rompeu com as balizas principais do "Esquema dos Seis Pontos" e passou a defender a concepção estratégica que caracterizava a linha da chamada ala minoritária.

malizou novo encaminhamento. Com efeito, aprovou a proposta, apresentada por Duarte Pereira, de que o PCdoB fosse o polo da unificação, baseada no princípio, atribuído à III Internacional, de que onde houvesse um partido marxista-leninista a tarefa dos comunistas era fortalecê-lo. Convocou-se reunião extraordinária do CC para apreciar a decisão e extrair as consequências.

Em novembro de 1971, o CC aprovou a proposta de unificação em torno do PCdoB e convocou o II Congresso da AP para tomar a decisão em última instância (APML, 1971d). Nas duas reuniões, houve resistência da ala que se opunha a essa compreensão. A decisão se pautava no reconhecimento de que se tratava do partido histórico do proletariado brasileiro, mas ainda havia questões conceituais, programáticas e orgânicas a superar.

Por meio de seu jornal “A Classe Operária”, em novembro de 1971, o PCdoB repeliu e desqualificou a proposta da AP, reportando-se ao contido no “Programa Básico”, especialmente à caracterização da sociedade brasileira e ao objetivo de formação de um novo partido. Argumentando que o reagrupamento das forças revolucionárias deveria fortalecer o PCdoB, o verdadeiro partido marxista-leninista do país, conclamou a adesão individual dos militantes da APML que tivessem chegado a essa conclusão.

Dentro da APML, a repercussão foi mediada pelo posicionamento diante do tema. Como tendência geral, os que se inclinavam pela unificação em torno do PCdoB assimilaram a crítica e mantiveram diálogo para revisão de suas próprias posições em favor das condições daquele partido. Inversamente, os opositores acusaram o PCdoB de tentar desagregar a APML, conclamando posicionamento em defesa da organização. A divisão interna não teria reversão (DIAS, 2004).

Em setembro de 1972, com o acirramento da disputa, houve a fratura. Acusados de fracionismo, os líderes da ala minoritária – Jair Ferreira de Sá e Paulo Stuart Wright – foram destituídos de seus cargos de direção e, em seguida, expulsos da APML. Na disposição hierárquica da organização, com a destituição do primeiro secretário, Jair Ferreira de Sá, o segundo secretário, Duarte Pereira, ascendeu à condição de principal dirigente. Logo em seguida, porém, divergências o levaram a se afastar da direção.

Conforme abordou em entrevista, enquanto o Birô era composto por seis membros, havia maioria de quatro contra dois em favor da aproximação com o PCdoB. Após a expulsão dos líderes da ala minoritária, as diferenças entre os quatro dirigentes remanescentes ficaram explícitas (PEREIRA, 1999). Enfim, ele se viu isolado frente às posições dos outros três membros do Birô, que comandaram o processo até a sua conclusão.

Segundo o livro de Haroldo Lima e Aldo Arantes, para consumar a incorporação ao PCdoB, houve a depuração das posições da APML e o reconhecimento da primazia daquele partido e de sua estratégia política. Para os que comandaram esse desfecho, o II Congresso, anteriormente pensado para definir as divergências, teria perdido sua função. Além disso, por causa do recrudescimento da repressão, seria arriscado realizá-lo para tomar uma decisão já consolidada (LIMA &ARANTES, 1984).

O ato conclusivo foi assim narrado: "A 17 de maio de 1973, o Bureau Político do Comitê Central da Ação Popular Marxista-Leninista do Brasil divulgou a sua última circular, indicando o procedimento acertado entre as duas direções para o ingresso no PC do Brasil" (LIMA & ARANTES, 1984, p. 158). Constata-se que não houve a formação de um novo partido ou a fusão de organizações. Na prática, houve a incorporação de dirigentes e militantes da APML ao PCdoB, embora o ato fosse cercado de um significado simbólico de extinção da primeira organização.

Isso não subtraía, contudo, a disputa por seu legado organizativo e simbólico. Por um lado, os que se incorporaram ao PCdoB abraçaram sua história e passaram a explicar a experiência da APML pelo prisma dessa decisão final. Por outro lado, a chamada minoria, referindo-se aos episódios capitais como "a cisão de setembro e outubro de 1972", procurou reorganizar a APML, a disputar a memória da luta interna e a atualizar, segundo sua orientação, a estratégia revolucionária. Com essa baliza, a APML foi reconstituída e existiu até 1981, quando participou do processo de fundação do PT (DIAS, 2004; AZEVEDO, 2010). Como a incorporação da maioria ao PCdoB não foi automática, estendendo-se por uma fase de transição até aproximadamente 1975, os dois agrupamentos reivindicaram, por um período, o nome da organização.

Estêvão, a APML e o PCdoB

Protagonista da abertura e da condução do debate acerca da unificação com o PCdoB, a posição de Duarte Pereira seria distinta na fase conclusiva. Em depoimento ao AEL, comentou: "Pela ironia da história, não quero fazer destaque à minha pessoa, nessa primeira reunião eu fui o único a levantar essa posição de unificação com o PCdoB. Inicialmente, todos os outros eram contrários. Hoje, são dirigentes do PCdoB e eu fui excluído do processo" (PEREIRA, 1999). Para esclarecer a sua posição, produziu alentado texto quando doou a documentação que coligiu ao AEL. No depoimento concedido na mesma ocasião, também detalhou alguns fatos do processo.

O envolvimento de Duarte Pereira na aproximação entre as duas organizações data dos primeiros diálogos, efetivados no final da década de 1960. Naquele período, o PCdoB ainda tratava a AP "como uma organização cristã, refletindo as posições anteriores ao golpe, mostrando uma completa desinformação do processo que tínhamos vivido" (PEREIRA, 1999). Revelou que houve estímulo dos dirigentes do PC chinês:

> À medida que fomos nos definindo por uma visão marxista, eles passaram a insistir que não viam sentido que existissem duas organizações como Ação Popular e PCdoB, com posições cada vez mais confluentes, e se manterem como organizações diferentes (PEREIRA, 1999).

No início, desencadeados por Duarte Pereira, dirigente responsável pela assistência à Comissão Nacional Estudantil da AP, os contatos com o PCdoB tinham o objetivo de unificar a intervenção na UNE. Depois disso, manteve reunião com Pedro Pomar, do núcleo dirigente do PCdoB, para ampliar o escopo do diálogo. Na sequência, houve nova reunião com representantes das duas organizações: pelo PCdoB participaram Pedro Pomar e Carlos Danielli; pela AP, Jair Ferreira de Sá e Duarte Pereira. Daí em diante, "passamos a ter contatos sistemáticos para discutir as posições e o trabalho conjunto em outras áreas. E, pouco a pouco, passamos a discutir as questões políticas e ideológicas" (PEREIRA, 1999).

Duarte Pereira observa que o leque de relações da AP era mais amplo: "Paralelamente, nós estávamos fazendo o trabalho internacional com vários outros partidos da América Latina, com organizações marxistas, com partidos marxistas-leninistas de várias outras partes do mundo" (PEREIRA, 1999). Dedica atenção às relações com o Partido Comunista Brasileiro Revolucionário (PCBR). Informa que houve os primeiros contatos, mas não reunião entre as direções, porque o citado partido foi duramente golpeado pela repressão e sofreu dispersão. Com as organizações armadas, envolvidas em operações de sequestros, desapropriações de bancos, eram consideradas as ações de apoio mútuo, mas "não havia possibilidade de convergência grande de posições" (PEREIRA, 1999). Os debates que precederam e marcaram a realização da III RADN são representativos desse processo, assim como os encaminhamentos imediatamente posteriores.

O episódio da edição do jornal "A classe operária", por meio da qual o PCdoB desqualificou a proposta de unificação apresentada pelo "Programa Básico" da APML, mereceu destaque na entrevista ao AEL. Duarte Pereira salienta que o PCdoB apontara que o documento da APML conciliava posições e encerrava um desvio trotsquista. Em sua avaliação, a resposta do PCdoB foi "intempestiva", porque havia tratativas em curso entre as organizações, e baseou-se em uma análise defeituosa e descontextualizada do significado do "Programa Básico". Reconheceu que "era um documento de compromisso, mas a marca principal dele, para quem examinasse a história da AP, era de avanço, de aproximação das posições marxistas-leninistas do PCdoB. E não o contrário" (PEREIRA, 1999).

De acordo com Duarte Pereira (1999), o alegado desvio trotsquista[9] poderia ser identificado nas posições da "minoria" e não nas teses da "maioria". Assim, "fazendo um ataque à maioria, eles estavam criticando as posições que a maioria defendia como se fossem posições trotsquistas". Avalia que a crise provocada pela manifestação do PCdoB gerou um clima de rebeldia e deu argumentos à "minoria". Externa, também, sua divergência quanto ao encaminhamento, afirmado pelo jornal "A classe operária", de que os militantes e dirigentes da APML que fossem marxistas deveriam romper e ingressar individualmente no PCdoB.

Para superar o impasse, houve busca de diálogo e de negociações com a direção do PCdoB. Duarte Pereira, que representou a AMPL nessa reaproximação, esclarece os termos do diálogo que manteve com Carlos Danielli, do PCdoB:

> Fiz a crítica e mostrei que a avaliação deles estava absolutamente equivocada, que também estava totalmente ultrapassada a proposta deles. Não se tratava mais, naquela altura, de cada um sair individualmente e deixar para trás uma organização com o peso e a história da AP. Tratava-se de fazer essa luta lá dentro. Se, no final, a maioria não quisesse fazer esse processo, tudo bem. Se uma minoria se mantivesse nessa perspectiva de unificação, ela poderia sair. Teria cumprido o seu papel e seu esforço dentro da organização. Cada organização poderia prosseguir seu caminho independente e, aí, nós nos aproximaríamos in-

9 A ala minoritária não se identificava como trotsquista. A tentativa de vinculação, formulada pelo PCdoB e seus adversários internos, decorria de sua defesa da revolução imediatamente socialista e da proposta de criar outro partido, quando já existia o Partido Comunista do Brasil.

> dividualmente deles. Mas nós tínhamos de travar essa luta teórica e política dentro da AP. Não tinha sentido abandonar esse campo assim, sendo nós, inclusive, os principais dirigentes da organização (PEREIRA, 1999).

Como resultado (PEREIRA, 1999),

> fizeram autocrítica formal e pessoal e se convenceram de que a tática que eles tinham preconizado estava errada. Sugeriram que o documento tinha sido redigido por algum dirigente, mas não tinha sido objeto de deliberação coletiva, porque não havia condições de fazer reunião naquele contexto. Comprometeram-se a publicar um novo artigo em "A classe operária", fazendo autocrítica das posições expressas anteriormente e reencaminhando o processo.

Duarte Pereira (1999) lamenta:

> Quando todas essas coisas estavam em andamento, o PCdoB sofre repetidos golpes. Surge a guerrilha (do Araguaia). A repressão concentra sua atenção na organização partidária. Eles sofrem o golpe não apenas na guerrilha, mas na própria direção central. Cai o Carlos Danielli, que vem a ser morto na prisão. Isso tumultua, suspende contatos iniciais, inclusive com as pessoas que tinham sido interlocutoras e, verbalmente, tinham assumido esses compromissos. É o caso, principalmente, do Danielli.

O fato é que o aguardado artigo de reavaliação não foi publicado. Em vez disso, sublinha Duarte Pereira, alguns dirigentes daquele partido estimularam o fracionamento da APML. Cita um exemplo ocorrido na Bahia, onde um setor da APML saiu da organização e ingressou no PCdoB.[10] Olhando em retrospectiva, consta-

10 Essa cisão foi liderada por João Batista Drummond, conhecido na APML como Evaristo, que se tornou dirigente do PCdoB e viria ser assassinado pela repressão na Chacina da Lapa, em 1976.

ta (PEREIRA, 1999): "Até hoje eles nunca fizeram uma reavaliação disso". Como registro das tratativas, adiciona: "Eu guardei, durante esses anos todos, a carta que o Danielli me entregou em mãos, fazendo autocrítica, propondo esses encaminhamentos. Está nos documentos desse acervo que eu depositei" (PEREIRA, 1999).

A leitura do texto, intitulado "Para concluir o processo", informa que o PCdoB, avaliando como positivo o processo vivido na AP, via com simpatia a tendência revolucionária formada em seu interior e a apoiava. Assegura, igualmente, que concordava com a integração de militantes e quadros da AP que sustentavam posição marxista-leninista. Caberia à AP delimitar as posições marxistas-leninistas, em oposição à chamada tendência pequeno-burguesa e neotrotsquista.

Também afirma que o PCdoB considerava útil "uma carta de sua direção à maioria da AP com o objetivo de ajudar o processo em curso da unificação" (DANIELLI, 1972). A premissa, contudo, era a conclusão de que "já existe um partido marxista-leninista e sua posição é correta" (DANIELLI, 1972). Era necessário que os membros da AP chegassem a pontos de vista comuns com o PCdoB. Explica: "Não se trata simplesmente de aderir às orientações do PCdoB, mas de chegar às mesmas conclusões. Não podem existir duas linhas e dois programas corretos" (DANIELLI, 1972). Quanto ao II Congresso da AP, avaliando que a sua realização dependeria das circunstâncias, orienta: "O importante é que a grande maioria discuta o documento base e o aprove" (DANIELLI, 1972).

Subjaz ao depoimento de Duarte Pereira a compreensão de que os encaminhamentos e o resultado poderiam ter sido diferentes. Não é possível aferir a factibilidade dessa hipótese. É difícil interpretar as camadas mais profundas das tratativas, desenvolvidas na interlocução direta, além do que se lê no texto do documento. Seja como for, independentemente da margem para administrar divergências como as esposadas por Duarte Pereira, os pressupostos estavam demarcados, estabelecendo o primado do PCdoB e a correção de seu programa e de sua estratégia. Os membros da APML deveriam chegar àquelas conclusões.

No esquema que esboçou em 1973,[11] movido pela busca do consenso, Duarte Pereira reconhecia, como lição mais importante, que o dever dos marxistas-leninistas brasileiros era fortalecer o Partido Comunista do Brasil. Mais: "o PC do Brasil é o único e verdadeiro partido da classe operária; os revolucionários que querem guiar-se pelo marxismo-leninismo devem unir-se no PC do Brasil e ajudá-lo a cumprir sua missão" (PEREIRA, 1973). Todavia, em outra intervenção, expôs que mantinha, naquela época, discordâncias importantes e reivindicava canais para exercê-las no outro partido: "Existindo essas divergências, eu só poderia ingressar no PCdoB se o partido reconhecesse que eram legítimas e que eu tinha o direito de continuar a defendê-las pelos canais apropriados" (PEREIRA, 1999b, p. 21).

Uma divergência ideológica importante entre a APML e o PCdoB dizia respeito à caracterização "do pensamento de Mao Tsé-Tung como uma nova etapa na teoria revolucionária do proletariado mundial", ou seja, ao "marxismo-leninismo-maoísmo" (PEREIRA, 1999b, p. 7). Duarte Pereira, (1999b, p. 9) alega que ele rejeitava a reavaliação sem uma análise cuidadosa que abrangesse "as questões da 'época histórica' e da 'etapa teórica', e não apenas a do 'tipo de partido'". Adicionalmente, revela: "Tendo recebido a incumbência de dar forma final à chamada 'Tese da Unificação' (com o PCdoB), [...] pude deter-me na releitura de documentos do PC da China, do PC do Brasil [...] e na reavaliação de nossos próprios debates" (PEREIRA, 1999b, p. 9).

11 Na conclusão do texto "Estêvão e o Partido Comunista do Brasil", referiu-se da seguinte maneira aos anexos que contêm esse esquema: "Acrescento, como anexos, dois roteiros que esbocei em abril de 1973, quando ainda alimentava a expectativa de participar da elaboração do documento final de balanço da experiência de Ação Popular. Servem como indicativos de minha visão da trajetória da AP e de meu esforço de buscar, até o limite, a unidade com os demais companheiros da 'maioria' da AP e com o PCdoB" (PEREIRA, 1999b, p. 24).

Identificando a raiz do erro, concluiu que, não obstante a mudanca da correlação de forças e a apresentação de novos desafios, “nem a base teórica, nem a forma de organização dos partidos proletários marxistas-leninistas precisavam revestir-se de características inteiramente novas” (PEREIRA, 1999b, p. 9). Indicando que uma sucinta reformulação da posição foi incorporada ao documento “Vitória do Marxismo-leninismo”, veiculado pelo jornal “Libertação” em abril de 1973, quando a “maioria”publicizou a exclusão dos dirigentes da “minoria”, acrescenta que “uma reavalição mais desenvolvida deveria constar do balanço final da AP” (PEREIRA, 1999b, p. 9).

Desatado “o nó da época histórica incorretamente caracterizada” (PEREIRA,1999b), restavam outras questões. Exposição exaustiva de sua divergência encontra-se no documento “Estêvão e o Partido Comunista do Brasil”. Nos limites aqui dispostos, é elucidativa a abordagem sintética que ofereceu em palestra recente:

> Seria difícil explicar todas as razões [...]. Achava que a AP deveria se unir com o PCdoB sob condições. Porque as posições que o PCdoB tinha não eram da tradição da AP. Fazia parte da tradição da AP a crítica do modelo soviético desde o “Documento-base” e eu pessoalmente nunca renunciei a essa crítica. A gente compreendia o papel histórico que Stalin tinha desempenhado na construção do socialismo, na defesa da União Soviética, na Segunda Guerra etc., mas não se podia abrir mão da crítica aos erros, aos crimes que haviam sido cometidos. E que precisavam ser discutidos. A China discutia, mas o PCdoB e a Albânia não admitiam essa discussão. Era uma questão decisiva. A outra questão decisiva era a sociedade brasileira. No grau de desenvolvimento do capitalismo que já tínhamos, no grau de industrialização que já havíamos alcançado, não podia ser considerada uma sociedade semifeudal, semicolonial.[12]

---

12 Em livro sobre a história da AP, Haroldo Lima e Aldo Arantes (1984, p. 158) referem-se a esses episódios finais do processo laconicamente: “Dessa decisão não participou Duarte Pereira, argumentando divergências de conteúdo e de método”. Por seu turno, Gorender (1987, p. 117), em “Combate nas trevas”, e Kucinski (1991,

> Esse debate estava presente e eu nunca concordei com ele.[13] Eu achava que devíamos nos unificar através de um congresso que debatesse essas questões, e que as unificasse entre nós (da AP), e que as colocasse como questões para o próprio PCdoB. Não era uma visão de incorporar só para fortalecer quantitativamente o PCdoB, era uma perspectiva de incorporar para nos renovarmos mutuamente diante dos novos desafios e das novas tarefas (PEREIRA, 2014).

Por um lado, entendia que o II Congresso da APML, além de resolver a oposição entre os campos em disputa, teria o papel de solucionar as contradições da maioria. Por outro, não concordava com a revisão unilateral das posições da APML, como se a ela pertencessem todos os erros e ao PCdoB todos os méritos (PEREIRA,

---

p. 199), em "Jornalistas e revolucionários", registraram, sucintamente, esses argumentos de Duarte Pereira. Em janeiro de 1973, ao redigir a apresentação da segunda edição da pesquisa coletiva "Contribuição à compreensão científica da sociedade brasileira", realizada por dirigentes ligados à maioria da APML, Duarte Pereira assinalou, referindo-se a si próprio: "Um dos autores deste trabalho considera errado afirmar que a sociedade brasileira é *semifeudal e semicolonial*, embora nela já prevaleçam as relações capitalistas. Toda sociedade tem uma natureza própria e esta é dada, no caso das formações sociais complexas, pelo modo de produção que predomina. Outra questão é se estabelecer ao mesmo tempo as particularidades que distinguem uma sociedade de outras sociedades da mesma natureza. [...] Na linha desse raciocínio, um dos autores deste trabalho manifesta sua convicção de que, se os marxistas-leninistas querem avançar na compreensão científica da sociedade brasileira, devem romper com esta sobrevivência de antigas concepções dogmáticas e devem avançar na formulação de um conceito da sociedade brasileira que se aproxime desta formulação: o Brasil é um país capitalista, do tipo dependente e subdesenvolvido" (APML, 1973a, p. VIII).

13 Duarte Pereira, após a leitura da primeira edição deste livro, incorporou uma anotação no final do capítulo que aborda as suas memórias e depois a compartilhou com o autor. A reprodução é de interesse dos leitores: "Autocrítica de Estêvão (6/6/18). Ambas as linhas, tanto a da revolução nacional, democrática e popular, quanto a da revolução socialista imediata, eram equivocadas. O desafio era aprofundar o conceito de formação econômico-social complexa, tanto capitalista quanto socialista, para formular um programa, uma estratégia e uma tática adequadas para o Brasil" (PEREIRA, 2018).

1999b). Sem canais para negociar sua posição, ficou à margem dos encaminhamentos decisivos.[14]

Em 1999, tanto no depoimento aos pesquisadores da Unicamp quanto no ensaio que consolidou sobre temas relacionados, citou que o PCdoB, somente naquela década, havia reavaliado questões negativas da experiência soviética e a caracterização da sociedade brasileira. Considerou que essa era uma evidência de que o diálogo com o legado da AP teria sido positivo. Constatou, ainda, que a mudança de posicionamento não viera acompanhada de uma autocrítica (PEREIRA 1999a e 1999b).

O epílogo ou a pós-história

Em sua mais recente intervenção pública, Duarte Pereira agregou elementos à sua interpretação sobre a fase posterior à cisão da APML e incorporação da maioria ao PCdoB. Durante um período, as duas alas, a maioria e a minoria, reivindicaram o nome da APML. A primeira porque, mesmo com o ingresso no PCdoB, manteria estruturas da organização até 1975. A segunda porque manteve uma organização referida na denominação da APML e em sua história até o início da década de 1980, sob liderança de Jair Ferreira de Sá (DIAS, 2004; AZEVEDO, 2010).

---

14 No fundo documental Duarte Pacheco Pereira (AEL), há registros dos debates da época da incorporação. Merece atenção a troca de correspondência entre Estêvão e a Fração do Partido Comunista Coordenadora da Integração dos Ex-militantes da AP, datada dos meses posteriores à decisão do Birô Político pela incorporação ao PCdoB. Os destinatários eram Haroldo Lima e Aldo Arantes. Candidato a ingressar no partido, Duarte Pereira ainda reivindicava canais para expressar suas divergências aos ex-militantes da AP. Seu objetivo foi sintetizado da seguinte maneira: "Defender os direitos legítimos da Ação Popular e defender também os genuínos interesses da classe operária e de seu partido: compromisso principal com o partido, de lutar pela incorporação e de levar a AP a fazer autocrítica de seus erros, mas também um compromisso efetivo com a AP, de defender seus direitos ao seu reconhecimento pelo Partido como organização marxista-leninista e ao reconhecimento pelo Partido dos erros que cometeu na relação com a organização e das causas desse erro" (PEREIRA, 1973b).

Duarte Pereira é crítico do fato de os ex-dirigentes da APML, já incorporados ao PCdoB, terem mantido temporariamente algumas estruturas:

> Eles continuaram publicando (o jornal Libertação), dizem que por motivo de segurança, para não tornar claro que já havia ocorrido a unificação dos dois partidos, mas também por motivos de disputar influência, disputar militantes. Continuaram se apresentando como AP quando já não tinham nada a ver com a AP (PEREIRA, 2014).

Mais delicado é o fato de Duarte Pereira convencer-se, mediante evidências que colheu, de que a incorporação dos principais dirigentes ao PCdoB ocorreu em 1972, e não em 1973, conforme constava das manifestações oficiais da APML: "Eles entraram oficialmente em maio de 1973. Há uma resolução que diz 'Incorporemo-nos ao PCdoB'. Eu já não estava mais fazendo parte da direção que aprovou. Na realidade, e hoje tenho vários depoimentos deles próprios, eles entraram em outubro de 1972".[15] Expõe a gravidade de sua in-

---

15 Introduzido há pouco tempo no debate, esse tema merece investigação aprofundada. Cite-se, porém, que documentos do PCdoB influenciaram a conclusão de Duarte Pereira. Nas Resoluções do 11º. Congresso do PCdoB, na seção que divulga a biografia dos dirigentes, constata-se que havia 13 membros do Comitê Central egressos da Ação Popular, aos quais se somavam outros quatro suplentes. O texto assinala que todos haviam se incorporado ao PCdoB em 1972. Do rol fazem parte os três dirigentes que compunham o Birô Político da APML: Aldo Arantes, Haroldo Lima e Renato Rabelo. Os três teriam sido "cooptados para o Comitê Central" naquele ano (PARTIDO COMUNISTA DO BRASIL, 2001, p. 316-330). Nas Resoluções do 12º. Congresso do PCdoB, os verbetes a respeito dos ex-dirigentes do Birô Político da APML seguem o mesmo padrão (PARTIDO COMUNISTA DO BRASIL, 2009, p. 348, 358 e 369). No livro que documenta os votos da Comissão da Anistia do Ministério da Justiça a respeito da petição de Aldo Arantes, consta: "Informa que em 1972 ingressou no Partido Comunista do Brasil e passou a integrar a sua direção na clandestinidade" (BRASIL, 2013, p. 189). No livro "Itinerário de Lutas do Partido Comunista do Brasil", Haroldo Lima (1984, p. 24) escreveu: "ainda em 1972, ocorre a incorporação da Ação Popular Marxista-Leninista do Brasil ao PC do Brasil".

ferência (PEREIRA, 2014): "É um motivo de sofrimento pessoal, porque nós expulsamos o Paulo Wright e o Jair (Ferreira de Sá) por fracionismo, mas o fracionismo já estava sendo praticado por esses companheiros. É uma situação que é um absurdo".

Mais amplamente, interpreta que, a despeito das enormes divergências que separaram a "maioria" da "minoria", havia um ponto comum:

> Da parte de todos os seus dirigentes, não só da parte dos dirigentes que se integraram no PCdoB, mas daqueles que a mantiveram organizada por alguns anos ainda, era já proposto que ela (a AP) se unificasse com outras organizações em torno de posições que não eram suas posições históricas. Isso ocorreu também com o outro setor que não aderiu ao PCdoB (PEREIRA, 2014).[16]

Duarte Pereira denomina essa última fase de pós-história. Consolida, assim, a seguinte periodização: "A AP tem uma pré-história, tem um período em que existe de forma marcante na vida nacional e tem uma pós-história, quando ela começa a desaparecer como organização unificada e autônoma" (PEREIRA, 2014). Depreende-se que a "história" teria sido encerrada no desfecho da luta interna.

Na segunda metade da década de 1970, Duarte Pereira engajou-se no projeto do jornal "Movimento", um dos mais emblemáticos da imprensa alternativa de resistência à ditadura. Em condições de clandestinidade, produziu a série de editoriais conhecida como

---

16 Refere-se ao fato de a APML, nesse novo período, ter adotado políticas para criar o que denominou de Tendência Proletária, em associação com o Movimento Revolucionário 8 de Outubro, com a Organização de Combate Marxista-Leninista/ Política Operária e com o Movimento de Emancipação Proletária, tendo como objetivo último construir o partido de vanguarda da revolução brasileira. Nessa intervenção, Duarte Pereira citou o livro de memórias de Ricardo de Azevedo (2010), dirigente da APML na segunda metade da década de 1970. Ver o capítulo 6 deste livro.

"Ensaios populares" (AZEVEDO, 2011). Em determinada fase, assinou materiais com o pseudônimo de Alfredo Pereira, cujas iniciais formam a sigla AP. Era uma irônica atitude de resistência naqueles tempos sombrios. Com a anistia, voltou a trabalhar como jornalista ou redator técnico em vários órgãos e empresas. Não teve mais vinculações orgânicas com partidos. Por um período, nutriu expectativa de retomar negociações com o PCdoB e manteve proximidade, mas afastou-se com o tempo.

Ao concluir a entrevista ao AEL, declarou sua condição de isolamento político e reafirmou, não obstante, quatro compromissos que pretendia preservar pelo resto da vida: 1) com as classes trabalhadoras; 2) com o projeto socialista; 3) com o entendimento de que o socialismo não se separa da democracia para os trabalhadores; 4) com o marxismo, compreendido em sua dialética de renovação e desenvolvimento, em completa ruptura com certa tradição dogmática (PEREIRA, 1999).

Considerações Finais

Entendidas como expressão do campo da memória, as intervenções de Duarte Pereira são válidas, em si mesmas, como narrativa sobre a história da AP. Seja na abordagem de fatos e conjunturas, seja na apreciação das sucessivas redefinições vividas, oferecem subsídios densos, elaborados pela subjetividade do protagonista, para a interpretação do conjunto da experiência.

Seria dispendioso sistematizar, em cada contexto abordado, as diferentes contribuições ao debate. Na linha diacrônica, constata-se que sua biografia, entrelaçada com a experiência coletiva, é representativa da dinâmica da transformação política, ideológica e orgânica da AP em favor da adoção do marxismo-leninismo, em conjuntura de ascensão da perspectiva revolucionária, tal como interpretada pelos agentes políticos. Mais do que participante, foi um dos líderes e elaboradores desse processo. Entretanto, apesar de ter sido precursor da proposta de unificação com o PCdoB, assumida pela ala majoritária da direção da AP, divergiu dos termos de conclusão do processo.

A respeito do desfecho desse processo, decisivo na composição de sua memória, sua narrativa cita negociações que poderiam ter alterado, se não a conclusão, pelo menos o desenvolvimento da trama. Não se trata, aqui, de fazer história contrafactual, mas de verificar como essa informação ajuda a entender mais amplamente o processo. Ainda se referindo a esse episódio, Duarte Pereira adicionou, recentemente, sua convicção de que a incorporação dos principais dirigentes ao PCdoB ocorreu antes da data oficialmente divulgada. Se essa inferência exige uma investigação acadêmica, não pode ser ignorada, visto que, potencialmente, interfere na compreensão do encadeamento dos acontecimentos e de todo o enredo.

Na elaboração da memória de seus companheiros de geração da direção da AP, pode ser identificada, não raro, a influência das opções orgânicas que assumiram depois. Como Duarte Pereira não estabeleceu relações dessa natureza, sua memória, de certa forma, é parametrizada pelos vínculos com a história da AP, embora possam ser identificadas, eventualmente, ressonâncias de experiências e reflexões posteriores.

Nesse diapasão, suas intervenções sistematizam compromisso com as posições que assumiu em cada conjuntura e com a dinâmica de redefinições da política da AP. Se houver uma teleologia que explica o passado a partir do presente, o principal marco regulatório é o desenlace das disputas que vivenciou como dirigente da organização. Além disso, com a independência orgânica do período posterior, revisita a história e tenta extrair, sem a urgência revolucionária da formulação sistematizada nos anos da AP, as virtualidades das políticas em sua época. Daí o fato de os depoimentos ampliarem as nuanças da abordagem, sem colidirem frontalmente com as principais balizas da análise sedimentada como dirigente.

É ocioso especular como sua memória teria sido elaborada se tivesse trilhado, apesar das divergências expostas, o mesmo caminho que os outros membros da maioria do Birô Político. Com base na documentação e em seus depoimentos, é mais produtivo constatar que deixou de seguir aquele caminho, em 1973 e depois, por justificar compromisso com o legado da AP e se recusar a fazer revisão unilateral.

A história da AP é repleta de disputas a respeito de fatos, de processos e do sentido global de sua experiência. Há diferentes narrativas memorialísticas produzidas pelos personagens, cada qual com sua legitimidade. Elaborada com erudição e método, a contribuição de Duarte Pereira, rapidamente sistematizada e analisada neste capítulo, é uma das mais informativas e instigantes.

6. A HISTÓRIA DA AÇÃO POPULAR (AP) NAS MEMÓRIAS DE RICARDO DE AZEVEDO[1]

Preâmbulo

O objetivo do presente capítulo é analisar como a trajetória da Ação Popular (AP), importante organização da esquerda brasileira, é interpretada por Ricardo de Azevedo, um de seus mais influentes dirigentes na segunda metade da década de 1970. O principal suporte da análise é o livro "Por um triz: memórias de um militante da AP" (AZEVEDO, 2010). A narrativa abarca o período de militância do autor na AP, compreendido entre 1968 e 1980, "data em que - conforme suas palavras - encerro meu livro com a fundação do Partido dos Trabalhadores, na construção do qual me engajei" (AZEVEDO, 2010, p. 11).

É lícito lembrar que existem, dependendo da fase de que se participou e dos alinhamentos nas lutas internas, muitas disputas de interpretação sobre a trajetória da AP (DIAS, 2011). Para balizar o olhar do leitor, cabe descrever alguns dados dessa história. Fundada em 1963, a AP caracterizava-se, inicialmente, pela construção de um projeto socialista humanista, influenciado pelo cristianismo, pelo existencialismo e pelo marxismo.

No contexto da ditadura civil-militar, redefiniu progressivamente seus objetivos e converteu-se ao marxismo-leninismo. Em

---

1 Publicado originalmente na revista *Diálogos*, nº 2, v.18, mai./ago. 2014, p. 827-868 (DIAS, 2014).

1968, aderiu à linha chinesa, ou seja, ao maoísmo. Tal definição acarretou uma cisão e a expulsão de membros da outra ala, próxima da influência da revolução cubana. Em 1971, sinal de sua transformação ideológica, passou a se denominar Ação Popular Marxista-Leninista (APML).

Na definição da estratégia e da construção do partido de vanguarda que deveria dirigir a revolução brasileira, houve novas fases de luta interna. Em 1973, a maioria de seus militantes incorporou-se ao Partido Comunista do Brasil (PCdoB), por considerá-lo o partido de vanguarda do proletariado brasileiro. Outra ala buscou reorganizar a APML e atualizar sua pauta. No final daquela década, a APML esteve entre os agentes políticos que participaram do processo de fundação do Partido dos Trabalhadores (PT).

A narrativa de Ricardo de Azevedo é particularmente densa e informativa sobre o período posterior à divisão de 1973, quando se eleva sua responsabilidade na estrutura de poder. Na fase de reconstrução, foi membro do Secretariado Nacional; em seguida, integrou o Comitê Central. Desligou-se da APML no início de 1980, quando decidiu ingressar individualmente no PT.

O autor alega que se motivou a escrever suas memórias porque foi alertado de que sua biografia militante reunia, de maneira pouco comum, três experiências relevantes: prisão, exílio (no Chile e na Europa) e clandestinidade. Além disso, concluiu que sua militância, no período destacado, confundia-se com a história da organização, sobre a qual, ponderou, havia poucos registros. Embora haja livros de memórias de outros militantes e dirigentes, não se conhece, no universo editorial, um depoimento tão detalhado e abrangente sobre os últimos anos da existência da APML, no final da década de 1970.[2]

---

2 Sobre esse período, conhecia-se, fundamentalmente, a sintética e informativa entrevista concedida por Jorge Almeida a um livro de Marta Harnecker (1994), dedicado a veicular depoimentos de dirigentes das organizações de esquerda que participaram da fundação do PT. Registre-se, ainda, a sedimentação de pesquisas de pós-graduação a esse respeito (OLIVEIRA JR, 2000; DIAS, 2004).

Não houve a pretensão, de acordo com a introdução do livro, de escrever uma história da AP. O objetivo era deixar "apenas um depoimento de um ativo militante" (AZEVEDO, 2010, p. 11). Essa advertência deve ser vista, entretanto, mais como uma demarcação da natureza da narrativa, situada no campo da memória, do que como uma diminuição de sua importância. Identificadas suas características, trata-se de relevante documento aos pesquisadores. Mais do que narrar fatos da história da AP, Azevedo interpreta sua experiência.

Como a elaboração da memória guarda relação com o momento em que é produzida (HALBWACHS, 1990), a análise irá cotejar o depoimento sistematizado no livro com a documentação produzida pela AP naquele período. Será promovido, também, diálogo com materiais que o autor escreveu ou ajudou a escrever na época, em particular com o documento que ele divulgou quando se desligou da AP (AZEVEDO, 1980), que antecipa a abordagem que viria a ser contemplada no livro. Não se trata de conferir dados, mas de entender como ocorreu, em conjunturas diversas, o complexo processo de elaboração da memória do agente político e de sua interpretação da história da AP.

O ingresso na AP e o maoísmo

Ricardo de Azevedo demarca, desde o início, o território de sua atuação. Informa que se aproximou da AP nas jornadas políticas de 1968, quando se tornou estudante da Universidade de São Paulo. Sobre sua adesão, relata: "Em algum momento, no fim de 1968 ou no início de 1969, finalmente fui formalmente recrutado e passei a ser militante da Ação Popular" (AZEVEDO, 2010, p. 42). Passou a fazer parte da Comissão Regional Estudantil. Salienta que não tinha relação pessoal com a identidade inicial da organização e que sua vinculação se deu com a "AP maoísta": "Nunca tive nenhum vínculo com a Igreja Católica, e em 1968 a AP já era religiosamente maoísta" (AZEVEDO, 2010, p. 25).

A ironia contida em sua fala suscita esclarecimentos. A formação da AP relaciona-se com o processo de radicalização da juventude católica, no início da década de 1960. Boa parte de seus fundadores formou-se nas fileiras da Juventude Universitária Católica (JUC). A AP nunca foi, porém, uma organização política de perfil religioso. Como anotou Luiz Alberto Gómez de Souza (1987, p. 101), "pretendia ser, desde o início, um movimento pluralista, embora não se possa negar que a biografia da maioria de seus criadores estivesse condicionada por suas origens cristãs".

Tratava-se de um movimento político laico, aberto a várias influências doutrinárias, incluindo o marxismo. Como se verifica em seu "Documento-base", aprovado em seu congresso de fundação, perseguia um projeto de revolução brasileira, orientado pela formação de uma ideologia própria, cujo horizonte era o socialismo como humanismo (AP, 1963b).

Logo depois do golpe de Estado de 1964, em face da derrota política sofrida pelos movimentos e organizações de esquerda, a AP iniciou um processo de redefinição de sua linha política que culminaria em uma transformação ideológica. Em 1965, a autocrítica expressou-se na adesão explícita à ideia de luta armada como forma de conduzir o processo revolucionário, sem alterar seus fundamentos filosóficos (AP, 1965a). Em 1967, no entanto, deflagrou-se um processo, conhecido como Debate Teórico e Ideológico, claramente orientado pela necessidade de uma definição marxista (AP, 1967). Na mesma conjuntura, acentuou-se o debate em torno da construção do partido de vanguarda para conduzir a revolução brasileira, outra manifestação da influência do marxismo-leninismo.

Na primeira metade de 1968, quando Ricardo de Azevedo se envolveu em atividades políticas do movimento estudantil e manteve os primeiros contatos com militantes da organização, a AP vivia intensamente o processo dessa definição. No curso da I Reunião Ampliada da Direção Nacional (RADN), realizada em setembro de 1968, legitimou-se a adoção da linha política maoísta, defendida pela chamada "Corrente 1", liderada por Jair Ferreira de Sá. Durante a realização dessa reunião, contudo, emergiram divergências sobre a correção e a pertinência da linha maoísta, sistematizadas pela chamada "Corrente 2", cujos expoentes vieram a ser expulsos da AP, em razão da intensidade das disputas e da distância dos pontos de vista estratégicos.

Embora os dois polos se orientassem pelo marxismo, havia distância na forma como interpretavam o país e a natureza da revolução brasileira, com desdobramentos na definição da estratégia de ação política revolucionária. Baseando-se no documento que ficou conhecido como "Esquema dos Seis Pontos", a "Corrente 1" considerava o maoísmo como a terceira etapa do marxismo, o marxismo da atualidade. Interpretando que o Brasil era um país semicolonial e semifeudal, compreendia que era vivida a temporalidade da revolução nacional-democrática, a ser conduzida pela guerra popular prolongada, cuja arena privilegiada seria o campo (AP, 1968c).

Já a "Corrente 2" interpretava o Brasil como um país capitalista e que a revolução teria um caráter imediatamente socialista (AP, 1968d). Referindo-se a si própria como marxista-leninista, era tachada de foquista por seus adversários, alusão à influência da Revolução Cubana.

Um pomo da discórdia era a política da integração na produção, inspirada em práticas verificadas na Revolução Cultural Chinesa, por meio da qual os militantes, majoritariamente originados na classe média, deveriam ser reeducados pela inserção no mundo do trabalho, na cidade e no campo. Defendida pela "Corrente 1", essa política era duramente criticada por seus adversários.

Ao longo desse processo de redefinição, alterou-se a composição da militância da AP. Primeiro, porque a repressão promovida pelo Estado no imediato pós-1964 gerou desarticulação organizativa e afastamento de militantes. Segundo, porque o processo de autocrítica e de modificação da estratégia não foi assimilado por todos. Terceiro, porque a redefinição significou, em alguns casos, exclusão. Em contrapartida, a AP contou com a adesão de militantes formados nas lutas contra a ditadura.

Em 1966, promoveu-se uma espécie de pesquisa sociológica para avaliar o perfil da militância. Aferiu-se que dois terços dos que responderam haviam ingressado já no período da ditadura (AP, 1966b). Ricardo de Azevedo se somaria a essa geração. Se, para antigos militantes e dirigentes da AP, era vivida uma guinada de orientação, os que então ingressavam dialogavam com as opções colocadas naquela conjuntura.

As razões de seu engajamento são expostas com muitas nuanças. Revela, por exemplo, que o "essencial da minha opção, como aliás de quase todos os militantes, não foram razões de ordem teórico-conceituais, mas basicamente razões subjetivas, de engajamento, de afetividade" (AZEVEDO, 2010, p. 25). Seja como for, é significativa a maneira como explica sua adesão ao maoísmo. Na época, repeliu a política de "resistência pacífica" do Partido Comunista Brasileiro (PCB): "Nas circunstâncias de uma ditadura militar como a brasileira, a perspectiva de uma saída pacífica estava fora de cogitação. Isso me afastava do PCB e me colocava no campo das organizações que defendiam a luta armada" (AZEVEDO, 2010, p. 24).

Sua opção circunscrevia-se, portanto, no leito da esquerda revolucionária, adepta da luta armada. Considerada essa baliza, declara que rejeitou o chamado "foquismo", influenciado pela irradiação da revolução cubana, pois não "conseguia entender a perspectiva de algumas poucas pessoas conseguirem deflagrar um processo revolucionário no país, apesar do sucesso relativamente recente em Cuba" (AZEVEDO, 2010, p. 24-25). Emanada da Revolução Chinesa, a perspectiva da guerra popular prolongada, com forte participação camponesa, pareceu-lhe mais consequente. A opção pelo maoísmo foi, ainda, influenciada pela aura antiburocrática e renovadora da Revolução Cultural Chinesa, tal como então era vista à distância:

> A Revolução cultural chinesa em curso naquele momento – tal como a entendíamos e não como o que de fato foi – me parecia bastante atraente. Era para nós o mais extraordinário fenômeno, porque questionava a burocracia socialista, e nos parecia como

> algo que apontava para um modelo de participação das bases, das massas e, ao mesmo tempo, mexia não só com a política, com a economia, mas com a cultura, com toda a ideologia burguesa. Só muito mais tarde é que vim a ter consciência do tremendo pesadelo que foi a Revolução Cultural (AZEVEDO, 2010, p. 25).

Ressalta outras dimensões de sua recepção:

> O maoísmo então me atraía bastante por este aspecto, porque como um jovem de classe média para alta, os meus problemas, as minhas contradições com a sociedade capitalista brasileira não se davam no plano econômico, mas sim em outro nível. A minha revolta era, antes de tudo, contra a hipocrisia das relações culturais e ideológicas na sociedade (AZEVEDO, 2010, p. 25).

Ao resumir as razões de sua opção pelo maoísmo, experimenta mais um veio interpretativo: "Para quem conhece a trajetória da AP, não é difícil entender que ela rapidamente transferiu a sua religiosidade do catolicismo para o maoísmo, mantendo a essência religiosa da relação" (AZEVEDO, 2010, p. 25). Sobre tais vínculos, adiciona: "Havia, no caso da AP, um forte componente religioso, como uma forma dos militantes vindos da pequeno-burguesia expiarem a culpa por sua origem de classe, integrando-se às massas" (AZEVEDO, 2010, p. 31).

Ricardo de Azevedo emite uma conclusão severa sobre os resultados dessa política: "A experiência da integração na produção da AP foi um desastre quase total" (2010, p. 31). O que o livro de memórias não esclarece é se o autor tinha essa visão crítica na época ou se ela foi construída posteriormente, mediante a avaliação da experiência e interlocução com testemunhos de outros ex-militantes.

Azevedo filia-se a uma interpretação que estabelece uma ponte entre a origem religiosa de muitos militantes e o maoísmo, talvez inaugurada ou divulgada com mais repercussão pelas memórias de Herbet de Souza, que foi coordenador nacional da AP desde sua fundação até 1965. Em vários depoimentos, Souza afirmou que o maoísmo se ajustava melhor à formação cristã da maior parte dos fundadores da AP e que teria havido, em certa medida, a substituição de uma religião por outra (SOUZA, 1978; DIAS, 2007).

Assumidas e desenvolvidas por Azevedo, tais analogias convidam à reflexão sobre a eventualidade de antigos militantes da AP terem promovido uma espécie de ressignificação de seu imaginário político. De qualquer forma, outros fatos devem ser considerados para uma reflexão mais ampla. Primeiro, a "Corrente 2" também tinha membros e expoentes com passado no catolicismo de esquerda e recusou o maoísmo. Não havia, assim, uma relação de causa e efeito. Segundo, como vinha ocorrendo uma modificação do perfil dos militantes da AP, alguns ou muitos aderiram ao maoísmo pelo potencial de atração que essa perspectiva política exercia naquele período, tendência exemplificada pelo caso de Ricardo de Azevedo.

Como Ricardo de Azevedo ainda pertencia apenas aos círculos de aproximação da estrutura organizativa da AP quando se consolidou, na conclusão da I RADN, a opção pela linha maoísta, sua escolha não decorreu dos termos sistematizados pelo debate interno. Resultava da forma como decodificava o significado da revolução chinesa e, em particular, do processo da revolução cultural impulsionada naquela conjuntura. Daí seu testemunho oferecer um leque de motivos mais nuançado do que o disponível nos documentos da AP.

Com efeito, os aspectos libertários salientados por Ricardo de Azevedo, relacionados à suposta prática da democracia direta e da participação das bases sociais durante a revolução cultural, não ganham destaque nos principais documentos da AP, em que sobressaem duas dimensões centrais do significado do maoísmo: a) tratava-se da terceira etapa do marxismo, o marxismo dos tempos atuais; b) nessa condição, era a principal referência para a luta contra o revisionismo contemporâneo, representado internacionalmente pela liderança da União Soviética e, no Brasil, pela política do PCB.[3] É o que

---

3 A noção de revisionismo está associada à ideia de que a estratégia revolucionária teria sido revisada e substituída por uma gradualista política de reformas.

se verifica, por exemplo, tanto no "Esquema dos Seis Pontos", que serviu de base para as definições da I RADN (AP, 1968c), quanto na resolução da II RADN, realizada em 1969, ano em que se consolidou o ingresso de Ricardo de Azevedo nas fileiras de militantes da AP.

O documento extraído da II RADN (AP, 1969c) sistematiza um rito de autodestruição da velha AP, em clara ruptura com seu passado, com o propósito de reconstruí-la em novas bases. Orientada pelo marxismo dos tempos atuais, o maoísmo, a AP viveria uma nova etapa de sua história, "a da transformação de um partido pequeno-burguês, inicialmente reformista e revolucionário, em um partido revolucionário proletário" (AP, 1969c, p. 4). Nesse momento, define-se o objetivo de reconstrução do partido operário no Brasil, parametrizado pela análise do estádio da luta de classes no país e pela luta contra o revisionismo. Em resumo, quando Azevedo tornou-se militante da AP, essa organização não apenas havia rompido com um passado que ele não vivera, mas estava em processo de transformação. A própria recepção do maoísmo assumiu feições complexas.

A clandestinidade, as prisões e a APML

A narrativa de Ricardo de Azevedo discorre sobre os principais temas que marcam a vida da AP desse período em diante, mas seu olhar é balizado pelo local que ocupava nas estruturas de poder. Se, no final da década de 1970, viria a fazer parte do núcleo dirigente, nessa primeira fase de sua atuação era um militante que tinha acesso aos escalões intermediários e, eventualmente, contatos com altos dirigentes.

A esse respeito, oferece dois testemunhos emblemáticos do olhar do militante que iniciava sua jornada revolucionária. Em sua primeira reunião, teve a oportunidade de conhecer Manoel Conceição Santos, o líder camponês do Maranhão. Explicando que se tratava de um contato importante para emular a militância e realçar as lideranças, Azevedo exclama (2010, p. 43): "Ele era um herói para nós!" Pouco tempo depois, conheceu o principal dirigente da AP daquele período, Jair Ferreira de Sá, em torno do qual, enfatiza, "havia uma certa veneração [...]. Era dito que ele era o maior dirigente marxista-leninista da América Latina" (AZEVEDO, 2010, p. 44).

O autor fornece subsídios para entender a dinâmica da hierarquia interna da organização revolucionária, seus códigos de segurança para as condições de clandestinidade e o fluxo dos principais debates, sobretudo aqueles que envolviam a definição da estratégia revolucionária e de construção do partido de vanguarda.

Sua relação com a vida orgânica da AP foi interrompida quando sofreu uma queda e passou uma temporada na prisão. Talvez em razão de ser noviço na política revolucionária, não recebeu a acusação de atuar em organização subversiva clandestina, mas de participar de atividades de reorganização da União Nacional dos Estudantes (UNE). Detido em 18 de junho de 1969, foi libertado em 3 de outubro de 1970, após julgamento realizado no dia anterior. Beneficiado pelo fato de ser menor de 21 anos, foi condenado à pena de um ano, quando já havia cumprido um período um pouco maior (AZEVEDO, 1997).

A temporada que passou detido no presídio Tiradentes, em São Paulo, teria importância na redefinição de sua visão de mundo:

> A minha formação político-teórica começou no Presídio Tiradentes. Antes era o ativismo desenfreado, exaustivo, que levava a um esgotamento tremendo e que estava chegando ao seu limite. O que não quer dizer que eu não lesse, mas lia aqueles materiais mais simples, documentos da organização, os textos de Mao, não muito mais que isso, e nunca tinha lido sequer os clássicos do marxismo. Eu o fiz na cadeia (AZEVEDO, 2010, p. 54).

Assim, o período no presídio Tiradentes "foi uma escola de formação política por meio das palestras e cursos que organizávamos" (AZEVEDO, 2011, p. 61). Exerceu impacto, sobretudo, um curso ministrado por um ilustre colega de cela, o historiador marxista

Jacob Gorender, cuja análise contribuiu para que Azevedo questionasse a linha política e estratégica da AP:

> Defendíamos a tese de que o Brasil era um país semicolonial e semifeudal, ou seja, que tinha havido feudalismo no Brasil, que existiam resquícios feudais importantes no campo e que, portanto, as tarefas da revolução eram antes de tudo eliminar os resquícios semifeudais e acabar com a dependência de caráter semicolonial. Consequentemente, o Brasil não era um país plenamente capitalista e não estava maduro para o socialismo (AZEVEDO, 2010, p. 61).

Usando uma gíria da época, Azevedo avalia que o curso ministrado por Jacob Gorender "fundiu a sua cuca", detalhando as razões e as consequências:

> Ele demonstrou, ao longo de dezesseis palestras, com grande rigor e capacidade de argumentação, que o Brasil nunca tinha sido um país feudal, que tinha havido no período colonial um modo de produção totalmente original, que ele denominava de escravismo colonial, e que o Brasil era um país plenamente capitalista. Como decorrência, o que estava colocado na ordem do dia não eram mais tarefas de libertação nacional e eliminação dos resquícios feudais, mas sim a luta pelo socialismo. E, portanto, não havia burguesia nacional aliada da revolução. Ele me convenceu plenamente (AZEVEDO, 2010, p. 61).

Outra dimensão abordada por Gorender contrariava a tese, corrente na esquerda revolucionária, de que o capitalismo brasileiro estava estagnado, o que exigiria rupturas com o modo de produção capitalista ou com a dominação imperialista. Em outras palavras, o país estaria maduro para a revolução socialista ou para a revolução nacional-democrática. Por seu turno, Gorender demonstrava que "o capitalismo no Brasil estava entrando numa nova fase de desenvolvimento" (AZEVEDO, 2010, p. 61). Essa asserção interferia na definição da tática e da estratégia da esquerda. Reconhece

Ricardo de Azevedo (2010, p. 62): "Essas reviravoltas vão ter uma importância na minha evolução política posterior".

Em outubro de 1970, ao ser libertado, Ricardo de Azevedo buscou reintegrar-se à vida orgânica da AP, a despeito da crise teórica que vivia e da renovação de seu ponto de vista sobre o processo revolucionário. Constatando que havia uma crise na esquerda, também desenvolveu a convicção de que a construção do partido revolucionário não se daria a partir de apenas uma organização, "mas da junção de um conjunto de militantes que estavam dispersos em vários agrupamentos" (AZEVEDO, 2010, p. 68). Entretanto, encontraria espaço na própria AP, que entrava em novo período de debates a respeito da estratégia revolucionária, para fazer a disputa de suas novas concepções.

Sem oferecer muitos detalhes, narra a nova luta interna da AP, que culminaria no racha de 1972-73, destacando dois acontecimentos fundamentais desse processo. O primeiro foi a realização da III Reunião Ampliada da Direção Nacional, em maio de 1971, na qual "a AP tinha aprovado a proposta de unificação das forças marxistas-leninistas e, de forma privilegiada, com o PCdoB e o PCBR,[4] visando a constituir o tão almejado partido revolucionário do proletariado brasileiro" (AZEVEDO, 2010, p. 72).

O segundo foi a reunião inaugural do Comitê Central: "A maioria do CC, com exceção do Jair (Ferreira de Sá), do Paulo Wright e do Manoel Conceição, aprovou a fusão com o PCdoB" (AZEVEDO, 2010, p. 72). Esclarece, porém, que o PCdoB "divulgou um documento descartando qualquer possibilidade de fusão e dizendo que a proposta da AP era neotrotskista" (AZEVEDO, 2010, p. 72).

Na II RADN, em junho de 1969, a AP havia estabelecido as condições para a reconstrução do partido revolucionário no Brasil: o estádio da luta de classes no Brasil e a luta contra o revisionismo internacional. Elencou que dois partidos, criados em 1962, esta-

---

4 Respectivamente, Partido Comunista do Brasil e Partido Comunista Brasileiro Revolucionário.

vam aptos a cumprir as exigências da terceira etapa do marxismo, a AP e o PCdoB. A unificação poderia ocorrer por meio de fusão, do surgimento de um terceiro partido ou de um polo aglutinador. Entretanto, debates puseram em dúvida se o PCdoB havia sido criado em 1962, resultado de uma dissidência do PCB, ou era o antigo partido comunista, fundado em 1922 e depurado do revisionismo, como afirmavam os documentos da agremiação (AP, 1969c). Essa definição influenciaria as decisões futuras.

Não tardou o questionamento a essa linha estratégica e a seus fundamentos, baseados na interpretação do Brasil como um país semifeudal e semicolonial e na ideia da revolução nacional-democrática. Na segunda metade de 1970, por exemplo, o influente dirigente Paulo Stuart Wright disponibilizou um documento rejeitando a tese da reconstrução do partido operário e defendendo a construção de um partido de tipo inteiramente novo, compatível com a nova fase existente na revolução mundial e no Brasil (WRIGHT, 1970). O próprio Jair Ferreira de Sá, líder da adesão ao maoísmo, promoveria retificação de seus pontos de vista acerca da estratégia. Em contrapartida, outros dirigentes se aproximaram da compreensão de que o PCdoB deveria ser a base da unificação das forças proletárias, sustentada no programa da revolução nacional-democrática.

A III Reunião Ampliada aprovou que a AP passaria a se organizar nos parâmetros do marxismo-leninismo, sob a norma do centralismo democrático e com a constituição de seu primeiro Comitê Central e de seu primeiro Birô Político, integrado por Jair Ferreira de Sá, Aldo Arantes, Haroldo Lima, Renato Rabelo, Duarte Pereira e Paulo Stuart Wright. Em consequência, passou a denominar-se Ação Popular Marxista-Leninista. Não obstante, a definição de qual era a correta linha marxista-leninista dividia as opiniões internas. Para a elaboração da resolução do encontro, conhecida como "Programa Básico", as divergências eram acentuadas, mas chegou-se ao que os participantes, cada ala com suas razões, denominaram de "solução de compromisso".

O "Programa Básico" sustentou a orientação teórica da APML nos "princípios científicos e universais do marxismo-leninismo-maoísmo", entendido como o "marxismo-leninismo de nossa época". Na caracterização do Brasil, entendia que o país combinava "relações semifeudais e feudais com predominância de relações capitalistas" (APML, 1971a, p. 11). Em decorrência, o programa mínimo era a revolução nacional, democrática e popular, anti-imperialista e agrária. A tarefa principal era a preparação imediata e ativa da guerra popular (APML, 1971a, p. 14). Definiu, ainda, que o objetivo era construir um partido de tipo inteiramente novo, marxista-leninista-maoísta. Para tal, considerava a existência de forças marxistas-leninistas e de um partido leninista, o PCdoB.

Embora a proposta fosse duramente rejeitada pelo PCdoB, que repelia a ideia da fusão ou unificação por entender que era o verdadeiro partido marxista-leninista do país, além de esposar outras divergências, isso não deteve o debate interno e a polarização de posições na APML. Por um lado, assimilando as críticas daquele partido, formou-se uma maioria favorável à incorporação dos militantes ao PCdoB, com base na afinidade de programas e no reconhecimento de que ele seria, de fato, o partido histórico da classe operária, fundado em 1922 e reorganizado em 1962. A incorporação ocorreria de forma individual e exigiria depuração de posições em favor das concepções e estratégias do PCdoB.

Por outro lado, no dizer de Ricardo de Azevedo (2010, p. 72),

> foi se conformando uma minoria formada pelo Jair, pelo Paulo Wright e pelo Manoel da Conceição, que começava a questionar a própria linha política da AP. Ela passava a considerar que o Brasil era um país capitalista, e não semifeudal e semicolonial, e a defender como decorrência o caráter socialista da revolução a ser realizada. Consequentemente, começavam a questionar a linha de fusão ou integração no PCdoB. Formou-se assim uma ala esquerda dentro da AP.

A chamada "esquerda", mesmo rompendo com a ideia da revolução nacional-democrática e passando a defender o projeto da revolução socialista, manteve identidade com o maoísmo, relacionando-o com a época histórica vivida, a terceira etapa do marxismo. Alegava que se tratava do método e não da letra do marxismo. Depreendia-se a necessidade do partido de tipo inteiramente novo, instrumento de luta contra o dogmatismo e o revisionismo contemporâneo.

Se, para outros militantes, o posicionamento advinha do acompanhamento da evolução do debate interno, Ricardo de Azevedo assevera que, em seu caso, houve outra influência decisiva: "A partir da minha experiência na cadeia, imediatamente me identifiquei com a linha da esquerda" (AZEVEDO, 2010, p. 73). Refere-se ao aprendizado que obtivera nos cursos ministrados por Jacob Gorender.

De qualquer modo, sugere que o alinhamento da militância costumava ocorrer de forma vertical. Em organizações centralizadas, adverte, seriam raríssimos os casos de militantes que, em processos de luta interna, adotavam posições diferentes das defendidas por seus dirigentes: "Estes, em geral quadros mais preparados e experientes, acabam convencendo suas bases de suas posições" (AZEVEDO, 2010, p. 73).

Embora sua seccional estivesse alinhada com a tese da incorporação ao PCdoB, ele criou canais para manter vínculos com a "esquerda" da APML. Foi assim que conheceu Paulo Stuart Wright, que era, ao lado de Jair Ferreira de Sá, líder da "minoria".[5] De acordo com a sua percepção, "com o desenvolvimento da

5 Ricardo de Azevedo revela que, no cotidiano da militância, muitos adeptos da "corrente de esquerda" tinham uma visão crítica da liderança de Jair Ferreira de Sá, ao qual era atribuída a responsabilidade pela dogmatização anterior da AP. Diferente era a sua inclinação: "Eu, em contrapartida, tinha mais simpatia pelas posições do Jair. As formulações do Paulo Wright me pareciam, em vários momentos, muito esquerdistas e doutrinárias, como, por exemplo, sua tese da necessidade de construção de um partido de tipo inteiramente novo, marxista, leninista, maoísta" (AZEVEDO, 2010, p. 110).

luta interna, havia praticamente duas estruturas paralelas funcionando" (AZEVEDO, 2010, p. 80).

No que diz respeito à dinâmica interna da APML, Ricardo de Azevedo contrapõe a radicalização política em curso, à qual correspondia uma perspectiva de ofensiva revolucionária, com a fragilidade organizativa então vivida. Tal dimensão ficara evidente, por exemplo, quando houve tentativa de deslocá-lo para o Rio de Janeiro, onde a direção local identificara-se com as posições da "esquerda" (AZEVEDO, 2010, p. 87): "Comecei a perceber a fragilidade da AP. Como é que numa cidade como o Rio de Janeiro a organização não conseguia arrumar uma casa segura de um simpatizante para que eu pudesse permanecer alguns dias?" Logo em seguida, nova tentativa de deslocamento, destinada ao Rio Grande do Sul, não lhe produziu impressão diferente. Essas experiências foram instrutivas:

> Não me lembro em que momento exato eu amadureci a ideia de sair do Brasil. Mas aquela experiência, minhas peripécias por Rio e Rio Grande do Sul tinham me mostrado mais claramente qual era o real quadro da organização. [...] Comecei a questionar quais seriam as reais condições de, em primeiro lugar, eu permanecer no Brasil naquela situação. Em segundo, qual era a situação que a esquerda em geral, e a nossa organização em particular, enfrentava naquele momento (AZEVEDO, 2010, p. 93).

Outro choque de realidade foi provocado pelo contato com o que restara do trabalho político que a AP desenvolvera no ABC paulista. Formula a seguinte reflexão:

> Tudo ia se juntando: a experiência do Rio, a do Rio Grande do Sul, aquela no ABC. Tudo ia formando um quadro. Uma organização que estava rachando, onde a maior parte dos militantes tinha ficado do outro lado. Desligada das massas. Devíamos ser poucos. Cercados pela repressão. A cada dia temíamos uma nova queda. Quase todo mundo na clandestinidade, com problemas financeiros de sustentação, sem uma estrutura mínima

> de funcionamento. As pessoas procuradas, como eu, e tendo que circular sem documentação falsa adequada. Comecei a me perguntar: Qual será o nosso futuro? O que estamos fazendo aqui? (AZEVEDO, 2010, p. 97).

Não foi tranquilo o amadurecimento da meta de sair do país, comumente associada à ideia de recuo ideológico. Tomando a decisão, obteve a concordância da direção, embora os líderes entendessem que havia condições objetivas de permanecer no Brasil. Tentou convencer Jair Ferreira de Sá e Paulo Stuart Wright[6] a fazerem o mesmo, mas eles nem aceitaram discutir a questão.

> Para eles, era o momento crucial, a luta interna não tinha tido seu desfecho, eles ainda mantinham contatos com a outra ala da AP. Formalmente, o Jair era o secretário-geral, e na cabeça deles, era necessário encaminhar a reestruturação da organização, havia ainda setores vacilantes que poderiam ser ganhos para o nosso lado etc. (AZEVEDO, 2010, p. 97).

Exílio no Chile e cisão da APML

Ricardo de Azevedo saiu do Brasil em maio de 1972 e chegou ao Chile em junho do mesmo ano. Explicou os motivos da escolha: "Fui para o Chile porque era, na América do Sul, o único país viável, do ponto de vista político. Havia um governo popular, cercado por um mar de ditaduras. Havia uma colônia brasileira e a AP tinha uma base organizada" (AZEVEDO, 2010, p. 103). Viveu, portanto, o período final do governo socialista do presidente Allende, interrompido pelo golpe de Estado de 11 de setembro de 1973.

---

6 Os dois dirigentes estavam entre os líderes de esquerda mais visados pelo aparato repressivo do Estado. Se caíssem nas malhas da repressão, dificilmente sobreviveriam. Paulo Stuart Wright foi assassinado em 1973 e hoje seu nome ainda figura na lista dos desaparecidos da ditadura. Jair Ferreira de Sá, que nunca chegou a ser detido, faleceu em 1985, vítima de um infarto.

Essa experiência impactou os militantes da esquerda brasileira que se encontravam exilados no Chile. Em vários depoimentos, Herbet de Souza salientou o contraste entre a dinâmica da luta de massas vivida no Chile e o ambiente brasileiro, em que a luta revolucionária estava submetida à clandestinidade e isolada politicamente (SOUZA, 1978; DIAS, 2007). Todavia, Azevedo (2010, p. 103) não ocultou que a sua primeira visão do processo chileno era negativa: "Como bom maoísta, considerava que aquilo que se vivia no Chile era um processo encabeçado por uma aliança entre os revisionistas do PC e os social-democratas do Partido Socialista". Com o tempo, reavaliaria suas posições.

Com pitadas de ironia, não se sabe se presente naquele momento ou se cultivada posteriormente, Ricardo de Azevedo mapeou as bases da AP fora do Brasil. Diz: "A organização da AP no exterior era constituída pelo que pomposa e pretensiosamente chamávamos de bases" (AZEVEDO, 2010, p. 108). Informa que a base da América do Norte era composta por três pessoas, uma radicada em Nova Iorque, outra na Califórnia e a terceira em Montreal: "Estavam bastante isolados entre si e raramente se encontravam. Faziam um importante trabalho de denúncia da repressão e das torturas no Brasil, mas a rigor não dava para chamar aquilo de base" (AZEVEDO, 2010, p. 108). A base da Europa era constituída por quatro militantes, três localizados em Paris e outro em Genebra. A base mais ampla e mais importante era a de Santiago.

O exílio no Chile é uma das seções mais marcantes do livro. Descreve a dinâmica e as nuanças da base chilena da AP, coordenada por José Serra, da qual também participava Herbet de Souza.[7] Quanto à luta interna que dividia a APML, sintetiza:

7 Em recente livro de memórias, José Serra abordou a sua experiência no exílio, mas não focalizou a relação que mantinha com a AP no período do governo Allende (SERRA, 2014). Em alguns depoimentos, Herbet de Souza narrou seu envolvimento com a política chilena, mas não investiu no detalhamento da estrutura e da vida interna da AP em Santiago (SOUZA, 1978).

> O conjunto dos militantes no exterior tinha se posicionado a favor da esquerda da AP. Ninguém tinha simpatias pelo PCdoB. No processo, fui entendendo que a aversão ao PCdoB era, no entanto, o único ponto que nos unificava, mas cada um tinha seus motivos próprios para tal rejeição (AZEVEDO, 2010, p. 110).

Importante atividade era a articulação política voltada aos militantes e dirigentes das demais organizações revolucionárias brasileiras que se encontravam no Chile. Na base de Santiago, Azevedo ficou responsável pelas relações bilaterais com o Movimento Revolucionário 8 de outubro (MR-8) e com a Organização de Combate Marxista-Leninista/Política Operária (OCML/PO), doravante referida como P.O. Sugere que José Serra e Herbet de Souza apoiavam a ideia de que ele assumisse essa tarefa porque priorizavam relações com personalidades influentes nas políticas de governo.

> Eu assumia essas tarefas de bom grado, porque a relação com estas organizações fazia parte a meu juízo da construção do partido revolucionário no Brasil. [...] Ele não nasceria apenas a partir da AP, mas sim de um amplo processo de convergência entre setores daquilo que chamávamos de esquerda revolucionária (AZEVEDO, 2010, p. 113).

Azevedo também representava a AP em um fórum, conhecido como "grupão", que os militantes da esquerda brasileira haviam criado em Santiago. Com reuniões periódicas, o "grupão" debatia temas diversos, relacionados com os caminhos e impasses da revolução brasileira. O autor focaliza a presença de "setores que esboçavam um processo mais profundo de autocrítica, reconhecendo que a esquerda brasileira tinha sido derrotada no fundamental e que essa derrota não era apenas por erros táticos, mas por questões mais de fundo, de concepção" (AZEVEDO, 2010, p. 114). Com mais detalhamento, prossegue:

> Esses setores reconheciam, portanto, que era necessário um grande processo de revisão, de retomada da relação perdida

> com as massas e, ao mesmo tempo, a construção de um novo partido. Ou seja, mantendo-se a crítica ao reformismo e à visão conciliadora do PCB, abria-se ao mesmo tempo uma crítica ao militarismo vanguardista. Nesse processo, foi se criando uma convergência de opiniões entre alguns setores da esquerda brasileira (AZEVEDO, 2010, p. 114).

Tal movimentação das organizações revolucionárias não era exclusiva do universo de exilados, segundo os apontamentos de Azevedo (2010, p. 115), pois "guardava alguma relação com o que estava acontecendo no Brasil, onde já tinha havido alguns contatos entre elas, buscando a conformação de um novo campo na esquerda". A clivagem do autor indica os segmentos presentes no "grupão" e eventuais desdobramentos:

> E começou a se delinear uma certa frente, na defesa de posições comuns, entre AP, MR-8, P.O. e estes grupos independentes nas discussões que se realizavam no Grupão. Ia se caracterizando uma nova conformação na esquerda brasileira: de um lado, o PCB e a Tendência Leninista. De outro, as organizações que resistiam a uma autocrítica mais profunda do militarismo; e, finalmente, aqueles setores que apontavam um novo caminho e que começaram a ser conhecidos como a tendência proletária da esquerda brasileira (AZEVEDO, 2010, p. 115-116).

O objetivo de formar a "Tendência proletária" (TP) nortearia a vida da APML desse período em diante. Vale dizer, da ala que se intitulava como a "esquerda" e que, depois do racha que se avizinhava, procuraria manter a existência da organização. A outra ala, chamada de maioria, defendia, nessa fase, a incorporação ao PCdoB. Ricardo de Azevedo (2010, p. 117) aponta que, na base chilena, havia um ponto de união a respeito da luta interna: "Não tinha mais sentido prolongar aquela situação ambígua de manter formalmente a mesma organização, quando na realidade eram duas".

Esse consenso não era, todavia, compartilhado pelos dois principais dirigentes da "esquerda", Jair Ferreira de Sá e Paulo Stuart Wright. Eles "defendiam que era necessário prolongar a luta interna, no sentido de ganhar algumas bases que ainda não estavam totalmente definidas [...]. Então, eles esticavam o processo na perspectiva de um Congresso da organização" (AZEVEDO, 2010, p. 118).

Por alguma razão que não pode ser claramente identificada no livro de memórias, Ricardo de Azevedo não descreve o desenlace dessa divisão que se acentuava. Dedica-se a comentar a formação de dois blocos na base de Santiago, sem que isso fosse espelhamento da disputa principal que cindia a organização. De um lado, estariam José Serra e Herbet de Souza. De outro, ele e alguns militantes. Haveria uma distância entre as posições que ele veiculava em suas articulações e as que José Serra esposava, consideradas reformistas.

Tais fatos ocorrem entre o final de 1972 e meados de 1973, quando, no Brasil, foi consumada a cisão da organização, acontecimento omitido na narrativa, apesar de Azevedo ter mantido contato pessoal com Jair Ferreira de Sá, em dezembro de 1972, no Chile. Em território brasileiro, a luta interna ganhara novo e decisivo capítulo. No final de setembro e no início de outubro de 1972, a "maioria" decidiu destituir Jair Ferreira de Sá e Paulo Stuart Wright de seus cargos de direção e expulsá-los da APML, em reuniões do Birô Político, acusando-os de fracionismo, decisão chancelada, em janeiro de 1973, pelo Comitê Central, agora monopolizado pela "maioria" (APML, 1973b). Em maio daquele ano, o Birô Político divulgou a sua última circular, expondo o procedimento acertado entre as duas direções para o ingresso no PCdoB (APML, 1973c).[8]

8 Assinale-se que o influente dirigente Duarte Pereira, considerado membro da maioria no Birô Político, divergiu nesse desfecho e não se incorporou ao PCdoB, embora tenha exercido relevante papel na abertura e na condução desse debate. Mantinha divergências sobre temas importantes e reivindicava canais apropriados para defendê-las no seio do PCdoB (PEREIRA, 1999). Ver o capítulo 5 deste livro.

Por um período, os dois agrupamentos reivindicaram o nome da APML. No início de 1973, Jair Ferreira de Sá emitiu um documento para fazer um balanço do processo e apresentar orientações. Sobre a tensa luta pelo controle da organização, acusou o outro setor de utilizar maiorias eventuais e composições temporárias em organismos incompletos para forçar a ideia de unidade programática com o PCdoB, acelerar a unificação com esse partido e deter o movimento de retificação da linha política. Evocou para a sua ala a legitimidade de preservar a organização da APML, propondo uma transição que levasse à realização do II Congresso (APML, 1973d).

No final de 1972, foi constituído um Núcleo Executivo Provisório e, em uma reunião do Pleno, foram fixadas as diretrizes para a reconstrução da organização. No centro dos debates, estava a necessidade de realizar o II Congresso e seu tema principal, a construção do partido operário. Os encaminhamentos deveriam levar em consideração a existência de uma Tendência Proletária no seio da esquerda brasileira, que nascia dos impasses e das derrotas da Esquerda Revolucionária e de sua necessária autocrítica.

A cisão teria consequências na forma de relacionamento com a história da AP. Os membros da chamada maioria aderiram a outro partido e à sua história e passariam a interpretar a trajetória da AP a partir dessa decisão (DIAS, 2006). Para a chamada minoria, a AP não havia acabado, razão pela qual seus integrantes se referem ao desenlace como a "cisão de setembro/outubro de 1972" (APML, 1973d).

Com a irrupção do golpe de Estado que depôs o presidente Allende e pôs fim à experiência do governo socialista no Chile, Azevedo narra a repressão imediata que sobreveio, da qual, juntamente com outros exilados, ele foi alvo. Salvo das piores consequências do golpe militar por um triz, terminou por exilar-se na França.

Quando saía do Estádio Nacional do Chile, convertido em prisão na conjuntura do golpe de Estado, foi informado de que, no Brasil, ocorreram várias quedas de militantes e dirigentes da AP socialista, forma como a "esquerda" ficara conhecida: "Eu recebi essa notícia, com muita tristeza, na mesma noite em que saí do estádio. Aquilo para mim significava praticamente o fim da AP" (AZEVEDO, 2010, p. 147). Além de ser movido pelo impacto emocional da notícia, esse sentimento era reforçado por dois fatos: a) a "maioria" decidira aderir ao PCdoB; b) os atingidos eram da ala que convocava a reorganização da APML. Portanto, o destino da organização, cuja precariedade ele sentia havia tempo, só podia lhe parecer comprometido e incerto.

Por meio de documento elaborado em 1976, Jair Ferreira de Sá reportou-se àqueles acontecimentos: "Nossa organização sofreu em 1973 um duro golpe repressivo que quase a liquida. Tivemos nosso funcionamento nacional suspenso" (APML, 1976a, p. 1). Documentos elaborados em 1974 fizerem balanço negativo do trabalho de reconstrução, tomando como baliza as diretrizes fixadas no final de 1972, e chegaram a indagar a pertinência de a APML permanecer como organização autônoma (APML, 1974).

Exílio na Europa e a Tendência Proletária

Após uma rápida escala na Argentina e uma breve passagem pelo Brasil, onde permaneceu incógnito, Ricardo de Azedo chegou à França em janeiro de 1974. No curto período em que esteve em terras platinas, foi informado de que Jair Ferreira de Sá havia escapado das quedas e mantinha contato com o MR-8. Um dos projetos que o dirigente cultivava era a produção "de uma revista teórica, de debates, que servisse para sedimentar o processo de unificação daquilo que chamávamos de tendência proletária da esquerda brasileira" (AZEVEDO, 2010, p. 152). Somada à alegria pelas boas notícias recebidas, a ideia do projeto editorial o "sensibilizou e ficou como algo a ser retomado mais adiante" (AZEVEDO, 2010, p. 153). Essa talvez tenha sido a sua principal atividade na França.

Já no primeiro semestre de 1974, Azevedo retomou contato com o MR-8, por cujos dirigentes recebeu notícias de que, no Brasil, aquela organização e a APML mantinham diálogo regular.

Analisando que "eram boas as conversas", os interlocutores garantiram que "havia semelhança de avaliações entre as organizações no Brasil, embora a AP estivesse muito golpeada" (AZEVEDO, 2010, p. 165). Também foi notificado de que "eles retomavam a ideia de lançarmos uma revista [...]. A proposta era de que a revista fosse editada no exterior, mas eles garantiriam as condições para sua reprodução no Brasil" (AZEVEDO, 2010, p. 165).

Com o objetivo de constituir a Tendência Proletária (TP), a APML estreitou laços com o MR-8, com a P.O. e com o MEP (Movimento de Emancipação Proletária).[9] Uma expressão dessa articulação foi a revista "Brasil Socialista", da qual Azevedo se tornou um dos editores, que publicaria textos de debates doutrinários e de intervenção conjuntural, tendo a divisa de "organizar a resistência dos trabalhadores e construir o Partido Revolucionário do Proletariado". O primeiro número veio a lume em janeiro de 1975.

Pela importância que a construção da Tendência Proletária passou a ter na pauta da APML, o autor sistematiza observações acerca das convergências e divergências existentes entre as organizações mobilizadas por esse objetivo. Pontua, por exemplo, que ele tinha uma visão mais ampla do que seria a TP, cuja construção abarcaria, em uma tendência objetiva, indivíduos, grupos e organizações que atuavam no Brasil e no exterior. Diferente viria a ser a compreensão dos dirigentes do MR-8, para os quais a TP foi se "reduzindo quase que tão somente à AP, ao MR-8 e à P.O." (AZEVEDO, 2010, p. 166). Reconhece, com olhar retrospectivo, que havia um erro comum, pois, com variações na elaboração, "achávamos que a construção do partido do proletariado brasileiro se daria em torno, essencialmente, das organizações de esquerda" (AZEVEDO, 2010, p. 166).

---

9 A P.O. colocava-se na linha de sucessão da Polop (Organização Revolucionária Marxista- Política Operária), da qual foi considerada uma reorganização. O MEP era uma dissidência da P.O.

Não obstante, havia cinco pontos de unificação, discriminados didaticamente: a) defesa do caráter socialista da revolução brasileira; b) defesa do proletariado urbano como força dirigente desse processo; c) necessidade de construção de um novo partido revolucionário; d) luta armada como forma principal de luta para chegar ao poder; e) plataforma de lutas democráticas e antiditatoriais como forma de acúmulo de forças.

Sobre o último item, porém, havia divergência com a P.O., que tinha problemas com a pauta das "lutas democráticas". Em contrapartida, APML e MR-8, cada qual com sua própria elaboração, haviam apoiado, no Rio de Janeiro, onde tinham maior inserção, um candidato a deputado federal nas eleições de 1974.[10] O sucesso dessa ação política, impulsionado pelo impactante crescimento do Movimento Democrático Brasileiro (MDB), contribuiria para a APML acentuar sua inflexão tática em relação à questão eleitoral. Azevedo não participou dessa decisão, mas a apoiou quando foi notificado, influenciado pela experiência chilena.

Azevedo também expõe as divergências que havia no interior da base europeia da APML, visto que os demais membros concordavam que ele participasse da revista "Brasil Socialista" apenas individualmente, sem a chancela de ser o representante oficial da organização, o que implicou fissuras nas relações. Em meados de 1976, o Secretariado Nacional da APML remeteu uma carta oficializando sua participação, documento veiculado no sétimo número da revista.

Por trás desse episódio, havia a divergência sobre a construção da Tendência Proletária. Conforme Azevedo (2010, p. 167), membros da base europeia tinham o ponto de vista de que a construção do novo partido, em razão da desarticulação da esquerda no Brasil, ocorreria fundamentalmente no exterior. Ele, acompanhado por dirigentes do MR-8 e por Eder Sader (P.O.), considerava que o centro da reorganização estava no Brasil.

---

10 Tratava-se de Lysâneas Maciel. Eleito em 1974, foi cassado em 1976.

O impasse citado logo acima denuncia, além da divergência, a precariedade de comunicação entre os exilados e o centro brasileiro da organização. Mais do que a distância, pesavam as condições da clandestinidade imposta pela repressão. "Entre idas e vindas às vezes uma mensagem demorava dois a três meses para receber a resposta" (AZEVEDO, 2010, p. 180). Por vezes, os contatos com o Brasil passavam pela intermediação de dirigentes do MR-8, organização que estava mais estruturada.

Somente quando voltou ao Brasil, constatou "que havia uma enorme defasagem entre a publicação da revista na França, que já tinha atingido o seu sétimo número, e sua reprodução no Brasil, onde tinham aparecido apenas os dois primeiros" (AZEVEDO, 2010, p. 197). O intervalo, no caso, representava uma "diferença de mais de um ano [...], o que significava que alguns artigos mais conjunturais já surgiam defasados" (AZEVEDO, 2010, p. 197). Não obstante, ressalva que a revista cumpria seu papel, animando o debate teórico e aglutinando interessados na contribuição que sistematizava.

A experiência no exílio foi decisiva para Ricardo de Azevedo ampliar e renovar seus referenciais teóricos e políticos. Em várias passagens do livro, declarou-se em crise de perspectivas ou, segundo a gíria que empregou, com a "cuca fundida". Em 1970, quando estava detido no presídio Tiradentes, alargou sua visão de mundo com o acesso a livros marxistas e a cursos de Jacob Gorender. No exílio do Chile, aprofundou sua formação, mediante amplo acesso bibliográfico e contato com o processo político daquele país, que rejeitava no início e com o qual interagiu depois. Nos termos da equação que elaborou, a experiência chilena produziu o questionamento da formação política, enquanto o exílio europeu ensejaria o questionamento de aspectos da formação teórica.

> Do ponto de vista teórico, minha passagem pela França durante quase três anos me abriu a cabeça. Pude acompanhar todo o debate que se fazia na esquerda francesa sobre os novos rumos do socialismo, sobre o caráter dos Estados do Leste europeu,

> particularmente da União Soviética. Tive acesso a autores que, ou eu desconhecia ou conhecia apenas de nome. Li Althusser, Charles Bettelheim, que causava grande impacto naquele momento, Nikos Poulantzas, e descobri Gramsci, o que para mim foi fundamental. A minha estadia na França fortaleceu uma convicção antissoviética, antistalinista, que eu já tinha, mas também uma incipiente convicção antileninista. Fui entendendo que os problemas da União Soviética não tinham começado com Stalin, mas tinham raízes políticas e teóricas no próprio leninismo, particularmente nas concepções de partido e de ditadura do proletariado (AZEVEDO, 2010, p. 161).

Nessa fase, sofreu o impacto das reviravoltas da experiência chinesa do período imediatamente posterior à morte de Mao Tsé-Tung, ocorrida em 1976. Ainda se definia como maoísta, mas essa referência estava em crise.[11] A influência do pensador italiano vai se mostrar decisiva e duradoura: "A descoberta de Gramsci mudou a minha maneira de pensar e de ver os processos revolucionários e de transformação social em todo o mundo. [...] Tornei-me um gramsciano convicto" (AZEVEDO, p. 161). Concluiu que o caminho da revolução no mundo ocidental, no qual a América Latina seria a porção mais atrasada, passaria por Gramsci. Sintomaticamente, revela que a aproximação do pensamento gramsciano sofreu a contribuição do livro "Pour Gramsci", de Maria Antonieta Macchiocchi. A autora defendia "a tese de que a revolução cultural chinesa era a expressão prática de conceitos gramscianos" (AZEVEDO, 2010, p. 172).

Em território europeu, foi apresentado a novas pautas políticas, como a questão ambiental e as lutas antirrascistas e feministas: "Tudo isso foi me sensibilizando e alargando minha visão. Quando saí da França, esses eram elementos essenciais incor-

---

11 No Brasil, em documento editado em 1976, Jair Ferreira de Sá criticou as condições de recepção do maoísmo, influenciada pelo clima da Revolução Cultural. Sem abandonar os estudos da obra de Mao Tsé-Tung, propôs que fossem retomadas as fontes fundamentais do marxismo: Marx, Engels e Lênin (APML, 1976a).

porados em minha visão do processo de transformação social" (AZEVEDO, 2010, p. 174).

Fim do exílio e a reconstrução da APML

A ideia de voltar ao Brasil, assegura, consolidou-se no final de 1975. Vários fatores influenciaram seu desenvolvimento e sua efetivação, ocorrida em novembro de 1976. Embora fosse um empreendimento que acarretasse riscos, emergia uma nova conjuntura na política brasileira: "Havia um novo quadro político, havia sinais generalizados de descontentamento popular e também a reanimação da oposição ao governo a partir de setores das classes médias" (AZEVEDO, 2010, p. 183). Tal situação alimentava sua interpretação de como deveria ser construído o partido revolucionário, ou seja, deveria ocorrer por meio da fusão da vanguarda ideológica com a nova vanguarda social que emergiria.

Adiciona que havia, também, a pressão interna da organização. Tendo sido quase dizimada em 1973, a APML, no dizer do autor, ganhara novo fôlego com a mudança da tática e começava a dar passos em sua reorganização: "Eu era um quadro já com alguma experiência e, nesse sentido, a minha volta contribuiria na rearticulação do trabalho" (AZEVEDO, 2010, p. 184). Confessa, porém, que o fator decisivo foi existencial, pois se sentia isolado e infeliz em Paris.

Em 1976, encerrou o exílio e passou a viver clandestinamente no Brasil para participar do processo de reconstrução da APML, cuja fragilidade organizativa, provocada pela fratura ocorrida havia poucos anos e pelas quedas impostas pela repressão, é descrita sem evasivas. Constata que, depois das quedas, entre os membros mais importantes da direção, haviam sobrado apenas Jair Ferreira de Sá e Doralina Rodrigues, sua nova companheira, que ele, Azevedo, ainda não conhecia. Foi incorporado imediatamente à direção nacional provisória, "constituída pelos dois (Jair e Doralina) e pelo Pereirinha (Pedro Pereira do Nascimento). [...] A proposta imediata que eles me fizeram era que eu me integrasse à direção nacional como convidado, à medida que não tinha sido eleito" (AZEVEDO, p. 189).[12] Tornou-se o quarto membro dessa coordenação nacional, na qual se converteria em uma espécie de "escriba".

De acordo com documento emitido por Jair Ferreira de Sá (APML, 1976a), a reconstrução havia avançado, basicamente, nas regiões 1 e 2, Rio de Janeiro e São Paulo. Nesse contexto, foi constituído o Núcleo Provisório de Reorganização Nacional. A memória de Ricardo de Azevedo narra a fragilidade vivida nesses dois centros. Sobre o Rio de Janeiro: "Fui me dando conta da dimensão da organização, muito pequena, [...] quase um núcleo girando ao redor da liderança do Jair, principalmente, e da Doralina" (AZEVEDO, 2010, p. 189).

Após identificar um núcleo estudantil na Pontifícia Universidade Católica (PUC) e a pouca presença na Universidade Federal do Rio de Janeiro (UFRJ), ironiza a situação de outras frentes de atuação, citando que determinado estudante era "o nosso secundarista", que outro companheiro "era o nosso operário" e que José Eudes de Freitas, que se preparava para ser candidato a deputado, era a "nossa frente parlamentar". Destaca, ainda, que havia simpatizantes atuando no jornal "Brasil Mulher".

Na comparação com o que viu no Rio de Janeiro, considerou ainda mais precária a situação da APML em São Paulo, onde havia uma direção provisória, em torno da qual se articulavam alguns poucos militantes. Além desses, cita o caso de outros que haviam estado presos e buscavam reintegração, tendo que passar pela revisão do processo de quedas e do comportamento na prisão, exigência do protocolo de segurança.

Em decorrência da dispersão que sucedeu a crise de 1972 e 1973, assinala que militantes e simpatizantes que não haviam sido presos

---

12 Pereirinha havia sido dirigente seccional na região do ABC paulista. Doralina Rodrigues, ex-dirigente da União Estadual dos Estudantes de Minas Gerais, havia sido eleita vice-presidente da UNE em 1969.

começaram a desenvolver trabalhos por conta própria, como exemplificam inserções na categoria dos metroviários e na secretaria da Saúde. Em todo caso, enfatiza: "A dispersão da nossa organização era muito grande. Não havia vida orgânica" (AZEVEDO, 2010, p. 195).

Nesse diapasão, aborda a relação existente entre a APML e a tendência estudantil "Refazendo". Tratava-se, explica, de uma tendência de massas, dentro da qual havia um grupo clandestino de aproximadamente 15 pessoas, uma espécie de direção. Em seu interior, havia um círculo mais limitado de seis pessoas que pretendiam ter vinculações com as organizações revolucionárias, dadas as limitações do movimento estudantil. Por influência da revista "Brasil Socialista", eles privilegiaram o MR-8 e a APML. Em São Carlos, prevaleceu a primeira hipótese; em São Paulo, a segunda. Foi decisiva a presença, nesse núcleo mais restrito, de ex-militantes da APML. Formou-se, dessa maneira, "a primeira base de reorganização estudantil da AP. [...] Ao longo de 1977, 1978 e 1979, praticamente toda a vanguarda da Refazendo acabou ingressando na AP" (AZEVEDO, 2010, p. 196).

Azevedo esquadrinha a rearticulação da APML no movimento estudantil, a incorporação de novas pautas, as tentativas de envolvimento com a luta sindical, a ampliação da organização para outros centros regionais fora do eixo Rio-São Paulo. Elegendo como baliza o final de 1977, sem menosprezar precariedades, sistematiza um balanço favorável dos trabalhos empreendidos (AZEVEDO, 2010, p. 206-7):

> A situação da AP tinha evoluído muito favoravelmente. Não só tínhamos reorganizado a nossa base no movimento estudantil, tínhamos reaberto o trabalho em Minas e na Bahia, como também, a partir do movimento estudantil, começamos a atuar em outros setores, aproveitando vários militantes que se formavam, saíam da faculdade, e eram "deslocados" para outros espaços de militância. E também reengajamos na organização militantes que saíam da prisão.

Destaca a constituição de um núcleo no jornal "Em tempo", um dos mais importantes periódicos da imprensa alternativa, e o persistente trabalho no jornal "Brasil Mulher". Em sua avaliação, a APML "soube entender a importância da luta feminista e soube incorporá-la ao seu projeto de transformação social", superando a "visão de que a luta social era simplesmente a luta de classes, proletariado *versus* burguesia" (AZEVEDO, 2010, p. 207).

Ao balanço positivo de 1977, o autor agrega fatos da conjuntura imediatamente posterior, atestando o crescimento da APML. Cita, por exemplo, o fortalecimento da intervenção no movimento estudantil, a influência nos congressos da mulher paulista, a participação na greve do funcionalismo estadual e até mesmo uma incipiente presença no movimento operário em ascensão. No plano eleitoral, aprofundando a inflexão tática, a APML conseguiu eleger dois deputados estaduais pelo MDB: Geraldo Siqueira, em São Paulo, e José Eudes, no Rio de Janeiro.

Todavia, o que poderia ser denominado de auge da reorganização da APML também foi, de acordo com a narrativa, o começo do fim. Por um lado, a cena política daquele fim de década, em que vicejou a pauta da redemocratização e na qual emergiram os movimentos sociais e operários, teria outros protagonistas. Por outro lado, no interior da APML, havia tanto indefinições a respeito de temas políticos importantes quanto a formação de divergências agudas.

No Rio de Janeiro, Doralina Rodrigues, vista como a segunda pessoa na hierarquia da APML, teria assumido um viés mais doutrinário, procurando qualificar as bandeiras democráticas de forma classista. Essa inflexão influenciaria, entre outros, o debate sobre a Constituinte. Assim, "a AP do Rio [...] tinha uma posição mais 'à esquerda'. E a de São Paulo, onde eu era o principal dirigente, tinha uma posição mais 'à direita'" (AZEVEDO, 2010, p. 212). Jair Ferreira de Sá buscava promover as mediações entre as partes para manter a unidade, mas acabava – critica Azevedo (2010, p. 212) – "por não contemplar ninguém. Todos ficavam insatisfeitos".

Outra dimensão dizia respeito aos impasses na construção da Tendência Proletária. A narrativa de Ricardo de Azevedo salienta que, em 1978, houve estrangulamento nas relações entre as organizações que constituíam seu núcleo articulador. Com a P.O. e o MEP, havia, entre outras, a divergência sobre o papel tático da bandeira das liberdades democráticas. Em razão de maior afinidade política, a APML e o MR-8 haviam estreitado relações e cultivaram um projeto de fusão, mas, à medida que a conjuntura se desenvolvia, divergências políticas se interpuseram.

O autor focaliza duas expressões de desacordo. Primeira, o MR-8, reavaliando sua posição, começou a aproximar-se do campo hegemonizado pela União Soviética. Segunda, na intervenção conjuntural, enquanto o MR-8 fazia a defesa da bandeira em favor da Constituinte como saída para o fim da ditadura, a APML mantinha divergência e não consolidara posição a respeito. Em 1978, as relações foram interrompidas. As duas organizações seguiriam caminhos distintos no período de rearticulação partidária, visto que o MR-8 decidiu fortalecer o Partido do Movimento Democrático Brasileiro (PMDB).

O desligamento da APML e o PT

Em uma conjuntura nacional que se acelerava e em um contexto em que grassavam divergências internas, às quais correspondiam disputas de poder, a APML mantinha uma direção provisória e não havia aprovado um novo programa, definições que eram adiadas pela compreensão de que não estavam dadas as condições políticas para tal tomada de decisões. Em fevereiro de 1979, após sucessivos adiamentos, ocorreu a IV Reunião Nacional Ampliada (RNA), "na qual se deveria aprovar um documento sobre tática e recompor a direção nacional, elegendo um Comitê Central e um secretariado" (AZEVEDO, 1979, p. 226). Sintetizando a deliberação, anotou:

> Lá se aprovou por consenso uma resolução que aludia à questão da Assembleia Nacional Constituinte, mas que apontava a

> luta por liberdades democráticas como eixo central e propunha a criação do Partido Popular como elemento fundamental da conjuntura. Fez-se um débil consenso que escamoteou reais divergências que mais tarde afloraram (AZEVEDO, 2010, p. 226).

Embora esse registro não tenha sido privilegiado pelo autor, cabe informar que a IV RNA promoveu um diálogo com o passado da APML. Talvez o mais importante aspecto tenha sido a revogação do "Programa Básico", aprovado na III RADN, em 1971. O alcance da decisão era simbólico, visto que, como se lê na resolução, a revogação já havia ocorrido na prática. Afirma-se, ainda, que havia sido um erro considerar o maoísmo como a terceira etapa do marxismo. Para o desenvolvimento da estratégia da organização, a base teórica deveria ser o marxismo-leninismo.

Da extensa resolução do encontro (APML, 1979a), Ricardo de Azevedo priorizou a narrativa do encaminhamento que teria desdobramentos práticos: o objetivo de formação do Partido Popular. Modulando as várias camadas da estratégia e da tática da APML, esclarece:

> Não seria o partido do proletariado, porque a construção deste se daria de forma clandestina, com caráter claro de classe e base teórica marxista-leninista. Seria uma frente legal de atuação, mais à esquerda que o MDB, que deveria congregar diversos setores. Ao lado do movimento dos sindicalistas combativos, deveriam estar no novo partido as organizações de esquerda [...]. Além disso, deveria congregar muitos militantes de esquerda que atuavam de forma independente, os setores de base da Igreja [...] e a ala esquerda do MDB (AZEVEDO, 2010, p. 227).

Naquele contexto do início do período de abertura democrática, em que vicejaram debates e projetos de reorganização partidária, havia outras hipóteses de formação de um partido socialista e de massas, esboçadas ou apresentadas por diferentes forças políticas e sociais. A proposta da APML sofreu o impacto do surgimento e crescimento do movimento pró–PT, impulsionado pelos novos líderes sindicais.

A visão inicial que os dirigentes da APML formaram a respeito do movimento pró-PT – recorda-se Azevedo – era a de que se tratava de um projeto "confuso" e "estreito". Imaginavam que a proposta "não contemplava setores que para nós eram extremamente importantes, seja das classes médias, seja da esquerda organizada ou de remanescentes de organizações de esquerda" (AZEVEDO, 2010, p. 228).

Em reunião com Luiz Inácio da Silva (Lula) e com os sindicalistas, agendada pela APML com vistas a articular seu projeto de Partido Popular, tal imagem começou a ser desfeita: "Houve um debate franco, em que tudo aquilo que aparecia como imagem negativa do PT, como uma proposta sectária, estreita, obreirista, o Lula rebateu" (AZEVEDO, 2010, p. 229). O autor assegura que saiu da reunião com a seguinte reflexão: "Se eles concordam e aceitam todos os nossos pontos de vista e rebateram todas as críticas que fizemos [...], se eles têm muito mais força social do que nós, por que vamos ficar insistindo numa questão de nomenclatura?" (AZEVEDO, 2010, p. 229). Em reunião realizada em agosto de 1979, consolidou sua convicção e constatou que outros companheiros vinham aderindo à ideia.

Conquanto houvesse um setor da APML favorável à permanência no MDB, "aos poucos o grosso da organização foi aderindo à proposta de entrada no PT, de maneira que aquela formulação do Partido Popular, aquele consenso a que havia se chegado pouco tempo antes, em fevereiro, se esboroou rapidamente" (AZEVEDO, 2010, p. 231).

Em outubro de 1979, o Comitê Central aprovou e divulgou oficialmente decisão de aderir ao movimento pró-PT, deixando claro, contudo, que os objetivos que haviam movido a proposição do Partido Popular persistiam: "Lutamos por esta concepção e não pelo nome" (APML, 1979b, p. 10). De resto, a adesão ao PT preservava a APML como organização e não subtraía o objetivo, longamente cultivado, "de construção de um partido revolucionário do proletariado" (AZEVEDO, 2010, p. 233). Entendido como uma frente tática, o PT não seria esse partido para os objetivos estratégicos.

Ricardo de Azevedo desligou-se da APML no início de 1980. Um motivo decisivo foi a revisão da tese de que o partido do proletariado, construído pela fusão da vanguarda ideológica com a vanguarda social, teria como núcleo principal a primeira:

> Tudo aquilo que tínhamos concebido teoricamente estava se concretizando dentro do PT. A diferença principal é que sempre concebemos, eu pelo menos, que o processo de fusão da vanguarda social com a vanguarda política se daria em torno das organizações revolucionárias e sob sua hegemonia. O que estava acontecendo é que esse processo estava se dando em torno da vanguarda social, basicamente em torno das lideranças sindicais, inquestionavelmente a vertente principal da construção do PT. Isso fazia muita diferença (AZEVEDO, 2010, p. 234).

Tal avaliação estava assentada na percepção da fragilidade organizativa e política da APML, contraposta ao vigor dos novos movimentos dos trabalhadores: "As limitações da AP eram evidentes e de toda ordem. As limitações teóricas, a limitação da sua inserção social e nacional, a limitação da capacidade dirigente dos seus quadros, a limitação na capacidade de formulação de linhas políticas" (AZEVEDO, 2010, p. 235). Indaga:

> Qual o sentido de manter uma organização clandestina, com pequena expressão social, exclusiva quase que a setores de classe média, pouca implantação nacional, que não tem definições políticas mais claras, que vive grandes contradições internas, quando algo mais relevante para a história do movimento dos trabalhadores no Brasil, para a construção partidária, está acontecendo? (AZEVEDO, 2010, p. 235).

A APML sobreviveria por mais um curto período. Em razão da dificuldade de ação unitária, em maio de 1980, decidiu-se suspender a aplicação do centralismo (APML, 1980). Para dar resposta à crise política e orgânica que se acentuava, realizou-se, em outubro daquele ano, o II Congresso da APML, no Rio de Janeiro. Extraiu-se um documento genérico e constituiu-se uma Comissão Nacional Provisória. Naquele quadro de fragilidade, a organização se desarticulou (OLIVEIRA JR, 2000; HARNECKER, 1994).

Acompanhando esse processo com relativa distância, Azevedo (2010, p. 237) descreveu o que denominou de "esvaziamento da organização": "Ela foi minguando e deixou simplesmente de existir, as reuniões não mais aconteciam, e em poucos meses, não sei exatamente quando, acabou. Acabou, sem que tenha ocorrido uma reunião, uma decisão formal propondo sua dissolução".

Ricardo de Azevedo elabora seu desligamento da APML como ápice da progressiva ruptura com o leninismo, processo em curso desde o exílio na França, quando começou a questionar as noções de partido de vanguarda e de ditadura do proletariado. Conclui: "Foi com o surgimento do PT que eu abandonei teórica e praticamente, de maneira definitiva, essas ideias" (AZEVEDO, 2010, p. 245).

Salvo melhor juízo, o significado da ruptura com o leninismo está mais anunciado do que claramente elaborado. Em entrevista a Marta Harnecker (1994), Jorge Almeida, ex-dirigente da APML, avaliou que, no contexto da IV RNA, a organização mantinha-se como marxista-leninista, mas a compreensão do leninismo suscitava interpretações diversas.

Ricardo de Azevedo alega que sua ruptura vinha se procedendo, desde o exílio, em favor das concepções de Gramsci. Ora, o pensador italiano considerava que sua estratégia para a revolução no Ocidente inspirava-se nas políticas adotadas por Vladimir Lênin. No Brasil, a recepção de Gramsci ofereceu vários registros. Se é verdade que inspirou políticas gradualistas no PCB, diferente era a tradução da "esquerda revolucionária". Exemplo é um documento que a APML elaborou como subsídio à preparação da IV RNA, cuja redação deve ter contado com a participação de Azevedo, no qual categorias gramscianas são usadas com o objetivo de fundamentar a disputa de hegemonia para preparar a conquista violenta do Estado (APML, 1978a).

A despeito do anunciado rompimento com o leninismo, é lícito conjecturar que as concepções de Azevedo ainda fossem, em alguma medida, tributárias do legado de Lênin. No documento "A crise da Ação Popular e o meu desligamento", datado do início de 1980, ele fez críticas diretas ao revisionismo (tanto o soviético quanto o da nova linha chinesa) e ao esquerdismo. Sobre o processo de construção partidária, enfatizou que a base deveria ser o movimento real da luta de classes e, em particular, a dinâmica da classe operária, pressuposto que apontava para a questão do PT. A emergência da vanguarda social, representada pelos sindicalistas autênticos, fora da dinâmica das organizações revolucionárias, foi definida como "o maior tapa na cara que o movimento de massas dá à vanguarda autoproclamada" (AZEVEDO, 1980, p 28).

Entretanto, pelo que se lê no documento, o redimensionamento de sua concepção não excluía o objetivo de construção do partido revolucionário e a necessidade de ações de vanguarda. Reconhece que o PT não era ainda o partido "defensor dos interesses históricos da classe", mas identificava nele uma dimensão estratégica, como "palco orgânico privilegiado capaz de permitir a fusão da vanguarda ideológica com a vanguarda social" (AZEVEDO, 1980, p. 29). O processo partiria "da dinâmica viva do movimento social" e passaria "por um longo período de maturação em que as distintas correntes existentes no seu interior vão se conformando" (AZEVEDO, 1980, p. 29).

Respeitadas essas premissas, considerava fundamental que houvesse a atuação consciente da vanguarda ideológica no interior do movimento, "centrada principalmente na condução revolucionária das lutas e apontando a todo momento para a questão do poder político em suas manifestações concretas" (AZEVEDO, 1980, p. 30). Nesse sentido, seria "positiva a busca de articulação de vanguarda entre grupos e comunistas independentes, principalmente os que estão dentro do PT e que compartilham uma visão comum" (AZEVEDO, 1980, p. 30).

Seja como for, é a partir da baliza da ruptura que vinha promovendo e foi aprofundada posteriormente que seu livro de memórias analisou, retrospectivamente, a experiência que viveu na organização. No balanço sistematizado no livro, considera, então, que a adesão da AP ao marxismo deu-se sob o signo do dogmatismo, sem romper com a atitude religiosa presente em sua origem. Na disputa seguinte, declara compreender o motivo de a maioria da APML ter se inclinado a defender a fusão com o PCdoB e depois a incorporação a seus quadros, tal era a convergência de ideias. Recusar esse caminho, como fez a minoria a que pertencia, significava não apenas o questionamento da linha política, mas "desbravar novos caminhos teóricos e políticos numa conjuntura absolutamente adversa" (AZEVEDO, 2010, p. 236).

Apesar de ter participado desse "desbravamento", avalia que a história da APML, de certa forma, teria sido encerrada em 1973, baseando-se em três fatos: a) o cerco repressivo que atingiu todas as organizações de esquerda; b) o racha vivido pela APML, quando a maioria aderiu ao PCdoB; c) o processo de quedas dos quadros dirigentes do que restou da organização. Garantida pela perseverança de Jair Ferreira de Sá, pela rearticulação do movimento estudantil e pela reavaliação da tática eleitoral, a experiência posterior seria uma espécie de sobrevida.

Considerações Finais

O livro de memórias de Ricardo de Azevedo é um denso documento sobre a história da AP, não apenas pela narrativa que teceu, mas pela interpretação de episódios, dinâmicas e processos. Embora algumas passagens possam denunciar – fato não raro encontradiço na produção de memórias – influência de elaboração posterior na apreciação de acontecimentos e decisões daquele período, com direito a inserções de pitadas de ironia na narrativa, trata-se de um depoimento que amplia o conhecimento e a reflexão sobre a história da Ação Popular.

Destaca-se, por exemplo, a forma como o autor, que não pertence ao rol dos fundadores da organização e não vivenciou por dentro a modificação de seu ideário nessa primeira fase, elaborou sua recepção do maoísmo. Pelo que se viu, independentemente da pertinência da hipótese de que tenha servido para ressignificar o imaginário dos militantes com passado cristão, o maoísmo exercia, em si mesmo, forte poder de atração. Também são ilustrativas as passagens que revelam Azevedo "com a cuca fundida", abrindo-se à atualização de sua compreensão política, por meio da influência de experiências que viveu, no Brasil ou no exílio.

É recorrente em sua narrativa o apontamento da fragilidade organizativa da APML, fosse no início da década de 1970, época em que oficialmente a organização elaborava políticas de ascensão revolucionária, fosse na segunda metade daquela década, período de reconstrução, quando a cambiante conjuntura passava a ser pautada por novas dinâmicas e protagonizada por novos sujeitos políticos, oriundos dos movimentos sociais. Nesse diapasão, também relata a experiência de articulação da Tendência Proletária, que envolvia a APML e outras organizações.

São particularmente instigantes as passagens relacionadas a dois grandes momentos de inflexão da vida da APML, o que gerou a cisão de 1972-73 e o que elaborou, no final daquela década, a proposta de formação do Partido Popular e posterior participação no processo de formação do PT. No primeiro caso, o autor sistematiza, para além dos documentos oficiais, reflexões sobre as motivações da ala a que pertencia. No outro caso, ao mesmo tempo em que explica o posicionamento da APML, elabora sua reflexão sobre os signos da nova conjuntura, motivo, inclusive, de ter promovido uma ruptura política e organizativa no início de 1980.

Como regra, se a narrativa não está isenta de influência de análises amadurecidas posteriormente, a avaliação que desenvolveu em cada fase foi suficientemente sólida para gerar tomada de posições. Todavia, o balanço que sistematiza no final, segundo o qual a história da APML teria sido encerrada com a cisão de 1973 e o período posterior seria uma espécie de sobrevida, é uma construção da memória sem aparente relação com as motivações vividas naquela época. Do contrário, não faria sentido insistir na preservação e atualização de uma identidade política em uma nova conjuntura.

De qualquer modo, ainda que não seja representativa da forma como a organização elaborava sua própria experiência naquele momento e não seja compartilhada pela memória de outros dirigentes daquela fase, a contundente clivagem provoca reflexões que vão além da mensuração do tamanho da fratura vivida pela APML no início década de 1970. Com desprendimento e coragem, propõe avaliação não apenas a respeito do significado da experiência posterior à cisão, mas também sobre os vínculos entre os dois períodos.

Referências

ALMEIDA, Betty. *Paixão de Honestino*. 1ª. ed. Brasília: Unb, 2016.

ALVES, Márcio Moreira. *A Igreja e a política no Brasil*. 1ª. ed. São Paulo: Brasiliense, 1979.

ALVES, Márcio Moreira. *O Cristo do povo*. 1ª. ed. Rio de Janeiro: Sabiá, 1968.

ANDERSON, Perry. *A crise da crise do marxismo*. 1ª. ed. São Paulo: Brasiliense, 1985.

AQUINO, Márcia Elizabeth. *Personnas*: gradações do discurso político religioso no Brasil pós-64. 1ª. ed. São Paulo: ME Aquino, 2003.

ARANTES, Aldo. *Alma em fogo*. Memórias de um militante político. 1ª. ed. São Paulo: Anita Garibaldi, 2013.

ARANTES, Aldo."Legado da Ação Popular". *Princípios* (encarte), São Paulo, nº 126, ago./set. 2013, p. 9-13.

ARANTES, Maria Auxiliadora. *Pacto (re-velado)*: psicanálise e clandestinidade política. 1ª. ed. São Paulo: Escuta, 1994.

ARQUIDIOCESE DE SÃO PAULO. *Perfil dos atingidos*. 1ª. ed. Petrópolis: Vozes, 1987.

ASSIS, Chico; TAVARES, Cristina; FILHO, Gilvandro; BRANDÃO, Glória; DUARTE, Jodeval. *Onde está meu filho*? 2ª. ed. Recife: Cepe, 2011.

AZEVEDO, Carlos. *Jornal Movimento:* uma reportagem. 1ª. ed. São Paulo: Manifesto, 2011.

AZEVEDO, Ricardo de. [*Sem título*]. São Paulo, 14 ago. 2019. Facebook: ricardo.azevedoap. Disponível em: https://www.facebook.com/ricardo.azevedoap. Acesso em: 25 agosto 2019.

AZEVEDO, Ricardo de. "O plantão do napolitano". In: FREIRE, Alípio; ALMADA, Izaías; PONCE, José Adolfo de Granville (orgs.). *Tiradentes, um presídio da ditadura.* Memórias de presos políticos. 1ª. ed. São Paulo: Scipione, 1997, p. 83-87.

AZEVEDO, Ricardo de. *A crise da Ação Popular e o meu desligamento,* 1980. Mimeo.

AZEVEDO, Ricardo de. *Por um triz*: Memórias de um militante da AP. 1ª. ed. São Paulo: Plena, 2010.

BEATRIZ T. Apoio a Felipe Santa Cruz fortalece a luta!. *AVAAZ.org petições da comunidade, [S. l.],* 30 jul. 2019. Disponível em: https://secure.avaaz.org/po/ community_petitions/Felipe_Santa_Cruz_Solidariedade_a_Felipe_Santa_Cruz_e_ defesa_da_memoria_de_Fernando_Santa_Cruz.

BEOZZO, José Oscar. *Cristãos na universidade e na política*: história da JUC e da AP. 1ª. ed. Petrópolis: Vozes, 1984.

BORBA, Ângela. "Mesquinharia". *Teoria e Debate.* São Paulo, nº 17, 1992.

BRANT, Vinicius Caldeira. *Entrevista a Marcelo Ridenti,* 1985.

BRASIL. Comissão Nacional da Verdade. *Relatório*: mortos e desaparecidos. Brasília: CNV, 2014. v. 3.

BRASIL. *Livro dos votos da Comissão da Anistia.* 1ª. ed. Brasília/Florianópolis: Ministério da Justiça/Comunicação, estudos e consultoria, 2013.

BRASIL. Ministério da Aeronáutica. *Informação 0141/CISA – ESC RCD,* 1973.

BRASIL. Ministério do Exército. *Informação* nº *2396 S/102-S2-CIE,* 26 set. 1972.

BRASIL. Ministério Público Federal. Sumários dos processos do BNM. In: *BRASIL: nunca mais digit@l.* [Brasília, DF]: Ministério Público Federal, (2014-2020). Disponível em: http://bnmdigital.mpf.mp.br/sumarios/quadro.htm. Acesso em:8 set. 2019.

BRASIL. Secretaria Especial dos Direitos Humanos. Comissão Especial Sobre Mortos e Desaparecidos Políticos. *Direito à memória e à verdade:* comissão especial sobre mortos e desaparecidos políticos. 1ª. ed. Brasília: SEDH, 2007.

BUONICORE, Augusto. "Breve história da Ação Popular (1963-1973)". *Princípios* (encarte), São Paulo, nº 126, ago./set. 2013, p. 14-39.

CARONE, Edgard. *Movimento operário no Brasil (1964-1984)*. 1ª. ed. São Paulo: Difel, 1984.

CARVALHO, Anderson Carlos Madeira. *Niterói na época da ditadura*. 1ª. ed. Rio de Janeiro: Gramma, 2019.

CARVALHO, Doralina Rodrigues. Meu amigo, meu irmão Fernando. *In*: ASSIS, Chico; TAVARES, Cristina; FILHO, Gilvandro; BRANDÃO, Glória; DUARTE, Jodeval. *Onde está meu filho?* 2ª. ed. Recife: Cepe, 2011. p. 79-81.

CERQUEIRA, Marcelo. *Depoimento ao projeto Memórias do Movimento Estudantil*. Rio de Janeiro: União Nacional dos Estudantes, 2004.

COELHO, Eurelino; SANTOS, Igor Gomes. "Para a história da Polop (1961-1983): debate historiográfico e apontamentos iniciais de pesquisa". In: XXVI Simpósio Nacional de História – Anpuh. São Paulo, julho de 2011. *Anais*. São Paulo: Anpuh, 2011.

COMISSÃO DE FAMILIARES DE MORTOS E DESAPARECIDOS POLÍTICOS. *Dossiê ditadura*: mortos e desaparecidos políticos no Brasil – 1964-1985. 1ª. Ed. São Paulo: Imprensa Oficial, 2009.

COMISSÃO EPISCOPAL DA ACB. "Diretrizes da Comissão Episcopal da Ação Católica Brasileira e do Apostolado dos leigos para a JUC nacional". *Revista Eclesiástica Brasileira*. Petrópolis. Vol. XXI, Fascículo 4, dez/1961, p. 945-946.

COMISSÃO PELOS DESAPARECIDOS POLITICOS BRASILEIROS - FAMILIARES, AMIGOS E EX-MILITANTES DA AÇÃO POPULAR MARXISTA-LENINISTA.*Onde estão?:* desaparecidos políticos brasileiros. 1ª. ed. São Paulo: Edição dos autores, 1983.

DANIELLI, Carlos. *Para concluir o processo,*1972. Mimeo.

DELLA VECCHIA, Renato da Silva. *Origem e evolução do Partido Comunista Brasileiro Revolucionário*. Dissertação (mestrado em Ciência Política). Instituto de Filosofia e Ciências Humanas – URGS, Porto Alegre, 2005.

DIAS, Reginaldo Benedito. "A Ação Popular (AP) nos processos judiciais reunidos pelo projeto Brasil: nunca mais". *Diálogos*. UEM-Maringá, nº 3, v. 23, 2019, p. 109-133.

DIAS, Reginaldo Benedito. "A Ação Popular Marxista-Leninista e a formação do PT". *Perseu*. São Paulo, nº 3, maio 2009, p. 227-256.

DIAS, Reginaldo Benedito. "A história da Ação Popular escrita e reescrita por ela própria". *Diálogos*. UEM-Maringá, nº 1, v.15, 2011, p. 111-145.

DIAS, Reginaldo Benedito. "A história da Ação Popular na perspectiva do PCdoB: uma análise da obra de Haroldo Lima e Aldo Arantes sobre a história da AP". *Diálogos*. UEM-Maringá, nº 1, v. 10, 2006, p.143-175.

DIAS, Reginaldo Benedito. "A história da Ação Popular nas memórias de Herbert de Souza". *Diálogos*. UEM-Maringá, nº 3, v. 11, 2007, p. 163-198.

DIAS, Reginaldo Benedito. "Da esquerda católica à esquerda revolucionária. A Ação Popular na história do catolicismo". *Revista Brasileira de História das Religiões*. UEM-Maringá, nº 1, maio 2008, p. 166-195.

DIAS, Reginaldo Benedito. "Estevão e a Ação Popular (AP). A história da AP nas memórias de Duarte Pereira". *Revista Brasileira de História das Religiões*. UEM-Maringá, nº 26, set./dez. 2016, p. 253-292.

DIAS, Reginaldo Benedito. *A cruz, a foice e o martelo e a estrela*: a tradição e renovação da esquerda na experiência da Ação Popular. Tese (doutorado em História). Faculdade de Ciências e Letras - Unesp, Assis, 2004.

DIAS, Reginaldo Benedito. *Sob o signo da revolução brasileira*: a experiência da Ação Popular no Paraná. 1ª. ed. Maringá: Eduem, 2003.

DIAS, Reginaldo Benedito."A história da Ação Popular (AP) nas memórias de Ricardo de Azevedo". *Diálogos*. UEM-Maringá, nº 2, v. 18, mai./ago. 2014, p. 827-868.

FALA de Bolsonaro sobre desaparecido na ditadura causa repúdio até de aliados. *Folha de S. Paulo*, São Paulo, ano 99, n 32.990, p. A4, 30 de julho de 2019.

FLORIDI Ulisses. *O radicalismo católico brasileiro*. 1ª. ed. São Paulo: Hora Presente, 1973.

FREDERICO, Celso. *A esquerda e o movimento operário 1964-1984*. vol. I, 1ª. ed. São Paulo: Novos Rumos, 1987.

FREITAS, Alípio. *Resistir é preciso*. 1ª. ed. Rio de Janeiro: Record, 1981.

GALLEJONES, Eustaquio. S. J. *AP: socialismo brasileiro*. 1ª. ed. Rio de Janeiro: Centro de Informação Universitária, 1965.

GARCIA, Marco Aurélio. "AP: do cristianismo ao marxismo-leninismo". *Em tempo*, São Paulo, nº 82, 20 a 26 set., 1979a, p. 12-13.

GARCIA, Marco Aurélio. "Da crítica ao maoísmo da AP nasce o PRT". *Em tempo*, São Paulo, nº 83, 27 set. a 03 out., 1979b, p. 12.

GARCIA, Marco Aurélio."Reforma e revolução/reforma ou revolução: discussão de um paradigma". *Revista Brasileira de História*, São Paulo, nº 20, v. 10, mar./ago. 1991, p. 9-38.

GAVIÃO, Fábio Pires. *A "esquerda católica" e a Ação Popular na luta pelas reformas sociais (1960-1965)*. Dissertação (mestrado em História). IFCH-Unicamp, Campinas, 2007.

GÓMEZ DE SOUZA, Luiz Alberto. "A política e os cristãos". In: BOFF, Clodovis et al. *Cristãos:* como fazer política. 1ª. ed. Petrópolis: Vozes, 1987, p. 95-114.

GÓMEZ DE SOUZA, Luiz Alberto. *A JUC:* os estudantes católicos e a política. 1ª. ed. Petrópolis: Vozes, 1984.

GÓMEZ DE SOUZA, Luiz Alberto. *Um andarilho entre duas fidelidades*: religião e sociedade. 1ª. ed. Rio de Janeiro: Ponteio; Educam, 2015.

GONTIJO, Ricardo. *Sem vergonha da utopia:* conversas com Betinho. 1ª. ed. Petrópolis: Vozes, 1989.

GORENDER, Jacob. *Combate nas trevas*. Esquerda brasileira: das ilusões perdidas à luta armada. 1ª. ed. São Paulo: Ática, 1987.

GUISONI, Divo (org.). *O Livro negro na memória daqueles que o fizeram*. São Paulo: Anita Garibaldi, 2014.

HALBWACHS, Maurice. *A memória coletiva*. 1ª. ed. São Paulo: Vértice, 1990.

HARNECKER, Martha. *O sonho era possível*: a história do Partido dos Trabalhadores narrada por seus protagonistas. 1ª. ed. Havana: Casa América Livre, 1994.

JUVENTUDE UNIVERSITÁRIA CATÓLICA. "Algumas diretrizes de um Ideal Histórico cristão para o povo brasileiro". In: SOUZA LIMA, Luiz Gonzaga de. *Evolução política dos católicos e da Igreja no Brasil*. 1ª. ed. Petrópolis: Vozes, 1979, p. 84-97.

KADT, Emanuel de. *Católicos radicais no Brasil.* 1ª. ed. Brasília: Unesco-MEC, 2007.

KUCISNKI, Bernardo. *Jornalistas e revolucionários:* nos tempos da imprensa alternativa. 1ª. ed. São Paulo: Ed. Página Aberta, 1991.

LIMA, Haroldo & ARANTES, Aldo. *História da Ação Popular:* da JUC ao PCdoB. 1ª. ed. São Paulo: Alfa-Omega, 1984.

LIMA, Haroldo. *Itinerário de lutas do Partido Comunista do Brasil (PCdoB) de 1922 a 1984.* 3ª. ed. Salvador: Editora Maria Quitéria, 1984.

LIMA, Haroldo."Cinquenta anos da fundação da Ação Popular: vitória da juventude brasileira". *Princípios* (encarte), São Paulo, nº 126, ago./ set. 2013, p. 2-8.

LÖWY, Michael. *A guerra dos deuses* – religião e política na América Latina. 1ª. ed. Petrópolis: Vozes, 2000.

MAINWARING, Scott. *Igreja Católica e política no Brasil - 1916/1985.* 1ª. ed. São Paulo: Brasiliense, 1989.

MÁREK, Franz. "A desagregação do stalinismo". In: HOBSBAWM, Eric J. (org.). *História do marxismo.* Vol. X. 1ª. ed. Rio de Janeiro: Paz e Terra, 1987, p. 307-319.

MIRANDA, Nilmário & TIBURCIO, Carlos. *Dos filhos deste solo*: mortos e desaparecidos políticos durante a ditadura militar - a responsabilidade do Estado. 1ª. ed. São Paulo: Perseu Abramo & Boitempo, 1999.

MORTE de pai de presidente da OAB foi causada pelo Estado, atesta comissão. *Folha de S. Paulo*, São Paulo, ano 99, nº. 32.990, p. A6, 30 de julho de 2019.

NORA, Pierre. "O acontecimento e o historiador do presente". In: LE GOFF, Jacques et al. *A nova história.* 1ª. ed. Lisboa: Edições 70, 1989.

NOVOS CRIMES. *Libertação.* São Paulo, ano 4, n. 36, p. 7, 29 fev. 1972.

OLIVEIRA JR, Franklin. *Camarada Júlio:* confissões sinceras de uma militância. 1ª. ed. Salvador: Editora Gráfica da Bahia, 2011.

OLIVEIRA JR, Franklin. *Paixão e revolução:* capítulos sobre a história da AP. Tese (doutorado em História). DH-UFPE, Recife, 2000.

OLIVEIRA, Mônica. *Militantes operários e operários militantes*: a experiência da integração na produção na história da Ação Popular (1965-1970). Dissertação (mestrado em História). IFCH-Unicamp, Campinas, 2005.

PANDOLFFI, Dulce; HEYMANN, Luciana (orgs.). *Um abraço, Betinho*. 1ª. ed. Rio de Janeiro: Garamond, 2005.

PANDOLFI, Dulce. *Camaradas e companheiros*. História e memória do PCB. 1ª. ed. Rio de Janeiro: Relumé Dumará, 1995.

PARTIDO COMUNISTA DO BRASIL. *A classe operária,* nº 59, nov 1971.

PARTIDO COMUNISTA DO BRASIL. *Análise crítica do processo de incorporação de segmentos que se desligaram de outras organizações e da Ação Popular*. VI Congresso do PCdoB. 1983. Mimeo.

PARTIDO COMUNISTA DO BRASIL.*11º. Congresso do PCdoB*. 1ª. ed. São Paulo: Anita Garibaldi, 2002.

PARTIDO COMUNISTA DO BRASIL.*12º. Congresso do PCdoB*. 1ª. ed. São Paulo: Anita Garibaldi, 2009.

PEREIRA, Duarte Pacheco. [*Sem título*]. [*S. l.*], 7 ago. 2019. 1 mensagem eletrônica.

PEREIRA, Duarte Pacheco. *Autocrítica de Estêvão*, 2018.

PEREIRA, Duarte Pacheco. À fração do PC do Brasil que está coordenando os trabalhos de integração orgânica e individual dos antigos membros da AP. 11 jul. 1973b. Mimeo.

PEREIRA, Duarte Pacheco. *Comentários sobre a entrevista de Betinho*, 1999c. Mimeo.

PEREIRA, Duarte Pacheco. *Correspondência com Carlos Nelson Coutinho*,12 de maio de 2005.

PEREIRA, Duarte Pacheco. *Correspondência com Nilce Azevedo Cardoso*, 22 de janeiro de 2002.

PEREIRA, Duarte Pacheco. *Entrevista a Reginaldo Benedito Dias*, julho de 2011

PEREIRA, Duarte Pacheco. Entrevista ao Arquivo Edgard Leuenroth, 1999.

PEREIRA, Duarte Pacheco. *Estêvão e o Partido Comunista do Brasil*, 1999b. Mimeo.

PEREIRA, Duarte Pacheco. *Onze anos de lutas e de avanço no caminho da revolução*, 1973. Mimeo

PEREIRA, Duarte Pacheco. "A participação da Ação Popular na luta contra a ditadura e sua contribuição à história da esquerda brasileira". *Palestra na série Sábados Resistentes*. São Paulo: Memorial da Resistência, 2014.

PERNAMBUCO. Secretaria da Casa Civil. *Comissão Estadual da Memória e Verdade Dom Helder Câmara*: relatório final. [*S. l.*: *s. n.*], 2017. v. 1.

POLLAK, Michael. "Memória, esquecimento e silêncio". *Estudos Históricos*. Rio de Janeiro, nº 3, v. 2, 1989, p. 3-15.

POMAR, Wladimir. *Pedro Pomar:* uma vida em vermelho. 1ª. ed. São Paulo: Xamã, 2003.

PORTANTIERO, Juan Carlos. "O marxismo latino-americano". In : HOBSBAWM, Eric J. (org.). *História do marxismo.* Vol. XI, 1ª. ed. Rio de Janeiro: Paz e Terra, 1989, p. 333-357.

PORTELLI, Hugues. *Os socialismos no discurso social católico.* 1ª. ed. São Paulo: Edições Paulinas, 1990.

REIS, Daniel Aarão. "O maoísmo e a trajetória dos marxistas brasileiros". In: REIS, Daniel Aarão (org). *História do marxismo no Brasil.* Vol. I, 1ª. ed. Rio de Janeiro: Paz e Terra, 1991, p. 105-132.

REIS, Daniel Aarão. "O Partido dos Trabalhadores: trajetória, metamorfoses, perspectivas". In: FERREIRA, Jorge & REIS, Daniel Aarão (orgs.). *As esquerdas no Brasil:* Revolução e democracia. Vol. III, 1ª. ed. Rio de Janeiro: Civilização Brasileira, 2007, p. 503-540.

REIS, Daniel Aarão. *A revolução faltou ao encontro:* os comunistas no Brasil. 1ª. ed. São Paulo: Brasiliense, 1989.

REVOLUÇÃO PROLETARIA, nº 1, Jan. 1969. Mimeo

RIDENTI, Marcelo. "Ação Popular: cristianismo e marxismo". In: RIDENTI, Marcelo & REIS, Daniel Aarão (orgs.). *História do marxismo no Brasil.* Vol. V, 1ª. ed. Campinas: Edunicamp, 2002, p. 213-282.

RODRIGUES, Carla. *Betinho:* sertanejo, mineiro, brasileiro. 1ª. ed. São Paulo: Planeta, 2007.

SÁ, Jair Ferreira de. O sentimento de perda e revolta. *In*: ASSIS, Chico; TAVARES, Cristina; FILHO, Gilvandro; BRANDÃO, Glória; DUARTE, Jodeval. *Onde está meu filho*? 2ª. ed. Recife: Cepe, 2011. p. 73-74.

SALES, Jean Rodrigues. "A influência da Revolução Cubana na história da Ação Popular". *Antíteses* – UEL- Londrina, nº. 21, v. 11, Jan./Jun. 2016, p. 345-367.

SALES, Jean Rodrigues. "O PCdoB conta a sua história: tradição, memória e identidade política". *Diálogos*. UEM-Maringá, nº.1, v. 6, 2002, p. 155-171.

SALES, Jean Rodrigues. *Partido Comunista do Brasil – PCdoB:* Propostas teóricas e prática política 1961-1976. Dissertação (mestrado em História). IFCH-Unicamp, Campinas, 2000.

SÃO PAULO (Estado). Comissão da Verdade Rubens Paiva. *Relatório*. [São Paulo: *s. n.*], 2013. t. 3. Audiências Públicas da Comissão da Verdade do Estado de São Paulo.

SEMERARO, Giovanni. *A primavera dos anos 60:* a geração de Betinho. 1ª. ed. São Paulo: Loyola, 1994.

SERRA, José. *Cinquenta anos esta noite*. 1ª. ed. São Paulo: Record, 2014.

SIGRIST, José Luiz. *A JUC no Brasil:* evolução e impasse de uma ideologia. 1ª. ed. São Paulo: Cortez; Piracicaba: Unimep, 1982.

SOUZA LIMA, Luiz Gonzaga de. *Evolução política dos católicos e da Igreja no Brasil*: hipóteses de uma interpretação. 1ª. ed. Petrópolis: Vozes, 1979.

SOUZA, Herbet *et al*. *Memórias do exílio*. 1ª. ed. São Paulo: Livramento, 1978.

SOUZA, Herbet. Entrevista. *Teoria e Debate*. São Paulo, nº 16, 1991, p. 33-41.

SOUZA, Herbet. *No fio da navalha*. 1ª. ed. Rio de Janeiro: Revan, 1996a.

SOUZA, Herbet. *Revoluções da minha geração*. 1ª. ed. São Paulo: Moderna, 1996b.

VIEIRA, Amarildo Aparecido. *Polop: Imperialismo e revolução*. Uma reflexão do marxismo-leninismo enquanto práxis transformadora (1961-1980). Dissertação (mestrado em História). ICHF – UFF, Rio de Janeiro, 2015.

WRIGHT, Delora Jan. *O coronel tem um segredo*: Paulo Wright não está em Cuba. 1ª. ed. Petrópolis: Vozes, 1993.

WRIGHT, Paulo Stuart. *Cinco pontos de luta interna*. 1970. Mimeo.

WRIGHT, Paulo Stuart. *Uma continuação de minha autocrítica em relação aos camaradas do PRT*, 1973. Mimeo.

Documentos da Ação Popular

AP. *Estatuto ideológico*, 1962a[1]

______. *Esboço do Estatuto Ideológico*, 1962b.

______. *Anteprojeto do Documento-base*, 1963a.

______. *Documento-base*, 1963b.

______. "II Congresso em fase de preparação". *Ação Popular*, nº 1. Jan., 1964.

______. *Resolução Política*, 1965a.

______. *Textos para debate 4*. Revolução pacífica ou revolução violenta, 1965b.

______. *Textos para militantes 2*. Humanização, história e política, 1965c.

______. *Histórico*, 1966a.

______. *Pesquisa sobre a situação da organização*, 1966b.

______. *Resoluções do Comitê Nacional para a condução do objetivo estratégico – radicalização da luta institucional*, 1966c.

______. *Texto Para debates nº 9*. América latina: alguns problemas de estratégia revolucionária. Regis Debray, 1966d.

______. *Resolução sobre o Debate Teórico e Ideológico*, 1967.

______. *Radicalização da luta institucional* – sobre a retificação da perspectiva e dos métodos de trabalho do MCD, 1968a.

______. *Autocrítica da Direção Nacional*, 1968b.

______. *Os seis pontos*, 1968c.

______. *Duas posições*, 1968d.

______. *Desmascarar o grupo oportunista e provocador de Rolando*, 1968e.

1 Elaborado quando o movimento se autodenominava Grupo de Ação Popular (GAP).

_______. *Comunicado da I Reunião Ampliada da Direção Nacional*, 1968f.

_______. *Esboço de uma História da Corrente 1*, 1969a.

_______. *Comunicado preparatório da II Reunião Ampliada da Direção Nacional*, 1969b.

_______. *Audácia nos objetivos e rigor nos métodos*, 1969c.

_______. *Preparar ativamente a guerra popular - realizar a pesquisa de áreas estratégicas - implantar bases de apoio no campo*, 1969d.

_______. *Circular da Comissão Executiva Provisória sobre a clandestinidade e a segurança do Partido*, 1969e.

_______. *Duas linhas de organização. Resolução da Comissão Executiva Provisória da Direção nacional de Ação Popular sobre algumas questões de organização*. Abril de 1970.

Documentos da Ação Popular Marxista-Leninista

APML. *Programa Básico*, 1971a.

_______. *Viva a nova Ação Popular*. Comunicado da III RADN, 1971b.

_______. *Relatório da Reunião Extraordinária do Birô Político do CC da APML*, 1971c.

_______. *Lutemos pela unificação em torno do Partido Comunista do Brasil*,1971d.

_______. *Contribuição ao estudo científico da sociedade brasileira*,1972a.

_______. *Combater o dogmatismo de direita e isolar os liquidacionistas das fileiras do partido*, 1972b.

_______. *Viva a Ação Popular na luta pela unidade proletária. Abaixo o divisionismo do PCdoB*, março de 1972c.

_______. *Defender a organização, liquidar o fracionismo neotrotsquista e avançar na preparação do Congresso*, 1972d.

_______. *Nas fileiras da nova Ação Popular não há lugar para fracionistas e recalcitrantes*, 1972e.

_______. *Resolução política do birô político do comitê central sobre a política e as normas para avaliação do comportamento de militantes na prisão e no tribunal*. [S. l.: s. n.], 1972f.

______. *Livro negro da ditadura militar*. [*S. l.: s. n.*], 1972g.

______. *Contribuição ao estudo científico da sociedade brasileira*. 2a. Edição,1973a.

______. "Vitória do marxismo-leninismo". Res. Do CC da APML, 1973b. *Libertação*, nº 40, abril de 1973, p. 7-14.

______. *Incorporemo-nos no Partido Comunista do Brasil*. Res. Birô Político, 1973c.

______. *Desafio imediato: como fazer a transição necessária para garantir a realização vitoriosa do II Congresso da AP*, 1973d.

______. *Boletim Central* nº 8, 1974.

______. *Reorganizar e preparar o congresso*, 1976a.

______. *Introdução à reedição do Programa Básico*, 1976b.

______. *Introdução à reedição de Combater o dogmatismo de direita e isolar os liquidacionistas nas fileiras do partido*, 1976c

______. *Ao Comitê Central de Y*. dez/1977

______. *Anteprojeto de Resolução* – IV RNA, 1978a.

______. *Comentários críticos ao Programa Básico*, 1978b.

______. *Resoluções políticas da IV RNA*, 1979a.

______. *Avançar na construção de um Partido Popular aderindo ao movimento pró-PT*, 1979b.

______. *Resoluções políticas do Comitê Central*, 1980.

GLOSSÁRIO DE SIGLAS

Instâncias e documentos da AP

BP	Bureau Político ou Birô Político
CC	Comitê Central
CEP	Comissão Executiva Provisória
CNP	Comissão Nacional Provisória
CR	Comando Regional
DB	Documento-base
DTI	Debate Teórico e Ideológico
NPRN	Núcleo Provisório de Reorganização Nacional
PB	Programa Básico
RADN	Reunião Ampliada da Direção Nacional
RNA	Reunião Nacional Ampliada
RP	Resolução Política

Organizações sociais e políticas

AC	Ação Católica
ACA	Associação Cristã Acadêmica
ACB	Ação Católica Brasileira
AEL	Arquivo Edgard Leuenroth
ALN	Ação Libertadora Nacional

AP	Ação Popular
APML	Ação Popular Marxista-Leninista
BOP	Bloco de Oposição Popular
CONSEA	Conselho Nacional de Segurança Alimentar
CONTAG	Confederação Nacional dos Trabalhadores da Agricultura
ER	Esquerda Revolucionária
GAP	Grupo de Ação Popular
IBASE	Instituto Brasileiro de Análises Sociais e Econômicas
IC	Internacional Comunista
IPM	Inquérito Policial Militar
JDC	Juventude Democrata Cristã
JEC	Juventude Estudantil Católica
JUC	Juventude Universitária Católica
MCD	Movimento Contra a Ditadura
MDB	Movimento Democrático Brasileiro
MEB	Movimento de Educação de Base
MEP	Movimento de Emancipação do Proletariado
MR-8	Movimento Revolucionário 8 de Outubro
OCML/PO	Organização de Combate Marxista-leninista/ Política operária
OLAS	Organização Latino-Americana de Solidariedade
PCdoB	Partido Comunista do Brasil
PCB	Partido Comunista Brasileiro
PCBR	Partido Comunista Brasileiro Revolucionário
PCCh	Partido Comunista da China
PCUS	Partido Comunista da União Soviética

PMDB	Partido do Movimento Democrático Brasileiro
POLOP	Organização Revolucionária Marxista - Política Operária
PRT	Partido Revolucionário dos Trabalhadores
PT	Partido dos Trabalhadores
PUC	Pontifícia Universidade Católica
SUPRA	Superintendência de Reforma Agrária
TP	Tendência Proletária
UCEB	União Cristã dos Estudantes do Brasil
UNE	União Nacional dos Estudantes
UNICAMP	Universidade Estadual de Campinas

Alameda nas redes sociais:
Site: www.alamedaeditorial.com.br
Facebook.com/alamedaeditorial/
Twitter.com/editoraalameda
Instagram.com/editora_alameda/

Esta obra foi impressa em São Paulo no outono de 2021. No texto foi utilizada a fonte Georgia e em corpo 11 e entrelinha de 16 pontos.